浙江文化研究工程成果文库

孔妮妮 著

真德秀研究

杭州市社会科学院

南宋及南宋都城临安研究系列丛书

博士文库

浙江文化研究工程项目
浙江省哲学社会科学重点研究基地课题
课题编号：15JDNS01Z

浙江省文化研究工程指导委员会

主　　任　袁家军

副 主 任　黄建发　王　纲　刘　捷　彭佳学
　　　　　　陈奕君　刘小涛　成岳冲　任少波

成　　员　胡庆国　朱卫江　陈　重　来颖杰
　　　　　　盛世豪　徐明华　孟　刚　毛宏芳
　　　　　　尹学群　吴伟斌　褚子育　张　燕
　　　　　　俞世裕　郭华巍　鲍洪俊　高世名
　　　　　　蔡袁强　蒋国俊　陈　伟　盛阅春
　　　　　　朱重烈　高　屹　何中伟　李跃旗
　　　　　　胡海峰　陈　浩

《南宋及南宋都城临安研究系列丛书》
编辑委员会

主　　　编　王国平

执 行 主 编　何善蒙　何忠礼

执行副主编（以姓氏笔画为序）

　　　　　　朱学路　孙　璐　杨　毅　张旭东

　　　　　　范立舟　周小忠　徐吉军

编撰办公室工作人员（以姓氏笔画为序）

　　　　　　尹晓宁　李　辉　魏　峰

浙江文化研究工程成果文库总序

有人将文化比作一条来自老祖宗而又流向未来的河,这是说文化的传统,通过纵向传承和横向传递,生生不息地影响和引领着人们的生存与发展;有人说文化是人类的思想、智慧、信仰、情感和生活的载体、方式和方法,这是将文化作为人们代代相传的生活方式的整体。我们说,文化为群体生活提供规范、方式与环境,文化通过传承为社会进步发挥基础作用,文化会促进或制约经济乃至整个社会的发展。文化的力量,已经深深熔铸在民族的生命力、创造力和凝聚力之中。

在人类文化演化的进程中,各种文化都在其内部生成众多的元素、层次与类型,由此决定了文化的多样性与复杂性。

中国文化的博大精深,来源于其内部生成的多姿多彩;中国文化的历久弥新,取决于其变迁过程中各种元素、层次、类型在内容和结构上通过碰撞、解构、融合而产生的革故鼎新的强大动力。

中国土地广袤、疆域辽阔,不同区域间因自然环境、经济环境、社会环境等诸多方面的差异,建构了不同的区域文化。区域文化如同百川归海,共同汇聚成中国文化的大传统,这种大传统如同春风化雨,渗透于各种区域文化之中。在这个过程中,区域文化如同清溪山泉潺潺不息,在中国文化的共同价值取向下,以自己的独特个性支撑着、引领着本地经济社会的发展。

从区域文化入手,对一地文化的历史与现状展开全面、系统、扎实、有序的研究,一方面可以藉此梳理和弘扬当地的历史传统和文化资源,繁荣和丰富当代的先进文化建设活动,规划和指导未来的文化发展蓝图,增强文化软实力,为全面建设小康社会、加快推进社会主义现代化提供思想保证、精神动力、智力支持和舆论力量;另一方面,这也是深入了解中国文化、研究中国文化、发展中国文化、创新中国文化的重要途径之一。如今,区域文化研究日益受到各地重视,成为我国文化研究走向深入的一个重要标志。我们今天实施浙江文化研究工程,其目的和意义也在于此。

千百年来,浙江人民积淀和传承了一个底蕴深厚的文化传统。这种文化传统的独特性,正在于它令人惊叹的富于创造力的智慧和力量。

浙江文化中富于创造力的基因,早早地出现在其历史的源头。在浙江新石器时代最为著名的跨湖桥、河姆渡、马家浜和良渚的考古文化中,浙江先民们都以不同凡响的作为,在中华民族的文明之源留下了创造和进步的印记。

浙江人民在与时俱进的历史轨迹上一路走来,秉承富于创造力的文化传统,这深深地融汇在一代代浙江人民的血液中,体现在浙江人民的行为上,也在浙江历史上众多杰出人物身上得到充分展示。从大禹的因势利导、敬业治水,到勾践的卧薪尝胆、励精图治;从钱氏的保境安民、纳土归宋,到胡则的为官一任、造福一方;从岳飞、于谦的精忠报国、清白一生,到方孝孺、张苍水的刚正不阿、以身殉国;从沈括的博学多识、精研深究,到竺可桢的科学救国、求是一生;无论是陈亮、叶适的经世致用,还是黄宗羲的工商皆本;无论是王充、王阳明的批判、自觉,还是龚自珍、蔡元培的开明、开放,等等,都展示了浙江深厚的文化底蕴,凝聚了浙江人民求真务实的创造精神。

代代相传的文化创造的作为和精神,从观念、态度、行为方式和价值取向上,孕育、形成和发展了渊源有自的浙江地域文化传统和与时俱进的浙江文化精神,她滋育着浙江的生命力、催生着浙江的凝聚力、激发着浙江的创造力、培植着浙江的竞争力,激励着浙江人民永不自满、永不停息,在各个不同的历史时期不断地超越自我、创业奋进。

悠久深厚、意韵丰富的浙江文化传统,是历史赐予我们的宝贵财富,也是我们开拓未来的丰富资源和不竭动力。党的十六大以来推进浙江新发展的实践，使我们越来越深刻地认识到，与国家实施改革开放大政方针相伴随的浙江经济社会持续快速健康发展的深层原因，就在于浙江深厚的文化底蕴和文化传统与当今时代精神的有机结合，就在于发展先进生产力与发展先进文化的有机结合。今后一个时期浙江能否在全面建设小康社会、加快社会主义现代化建设进程中继续走在前列，很大程度上取决于我们对文化力量的深刻认识、对发展先进文化的高度自觉和对加快建设文化大省的工作力度。我们应该看到，文化的力量最终可以转化为物质的力量，文化的软实力最终可以转化为经济的硬实力。文化要素是综合竞争力的核心要素，文化资源是经济社会发展的重要资源，文化素质是领导者和劳动者的首要素质。因此，研究浙江文化的历史与现状，增强文化软实力，为浙江的现代化建设服务，是浙江人民的共同事业，也是浙江各级党委、政府的重要使命和责任。

2005年7月召开的中共浙江省委十一届八次全会，作出《关于加快建设文化大省的决定》，提出要从增强先进文化凝聚力、解放和发展生产力、增强社会公共服务能力入手，大力实施文明素质工程、文化精品工程、文化研究工程、文化保护工程、文化产业促进工程、文化阵地工程、文化传播工程、文化人才工程等"八项工程"，实施科教兴国和人才强国战略，加快建设教育、科技、卫生、体育等"四个强省"。作为文化建设"八项工程"之一的文化研究工程，其任务就是系统研究浙江文化的历史成就和当代发展，深入挖掘浙江文化底蕴、研究浙江现象、总结浙江经验、指导浙江未来的发展。

浙江文化研究工程将重点研究"今、古、人、文"四个方面，即围绕浙江当代发展问题研究、浙江历史文化专题研究、浙江名人研究、浙江历史文献整理四大板块，开展系统研究，出版系列丛书。在研究内容上，深入挖掘浙江文化底蕴，系统梳理和分析浙江历史文化的内部结构、变化规律和地域特色，坚持和发展浙江精神；研究浙江文化与其他地域文化的异同，厘清浙江文化在中国文化中的地位和相互影响的关系；围绕浙江生动的当代实践，深入解读浙江现象，总结浙江经验，指导浙江发展。在研究力量上，通过课题组织、出版资助、重点研究基地建设、加强省内外大院名校合作、整合各地各部门力量等途径，形成上下联动、学界互动的整体合力。在成果运用上，注重研究成果的学术价值和应用价值，充分发挥其认识世界、传承文明、创新理论、咨政育人、服务社会的重要作用。

我们希望通过实施浙江文化研究工程，努力用浙江历史教育浙江人民、用浙江文化熏陶浙江人民、用浙江精神鼓舞浙江人民、用浙江经验引领浙江人民，进一步激发浙江人民的无穷智慧和伟大创造能力，推动浙江实现又快又好发展。

今天，我们踏着来自历史的河流，受着一方百姓的期许，理应负起使命，至诚奉献，让我们的文化绵延不绝，让我们的创造生生不息。

2006年5月30日于杭州

浙江文化研究工程成果文库序言

袁家军

浙江是中华文明的发祥地之一,历史悠久、人文荟萃,素称"文物之邦""人文渊薮",从河姆渡的陶灶炊烟到良渚的文明星火,从吴越争霸的千古传奇到宋韵文化的风雅气度,从革命红船的扬帆起航到建国初期的筚路蓝缕,从改革开放的敢为人先到新时代的变革创新,都留下了弥足珍贵的历史文化财富。纵览浙江发展的历史,文化是软实力、也是硬实力,是支撑力、也是变革力,为浙江干在实处、走在前列、勇立潮头提供了独特的精神激励和智力支持。

2003年,习近平总书记在浙江工作时作出"八八战略"重大决策部署,明确提出要进一步发挥浙江的人文优势,积极推进科教兴省、人才强省,加快建设文化大省。2005年7月,习近平同志主持召开省委十一届八次全会,亲自擘画加快建设文化大省的宏伟蓝图。在习近平同志的亲自谋划、亲自布局下,浙江形成了文化建设"3+8+4"的总体框架思路,即全面把握增强先进文化的凝聚力、解放和发展文化生产力、提高社会公共服务力等"三个着力点",启动实施文明素质工程、文化精品工程、文化研究工程、文化保护工程、文化产业促进工程、文化阵地工程、文化传播工程、文化人才工程等"八项工程",加快建设教育、科技、卫生、体育等"四个强省",构建起浙江文化建设的"四梁八柱"。这些年来,我们按照习近平总书记当年作出的战略部署,坚持一张蓝图绘到底、一任接着一任干,不断推进以文铸魂、以文育德、以文图强、以文传道、以文兴业、以文惠民、以文塑韵,走出了一条具有中国特色、时代特征、浙江特点的文化发展之路。

文化研究工程是浙江文化建设最具标志性的成果之一。随着第一期和第二期文化研究工程的成功实施,产生了一批重点研究项目和重大研究成果,培育了一批具有浙江特色和全国影响的优势学科,打造了一批高水平的学术团队和在全国有影响力的学术名师、学科骨干。2015年结束的第一批浙江文化研究工程共立研究项目811项,出版学术著作千余部。2017年3月启动的第二期浙江文化研究工程,已开展了52个系列研究,立重大课题65项、重点课题284项,出版学术著作1000多部。特别是形成了《宋画全集》等中国历代绘画大系、《共和国命运的抉择与思考——毛泽东在浙江的785个日日夜夜》等领袖与浙江研究系列、《红船逐浪:浙江"站起来"的革命历程与精神传承》等"浙100年"研究系列、《浙江通史》《南宋史研究》等浙江历史专题史研究系列、《良渚文化研究》等浙江史前文化研究系列、《儒学正脉——王守仁传》等浙江历史名人研究系列、《吕祖谦全集》等浙江文献集成系列。可以说,浙江文化研究工程,赓续了浙江悠久深厚的文化血脉,挖掘了浙江深层次的文化基因,提升了浙江的文化软实力,彰显了浙江在海内外的学术影响力,为浙江当代发展提供了坚实的理论支撑和智力支持,为坚定文化自信提供了浙江素材。

当前,浙江已经踏上了实现第二个百年奋斗目标的新征程,正在奋力打造"重要窗口",争创社会主义现代化先行省,高质量发展建设共同富裕示范区。文化工作在浙江高质量发展建设共同富裕示范区中具有决定性作用、是关键变量;展现共同富裕美好社会的图景,文化是最富魅力、最吸引人、最具辨识度的标识。我们要发挥文化铸魂塑形赋能功能,为高质量发展建设共同富裕示范区注入强大文化力量,特别是要坚持把深化文化研究工程作为打造新时代文化高地的重要抓手,努力使其成为研究阐释习近平新时代中国特色社会主义思想的重要阵地、传承创新浙江优秀传统文化革命文化社会主义先进文化的重要平台、构建中国特色哲学社会科学的重要载体、推广展示浙江文化独特魅力的重要窗口。

新时代浙江文化研究工程将延续"今、古、人、文"主题，重点突出当代发展研究、历史文化研究、"新时代浙学"建构，努力把浙江的历史与未来贯通起来，使浙学品牌更加彰显、浙江文化形象更加鲜明、中国特色哲学社会科学的浙江元素更加丰富。新时代浙江文化研究工程将坚守"红色根脉"，更加注重深入挖掘浙江红色资源，持续深化"习近平新时代中国特色社会主义思想在浙江的探索与实践"课题研究，努力让浙江成为践行创新理论的标杆之地、传播中华文明的思想之窗；擦亮以宋韵文化为代表的浙江历史文化金名片，从思想、制度、经济、社会、百姓生活、文学艺术、建筑、宗教等方面全方位立体化系统性研究阐述宋韵文化，努力让千年宋韵更好地在新时代"流动"起来、"传承"下去；科学解读浙江历史文化的丰富内涵和时代价值，更加注重学术成果的创造性转化，探索拓展浙学成果推广与普及的机制、形式、载体、平台，努力让浙学成果成为有世界影响的东方思想标识；充分动员省内外高水平专家学者参与工程研究，坚持以项目引育高端社科人才，努力打造一支走在全国前列的哲学社会科学领军人才队伍；系统推进文化研究数智创新，努力提升社科研究的科学化水平，提供更多高质量文化成果供给。

伟大的时代，需要伟大作品、伟大精神、伟大力量。期待新时代浙江文化研究工程有更多的优秀成果问世，以浙江文化之窗更好地展现中华文化的生命力、影响力、凝聚力、创造力，为忠实践行"八八战略"、奋力打造"重要窗口"，争创社会主义现代化先行省，高质量发展建设共同富裕示范区，提供强大思想保证、舆论支持、精神动力和文化条件。

2021年9月

序　言

徐　规

靖康之变，北宋灭亡。建炎元年(1127)五月初一日，宋徽宗第九子、钦宗之弟赵构在应天府(河南商丘)即帝位，重建宋政权。不久，宋高宗在金兵的追击下一路南逃，最终在杭州站稳了脚跟，并将此地称为行在所，成为实际上的南宋都城。

南宋自立国起，到最终为元朝灭亡(1279)，国祚长达一百五十三年之久。对于南宋社会，历来评价甚低，以为它国力至弱，君臣腐败，偏安一隅，一无作为。但是近代以来，一些具有远见卓识的史学家却有不同看法，如著名史学大师陈寅恪先生在二十世纪四十年代初指出：

> 华夏民族之文化，历数千载之演进，造极于赵宋之世。①

著名宋史专家邓广铭先生更认为：

> 宋代是我国封建社会发展的最高阶段，两宋期内的物质文明和精神文明所达到的高度，在中国整个封建社会历史时期之内，可以说是空

---

① 陈寅恪：《金明馆丛稿二编》，生活·读书·新知三联书店 2001 年出版。

前绝后的。①

很显然,对宋代的这种高度评价,无论是陈寅恪还是邓广铭先生,都没有将南宋社会排斥在外。我以为,一些人所以对南宋贬抑至深,在很大程度上是出于对患有"恐金病"的宋高宗和权相秦桧一伙倒行逆施的义愤,同时从南宋对金人和蒙元步步妥协,国土日朘月削,直至灭亡的历史中,似乎也看到了它的懦弱和不振。当然,缺乏对南宋史的深入研究,恐怕也是其中的一个原因。

众所周知,南宋历史悠久,国土虽只及北宋的五分之三,但人口少说也有五千万人左右,经济之繁荣,文化之辉煌,人才之众多,政权之稳定,是历史上任何一个偏安政权所不能比拟的。因此,对南宋社会的认识,不仅要看到它的统治集团,更要看到它的广大人民群众;不仅要看到它的军事力量,更要看到它的经济、文化和科学技术等各个方面,看到它的人心之所向。特别是由于南宋的建立,才使汉唐以来的中华文明在这里得到较好的传承和发展,不至于产生大的倒退。对于这一点,人们更加不应该忽视。

北宋灭亡以后,由于在淮河、秦岭以南存在着南宋政权,才出现了北方人口的大量南移,再一次给中国南方带来了充足的劳动力、先进的技术和丰富的生产经验,从而推动了南宋农业、手工业、商业和海外贸易的显著的进步。

与此同时,南宋又是中国古代文化最为光辉灿烂的时期。它具体表现为:

一是理学的形成和儒学各派的互争雄长。

南宋时候,程朱理学最终形成,出现了以朱熹为代表的主流派道学,以胡安国、胡宏、张栻为代表的湖湘学,以谯定、李焘、李石为代表的蜀学,以陆九渊为代表的心学。此外,浙东事功学派也在尖锐复杂的民族矛盾和阶级矛盾的形势下崛起,他们中有以陈傅良、叶适为代表的永嘉学派,以陈亮、唐

---

① 邓广铭:《关于宋史研究的几个问题》,载《社会科学战线》1986年第2期。

仲友为代表的永康学派,以吕祖谦为代表的金华学派。理宗朝以前,各学派之间互争雄长,呈现出一派欣欣向荣的景象。

二是学校教育的大发展,推动了文化的普及。

南宋学校教育分中央官学、地方官学、书院和私塾村校,它们在南宋都获得了较大发展。如南宋嘉泰二年(1202),仅参加中央太学补试的士人就达三万七千余人,约为北宋熙宁初的二百五十倍。① 州县学在北宋虽多次获得倡导,但只有到南宋才真正得以普及。两宋共有书院三百九十七所,其中南宋占三百十所,②比北宋的三倍还多,著名的白鹿洞、象山、丽泽等书院,都是各派学者讲学的重要场所。为了适应科举的需要,私塾村校更是遍及城乡。学校教育的大发展,有力地推动了南宋文化的普及,不仅应举的读书人较北宋为多,就是一般识字的人,其比例之大也达到了有史以来的高峰。

三是史学的空前繁荣。

通观整个南宋,除了权相秦桧执政时期,总的说来,文禁不密,士大夫熟识政治和本朝故事,对国家和民族有很强的责任感,不少人希望借助于史学研究,总结历史上的经验和教训,以供统治集团作为参考。另一方面,南宋重视文治,读书应举的人比以前任何时候都多,对史书的需要量极大,许多人通过著书立说来宣扬自己的政治主张,许多人将刻书卖书作为谋生的手段。这样就推动了南宋史学的空前繁荣,流传下来的史学著作,尤其是本朝史,大大超过了北宋一代,南宋史家辈出,他们治史态度之严肃,考辨之详赡,一直为后人所称道。四川、两浙东路、江南西路和福建路都是重要的史学中心。四川以李焘、李心传、王称等人为代表。浙东以陈傅良、王应麟、黄震、胡三省等人为代表。江南西路以徐梦莘、洪皓、洪迈、吴曾等人为代表,福建路以郑樵、陈均、熊克、袁枢等人为代表。他们既为后世留下了宝贵的史料,也创立了新的史学体例,史书中反映的爱国思想也对后世史家产生了

---

① 徐松辑:《宋会要辑稿》崇儒一之三九,中华书局1987年影印本。
② 参见曹松叶《宋元明清书院概况》,载《中山大学语言历史研究所周刊》第十集,第111—115期,1929年12月至1930年出版。

重大影响。

四是公私藏书十分丰富。

南宋官方十分重视书籍的搜访整理,重建具有国家图书馆性质的秘书省,规模之宏大,藏书之丰富,远远超过以前各个朝代。私家藏书更是随着雕板印刷业的进步和重文精神的倡导而获得了空前发展。两宋时期,藏书数千卷且事迹可考的藏书家达到五百余人,生活于南宋的藏书家有近三百人,[①]又以浙江为最盛,其中最大的藏书家有郑樵、陆宰、叶梦得、晁公武、陈振孙、尤袤、周密等人,他们藏书的数量多达数万卷至十数万卷,有的甚至可与秘府、三馆等。

五是文学、艺术的繁荣。

南宋是中国古代文学、艺术繁荣昌盛的时代。词是两宋最具代表性的文学形式,据唐圭璋先生所辑《全宋词》统计,在所收作家籍贯和时代可考的八百七十三人中,北宋二百二十七人,占百分之二十六;南宋六百四十六人,占百分之七十四,李清照、辛弃疾、陆游、姜夔、刘克庄等都是南宋杰出词家。宋诗的地位虽不及唐代,但南宋诗就其数量和作者来说,却大大超过了北宋。由北方南移的诗人曾几、陈与义;有"中兴四大诗人"之称的陆游、杨万里、范成大、尤袤;有同为永嘉(浙江温州)人的徐照、徐玑、翁卷、赵师秀;有作为江湖派代表的戴复古、刘克庄;有南宋灭亡后作"遗民诗"的代表文天祥、谢翱、方凤、林景熙、汪元量、谢枋得等人。此外,南宋的绘画、书法、雕塑、音乐舞蹈以及戏曲等,都在中国文化史上占有一定的地位。

在日常生活中,南宋的民俗风情,宗教思想,乃至衣、食、住、行等方面,对今天的中国也有着深刻影响。

南宋亦是我国古代科学技术发展史上最为辉煌的时期,正如英国学者李约瑟所说:"对于科技史家来说,唐代不如宋代那样有意义,这两个朝代的气氛是不同的。唐代是人文主义的,而宋代较着重科学技术方面……每当

---

① 参见《中国藏书通史》第五编第三章《宋代士大夫的私家藏书》,宁波出版社2001年出版。

人们在中国的文献中查找一种具体的科技史料时，往往会发现它的焦点在宋代，不管在应用科学方面或纯粹科学方面都是如此。"①此话当然一点不假，不过如果将南宋与北宋相比较，李约瑟上面所说的话，恐怕用在南宋会更加恰当一些。

首先，中国四大发明中的三大发明，即指南针、火药和印刷术而言，在南宋都获得了比北宋更大的进步和更广泛的应用。别的暂且不说，仅就将指南针应用于航海上，并制成为罗盘针使用这一点来看，它就为中国由陆上国家向海洋国家的转变创造了技术上的条件，意义十分巨大。再如，对人类文明有重大贡献的活字印刷术虽然发明于北宋，但这项技术的成熟与正式运用却是在南宋。其次，在农业、数学、医药、纺织、制瓷、造船、冶金、造纸、酿酒、地学、水利、天文历法、军器制造等方面的技术水平都比过去有很大进步。可以这样说：在西方自然科学东传之前，南宋的科学技术在很大程度上代表了中国封建社会科学技术的最高水平。

南宋军事力量虽然弱小，但军民的斗争意志却异常强大。公元1234年，金朝为宋蒙联军灭亡以后，宋蒙战争随即展开。蒙古铁骑是当时世界上最为强大的军队，它通过短短的二十余年时间，就灭亡了西夏和金，在此前后又发动三次大规模的西征，横扫了中亚、西亚和俄罗斯等大片土地，前锋一直打到中欧的多瑙河流域。但面对如此劲敌，南宋竟顽强地抵抗了四十五年之久，这不能不说是世界战争史上的一个奇迹。从中涌现出了大量可歌可泣的英雄人物，反映了南宋军民不畏强暴的大无畏战斗精神，他们与前期的岳飞精神一样，成为中华民族宝贵的精神财富。

古人有言："以古为镜，可以知兴替。"近人有言："古为今用，推陈出新。"前者是说，认真研究历史，可为后人提供历史上的经验和教训，以少犯错误；后者是说，应该吸取历史上一切有益的东西，通过去粗取精、改造、发展，以造福人民，总之，认真研究历史，有利于加强精神文明的建设，也有利于将我国建设成为一个和谐的、幸福的社会。我觉得南宋可供我们借鉴反

---

① 《中国科学技术史·导论》中译本，科学出版社、上海古籍出版社1990年出版。

思和保护利用的东西实为不少。

以前,南宋史研究与北宋史研究相比,显得比较薄弱,但随着杭州市社会科学院主持的50卷《南宋史研究丛书》编撰出版工作的基本完成,这一情况发生了一些令人欣喜的改变。但历史研究没有穷尽,关于南宋和南宋都城临安的研究,尚有许多问题值得进一步探讨,也还有一些空白需要填补。近日,欣闻杭州市社会科学院南宋史研究中心拟进一步深化和扩大南宋史研究,同时出版"博士文库",加强对南宋史研究后备人才的培养,对杭州凤凰山皇城遗址综保工程,也正从学术上予以充分配合和参与,此外还正在点校和整理部分南宋史的重要典籍。组织编撰《南宋及南宋都城临安研究系列丛书》,对于开展以上一系列的研究,我认为很有意义。我相信,在汲取编撰《南宋史研究丛书》成功经验的基础上,新的系列丛书一定会进一步推动我国南宋史研究的深入开展,对杭州乃至全国的精神文明建设都有莫大的贡献,故乐为之序。

2010年11月于杭州市道古桥寓所

目　录

浙江文化研究工程成果文库总序 …………………… 习近平（ 1 ）
浙江文化研究工程成果文库序言 …………………… 袁家军（ 1 ）
序言 ……………………………………………………… 徐　规（ 1 ）

绪论 ………………………………………………………………（ 1 ）
第一章　从闽北寒士到更化词臣 ……………………………（ 12 ）
　第一节　真德秀的成长历程 ……………………………（ 13 ）
　第二节　真德秀与嘉定初年的词臣群体 ………………（ 24 ）
第二章　真德秀对君臣之学的诠释与建构 …………………（ 39 ）
　第一节　《大学衍义》与帝王之学的建构 ………………（ 40 ）
　第二节　真德秀对辅臣之学的义理诠释与价值导向 …（ 60 ）
　第三节　《心经》《政经》与守牧之学 ……………………（ 77 ）
第三章　庙堂之策与真德秀的政治思想 ……………………（ 92 ）
　第一节　敬天保民与仁君之道 …………………………（ 93 ）
　第二节　朝臣公议与士风重振 …………………………（103）
　第三节　权臣政治与直谏勇退的名节观 ………………（112）
第四章　战守之争与真德秀的战略规划 ……………………（125）
　第一节　不主和议与拒送岁币的外交政策 ……………（127）

第二节　对边防的战略规划 …………………………………（134）
　　第三节　蓄力待时、以备战守的积极防御 …………………（146）
第五章　真德秀的施政主张与地方治理 ………………………（157）
　　第一节　"廉""仁""公""勤"的为官之道与治邑之绩 ………（159）
　　第二节　官方祭祀的世俗倾向与牧民官的现实考量………（186）
　　第三节　淳风化俗与地方秩序的稳固…………………………（200）
　　第四节　真德秀对地方官员的荐举与按劾……………………（217）
第六章　真德秀的文道观与正宗典范的确立……………………（234）
　　第一节　真德秀对文道观的论述………………………………（237）
　　第二节　《文章正宗》的编选与作文范式 ……………………（247）
结语 …………………………………………………………………（276）
主要参考文献 ………………………………………………………（283）
后记 …………………………………………………………………（292）

绪　　论

真德秀(1178—1235)原字实夫,后更字景元,又改为希元,号西山,出生于福建浦城县长乐里仙阳镇的平民之家。真德秀视朱熹为百代宗师,一生致力于光大朱子学说,彰明道统,在朱子学说从"伪学"到正学的转变过程中起到了重要的推动作用,"自庆元权臣立伪学之名以锢善类,憸人乘之以给爵位,俗士假之以渔科名。自周、程子至于朱、张氏凡以发天人之蕴、阐圣贤之秘者,皆宪禁以绝其书。虽以《中庸》《大学》孔门之遗言,亦科举之所忌,学士解散,甚至有不敢名其师者。公晚出独立,慨以世道自任,即口诵心惟验己之实践,行世接物体心之所安,造次理道,于仕于处,无贵贱少长爱而敬之"①。端平元年(1234),真德秀向宋理宗进献《大学衍义》,征引经训,采先儒之论,参证史事,寓时政内容,期望以《大学》精神教化君主,从而实现为君天下者立律令格式的宏大目标。真德秀立朝有直声,屡进危言,倡导公议。出任地方,惠政深洽。任江东转运副使时,大行荒政,活民百万。两知泉州,番舶复来。海寇作乱,真德秀亲授军兵方略,平定寇乱。任湖南安抚使期间,真德秀广建惠民仓、社仓、义廪,平抑粮价、救济百姓,其仁民济世之举,中外交颂。真德秀病逝,理宗深为痛惜,"上思之不置,谥曰'文忠'"②。其传世著作有《西山文集》《大学衍义》《西山读书记》《四书集编》《心经》

---

① (宋)魏了翁:《鹤山先生大全文集》卷六九《参知政事资政殿学士致仕真公神道碑》,《四部丛刊初编》景印乌程刘氏嘉业堂藏宋刊本。
② 《宋史》卷四三七《儒林七》,中华书局,1977年,第12965页。

《政经》《卫生歌》等,余皆散佚不可见。

对真德秀研究的传统优势集中在学术思想领域。侯外庐、姜广辉、蒙培元、葛荣晋、高令印、陈其芳等学者从不同的角度对真德秀的理学思想进行了深入阐释,侯外庐《宋明理学史》①,高令印、陈其芳《福建朱子学》②,葛荣晋《中国实学思想史》③,蒙培元《理学的演变——从朱熹到王夫之戴震》④,李申《中国儒教史》⑤等书中有专门的章节对真德秀的理学思想进行论述。蒙培元认为真德秀对朱子学说有两方面的重大发挥,一是发挥了朱熹学术中经世致用的实学思想,二是发挥了朱熹以"仁"为本的"心体"论。葛荣晋不但论述了真德秀对朱子学说的推广和普及之功,同时肯定了真德秀积极发展朱子理学、开辟了明朝实学救国道路的启示之功。这些论著是对真德秀理学思想研究的重要贡献,对后来的研究者具有可贵的启发价值。

对真德秀经世思想和政治活动的研究,海外和港台地区的学者起步较早。早在二十世纪八十年代,香港学者朱鸿林就在《食货月刊》上发表《理论性的经世之学——真德秀〈大学衍义〉之用意及其著作背景》⑥一文,认为《大学衍义》是一部以经世致用为目的的经世之作,在真德秀研究中开启了一条新的道路。目前国外研究者对真德秀经世思想和政治活动的研究论文主要有 Willim Theodore de Bary(狄百瑞)的 *Neo-Confucian Orthodoxy and the Learning of the Mind-and-Heart*⑦、Chu, Ron-Guey(朱荣贵)的 Chen Te-hsiu and the Classic on Governance: The coming of age of NeoConfucian statecraft(《真德秀和〈政经〉:理学家治国时代的来临》)⑧、小岛毅

---

① 侯外庐、邱汉生、张岂之主编:《宋明理学史》,人民出版社,1997年。
② 高令印、陈其芳:《福建朱子学》,福建人民出版社,1986年。
③ 葛荣晋:《中国实学思想史》,首都师范大学出版社,1994年。
④ 蒙培元:《理学的演变》,方志出版社,2007年。
⑤ 李申:《中国儒教史》,江苏人民出版社,2018年。
⑥ 朱鸿林:《理论性的经世之学——真德秀〈大学衍义〉之用意及其著作背景》,《食货月刊》1985年第15卷第3—4期。
⑦ Willim Theodore de Bary. *Neo-Confucian Orthodoxy and the Learning of the Mind-and-Heart*, Columbia University Press, 1981.
⑧ Chu, Ron-Guey. "Chen Te-hsiu and the Classic on Governance: The coming of age of NeoConfucian statecraft," Ph. D. Dissertation, Columbia University, 1988.

《牧民官の祈り——真德秀の場合》①、前川亨《真德秀の政治思想——史弥遠政権期における朱子学の一動向》②、小林晃《南宋后期史弥远专权内情及其嬗变》③、朴志焄《南宋末真德秀的对外认识和华夷观》④等。研究者们详细论述了真德秀在理论著述中所蕴涵的经世化特质,以及其政治活动和外交主张,为今后的进一步研究奠定了坚实的基础。

二十一世纪后,国内外学者的真德秀研究成果更为丰硕,除年谱和研究综述外,对真德秀的研究多集中在以下几个方面:

一、对真德秀学术思想的研究

孙先英《真德秀学术思想研究》⑤是学界第一部对真德秀学术做融通性研究的专著,对真德秀的学术做了较全面的阐述。该书阐释了真德秀的学术背景,分析了其学术与政治的关系,探讨了其学术思想、学术实践、学术贡献和学术地位,分析了西山真氏学派的情况。此书论证详实,对后来者多有启发,是真德秀研究中的重要著述。

较早对真德秀理学思想进行研究的论文主要有姜广辉的《略论真德秀的理学思想及其历史地位》⑥和《西山鹤山合论》⑦等文,作者从本体论、认识论等方面广泛发掘史料,多角度地对真德秀的理学思想进行揭示,具有重要的开创之功。《宋元学案》中称真德秀依门傍户,不敢自出一头地,盖墨守之而已。连凡在《论〈宋元学案〉对朱熹弟子的评价——以黄榦、辅广、陈淳、真德秀、魏了翁为例》⑧一文中指出,黄宗羲褒魏了翁而贬真德秀,与其

---

① [日]小岛毅:《牧民官の祈り——真德秀の場合》,《史学杂志》,1991年。
② [日]前川亨:《真德秀の政治思想——史弥遠政権期における朱子学の一動向》,《驹泽大学禅研究所年报》,1994年。
③ [日]小林晃:《南宋后期史弥远专权内情及其嬗变》,《国际社会科学杂志》2020年第3期。
④ [韩]朴志焄:《南宋末真德秀的对外认识和华夷观》,《宋史研究论丛》第六辑,河北大学出版社,2005年。
⑤ 孙先英:《真德秀学术思想研究》,上海人民出版社,2008年。
⑥ 姜广辉:《略论真德秀的理学思想及其历史地位》,《福建论坛》1983年第5期。
⑦ 姜广辉:《西山鹤山合论》,《中国哲学史研究》1984年第3期。
⑧ 连凡:《论〈宋元学案〉对朱熹弟子的评价——以黄榦、辅广、陈淳、真德秀、魏了翁为例》,《闽江学院学报》2017年第6期。

自身学术宗尚有关。魏了翁研究儒家经典并不局限于朱熹等先儒之说,而是直接研究原典,对字义上的古今学说以及前儒的诠释进行仔细考辨;真德秀专主朱子学,强调对四书、《近思录》等经典的学习。黄宗羲所处的明末清初,理学衰退,经学兴起,黄宗羲本人显然受到了当时思潮的影响,故崇魏贬真不难理解。

对"敬"与"诚"的论述是真德秀理学思想中极为重要的部分。朱人求对此有特别的关注。其《西山论敬》①专门探讨真德秀关于"敬"的思想。围绕"敬为心法""敬为修身立政之本"和"戒惧谨独者,敬也"三个命题展开了详细论述,仔细辨析了真德秀关于"敬"的思想,指明了其思想源流,分析了其思想与宋代理学诸子的不同,论述了其对后世思想的影响。朱人求对真德秀"诚"的思想也做了细致探讨,撰有《真西山对"诚"的探索——兼论西山对朱子诚学的继承和发展》②和《真德秀对朱子诚学的继承和发展》③等文,从真德秀的著作中提炼了真德秀关于"诚"的观点,论述了其对朱熹学说的继承和发展。

对于真德秀思想中大量的"心"论,学界普遍认为其是受陆九渊心学影响,具有心学倾向。方遥在《朱陆之辨与真德秀的理论指向》④一文中通过辨析朱熹与陆九渊在"性即理与心即理""尊德性与道问学"和"格物与明心"三个哲学命题上的分歧来探讨朱、陆之异同和真德秀的思想渊源与理论指向。宋道贵《真德秀心论的理论指向》⑤一文从真德秀对"心之主宰""心之本体"以及"人心、道心"的阐释出发,说明无论是心论还是功夫论,真德秀的思想系统都属于朱子学,与陆王心学无关。其门人中出现的会和朱、陆思想的倾向,也并非是受真德秀影响的结果。郑先平《真德秀〈心经〉中的哲学思想》⑥一

---

① 朱人求:《西山论敬》,《朱子学刊》2007年第1辑。
② 朱人求:《真西山对"诚"的探索——兼论西山对朱子诚学的继承和发展》,《朱子学刊》2008年第1辑。
③ 朱人求:《真德秀对朱子诚学的继承和发展》,《哲学动态》2009年第11期。
④ 方遥:《朱陆之辨与真德秀的理论指向》,《东南学术》2008年第6期。
⑤ 宋道贵:《真德秀心论的理论指向》,《江南大学学报(人文社会科学版)》2011年第4期。
⑥ 郑先平:《真德秀〈心经〉中的哲学思想》,上海师范大学硕士学位论文,2012年。

文通过对"人心""道心""养心"等概念的诠释,探讨了《心经》中"心"的内涵,并将其与佛教的《心经》进行了对比分析。

二、关于真德秀生平与交游的研究

关于真德秀的生平研究,学界已有较为丰富的成果。孙先英对真德秀的生平与交游十分重视,相关成果也较多。其《论朱学见证人真德秀》一文末附年表和交游考,而其书《真德秀学术思想研究》首章第三节《真德秀学术背景探究》中考述了真德秀的交游圈,这些生平与交游考对此后的研究具有重要的参考价值。除更正史料中真德秀字记载之误外,孙先英还更正了真德秀年谱和《宋史》本传中的不少错误。其《〈西山真夫子年谱〉正误》①一文,补正了真采《西山真夫子年谱》的十五条内容,对于真德秀的研究有很重要的意义。而《〈宋史·真德秀〉本传献疑几则》②一文则纠正了《宋史·真德秀传》的四条错谬,对真德秀研究和《宋史》纠谬均有一定价值。林日波《真德秀年谱》③一文是对真德秀生平研究的一次突破。该年谱较为详细地梳理了真德秀生平的重要事迹,但其中有些考证还值得商榷。在林日波《真德秀年谱》前,有两部真德秀的年谱,一是真德秀十九代孙清代真采《西山年谱》,一是徐德明《真德秀年谱新编》。《西山年谱》保存了部分关于真德秀生平的珍贵材料,但内容简略,且多有讹误,故孙先英有专文《〈西山真夫子年谱〉正误》补正其内容。林日波《真德秀年谱》体例则较为完备,包括前言、编例、谱前、正谱、谱后和后记六大部分。谱前是对真德秀家世爵里的考证和学术事业的概述,正谱是对其一生事迹的分年编次,谱后是对其著作刊刻和流风遗韵的叙述。其编年谱,意在通过搜罗、整理和编排真德秀相关资料,在展现真德秀生平的主线之外,将理学的黜崇过程作为一条副线贯穿年谱,反映时代背景,这是真德秀年谱编纂的一大突破。

---

① 孙先英:《〈西山真夫子年谱〉正误》,《四川师范大学学报(社会科学版)》2005年第2期。
② 孙先英:《〈宋史·真德秀〉本传献疑几则》,《龙岩学院学报》2007年第1期。
③ 林日波:《真德秀年谱》,华中师范大学硕士学位论文,2006年。

三、关于真德秀文学观及其创作的研究

张健《真德秀的文学理论研究》①一文是较早对真德秀的文学观进行研究的论著。作者对真德秀的文学理论进行了总体评价,并指出其囿于理学家身份评论诗文的局限,此后学界对真德秀文学观及诗文创作的研究多沿袭这一观点。石明庆《论真德秀的诗歌理论批评》一文认为真德秀的诗歌理论批评承继并发展了朱熹道德为本、文辞为末的诗学观。张文利、陶文鹏《真德秀与魏了翁文学之比较》②一文,从文学观念和文学创作两个角度比较了真德秀与魏了翁之同异。在重道轻文的理学家文道观指导下,真德秀和魏了翁首先把文学视作阐发理学义理的工具,然后才是文学发抒性情、表达感情的本位作用。孙先英《真德秀〈诗经〉评点的"性情之正"说》③一文专论真德秀《诗经》评点中的"性情之正"说,作者对真德秀的"性情之正"论进行了阐释,指出该观点源自儒家"温柔敦厚"诗教观和"重质轻文"的理论,并进一步分析了其"性情之正"说对晚宋诗歌创作的影响。刘婷婷《宋季士风与文学》④第四章专论真德秀、魏了翁等道学家的散文创作。朱军《理学与宋元时期文道关系的演变》⑤一文论述真德秀继承朱熹观点,以"明道"为原则选取诗文编成《文章正宗》,试图融会文道,诠释了南宋文道调和的另一种路径。但因为"道"至高无上的地位,"文"无法与其对等,故以真德秀为代表的理学家无法缓和自北宋理学初兴以来文道之间的对立状态,南宋的文道关系仍然只是分裂中的缓和。关于真德秀的文风,闵泽平《考亭学派文风论略》⑥一文有所论及。作者分析了真德秀的奏疏和序记、题跋类

---

① 张健:《真德秀的文学理论研究》,《国立编译馆馆刊》,1973年。
② 张文利、陶文鹏:《真德秀与魏了翁文学之比较》,《苏州大学学报(哲学社会科学版)》2008年第4期。
③ 孙先英:《真德秀〈诗经〉评点的"性情之正"说》,《贵州大学学报(社会科学版)》2007年第3期。
④ 刘婷婷:《宋季士风与文学》,浙江大学博士学位论文,2007年。
⑤ 朱军:《理学与宋元时期文道关系的演变》,《中国哲学史》2018年第4期。
⑥ 闵泽平:《考亭学派文风论略》,《船山学刊》2007年第4期。

作品,认为真德秀之文更强调文章之用,更多地继承了朱熹的平直之风,但趋于极至,走向复古与保守。

四、关于真德秀教化理论与社会实践的研究

关于真德秀教化理论与社会实践的研究较多,且涉及面较广。为京朝官时真德秀对君进以良言,并通过经筵讲学的方式教化君主正心修身;为地方官时真德秀撰众多劝谕之文告诫官吏要廉政爱民,教化百姓重孝务本。王琦的《理学经世:从〈大学〉经筵讲义管窥真德秀对朱熹思想的发展》①和《学术与政治的互动——以真德秀与徐元杰经筵进读为例》②两文通过对真德秀的经筵讲义和进读日记等文献的分析,论述了真德秀经筵进讲的特征及影响。同是《大学》经筵讲义,在诠释章节上朱熹详尽而真德秀简明,在诠释重心上朱熹重在理论阐发而真德秀注重实处用力,在诠释方式上朱熹偏重议论说理而真德秀注重经史结合,在诠释倾向上朱熹强调切己体察而真德秀重视经世致用。方彦寿《朱熹及其弟子的孝道理论与实践》③一文论述了真德秀的孝道理论和教化实践,并对其社会影响进行了多维度的诠释。同时期国外学者的研究成果也颇为丰硕,如小林义广《宋代地方官与民众——以真德秀为中心》④一文选择以真德秀的"谕俗文"为重点研究对象,对南宋时期地方官引导治理民众的情况进行分析。研究者认为真德秀的"谕俗文"集中反映了真德秀治理地方民众的思路,具有代表性和突出价值。

五、关于真德秀著述的研究

学界对《大学衍义》的研究开始较早,经过几代学者的共同努力,可谓硕

---

① 王琦:《理学经世:从〈大学〉经筵讲义管窥真德秀对朱熹思想的发展》,《船山学刊》2020年第2期。

② 王琦:《学术与政治的互动——以真德秀与徐元杰经筵进读为例》,《湖南大学学报(社会科学版)》2021年第1期。

③ 方彦寿:《朱熹及其弟子的孝道理论与实践》,《福州大学学报(哲学社会科学版)》2015年第4期。

④ [日]小林义广著,何志文译:《宋代地方官与民众——以真德秀为中心》,《江海学刊》2014年第3期。

果累累。这些研究主要集中在文献版本、理学思想、经世思想、衍义体例等方面。研究《大学衍义》的专书主要有向鸿全《真德秀及其〈大学衍义〉之研究》①、康世统《真德秀〈大学衍义〉之研究》②和钟文荣《真德秀〈大学衍义〉研究》③等,对《大学衍义》的成书过程、思想内容和历史作用进行了整体论述。

姜广辉、朱人求、朱鸿林、夏福英、孙先英等学者则选取了不同的角度对《大学衍义》进行研究论述。姜广辉在《修身之道与治国之道的统一——古代行政管理经验的总结之作:〈大学衍义〉与〈大学衍义补〉》④一文中指出,真德秀《大学衍义》和丘濬《大学衍义补》完成了填补和充实《大学》"三纲领""八条目"的任务,体现了儒家修身与治国之道的统一,是古代行政管理经验之大成,是后世帝王和官员的必读经典。文章分别对《大学衍义》的主要内容和《大学衍义补》对现代行政有借鉴意义的内容进行分析,供后来者参考。姜广辉、夏福英《宋以后儒学发展的另一走向——试论"帝王之学"的形成与发展》⑤以及夏福英《"帝王之学"视域下之〈大学衍义〉研究》⑥《宋代经筵制度化与"帝王之学"的形成》⑦等文主要探讨了中国"帝王之学"的形成与发展、《大学衍义》对"帝王之学"的理论建构、《大学衍义》所创"衍义体"的特点及对后世的影响等,作者关注到了宋代经筵制度化对"帝王之学"形成的作用,并对经筵制度与帝王之学形成的关系进行了论述。

对《大学衍义》所创的衍义体及其影响的研究成果较多,其中以朱人求的研究最具代表性。朱人求在《衍义体:经典诠释的新模式——以〈大学衍义〉为中心》⑧一文中对衍义体进行了定义和阐释,认为《大学衍义》遵从"以义求

---

① 向鸿全:《真德秀及其〈大学衍义〉之研究》,花木兰文化出版社,2008年。
② 康世统:《真德秀〈大学衍义〉之研究》,花木兰文化出版社,2009年。
③ 钟文荣:《真德秀〈大学衍义〉研究》,黑龙江人民出版社,2011年。
④ 姜广辉:《修身之道与治国之道的统一——古代行政管理经验的总结之作:〈大学衍义〉与〈大学衍义补〉》,《湖南大学学报(社会科学版)》2008年第1期。
⑤ 姜广辉、夏福英:《宋以后儒学发展的另一走向——试论"帝王之学"的形成与发展》,《哲学研究》2014年第8期。
⑥ 夏福英:《"帝王之学"视域下之〈大学衍义〉研究》,湖南大学博士学位论文,2015年。
⑦ 夏福英:《宋代经筵制度化与"帝王之学"的形成》,《社会科学战线》2017年第10期。
⑧ 朱人求:《衍义体:经典诠释的新模式——以〈大学衍义〉为中心》,《哲学动态》2008年第4期。

经"的诠释原则,根据自己的诠释目的和诠释框架来推衍、发挥经义,以经世致用为基本价值取向,以服务帝王为根本目的,带有鲜明的时代性。朱人求、王玲莉《衍义体在东亚世界的影响及其衰落》①一文论述了衍义体的经世化、世界化、世俗化的特点和衰落的原因。作者补充了许多前人未曾注意的材料,从新角度阐发己见。周炽成《"心学"源流考》②、赵楠楠《〈心经〉及〈心经附注〉对退溪学问的影响》③和朱人求《真德秀〈心经〉与韩国儒学》④等文均涉及对《心经》"心学"的探讨,朱人求在论文中提出了"心法学"的概念,用以指称程朱一脉的心性之学,从而与陆王心学、佛教心学作区分。

而关于《政经》的研究则主要集中在为官之德和儒家治理思想的探讨上。朱荣贵在 Chen Te-hsiu and the Classic on Governance: The coming of age of NeoConfucian statecraft⑤一文中指出:《政经》囊括了新儒家理论与实践的治国智慧,是新儒家思想在国家统治和地方治理中的典范代表。作为朱子传人,真德秀继承并发展了朱熹的政治理想,并顺应时代趋势将这种政治理想推行到行政管理和地方治理中。任竞泽在《〈文章正宗〉"四分法"的文体分类史地位》⑥一文中论述了真德秀《文章正宗》的"四分法"以合并归类独辟蹊径,化繁为简。"四分法"融合功用性分类、功能性分类和形态性分类于一体,与古代文体分类的复杂态势相比显得更加合理,与现代文学分类方法有所契合。李法然在《追摹"圣人之道":〈续文章正宗〉中的理事关系与文道关系》⑦一文中论述了真德秀借由《大学》八条目的理论框架完成了道学文章契合点的寻求,在思想内容上以"道"之"一"统领各类文章之"殊"。真德秀的《续文章正宗》立足于道学立场而面对古文传统,努力寻求理学与文章的契合点。但

---

① 朱人求、王玲莉:《衍义体在东亚世界的影响及其衰落》,《社会科学战线》2011 年第 3 期。
② 周炽成:《"心学"源流考》,《哲学研究》2012 年第 8 期。
③ 赵楠楠:《〈心经〉及〈心经附注〉对退溪学问的影响》,《理论月刊》2013 年第 1 期。
④ 朱人求:《真德秀〈心经〉与韩国儒学》,《哲学动态》2015 年第 4 期。
⑤ Chu, Ron-Guey. "Chen Te-hsiu and the Classic on Governance: The coming of age of NeoConfucian statecraft," Ph. D. Dissertation, Columbia University, 1988.
⑥ 任竞泽:《〈文章正宗〉"四分法"的文体分类史地位》,《北方论丛》2011 年第 6 期。
⑦ 李法然:《追摹"圣人之道":〈续文章正宗〉中的理事关系与文道关系》,《复旦学报(社会科学版)》2021 年第 5 期。

真德秀期望整合以"道"统领的知识体系与"文章"的外在形式的目标却未取得预期效果,反映出理学家在处理文道关系方面存在的困惑。

在真德秀著述的点校整理方面,主要有:朱人求校点《大学衍义》四十三卷①,以现存最早最完整的善本元刻本为底本,参照北京大学图书馆藏明嘉靖六年司礼监刻本,明崇祯五年陈仁锡评阅本和四库全书本进行互校。基本保留了《大学衍义》的历史原貌,对《大学衍义》的研究具有重要的文献价值和参考意义。刘光胜整理《西山读书记》共六十一卷(《西山读书记》原分甲、乙、丙、丁四集,现仅存甲、乙、丁三集。甲集三十七卷、乙集二十二卷、丁集二卷)②,以宋开庆元年福州官刻元修本为底本,校之以文渊阁四库本、乾隆本、同治本等,并参考了《四书章句集注》《资治通鉴》《吕氏家塾读书记》等,使《西山读书记》这一内容庞杂的读书笔记尽可能保持全貌并在《全宋笔记》第十编中出版。陈静点校《四书集编》二十六卷③,此书以《通志堂经解》康熙十九年初刻本为底本,以《通志堂经解》乾隆本、同治本等为校本,并编订目录以便读者检索。

要言之,目前对真德秀的研究虽已取得丰硕成果,但尚缺乏整体性研究。如朱荣贵《真德秀和〈政经〉:理学家治国时代的来临》、向鸿全《真德秀及其〈大学衍义〉之研究》、张健《真德秀的文学理论研究》、孙先英《真德秀学术思想研究》等都侧重于真德秀研究中的某一方面或是对其单本著作的研究,局部研究没有被纳入真德秀研究的整体框架中。此外,在传统研究中还存在一定的认识误区。

一些研究者将"经世"与"事功"等同理解,这是对经世化含义的误读。理学发展的历史意义应是整个社会层面的,而不能以一朝一政的得失来简单衡量,以简单的"事功"标准来评价南宋后期理学家的言行,其结论往往失之偏颇。真德秀对长民者的道德培养和吏能要求、在基层社会中对各种惠

---

① (宋)真德秀撰,朱人求校点:《大学衍义》,华东师范大学出版社,2010年。
② (宋)真德秀撰,刘光胜整理:《西山读书记》,《全宋笔记》第10编第1—5册,大象出版社,2018年。
③ (宋)真德秀撰,陈静点校:《四书集编》,福建人民出版社,2021年。

民举措的应用与推广、以"廉""仁""公""勤"为核心的施政纲领和淳风化俗的教化实践都具有重要的经世意义。

　　本书不倾向于将真德秀的思想和著述当作封闭的个体，而是在理学演进方向与时代发展趋势的大背景中考量真德秀的地位和作用。本书旨在对真德秀进行整体研究，通过对真德秀著作的系统解读，分析真德秀的学术建构、治邑实践以及理想与现实碰撞之后产生的成败经验，展现理学在晚宋时期的多元趋势和复杂特征，避免研究中所存在的表象化、片段化、单维化的弊病，将在一定程度上弥补当前真德秀研究之不足，具有一定的开拓意义。本书力求突破"正统定则理学失其光"的思维定势，尽可能用多种来源的文献资料充实思想史和社会史的研究。除文集外，还在各种方志、家谱、碑刻、笔记中细致爬梳、点滴搜求，对以真德秀为代表的晚宋理学家在基层社会秩序建构中的多重作用进行全面考察，厘清理学在社会各层面不断延伸的发展脉络，展现理学从思想领域向社会领域拓展的时代趋势。无论是深化对理学的理解、促进理学研究的转型，还是实现对宋元社会的贯通性研究，都具有重要意义。

第一章 从闽北寒士到更化词臣

　　福建在南宋为学术世家云集之处,"儒术昌明,风流世笃,人材多萃乎一家一门"①,莆田刘氏家世学派、建阳蔡氏家世学派、莆阳陈氏家世学派、温陵留氏家世学派、浦城章氏家世学派、浦城杨氏家世学派等世家均以家学声望闻名闽中。在真德秀的友人中,陈宓来自莆阳陈氏家族,其父为孝宗朝名相陈俊卿;刘克庄来自莆田刘氏家族,其祖父刘夙官至著作佐郎,其父刘弥正官至吏部侍郎。与真德秀同举开禧元年(1205)博学宏词科的留元刚便是来自温陵留氏家族,其祖父是历仕孝宗、光宗、宁宗的三朝元老留正。相较人丁单薄、父祖皆未出仕的寒门之子真德秀而言,其来自世家大族的友人们无疑更加具有学术和人脉上的优势。刘克庄祖父刘夙,师从名儒林光朝,治《春秋》,著有《春秋解》,与弟刘朔俱以贤明著称,"隆兴、乾道中,天下称莆之贤曰二刘公"②,在莆田拥有极高的声望。刘克庄父刘弥正,官至吏部侍郎,临事鲠峭,除民疾痛。作为当地的著姓望族,其父祖在闽中拥有极高的学术声望。淳熙十年(1183),陈俊卿延请大儒朱熹在家塾讲学,陈俊卿诸子侄均侍学朱熹,十二岁的陈宓也因此得以亲炙朱子,成为道南正脉。真德秀在父亲早逝后虽得岳父杨圭赏识,但杨圭致力于举业,并非崇慕道学之人。

---

① (清)李清馥撰,徐公喜等点校:《闽中理学渊源考》卷二五《建阳蔡氏家世学派》,凤凰出版社,2011年,第335页。
② (宋)叶适:《水心文集》卷一六《著作正字二刘公墓志铭》,刘公纯等点校:《叶适集》,中华书局,1961年,第301页。

他以科举入仕为核心对真德秀的人生进行了周详地规划。在真德秀的成长历程中,与朱子门人的交往和对理学的接受主要在其科举入仕之后。

第一节 真德秀的成长历程

宋孝宗淳熙五年(1178),真德秀生于浦城长乐里仙阳镇的一户寒士之家,真家在浦城属于外来侨居,"祖姓之先出之黄帝玄嚣,始于上谷,继于下邳,终于天水,因以郡焉。世家于合淝,迨晋永嘉中,曰弘仁者迁居金陵……绍圣间,曰齐者居浙江之龙泉西乡木岱口。传三世,曰嵩者爱建之浦城长乐里仙阳山水佳胜,遂家之,而公生焉"①。虽然真谱有虚构传说成分,但记载了直到真德秀父亲真嵩一代才迁居福建浦城的家族信息。真氏一门人丁单薄,没有根基。真嵩只有一弟且不幸早逝,妻子亦出身寒门,无来自外家经济或人脉的支持。真嵩虽然重视儒业且具有一定的知识素养,但始终未能显达。夫妻二人带着三名幼子在著姓大族云集的浦城过着贫寒的生活。

唐末五代大乱与南北宋之际金军的大举进犯使得数量众多的士人举家南迁。位于闽北走廊的仙霞古道是南迁入闽的必经之路,浦城则是越过仙霞岭入闽的第一站,连接两浙东路的处州、两浙西路的衢州、江南东路的信州,并与崇安、建阳互为犄角,是建宁府的北部重镇,历来被视为福建与中原地区进行文化传播交流的门户。众多南迁的士人家族在浦城定居、繁衍,世代传承着崇文重教的优良传统。早在庆历兴学之前,闽北的建州、南剑州、邵武军均已创立了州学,庆历年间,陈襄为浦城主簿,积极建学培育人才,"国家庆历中,诏天下郡县立学。是时,陈公先生襄,以经术德义为一时儒宗,适主县簿,孜孜以教育人才为务。乃与其令谋,即县之东南隅,筑宫于其上,以延后学"②。浦城县

---

① (清)真采:《西山真文忠公年谱》,吴洪泽、尹波主编:《宋人年谱丛刊》第11册,四川大学出版社,2003年,第7491页。
② (宋)杨时撰,林海权校理:《杨时集》卷二四《浦城县重建文宣王殿记》,中华书局,2018年,第640页。

学建成后，士人学子甚众。至崇宁年间，"建州浦城县学生，隶籍者至千余人，为一路最"①。建炎初，县学毁于兵火，但南宋绍兴三年（1133），县学又在官民的通力合作下重建，其规模更胜于前，大儒杨时在记文中对浦城人才之盛和学风传承给予了充分肯定："夫浦城之为邑，盖东南贤士大夫之材薮，英材异禀出而擢高科，登膴仕，进秉钧轴者，世有人焉。吴侯用心于此，非徒饰其祠以夸耀之也，盖欲邑之士肄业于其中者，溉其文，茹其实，心得而身行之，以趋圣贤之域，然后为学之成也。"②

文教事业的兴盛，使浦城虽属建州僻邑却人才辈出，浦城在宋代有四甲族，卿相相继，族中子弟多以才学文章显扬于时，"建州浦城最为僻邑，而四甲族皆本县人。杨氏则起于文庄，章氏则肇自郇公，盖练夫人、孙夫人阴德，世多传焉。黄氏本于子思，陈氏本于秀公。轩裳极盛，今仕途所至有之"③。杨徽之、章得象、黄孝先、陈升之开启了延续数百年的浦城四大名族。而其中的杨氏家族、章氏家族更是以文教领域的杰出成就享誉东南。

浦城杨氏家族起于北宋名臣杨徽之，其纯厚清介，重名教，以文学节义为缙绅标式，卒谥文庄。杨徽之年少时在浦城梦笔山读书，后人在杨徽之读书处建书堂，绘其像以祠之，真德秀为书堂作记，对杨徽之的道德文章予以了高度褒扬："甫冠通群经，尤刻意于诗，得骚人之趣。时李氏王江表，公耻官伪廷，杖策走中原。以显德三年进士高第，入文馆，升谏垣，尝论太祖有人望，不可典禁兵。国初出司征于方城，继为大兴、峨眉二县令。开宝中召还，寖以登用。太宗尤深器之，青宫俶建，命为首僚，付以羽翼之寄……当公之去国也，一迁而楚，再徙而秦，又再转而蜀，山川益寥远，风物益凄凉，昔之词人墨客悲伤颠顿，若不可以生者也。而公嘉阳诸咏，皆翛然自得，亡秋毫陨获意，胸中所存，其亦远矣。入侍禁中，新承圣眷，至摘其诗隽语笔之御屏中。词章翰墨，同时岂乏其人，而公独得此者，非重其诗，重其节也。"④杨徽

---

① 《宋史》卷一五七《选举三》，第3666页。
② 《杨时集》卷二四《浦城县重建文宣王殿记》，第642页。
③ （宋）王明清：《挥麈前录》卷二，《全宋笔记》第6编第1册，大象出版社，2013年，第30页。
④ （宋）真德秀：《西山先生真文忠公文集》卷二六《杨文庄公书堂记》，《四部丛刊初编》景印江南图书馆藏明正德刊本。

之从孙杨亿少年即以神童之名著称,后从徽之问学,"年十一,太宗闻其名,诏江南转运使张去华就试词艺,送阙下。连三日得对,试诗赋五篇,下笔立成。太宗深加赏异,命内侍都知王仁睿送至中书,又赋诗一章,宰相惊其俊异,削章为贺"①。杨徽之、杨亿以道德文章名满天下,在太宗、真宗两朝备受君主信赖,"真宗在京府,徽之为首僚,邸中书疏,悉亿草定"②,文人学者翕然宗之。真德秀对二杨深为敬仰,盛赞二人对浦城乃至东南地区的重要影响:"国朝南方人物之盛,自浦城始,浦城人物之盛,自文庄公及公始。当咸平、景德间,公之文章擅天下,然使其所立独以词翰名,则亦不过与骚人墨客角逐争后先尔。惟其清忠大节,凛凛弗渝,不义富贵,视犹涕唾,此所以屹然为世之郛郭也欤!某蓬藋之居距公故第不数里,盖尝徘徊终日想公遗风而不得见,今乃从公之孙零陵史君获观其真迹,斯亦幸矣。"③

章氏家族的开创者章得象于咸平五年(1002)登进士第,累拜同中书门下平章事,封郇国公。"杨亿以为有公辅器,荐之。或问之,亿曰:'闽士轻狭,而章公深厚有容,此其贵也。'……得象在翰林十二年,章献太后临朝,宦官方炽,太后每遣内侍至学士院,得象必正色待之,或不交一言。在中书凡八年,宗党亲戚,一切抑而不进。"④时人皆赞其浑厚有容、清忠峻洁。章望之以伯父章得象荫除秘书省校书郎,以忠孝耿直闻名,欧阳修、韩绛、吴奎、刘敞、范镇等名臣同荐其才,"望之喜议论,宗孟轲言性善,排荀卿、扬雄、韩愈、李翱之说,著《救性》七篇,欧阳修论魏、梁为正统,望之以为非,著《明统》三篇。江南人李觏著《礼论》,谓仁、义、智、信、乐、刑、政皆出于礼,望之订其说,著《礼论》一篇。其议论多有过人者"⑤。章甫于熙宁三年(1070)登进士第,以遵义履道、砥节不移为士林所敬,杨时称章甫言行合天下至公,"崇宁初,党论复兴,义士胶口,无敢窃议者。公除郎官,得旨陛对。抗言:'元祐臣僚削秩投荒,皆缘国事。陛下即位,稍令内徙,道路交庆。今复刻名

---

① 《宋史》卷三〇五《杨亿传》,第10079页。
② 《宋史》卷三〇五《杨亿传》,第10080页。
③ 《西山先生真文忠公文集》卷三四《杨文公书玉溪生诗》。
④ 《宋史》卷三一一《章得象传》,第10204—10205页。
⑤ 《宋史》卷四四三《章望之传》,第13098页。

著籍,禁锢其子孙,恐非陛下本意。臣窃惑焉。'……公庄重简默,而接人以和气。行己莅官,一本于诚,不表襮以自售。其论天下事,不苟不随,期于当理而已"①。章甫对上直言敢谏,对下宽仁诚敬,敦亲睦族有古贤之风,"兄弟请别籍,公尽以己所当得田业均之,且立券与之约,毋得辄典卖。而其后兄弟之子有破其产者,卒赖以此为生。公之惇族为之长虑盖如此"②。章甫博闻强识,读书万卷,增校精至,有《孟子解义》十四卷。其子章宪、章哲先后师从杨时、吕本中等名儒,笃学力行、操履高洁。章宪精研《春秋》学说,深得大儒朱震器重,学者称复轩先生。

浦城黄氏家族起自黄孝先,黄孝先字子思,先后为广济尉、宿州司理,以善治狱迁大理寺丞。黄孝先亦以诗名著称,苏轼对黄孝先的诗作给予了极高评价,称扬其得唐人含蓄隽永之风:"闽人黄子思,庆历、皇祐间号能文者。予尝闻前辈诵其诗,每得佳句妙语,反复数四,乃识其所谓,信乎表圣之言,美在咸酸之外,可以一唱而三叹也。"③黄孝先子黄好谦、孙黄寔交游广阔,三代皆以文采出众、吏能卓异闻名,与当代显宦名士结为姻亲,唱和往来。名相章惇是黄好谦内兄、黄寔之舅,黄寔与苏辙结为姻亲,其二女皆嫁苏轼子,"寔孝友敦睦,世称其内行。苏辙在陈与寔游,因结昏,其后又与轼友善"④。韩元吉在为黄寔之孙黄任荣撰写的墓志铭中记述了浦城大族子孙卿相、登魏科声名显的盛况,"建宁衣冠氏族,惟浦城之邑最盛,卿相侍从,蝉联大家,郡人类其子孙为爵里记"⑤。真德秀所居处距杨氏故地不数里,对杨徽之、杨亿先贤的道德文章久已倾慕敬仰。浦城人对四大甲族口耳相传的文化记忆对真德秀未来的发展方向也产生了潜移默化的深远影响。

---

① 《杨时集》卷三五《章端叔墓志铭》,第 863 页。
② 《杨时集》卷三五《章端叔墓志铭》,第 864 页。
③ (宋)苏轼撰,孔凡礼点校:《苏轼文集》卷六七《书黄子思诗集后》,中华书局,1986 年,第 2125 页。
④ 《宋史》卷三五四《黄寔传》,第 11162 页。
⑤ (宋)韩元吉:《南涧甲乙稿》卷二〇《中奉大夫直敷文阁黄公墓志铭》,《景印文渊阁四库全书》第 1165 册,台湾商务印书馆,1986 年,第 310 页。

随着宋代雕版印刷术的普及和活字印刷术的发明,南宋闽北建宁府成为刊刻出版中心,在此地刊刻的图书被称为建本。南宋建本中经史子集类各种图书兼备,建安余仁仲万卷堂刻的《尚书精义》《春秋公羊经传解诂》《春秋穀梁经传》,黄善夫刻印的《史记集解索引正义》《王状元集百家注分类东坡先生诗》,麻沙刘仲吉刻印的《新唐书》等均是建本中的精品。建阳城西的麻沙与崇化书坊林立,号称"图书之府",刊刻和出版业极其发达。除经史和诗歌集外,时文与科举应试用书及各种类书、韵书等都是建阳书坊刊刻的重点,"宋自神宗罢诗赋,用策论取士,以博综古今,参考典制相尚,而又苦其浩瀚,不可猝穷。于是类事之家,往往排比联贯,荟萃成书,以供场屋采掇之用。其时麻沙书坊刊本最多,大抵出自乡塾陋儒,剿袭陈因,多无足取"①。虽然坊刻本因质量不高而颇受诟病,但坊刻书量大,图书品种多,发行渠道广,能在很大程度上满足士人的应试需求,对闽地科举文化的兴盛产生了重要影响。

福建路在宋代是进士的高产地,"在宋朝的最初一百年间(960—1063年),福建的建州共出进士二百八十二名,在南方其他各州中占领先地位"②,两宋时期,福建路的进士数量甚至超过了经济富庶、文教发达的两浙东路。据贾志扬统计,两宋时期,福建路共出进士7144名,尤其是在1190至1224年间,福建路的进士数量达到了1367人,遥遥领先于其他地区,业儒应举之风甲于东南。有宋一朝,浦城一地登进士第者即百余人。通过朱熹对建阳、福州两地学风的批评,可以窥见举业对闽地士人的巨大影响力,"而近世以来,乃有所谓科举之业者以夺其志,士子相从于学校庠塾之间,无一日不读书,然问起所读,则举非向之所谓者。呜呼!读圣贤之言而不通于心,不有于身,犹不免为书肆,况其所读,又非圣贤之书哉!以此道人,乃欲望其教化行而风俗美,其亦难矣。建阳版本书籍行四方者,无远不至,而学于县之学者,乃以无书可读为恨。今知县事会稽姚侯者寅始斥掌事者之余

---

① (清)永瑢等:《四库全书总目》卷一三五《源流至论》,中华书局,1965年,第1151页。
② 贾志扬:《宋代科举》,东大图书股份有限公司,1995年,第219—220页。

金鬻书于市,上自六经,下及训传、史记、子集,凡若干卷,以充入之,而世儒所诵科举之业者,一无得与其间"①。

闽北图书业兴盛,闽北学校及私人藏书数量和种类都较之前有了大幅度提升,但除了与举子业相关或有助于科场鏖战的书籍外,州县学子对与科举无关的"圣贤之书"并不关注,甚至"在东南为最盛"的福州州学,众多士子也是"不知学之有本,而唯书之读,则其所以求于书,不越乎记诵训诂文词之间,以钓声名、干禄利而已。是以天下之书,愈多而理愈昧;学者之事,愈勤而心愈放;词章愈丽,议论愈高,而其德业事功之实,愈无以逮乎古人"②。士人为赢得功名利禄苦苦记诵文词,而寻求义理、涵养道德则被其所忽视。虽然有建阳知县姚耆寅、福州州学教授常溶孙等人力图以古圣贤教学之意训育诸生,依然无法改变举业对闽地学风的巨大影响。

真德秀就是在这样的科举文化氛围中逐渐成长的,真嵩非常重视对儿子的培养,早早就对他进行启蒙教育。真德秀天资聪慧,四岁即从父习学,"授之书,已能过目成诵"③。七岁能文,十二岁入学,勤苦攻读。幼年的真德秀已表现出超乎同龄人的成熟与上进,"夜归尝置书枕旁,灯膏所薰,帐皆墨色,群儿休沐聚戏,公并取其书卷,兼熟之矣"④。十四岁,其已对经史子集博览深研,"凡六经子史皆研穷旨趣"⑤。十五岁,其父嵩卒,母亲吴氏纺绩持家,家境清贫,真德秀更加勤奋苦读,兢兢于举业,"家贫,无从得书,往往假之他人及剽学里儒,为举子业"⑥。此时,同郡士人杨圭注意到了这位家境贫苦却勤勉向学的少年,"年十五而孤,吴夫人劬躬教育,不以家事累其志。同郡杨国瑞圭一见曰:'三犀贯顶,此异人也。'以女

---

① (宋)朱熹:《晦庵先生朱文公文集》卷七八《建宁府建阳县学藏书记》,朱杰人、严佐之、刘永翔主编:《朱子全书》第24册,上海古籍出版社、安徽教育出版社,2002年,第3745—3746页。
② 《晦庵先生朱文公文集》卷八〇《福州州学经史阁记》,《朱子全书》第24册,第3813页。
③ 《西山真文忠公年谱》,《宋人年谱丛刊》第11册,第7491页。
④ (宋)刘克庄著,辛更儒校注:《刘克庄集笺校》卷一六八《西山真文忠公行状》,中华书局,2011年,第6497页。
⑤ 《西山真文忠公年谱》,《宋人年谱丛刊》第11册,第7492页。
⑥ (宋)周密撰,张茂鹏点校:《齐东野语》卷一《真西山》,中华书局,1983年,第12页。

女之"①。杨圭,字国瑞,以善相闻名。真德秀容颜如玉且三犀贯顶的形貌使杨圭一见即视其为异人,预言其前程远大。在真父去世后,杨圭不但将真德秀带到家中与诸子一起学习,还将十岁的女儿许配与他为妻。与真德秀早逝的父亲相比,岳父对他的科举前途寄予了更大的期望,也对他今后的人生产生了重要的影响。

杨圭久居浦城,因其善相,且言行有礼,在建宁的士大夫中颇有声望,与州县官员、居乡名宦等都有广泛联系,对基层官员的处境十分了解。县令、县丞、主簿等基层官员俸禄低下,且征粮催科、狱讼书判、捕贼平乱等事务繁杂,在朝廷的考课与胥吏的要挟中疲于奔命。南宋时期,冗官现象日益严重,"守选之人殆过二千,率数十人而竞一阙,五六岁而竢一官"②。即使历经多年的宦海沉浮,由州县官员循资升迁至京朝官的希望也非常渺茫。杨圭目睹了众多卓负才华的士友陆沉选调数十年,郁郁终老于州县下僚。浦城士人张彦清是杨圭的同乡好友。绍熙元年(1190)三十五岁登进士第后曾先后就任光泽主簿、安福县丞、庆元知县,恪守廉仁公勤的为官准则,"其施之政,则自始仕以勤民为心。岁大饥,郡属公行振恤事,措画有方,人赖以全活。安福有广陂,溉田数万顷,中废坏,豪右私其利,公请于郡而复焉。扶杖蹑履,往来泥潦中,居半岁,陂成,田以常稔"③。然而,直到嘉定十一年(1218)张彦清病卒,依然沉沦下僚,困厄终身。

对于没有家世背景的选人,想要尽快脱离选海、顺利晋阶为京朝官,博学宏词科是最佳捷径。科举考试罢诗赋、重经义是王安石变法的重要内容之一,"宜先除去声病对偶之文,使学者得以专意经义"④,去除声病对偶之文的科举改制后果是无法从新科进士中选拔能用骈文写作诏令章

---

① 《鹤山先生大全文集》卷六九《参知政事资政殿学士致仕真公神道碑》。
② (宋)周必大:《文忠集》卷一一《试馆职策一道》,《景印文渊阁四库全书》第1147册,第110页。
③ 《西山先生真文忠公文集》卷四六《知庆元县承议张公墓志铭》。
④ (宋)王安石:《临川先生文集》卷四二《乞改科条制札子》,王水照主编:《王安石全集》第6册,复旦大学出版社,2016年,第808页。

表等朝廷公文的优秀词臣。"制科词赋既罢,而士之所习者皆《三经》。所谓《三经》者,又非圣人之意,惟用安石之说以增广之,各有套括,于是士皆不知故典,亦不能应制诰、骈俪选。蔡京患之,又不欲更熙宁之制,于是始设词学科,试以制、表,取其能骈俪;试以铭、序,取其记故典。"①在朝廷下诏进士罢试诗赋后,绍圣二年(1095)即设立了宏词科,"诏立宏词科,岁许进士登科者诣礼部请试。若见守官,须受代乃得试。率以春试上舍日附试,不自立院也。差官锁引,悉依进士。惟诏诰、赦敕不以为题,所试者章表、露布、檄书用四六,颂、箴、铭、诫、谕、序、记用古今体,亦不拘四六"②。南宋绍兴三年(1133),词科更名为博学宏词科,所谓"宏词",即指文章词藻宏丽,而"博学"则指学识渊博、熟悉历代典章故事,对应试举子的骈文写作能力和博学程度有更高的要求。"高宗立博学宏词科,凡十二题,制诰、诏表、露布、檄、箴铭、记赞、颂序内杂出六题,分为三场,每场体制一古一今。……先投所业三卷,学士院考之,拔其尤者召试,定为三等。上等转一官,选人改秩,无出身人赐进士及第,并免召试,除馆职。中等减三年磨勘,与堂除,无出身人赐进士出身;下等减二年磨勘,无出身人赐同进士出身,并许召试馆职。南渡以来所得之士,多至卿相、翰苑者。"③南宋时期,三五人守一阙,且多年沉浮下僚是常态,相较于大多数进士科举子窘迫的仕途,词科进士无疑前途更加平坦光明。"宋之得才,多由进士,而以是科应诏者少。唯召试馆职及后来博学宏词,而得忠鲠文学之士。或起之山林,或取之朝著,召之州县,多至大用焉。"④从绍兴五年(1135)正式词科取士,至绍熙四年(1193),共二十榜,博学宏词科取士共三十三人,中词科者多仕途显达,如周必大官至宰相,洪迈、洪遵兄弟中词科后先后为宰相、执政,沈介、季南寿、倪思、傅伯寿等皆至侍从。"自词科之兴,

---

① (宋)叶绍翁撰,沈锡麟、冯惠民点校:《四朝闻见录》甲集《制科词赋三经宏博》,中华书局,1989年,第19页。
② (清)徐松辑,刘琳、刁忠民、舒大刚、尹波校点:《宋会要辑稿·选举》一二,上海古籍出版社,2014年,第5495页。
③ 《宋史》卷一五六《选举二》,第3651页。
④ 《宋史》卷一五六《选举二》,第3645—3646页。

其最贵者四六之文……前后居卿相显人,祖父子孙相望于要地者,率词科之人也。"①杨圭视真德秀为前程远大的异才,应试博学宏词科亦是杨圭对真德秀的培养目标。

为了选拔通晓词章的博异之才承担朝廷公文的写作任务,只有进士及第者方有资格报考宏词科,现任官须有人接替才可报考。南渡后,朝廷对词科应试资格进行了一定程度的调整,使大量无出身、通过恩荫入仕的朝廷命官也有资格参与词科考试,"以三年一次,附省试院试,不用从臣荐举。应命官不以有无出身,除归明、流外、进纳人及犯赃罪人外,并许应诏。命官非见任外官,许径赴礼部自陈;若见在任,经所属投所业,应格召试,然后离任"②。但这对贫士家庭出身的真德秀而言并无任何有利条件,他仍要通过参加科举考试来改变自身命运。宁宗庆元二年(1196),家境贫寒的真德秀徒步赴临安参加省试,"家甚贫,辛苦经营,财得钱万,囊衣笈书,疾走不敢停,至都则已惫矣"。以疲惫已极之身心参加科考,故真德秀初次应试未中。

为了帮助贫寒举子解决经济困难,在科举之风颇盛的江西、湖南、福建等地,"义约"应运而生。"南宋义约盖兴起于孝宗乾道间,创始者为江西学者谢谔。到南宋末,其延续已达百年,虽不算太久,但也为时不短。以地域论,延及湖南、江西、福建、广东以及浙江,而以江西尤盛。"③在福建路,浦城的"过省会"及泉州的"万桂社"等义约组织均为当地举子应试提供了经济上的有力资助。浦城举子加入"过省会"的有几千人。三年后,真德秀再次赴临安赶考,即得到了"过省会"的资助,"比再举,乡人乃有为所谓过省会者,人入钱十百八十,故云。偶与名其间,获钱凡数万,益以亲友之赆,始舍徒而车,得以全其力于三日之试,遂中选焉。故自转输江左以迄于今,每举辄助钱二十万,示不忘本也"④。真德秀在"过省会"的帮助下得以以车代步,保有体力,以充沛的精力投入科考,终于在第二次科考中进士及第。真德秀就

---

① 《叶适集》卷一三《宏词》,第803页。
② 《宋会要辑稿·选举》一二,第5500页。
③ 祝尚书:《南宋科举"义约"考论》,《厦门大学学报(哲学社会科学版)》2019年第3期,第103页。
④ 《西山先生真文忠公文集》卷二七《万桂社规约序》。

任江东转运后,为感谢"过省会"的相助,每逢省试必资助钱二十万,使更多的贫寒士子得以受益。真德秀知泉州后,对"万桂社"对赴考举子的帮助给予了高度肯定:"盖纾其行以养其力,一也;无怵迫以养其心,二也;无匄贷以养其节,三也。一举而三益俱焉,此余所以深有取也。"①为使义约组织能长久存续,真德秀还捐库缗五万佐之,并积极支持"万桂社"的运营者林彬扩大规模,使更多乡士入约得益。

庆元五年(1199),真德秀登进士乙科,授南剑州军事通判官,这与在同一年登进士甲科第一和第三的曾从龙、魏了翁相比无疑差距甚大,远远没有达到岳父杨圭对他的期望。因此,杨圭在与真德秀翁婿同登庆元五年(1199)进士第后,立即敦促真德秀准备词科应试。拜访词科前辈,获其指导和称誉对将来应试博学宏词科有重要的意义。真德秀遂以新科进士的身份在岳父杨圭的带领下拜访了建宁知府傅伯寿。傅伯寿是隆兴元年(1163)进士,乾道八年(1172)中博学宏词科,是享誉朝廷的词章圣手,时任太常少卿兼国史院编修的黄钧称其文犹濯锦于蜀江,丞相虞允文亦谓其璞玉而加琢,其骈文即使与"为文丰润敏拔,尤工四六之制"②的王安中相比也毫不逊色,都有着"幽眇透射,若贯珠隙,明丽整饬,若截绮尺"③的隽美之风。作为有志应试博学宏词科的新进士,真德秀迫切地向傅伯寿请教词科应试之法,"某以新进士上谒,请问作文之法。公不鄙,而教之甚至,其略曰:'长袖善舞,多财善贾,子归取古人书,剧读而精甄之,则蔚乎其春荣,薰乎其兰馥有日矣。'惜其时尚少,所问者科目之文而已"④。傅伯寿对这位胸怀抱负的年轻后辈颇有好感,建议真德秀研读经典之作,浸染古雅文风,体味其中妙义,才能达到文质兼美、浑厚精妙的境界。然而,真德秀此时一意以应试词科为念,故对作文之法尤感兴趣,希望傅伯寿能指导一些更有针对性的应试要领。

---

① 《西山先生真文忠公文集》卷二七《万桂社规约序》。
② 《宋史》卷三五二《王安中传》,第 11126 页。
③ 《西山先生真文忠公文集》卷二七《傅枢密文集序》。
④ 《西山先生真文忠公文集》卷二七《傅枢密文集序》。

真德秀在出任南剑州军事通判官后,公务之余常独坐判官厅西侧的小亭中刻苦读书,"时方习词学科,规进取,退自幙府,辄兀坐亭中,翻阅古今书,口不辍吟,笔不停缀"①。为了顺利通过博学宏词科的考试,真德秀无法做到弃场屋之习、沉潜圣经以穷义理。相反,他须将大量的精力投入熟读程文、强记典故、雕琢辞藻中,"始须将累举程文熟读,要见如何命题用事,如何作文。既识梗概,然后理会编题。经史诸子悉用遍观,其间可以出题引用并随手抄写,未须分门,且从头看,凡可用者悉抄上册,如《尚书》则《舜典》望秩、禋宗、九官之类皆录。一书毕,复理会一书,以详且精为先,不可少有遗缺"②。首先要对历次词科的出题范围和题目进行分析揣摩。博览群书、熟悉历代制度名物是词科考试的基础,然后从经史子集中分门别类地汇编出考试需要的各类材料,"经书中《周礼》题目最多,官名皆可作箴,制度名物皆可为铭为记。其次则《礼记》外三经皆有之,工夫多在三《礼》,有题目处须参注疏。次及《国语》、《战国策》、《史记》、两《汉书》、荀悦、袁宏《汉纪》、《三国志》、《晋书》、《隋书》、《唐书》、唐朝诸帝实录、《旧唐书》、《通典》、《唐六典》、《唐会要》、《贞观政要》、本朝诸帝实录。本朝题目须是盛德大业、礼乐文物、崇儒右文等事方可出,子书则《孟》、《荀》、《扬》、《管》、《淮南》、《孔丛》、《家语》、《庄》、《列》、《文》、《墨》、《韩非子》、《华》、《亢仓》、《文中》、《鷖》、《刘》诸子、《汲冢周书》、《吕氏春秋》、贾谊《新书》、《说苑》、《新序》,兵书则《六韬》、《司马法》、《孙吴》、《尉缭》、李靖《问对》,皆有题目,须涉猎抄节。集则《文选》、《文粹》、韩柳文、《文苑英华》、《古文苑》、《皇朝文鉴》,虽无甚题,然可以引用处亦合编录,皆当遍阅搜寻,如前法编类,不可缺略。俟诸书悉已抄过,然后分为门目"③。从庆元五年(1199)到开禧元年(1205)的六年中,真德秀都在为博学宏词科的应试做准备。

---

① 《西山先生真文忠公文集》卷二五《溪山伟观记》。
② (宋)王应麟:《玉海·辞学指南》卷一,王水照编:《历代文话》第1册,复旦大学出版社,2007年,第908页。
③ 《玉海·辞学指南》卷一,《历代文话》第1册,第909—910页。

嘉泰四年(1204),倪思出任建宁知府。作为淳熙五年(1178)中博学宏词科的前辈词臣,倪思在翰林享有盛誉,"光宗即位,典册与尤袤对掌。故事,行三制并宣学士。上欲试思能否,一夕并草除公师四制,训词精敏,在廷诵叹"①。对各类朝廷公文,倪思严格遵循着契合文理的创作规范,"文章以体制为先,精工次之。失其体制,虽浮声切响,抽黄对白,极其精工,不可谓之文矣。凡文皆然,而王言尤不可以不知体制"②。制诰贵于典重温雅、深厚恻怛,而以雕工奇巧争胜、谀词媚态迎合皆失制诰之体。倪思将真德秀视为自己在词学领域的传人,"时倪文节喜奖借后进,且知其才,意欲以词科衣钵传之。每假以私淑之文,辄一二日即归,若手未触者。文节殊不平曰:'老夫固不学,然贤者亦何所见,遽不观耶?'西山悚然对曰:'先生善诱后学,何敢自弃。其书皆尝窃观,特不敢久留耳。'文节谩扣一二,皆能成诵,文节始大惊喜。于是与之延誉于朝,而继中词科,遂为世儒宗焉"③。通过一段时间的交流和了解,倪思对真德秀博闻强记的能力与出众的才华十分欣赏,并在朝廷同僚中予以赞誉和推荐,使真德秀尚未应试已声名远播。真德秀继承倪思的公文创作思想,对他今后的词臣生涯有着重要的指导意义。

第二节 真德秀与嘉定初年的词臣群体

在接受理学的道路上,真德秀显然起步较晚,直到科举入仕后才得以关注和了解义理之学。而魏了翁、陈宓等友人则在青少年时代就确立了传承和践行道学的人生目标。庆元三年(1197),虽然遭逢伪学之禁,凡举子应试涉及义理者皆黜落,二十岁的魏了翁仍在谢师启中直言自己对理学的尊崇:"窃以词章本童子篆刻,雕虫之技。道学乃儒者心地,汗马之勋。……谠论

---

① 《宋史》卷三九八《倪思传》,第12113页。
② 《玉海·辞学指南》卷二,《历代文话》第1册,第946页。
③ 《齐东野语》卷一《真西山》,第12页。

批鳞,誓不迎合。或可代诸老先生之对,庶不贻吾党小子之羞。弗负师承,是报今赐。"①真德秀出身于浦城寒士之家,在闽北浓厚的科举文化氛围中成长,监护人兼岳父杨圭又为其选定了由博学宏词科荣达显身的道路。虽然闽北是朱熹讲学的重要场所,书院林立,从学者众多,但一直致力于举业的真德秀并未受到太多的影响。加之"伪学"党禁,更使众多举子被迫与道学划清界限。

庆元元年(1195),在激烈的朝廷斗争中,赵汝愚被罢相、谪永州,韩侂胄大权独揽。朱熹乃是经赵汝愚首荐入朝,屡次上疏极言权臣用事之害,"侂胄大怒,乃于禁中为优戏以荧惑上听。朱子急于致君,言无不切,颇见严惮;一时争名之流,亦潜有觊间之意。由是侂胄之计遂行。朱子既去国,侂胄声势益张,群憸附和,衣冠之祸盖始此云"②。庆元二年(1196),"(叶)翥、(倪)思、(刘)德秀在省闱论文弊,复言伪学之魁以匹夫窃人主之柄,鼓动天下,故文风未能丕变,乞将《语录》之类并行除毁。是科取士,稍涉义理者,悉见黜落。……世之识者固已患之。时适值党议之兴,而士之遭黜者往往以为朝廷不取义理之文,得以借口矣。当时场屋媚时好者,至攻排程氏,斥其名于策云"③。"以伪学、逆党得罪者,凡五十有九人。宰执四人:赵汝愚、留正、王蔺、周必大,待制以上十三人:朱熹、徐谊、彭龟年、陈傅良、薛叔似、章颖、郑湜、楼钥、林大中、黄由、黄黼、何异、孙逢吉,余官三十一人:刘光祖、吕祖俭、叶适、杨芳、项安世、沈有开、曾三聘、游仲鸿、吴猎、李祥、杨简、赵汝谠、赵汝谈、陈岘、范仲黼、汪逵、孙元卿、袁燮、陈武、田澹、黄度、詹体仁、蔡幼学、黄灏、周南、吴柔胜、李埴、王厚之、孟浩、赵巩、白炎震,武臣三人:皇甫斌、范仲壬、张致远,士人八人:杨宏中、周端朝、张衜、林仲麟、蒋传、徐范、蔡元定、吕祖泰。"④随着硕儒名臣相继被罢黜,越来越多的士人对权臣置"伪学"之禁强烈不满,"时侂胄用事炽甚,汝谈痛愤,登坛读祝,大呼侂胄及陈自

---

① 《鹤山先生大全文集》卷六六《谢邛守范季才宗丞启》。
② (清)江永:《考订朱子世家》,《朱子全书》第27册,第597页。
③ 《四朝闻见录》丁集《科举为党议发策》,第159—160页。
④ (宋)李心传撰,徐规点校:《建炎以来朝野杂记》卷六《朝事二》,中华书局,2000年,第139—140页。

强名"①,"权臣韩侂胄禁道学,校文,转运司移檄,令自言非伪学,中行奋笔曰:'自幼读程颐书以收科第,如以为伪,不愿考校。'"②虽然朱熹等理学名儒在党禁中遭受了严酷的打击,但理学的传承体系并没有被破坏,朱熹门人及诸派学者依然在各地讲学论道。在理学的影响下,大批青年才俊成为传播和弘扬理学的生力军。

魏了翁从稚年起就师从乡先生杜希仲、章寅臣等受义理之学,青年时代又师从张栻弟子、蜀中著名学者范荪,"鹤山魏文靖公初为考索记问之学,先生以敛华就实语之,故鹤山之称先生有曰:'学本诚一,论不蘧篨,自浩气养心以求道腴,不茹刚吐柔而求声利,了翁敢不勉希前辈,益励后图。'"③在范荪的教导下,魏了翁改变了以文辞取巍名显宦的人生理想,从热衷辞章转为潜心性理。陈宓是孝宗朝丞相陈俊卿第四子。作为名臣世家之子,陈宓与理学名儒的交往更为密切,"少尝及登朱熹之门,熹器异之。长从黄榦游"④。在师长的影响下,陈宓"信道尤笃,尝为《朱墨铭》,谓朱属阳,墨属阴,以验理欲分寸之多寡"⑤。在庆元党禁中,刘光祖、袁燮等人皆因维护理学而遭到罢黜,"宁宗即位,以太学正召。时朱熹诸儒相次去国,丞相赵汝愚罢,(袁)燮亦以论去,自是党禁兴矣"⑥。庆元五年(1199)二月谪刘光祖于房州,"赵汝愚既罢相,侂胄擅朝,遂目士大夫为伪学逆党,禁锢之。光祖撰《涪州学记》,谓:'学之大者,明圣人之道以修其身,而世方以道为伪;小者治文章以达其志,而时方以文为病。好恶出于一时,是非定于万世。'谏官张釜指为谤讪,比之杨恽,夺职,谪居房州"⑦。但同年五月,刘光祖之子刘靖之、袁燮之子袁肃等人皆进士及第,大批受到理学熏陶的青年士子登科入

---

① 《宋史》卷四一三《赵汝谈传》,第12393页。
② 《宋史》卷四〇一《柴中行传》,第12173页。
③ (清)黄宗羲著,(清)全祖望补修,陈金生、梁运华点校:《宋元学案》卷七二《二江诸儒学案》,中华书局,1986年,第2412页。
④ 《宋史》卷四〇八《陈宓传》,第12310页。
⑤ 《宋史》卷四〇八《陈宓传》,第12312页。
⑥ 《宋史》卷四〇〇《袁燮传》,第12146页。
⑦ 《宋史》卷三九七《刘光祖传》,第12100—12101页。

仕，成为理学复兴的重要力量。

魏了翁、真德秀、许奕、韩甲、乐新等众多青年才俊纷纷加入理学阵营，誓言反击伪学之禁、为理学正名，"乃庆元五年，上始御集英殿亲策进士。某与韩甲圣可、乐新子仁同舟而下，相与谋曰：'今事势已极，惟有忠正广大以作人才，安静和平以植基本。若相激不已，则天彝泯乱，人心愤郁，国亦随之。此而不言，是为有负。'或疑触忌干祸，而三人自矢靡他。奏入，有司第某为第一，寻置之第三，恩数仍视首选，甲、新皆乙科，授从事郎"①。虽然在庆元五年的殿试中，魏了翁本已被御擢第一，但因"时方讳言道学，了翁策及之"②而被降为甲科第三名，然为理学拨正的趋势已不可阻遏。真德秀登庆元五年（1199）进士第，"某时年十八九，以进士游都城，闻被诬始末，已知切齿痛忿，念恨不请尚方剑以诛奸臣"③。许奕在庆元五年的殿试中以熄党争、弛党禁的策论赢得了宁宗的赞赏，并被亲擢为第一，"时韩侂胄排摈异己，中外多事，公枚举庆历、元祐事劝上以静为治。上览奏篇，亲擢为第一"④。魏了翁、刘靖之、许奕、袁肃等同年此后都成为与真德秀志同道合的政坛盟友。"与靖之同年，又仕同朝、居同巷，至相好也。"⑤魏了翁在为真德秀撰写的神道碑中，将二人的关系比拟为司马光与范镇的"生同志，死同传"，"重惟与公同生于淳熙，同举于庆元，自宝庆迄端平出处又相似，然而志同气合则海内寡二"⑥。

在岳父的安排和勉令下，真德秀于开禧元年（1205）中博学宏词科，实现了杨圭的期望。但这次的应试也并非一帆风顺，"时李公大异校其卷，于文忠卷首批云'宏而不博'，于留（元刚）卷首批云'博而不宏'，申都台取旨。时陈自强居庙堂，因文忠妻父善相，识文忠为远器，力赞韩氏，二人俱置异等"⑦。真

---

① 《鹤山先生大全文集》卷七二《四川茶马司干办公事韩甲墓志铭》。
② 《宋史》卷四三七《魏了翁传》，第12965页。
③ 《西山先生真文忠公文集》卷三四《石鼓挽章祭文后》。
④ 《鹤山先生大全文集》卷六九《显谟阁直学士提举西京嵩山崇福宫许公奕神道碑》。
⑤ 《西山先生真文忠公文集》卷四三《刘阁学墓志铭》。
⑥ 《鹤山先生大全文集》卷六九《参知政事资政殿学士致仕真公神道碑》。
⑦ 《四朝闻见录》甲集《宏而不博博而不宏》，第16页。

德秀与留正之孙留元刚同时应试,真德秀被主考官认为长于文辞但学养不足,留元刚则是学识渊博而文采逊色,俱非宏博兼美。在去留取舍的关键时刻,右相陈自强起了重要作用。陈自强为太学生时曾担任过韩侂胄的家塾老师,深受韩侂胄母亲的器重。然陈自强的科举之途坎坷,直到花甲之年才就任光泽县丞,县主簿张彦清对他甚为轻视,"陈登科,为光泽丞,其年已六十矣。主簿张彦清登科最早,而其年方盛,尝玩侮之。杨开国圭,彦清之友也,尝访彦清,因以识自强,每敬陈,不敢狎,因私语陈曰:'子姑自重,以相法论之,不十年为宰相矣。'自强以为彦清讽圭玩己,而又以圭平日无狎语,姑信之"①。杨圭是张彦清同乡好友,以善相著称。结识陈自强后,杨圭相其当为宰相,对他非常敬重,始终以礼相待,陈自强亦友视杨圭。韩侂胄掌权后,将自己曾经的老师提拔为右相,在朝中掌握大权。对于同乡旧友,陈自强颇念旧情,甚至对曾经轻视过自己的张彦清亦曾有举荐之意,"自强怜其选调,欲荐之韩。其子语之曰:'爷不记光泽之事乎?'"②时任三省枢密院酒官的杨圭为婿之事请托陈自强相助,使真德秀得以与留元刚俱置异等。

开禧二年(1206),真德秀成为福建安抚使萧逵的幕僚。萧逵十分欣赏真德秀的文采,当真德秀中博学宏词科后,萧逵遂将其罗致幕下。在此,真德秀结识了挚友李诚之、陈宓,"时金华李公诚之、莆田陈公宓,皆仕于福唐,公与游甚欢"③。李诚之长真德秀二十五岁,自青年时代起师从大儒吕祖谦,"风规峻整,志气挺特,明于义利之辨,使人起敬。入太学,结交海内贤俊,相与讲切,义理益明"④。李诚之为人庄重谨严、慷慨急义,干办福建安抚司公事期间,志洁行廉为士表率,却不迎合上意以求举荐,真德秀对其风节十分敬佩,"开禧中,某与公为僚于闽帅幕府,居相邻,游相乐也。公尝慨然见语曰:'笃信好学,守死善道,此吾辈八字箴,特患立志非坚尔。'某敬佩

---

① 《四朝闻见录》戊集《罢韩侂胄麻制》,第168页。
② 《四朝闻见录》戊集《罢韩侂胄麻制》,第168页。
③ 《刘克庄集笺校》卷一六八《西山真文忠公行状》,第6497页。
④ (宋)袁燮:《絜斋集》卷一八《蕲州太守李公墓志铭》,《景印文渊阁四库全书》第1157册,第248页。

其言"①。而少师朱熹,长从黄榦的陈宓更是挟英挺之气骨,以践行忠义之道自砺,"自言居官必如颜真卿,居家必如陶潜,而深爱诸葛亮身死家无余财,库无余帛"②。

陈宓与真德秀年纪相仿、意气相投,二人俱对权臣擅政、士风萎靡的政治现状强烈不满,彼此勉励立朝当以直言敢谏、振砺士风为己任。开禧三年(1207),真德秀被召为太学正。在送别诗中,陈宓表达了对友人实现政治理想的强烈期待,"盖世功名国子师,青春入觐道方夷。荣华素定终须有,事业难期便勇为。此日清尊同一笑,明朝丹陛听危词。东风总送仙舟去,杨柳江头谩似丝"③。同时,他也以理学家的道德观勉励真德秀在人心废坏的政治环境中严守节操,毋惑于利欲,不随波逐流,以正道砥砺太学诸生明纲常、守礼义,使士风重振,"今以儒官羽仪天朝,推是道与太学之士共守之,使三纲五常之在人心者光明洞达,不独致泰和之治于一时,又将垂直千万世而不息。是岂不系于己哉!《诗》曰'惟仲山甫举之',其斯之谓欤。某与君相期于岁寒者也,于其行,申以道之"④。

开禧三年(1207)十一月,宋宁宗下诏陈己过,"朕德不明,信任非人。韩侂胄怀奸擅朝,威福自己,劫制天下,首开兵端,以致两国生灵肝脑涂地。兴言及此,痛切于衷。矧复怙劫罔悛,负国弥甚,疎忌忠谠,废公徇私,气焰所加,道路以目。今边戍未解,怨毒孔滋,凡百缙绅洎于将士,当念前日过举皆侂胄专恣欺罔,非朕本心"⑤。随后又下诏求直言:"奸臣擅朝,畏人议己,专事壅蔽,下情不通,政理多阙。今既窜殛,当首开言路,以来忠谠。中外百僚,其各条其所见以闻。"⑥朝廷将忠良贬斥、内外交困的现状归因于权臣畏

---

① 《西山先生真文忠公文集》卷四二《宋故蕲州使君正节李侯墓表》。
② 《宋史》卷四〇八《陈宓传》,第12312页。
③ (宋)陈宓:《复斋先生龙图陈公文集》卷一七《三山送真景元》,《续修四库全书》第1319册,上海古籍出版社,2002年,第485页。
④ 《复斋先生龙图陈公文集》卷一七《送真西山除学官》,《续修四库全书》第1319册,第478—479页。
⑤ 佚名编,汝企和点校:《续编两朝纲目备要》卷一〇,中华书局,1995年,第187页。
⑥ 《续编两朝纲目备要》卷一〇,第188页。

人议己对言路的壅蔽,因此更化之首务便是开言路、褒忠良,鼓励朝野之士上书言事。十二月,朝廷封赠以直言被贬的吕祖俭为朝奉郎、直秘阁,官其子一人。

嘉定元年(1208)正月,宁宗再次下诏求言,这使得真德秀等政坛新锐更加兴奋,"更化之始,首下明诏求直言,又诏近臣,请对论事,荐绅士夫,如闻震霆,如睹白日,臣时备官太学,窃语同列,以为自今言路大开,将复见祖宗盛时气象矣"①。朝廷一系列的导向性政令给嘉定初年的政坛带来了一股直言勇谏之风。二月,追复赵汝愚观文殿大学士,谥忠定。七月,诏曾诣登闻鼓院上书请诛韩侂胄而被贬的吕祖泰特补上州文学。十月,褒录庆元上书直言韩侂胄之奸、赵汝愚之忠的杨宏中等六人。真德秀在四月的轮对奏札中亦对权臣壅塞言路、朝野上下无敢直言的现状提出了亟待改变的更化急务:"庆元以来,柄臣专制,立为名字以沮天下之善者有二:曰好异,曰好名。士大夫志于爵禄,靡然从之,以慷慨敢言为卖直,以清修自好为不情。流弊之极,至于北伐举朝趋和,而争之者不数人。今既更化,当先破尚同之习。"②

南宋中后期,权臣政治的加剧使馆阁词臣严重偏离了典雅简正的制诰之风,词臣在草制时往往阿谀夸大成风,竞相以流丽之藻、雕琢之巧希迎权臣。朱熹、张栻等大儒都曾对词科以雕饰丽藻取士有尖锐的批评,"词科则又习于谄谀夸大之词,而竞于骈俪刻雕之巧,尤非所以为教"③。真德秀为礼部点检试卷官兼学士院权直时,深受楼钥、倪思等前辈学者的器重,"楼公钥、倪公思方典举,独异待公。楼公尽告以文献之传,且许其致远。倪公为言立朝行己本末甚详,公终身佩服焉"④。楼钥是卓负盛名的前辈学者,博览群书,长于文献,精于文字训诂。甫识真德秀,就将其字"景元"更为"希元","文忠真公字景元,攻媿从容叩公曰:'何以谓之景元?'公对以'慕元德

---

① 《西山先生真文忠公文集》卷二《癸酉五月二十二日直前奏事一》。
② 《四朝闻见录》丁集《庆元党》,第141页。
③ 《晦庵先生朱文公文集》卷六九《学校贡举私议》,《朱子全书》第23册,第3363页。
④ 《刘克庄集笺校》卷一六八《西山真文忠公行状》,第6497—6498页。

秀,故曰景元'。攻媿曰:'误矣。'取《毛诗》'高山仰止,景行行止'注文以示公,曰:'景,明也。诗人以明行对高山,则景不可以训慕。'遂为公易曰'希元'"①。楼钥为人豁达温厚,操守谨严,历任孝宗、光宗、宁宗三朝词臣。胡铨赞之曰"翰苑长才"。在光宗朝担任中书舍人期间,"代言坦明,得制诰体,缴奏无所回避。禁中或私请,上曰:'楼舍人朕亦惮之,不如且已。'"②楼钥草制典雅厚重,"文备众体,非如他人窘狭僻涩,以一长名家。而又发之以忠孝,本之以仁义,其大典册、大议论,则世道之消长、学术之废兴、善类之离合系焉。方淳、绍间,鸿硕满朝,每一奏篇出,其援据该洽、义理条达者,学士大夫读之,必曰:楼公之文也。一诏令下,其词气雄浑、笔力雅健者,亦必曰:楼公之文也"③。制诰一出,荐绅传诵。

在宁宗朝激烈的党争中,楼钥持论坚正,政治态度鲜明刚决。为避免给舍封驳,韩侂胄操控宁宗御笔除朱熹宫观,并由中使王德谦直接交付朱熹。给事中楼钥封还录黄,在不利的政治情势下为之力争,首倡天下儒士共尊朱熹。与之相反,楼钥此前素与韩侂胄交好,但在党争中秉承公议、拒不附韩,宁愿被夺职罢黜,"初尝与韩侂胄善,独因草制,以天下公论不予韩,故宁罢去。……攻媿久废,韩亦迫于公论,欲起而用之,风公之亲戚,谕公之子弟,但求寒暄一纸书,即召矣。亲戚具道韩意于公之子弟,从容以白,公欣然命具纸札。子弟又以白,公曰:'已具矣。'公引纸大书《颜氏家训》子弟累父兄事。子弟自此不复敢言通韩书矣"④。直到韩侂胄被诛,楼钥才被诏起为翰林学士,"时钥年过七十,精敏绝人,词头下,立进草,院吏惊诧"⑤。对楼钥的道德文章,真德秀非常敬慕,誉其为"一代文宗","某尝窃论南渡以来词人固多,其力量气魄可与全盛时先贤并驱,惟钜野李公汉老、龙溪汪公彦章及公三人而已"⑥。在馆阁任职期间,真德秀向前辈楼

---

① 《四朝闻见录》甲集《考亭》,第38页。
② 《宋史》卷三九五《楼钥传》,第12046页。
③ 《西山先生真文忠公文集》卷二七《攻媿先生楼公集序》。
④ 《四朝闻见录》乙集《攻媿楼公》,第69页。
⑤ 《宋史》卷三九五《楼钥传》,第12047页。
⑥ 《西山先生真文忠公文集》卷二七《攻媿先生楼公集序》。

钥请教,受益终身,"念昔校艺南宫,白事东府,或请言竟日,或极论达旦,某退而书绅,终身诵之,其所以犹为当世善人君子所与而不遂为途人之归者,公之教也"①。

继韩侂胄之后,史弥远继续擅政朝堂,谏臣、词臣或仰其鼻息或为其鹰犬。"史卫王除拜词制凡十一篇,其文详赡整蔚,极当时制作之盛。至其褒奖之厚,虽古之周、召、伊、傅何以加哉!"②嘉定元年(1208)十月,史弥远拜右相,陈晦等词臣草制皆以谀词逢迎,"嘉定间,加史丞相实封,制云:'天欲治,舍我谁也,复孟轲济世之才;民不被,若已推之,挺伊尹佐王之略。'用经句而帖妥,然过谀失体"③。"嘉定初元,史忠献弥远拜右丞相,相麻,翰林权直陈晦之笔也。有'昆命元龟,使宅百揆'之语。时倪文节思知福州,即具申朝省,谓'昆命元龟',此乃舜、禹揖逊授受之语,见于《大禹谟》,非僻书也。据《汉书》董贤为大司马册文云'允执其中',萧咸谓此乃尧禅舜之文,非三公故事。今'昆命元龟',与'允执其中'之词何以异? 若圣上初无是意,不知词臣何从而援引此言,受此麻者,岂得安然而不自明乎? 给舍台谏,又岂得不辨白此事乎? 窃见曩之词臣,以圣之清圣之和褒誉韩侂胄,以有文事有武备褒誉苏思旦,然亦未敢用人臣不当用之语……乞行贴麻。"④倪思认为陈晦所草之制谀词失体,"允文允武,独高经世之全才;惟孝惟忠,备著立身之大节"⑤,"图事揆策,东西并翊于钧枢;偃兵息民,南北复修于信誓。杜群枉以开众正之路,建大政以兴太平之端"⑥等溢美之词极尽夸耀之能事,无制诰典重温雅之风,更为严重的是语涉忌讳,触犯了君臣不可逾越的界限。"昆命元龟"出自《尚书·大禹谟》"官占惟先蔽志,昆命于元龟",是舜决定禅位给禹的禅授语,和汉代权臣董贤大司马

---

① 《西山先生真文忠公文集》卷二七《攻媿先生楼公集序》。
② (明)郑真:《荥阳外史集》卷三七《书史卫王除拜词制后》,《景印文渊阁四库全书》第1234册,第214页。
③ (宋)罗大经撰,王瑞来点校:《鹤林玉露》甲编卷二《制词失体》,中华书局,1983年,第37页。
④ 《齐东野语》卷一六《昆命元龟辨证本末》,第290—291页。
⑤ (宋)徐自明撰,王瑞来校补:《宋宰辅编年录校补》卷二〇,中华书局,1986年,第1356页。
⑥ 《宋宰辅编年录校补》卷二〇,第1357页。

册文中的"允执其中"相同,皆有权臣危主之图;倪思认为陈晦将其用在史弥远官拜右相的制词中,事犯大忌,而台谏竟无异议,史弥远亦泰然受封,其专权擅政远甚韩侂胄、苏师旦。倪思的奏陈引发了史弥远的惶恐与忌恨,"史相得之甚骇,遂拜表缴奏,且谓当时惟知恭听王言,所有制词,会合取会词臣,合与不合贴麻"①。在史弥远的安排下,陈晦被任命为侍御史,并作"昆命元龟"辨析状,力诋倪思越位肆言,将圣上等同于汉哀帝,轻侮朝廷,无人臣之礼。"弥远遂除晦殿中侍御史,即劾思藩臣僭论麻制,镌职而罢,自是不复起矣"②。虽然倪思在和史弥远的争斗中失败,但其抗击权臣、直言勇谏的风范名震朝野。

真德秀于开禧元年(1205)中博学宏词科,陈岘对真德秀题卷的品评亦起到了定调推扬之功,"德秀之试词学科也,赖公品题,俾玷首选,因获出入公门"③。陈岘是词科前辈,早在淳熙十四年(1187)就中博学宏词科,庆元二年(1196)正月除校书郎,庆元三年(1197)三月为秘书郎,因抗言韩侂胄居中用事、假御笔窃朝权而被韩侂胄党羽指为赵汝愚一党,被黜知全州。党禁渐弛后,陈岘于嘉泰三年被召回朝,任礼部员外郎、秘书少监。开禧元年(1205)为中书舍人兼学士院权直,负责草制,"韩侂胄将启兵端,则欲用其亲吏苏师旦者为节度使,密谕词臣使草制。时中书舍人陈公岘兼直学士院,语人曰:'节钺以待将臣之功高者,师旦何人,可辱斯授?必以此见命,吾有去而已。'未几,中贵人有以特旨躐迁遥郡者,公复论之,中贵人者,侂胄之所主也。御史探权臣意,遂假驳死狱事劾公,以免。方是时侂胄权震中外,鼻息所向,谁敢违者,而公秉持直道不少顾,卒以去国,士论高之"④。陈岘刚直不阿的词臣风范对真德秀产生了深远的影响。而陈岘仍能遵循公议、坚守词臣立场,故士论称其更胜于勇于封驳的"熙宁三舍人":"李定之除,公朝显行之令也。师旦之命,权臣密谕之指也。方熙宁

---

① 《齐东野语》卷一六《昆命元龟辨证本末》,第291页。
② 《宋史》卷三九八《倪思传》,第12116页。
③ 《西山先生真文忠公文集》卷四四《显谟阁待制致仕赠宣奉大夫陈公墓志铭》。
④ 《西山先生真文忠公文集》卷四四《显谟阁待制致仕赠宣奉大夫陈公墓志铭》。

初,王安石虽用事,然诏令犹付之有司,故三舍人得以职争之,其为力也易。至侂胄有所欲为,则阴使人谕以意指,一有违忤,则假它罪逐之,不使得以守职言事去也,故在公拒之为难。"①韩侂胄被诛后,陈岘被召还,真德秀在诏书中高度褒扬了陈岘不附权臣、秉持直道的忠节:"强识博闻,淹贯千载,英词丽藻,焜燿一时。退然靡衒于智能,卓尔独安于义命。当权门之翕赫,甘文馆之委蛇。众翼怒飞,仪凤之翔何远;万流奔注,砥柱之立不移。"②

绍熙五年(1194),杨简为国子博士,当赵汝愚被贬斥之时,杨简不顾官小位卑毅然上书勇谏:"汝愚之忠,陛下所心知,不必深辨。臣为祭酒属,日以义训诸生,若见利忘义,畏害忘义,臣耻之。"③杨简直言遭到了权臣的忌恨,未几,亦遭斥,主管崇道观。嘉定更化,杨简被召还朝授秘书郎,继续展现其一以贯之的直谏风范,"转对,极言经国之要,弭灾厉、消祸变之道,北境传颂,为之涕泣"④。适逢金国遭遇饥荒,从中原奔宋者日以数千数万计,"时山东归附者众,荆襄帅臣列强弩射之使还。慈湖杨公简手疏其事以白上,谓此非仁术,且失中原心,以少绶钱赂银台通进司吏缴进,上至以杨公疏宣谕。时相以'容臣契勘'复于上,遂止札下。契勘银台不应受余官奏,惟从官可也,仍用治邸吏法治台吏。盖旧典独许从官缴奏自银台入。时银台盖已不复用典,虽从官亦纳札庙堂。真文忠已居玉堂,终以官非正从,当制有所可否,亦止入札乞敷奏。杨公急于发上之聪明,故不暇用典也"⑤。杨简谏君心切,虽不属从官之列,依然通过银台通进司吏向宁宗进手疏以献忠谠之策。时真德秀为秘书省正字,差充御试编排官兼玉牒所检讨官。二人过从甚密,真德秀对杨简的道德学问到书法翰墨均褒崇不已,"慈湖先生杨公道德学问追媲前修,而于翰墨尤极严谨。嘉定初,获侍公于著廷,见其酬答

---

① 《西山先生真文忠公文集》卷四四《显谟阁待制致仕赠宣奉大夫陈公墓志铭》。
② 《西山先生真文忠公文集》卷二一《赐太中大夫显谟阁待制新知泉州陈岘辞免除兵部侍郎兼直学士院恩命不允诏》。
③ 《宋史》卷四〇七《杨简传》,第12290页。
④ 《宋史》卷四〇七《杨简传》,第12290页。
⑤ 《四朝闻见录》乙集《倪文节请以谏议大夫入阁》,第82页。

四方书问,无一字作行狎体。盖其齐庄中正,表里惟一,故形于心画亦绝类文正公,而清劲过之"①。杨简对真德秀甚为器重,在道德文章上时常给予真德秀指点。当杨简得知真德秀向卜筮者询问命途,即告诫其明道必去利欲之心。真德秀在多年后追忆与杨简的交往时,对杨简的教诲依然极为珍视,"一日,见谓曰:'希元有志于学,顾未能忘富贵利达,何也?'某恍然莫知所谓。先生徐曰:'子尝以命讯日者,故知之。夫必去是心,而后可以语道。'先生之于某,可谓爱之深而教之笃矣。惜其时方缪直禁林,役役语言文字间,故于先生之学虽窥一二,而终未获探其精微。忧患以来,粗知向道,思欲一扣函丈,求其指归,而不可得矣"②。

嘉定三年(1210),真德秀任秘书郎兼学士院权直。五月,张允济以閤门宣赞舍人兼权临安府钤辖,权中书舍人王介以其破祖宗制而封还词头,史弥远多次对王介晓以利害令其草制,均被王介正言拒之:"宰相而逢宫禁意向,给舍而奉宰相风旨,朝廷纪纲扫地矣!"③数日之后,王介改任起居舍人,随后出知地方,不复还朝。朝野皆为之感慨叹息。真德秀盛赞王介为汉之汲黯、本朝之王禹偁,朝廷不用王介之言,使史弥远得以臣专国秉。六月,宁宗欲加杨皇后之兄杨次山为少保、永阳郡王,"文忠与许公奕给事甚相好,共谓恩典太重,欲予其一则捐其一,许遂封还制书。文忠以官卑,且摄职玉堂,但具札白之庙堂。时相不以文忠札缴进,而许之奏已入。慈明震怒,遂斥许,而文忠独留"④。虽然宁宗曾亲自拔擢许奕为进士第一名,但对于宁宗加恩外戚之举,许奕封还制书并上疏直谏:"自古外戚恩宠太甚,鲜不祸咎,天道恶盈,理所必至。次山果辞,则宜从之,如欲更示优恩,则超转少傅,在陛下既隆于恩,在次山知止于义,顾不休哉!"⑤真德秀则在制词中含蓄地表达了对宁宗加恩外戚逾制的讽谏,"又行永阳郡王制词云:'若时懿属,可限彝章,其登公朝位棘之尊,仍疏王社苴茅之赏。'盖文忠既入札庙堂,谓二恩恐不可

---

① 《西山先生真文忠公文集》卷三五《杨慈湖手书孔壁孝经跋》。
② 《西山先生真文忠公文集》卷三五《慈湖先生行述》。
③ 《西山先生真文忠公文集》卷四六《宋集英殿修撰王公墓志铭》。
④ 《四朝闻见录》乙集《真文忠居玉堂》,第72页。
⑤ 《宋史》卷四〇六《许奕传》,第12269页。

得而兼,故致微词云"①。杨次山无显功而封王爵,宁宗为了平息朝野的不满,谕意真德秀在草拟制词时添加杨次山除去权臣韩侂胄的事迹,真德秀并未依从,而是以春秋笔法援引汉代外戚樊宏等谨慎退逊的历史典故,指出朝廷对杨次山封赏过重,以君主的口吻谕示杨次山理应谦退辞让而不可居功自傲,"指洞庭之野,麾帜不移;画滁水之阳,封疆特大。亶为异渥,复掩前闻。於戏!若古训言,位禄匪期于骄侈;惟天明畏,谦盈随示于益亏。尔其守樊侯谨约之规,睎窦君退逊之节,勉肩忠节,思保宠荣"②。真德秀将樊宏"富贵盈溢,未有能终"之言化用于制词之中,以警鉴外戚权臣。

真德秀所草制词得到了吏部侍郎兼权给事中许奕的高度褒扬,盛赞其制诏书写公允得体,堪称词臣典范。"许侍郎奕时兼琐闼,遂援'复掩前闻'一语,以为词臣之笔如此,是本朝前此所无也。许公竟以此去。戚畹以公名重,屡对客愿一识面,公正色拒之"③。比起奏议,制诏有着布宣威灵、张大国体的效果,词句雅正经典,气格浑然天成,不仅对接受诏命者有雷霆般的威力,其流露出的政治信息更能在朝野中外产生震撼。制诏因其代王言,影响巨大,传递出国家的政策方针。真德秀作制诏引经据典、淳厚典雅,颇得君主赞誉,"真德秀草《招安湖南草寇诏》云:'自有天子至于今日,未闻盗贼得以全躯。弄潢池之兵,谅非尔志;烈昆冈之火,亦岂余心。'上称其得体"④。同时,真德秀在草制时亦能秉承公论,在一定程度上以公议拒迎上意,制词中无阿谀之态而具风雅之正,在士大夫群体中拥有极高的声望。

从嘉定二年(1209)十二月诏兼学士院权直到嘉定七年(1214)十一月诏除江东转运副使,真德秀在嘉定初年的政坛上屡进忠谠之言,其所草制诰为朝野称赏。真德秀在得到儒林诸贤高度赞扬的同时,也触怒了权相史弥远,"直声动朝野。立螭数月,数犯颜造膝,天下想闻其风采。故老袁公燮、

---

① 《四朝闻见录》甲集《宏词》,第35—36页。
② 《西山先生真文忠公文集》卷一九《杨次山特授少保进封永阳郡王加食邑食实封制》。
③ 《刘克庄集笺校》卷一六八《西山真文忠公行状》,第6500页。
④ (宋)陈世崇撰,储玲玲整理:《随隐漫录》卷三,《全宋笔记》第8编第4册,大象出版社,2017年,第275—276页。

柴公中行及庶僚之敢言者数人,稍稍和之。时相始不乐,都司尤切齿,然籍没之产,以渐给还;士大夫停废迁徙者,亦稍稍牵复,公发之也。时相患公与左史李公埴数论事,于是二公俱出疆"①。嘉定六年(1213),真德秀被命差充金国贺登位国信使。回朝后,真德秀无意接受史弥远的笼络,力请出知地方,"时相方以爵禄笼天下士,至有声望旧人,折节营进,反为所薄。公慨然谓刘公爚曰:'吾徒须汲汲引去,使庙堂知世有不肯为从官之人。'遂力请郡。时相曰:'禁途在尔,胡为去也?'公答曰:'老亲生长田间,但知太守之乐,不知从官之荣。'"②嘉定七年(1214),真德秀被任命为江东转运副使,结束了词臣生涯。

南宋一朝权臣相继,为操纵"上意",权臣通过掌控词臣不断强化对两制的控制,使体现君主意志的制诏逐渐流为溢美攻伐以逞权臣私欲的工具。"内外制,唯稍能四六者即入选。殊不知制诰诏令,贵于典重温雅,深厚恻怛,寻常四六不同。今以寻常四六手为之,往往褒称过实,或似启事谀词,雕刻求工,又如宾筵乐语,失王言之体矣。"③同时,由于"祖宗之法"对士大夫政治的深远影响,坚守公允纪实的书写原则、保持独立公正的政治立场,又是公议品评词臣的重要标准。对丧失立场阿附权贵的词臣,朝野公议往往会给予严厉谴责。在"祖宗之法"的权力制衡体系中,词臣不仅要在制诏书写中传达"上意",也要以公允纪实的立场体现公议。词臣不但是君主旨意的书写和传达者,也是驳正违失、完善政令的决策参与者。不同于明清时期的词臣品级降低、政治作用减弱,宋代词臣具有相对独立的政治主体意识和参与决策的政治作用。在一定程度上起到了对君权和相权的约束与制衡作用。从寒门之子到庙堂精英,真德秀身兼代王言的喉舌之任与封驳纠偏的参议之职,相较辞藻润色之工,真德秀更加重视词臣对政治立场的坚守。当理宗问及词臣称职者,真德秀答以赵汝谈、洪咨夔、吴泳,称其为士论所属、众望所归。真德秀之雅正、赵汝谈之古洁、吴泳之典丽虽各具特色,然皆能

---

① 《刘克庄集笺校》卷一六八《西山真文忠公行状》,第6502—6503页。
② 《刘克庄集笺校》卷一六八《西山真文忠公行状》,第6504页。
③ 《鹤林玉露》甲编卷四《词科》,第59页。

秉笔公正、端直无私，尤其是任免制诏力求公允书写，以合公议。虽然权臣秉政对南宋政治产生了严重影响，褒谀溢美与攻伐异己成为南宋中晚期制词书写中的突出现象，但通过对"祖宗之法"的维护与遵循，词臣参与决策的政治主体意识和坚持公议的政治立场被保留在与君主共治天下的宋代士大夫政治文化中，真德秀也被视为南宋词臣的典范为朝野所称颂。

第二章 真德秀对君臣之学的诠释与建构

继承了先儒"正君而国定"的君臣理想,真德秀在以六经推衍《大学》建构帝王之学的同时,也在"正己""格君""谋国""用人"的四目框架中建构辅臣之学,从而形成了君臣之学双翼并行的经世理论体系,为维护纲纪、稳定秩序立万世之程。在真德秀对君臣观的政治建构中,"不谋功利"的道德品质和"以道相合"的政治原则被大力倡导,并在引导意识形态、提升政治素养、重塑价值观等方面发挥了重要的导向作用,其对君臣之学的阐述蕴含了儒家治国理想的核心精神,被历代为政者奉为政教之要,对后世产生了深远的影响。面对权臣擅政、士风萎靡的时局,以真德秀为代表的晚宋理学家大力弘扬"正君而国定"的君臣理想,以正君之心为得君行道的前提建构经世致用的君臣之学,为君主治国提供理论和方法指导,以期重树君臣轨范,使君臣之道复彰。为了有效引导帝王的思想意识,真德秀率门人弟子历时多年编纂了《西山读书记》,其中蕴含了宋儒丰富的思想资源和治政理念,"《读书记》一书既博且精,凡诸经、诸子、诸史、诸儒之书之所当读当讲者皆在焉,乃有载籍以来奇伟未尝有之书也。学者果有志于学,检其书可以统宗会元,质百圣而不惭,俟百世而不惑"①。

《西山读书记》共分甲、乙、丙、丁四记,"甲记曰性命道德之理,学问知行之要,凡二十有七卷;乙记曰人君为治之本,人臣辅治之法,凡二十有二

---

① (元)陈栎:《定宇集》卷七《问〈西山读书记〉〈北溪字义〉〈勿斋字训〉三书孰为尤精》,《景印文渊阁四库全书》第1205册,第241页。

卷;丙记曰经邦立国之制,临政治人之方。其书惟兵政一门先成。丁记曰出处语默之道,辞受取舍之宜,凡二卷"①。真德秀对乙记的编撰最为看重,"曰:'他日得达乙览,死无恨矣。'"②作为帝王之学进献给理宗的《大学衍义》即《西山读书记》的乙上。目前学界的研究多集中在阐释真德秀对帝王之学的建构,而对真德秀对辅臣之学的诠释尚未给予应有的关注。③ 真德秀在对诸儒义理释经的评述中建构了帝王之学与辅臣之学的理论体系,多角度体现了晚宋时期君臣观的政治文化内涵,展现了理学由思想领域向政治领域的拓展方式及历史进程。

第一节 《大学衍义》与帝王之学的建构

通过教化君主实现治国平天下的王道理想,是儒家政教观的核心内容。相传周代贵族子弟八岁入小学,十五岁入大学,学习安邦治国之道。战国秦汉儒者有意识地在教育中建构政治伦理,寄托内圣外王的政治理想,《礼记·大学》便是这一政治理念的理论表述。"大学者,以其记博学,可以为政也。"④宋代儒学复兴,士人更加注重在儒道的伦理框架中建构帝王之学、实现政教理想。北宋名臣范祖禹非常重视哲宗的教育,亲自编纂历代明君务学求师之要,成《帝学》进献哲宗,作为经筵讲学的教材。"帝

---

① 《刘克庄集笺校》卷一六八《西山真文忠公行状》,第6514—6515页。
② 《刘克庄集笺校》卷一六八《西山真文忠公行状》,第6515页。
③ 主要论著有朱鸿林:《理论性的经世之学——真德秀〈大学衍义〉之用意及其著作背景》(《中国近代儒学实质的思辨与习学》,北京大学出版社,2005年);朱人求:《衍义体:经典诠释的新模式——以〈大学衍义〉为中心》(《哲学动态》2008年第4期);夏福英:《建构"帝王之学"的信仰体系——真德秀〈大学衍义〉"诚意正心之要"解析》(《湖南大学学报[社会科学版]》2014年第6期);夏福英、姜广辉:《建构"帝王之学"的知识体系——真德秀〈大学衍义〉"格物致知之要"解析》(《中国哲学史》2015年第1期)等。这些论著从不同角度对《大学衍义》进行了剖析并就真德秀的君臣观阐述了各自的观点。但《大学衍义》只是《西山读书记》的一部分,真德秀在《西山读书记》中通过对诸儒之说的采集与评述,形成了帝王之学与辅臣之学相结合的理论体系,其中所体现出的君臣观较之《大学衍义》更为丰富和全面。
④ (汉)郑玄注,(唐)孔颖达疏:《礼记正义》卷六〇《大学第四十二》,(清)阮元校刻:《十三经注疏》,中华书局,1980年,第1673页。

王之学,谓之大学"①,通过引用《礼记·大学》,范祖禹明确指出帝王之学的核心主旨就是掌握和奉行大学之道,行尧舜之政治理天下。以二程为代表的理学家更加注重对《大学》的义理发明,"河南程氏两夫子出,而有以接乎孟氏之传,实始尊信此篇而表章之,既又为之次其简编,发其归趣,然后古者大学教人之法、圣经贤传之指,粲然复明于世"②。

南宋中期,大儒朱熹在帝王之学中首推《大学》,期望以《大学》之道感格君心,成就君主圣德:"帝王之学,必先格物致知,以极夫事物之变,使义理所存,纤悉毕照,则自然意诚心正,而可以应天下之务。"③绍熙五年(1194),在赵汝愚、黄裳等人的推荐下,朱熹被宁宗召入朝中,为焕章阁待制,兼侍讲。他首先为皇帝讲授的便是《大学》,"《大学》是为学纲目。先通《大学》,立定纲领,其他经皆杂说在里许。通得《大学》了,去看他经,方见得此是格物致知事,此是正心诚意事,此是修身事,此是齐家治国平天下事"④。在经筵进讲中,朱熹以《大学》之道推本及用,谆谆劝谕宁宗以正心修身为本,益之以世道民彝,则三代之治可复。"先生每讲,务积诚意以感悟上心。以平日所论著者敷陈开析,坦然明白,可举而行。讲毕,有可以开益上德者,罄竭无隐。"⑤对《大学》,朱熹以起始之基和为学纲目视之,而《大学》所具有的三纲八条目的框架性特征,又使其具有兼容包蕴的强大张力,"今且须熟究《大学》作间架,却以他书填补去"⑥。从而使《大学》逐渐成为南宋理学家阐释政治构想与价值取向的承载文本。"欲修己以治人而及于天下国家者,岂可以舍是而他求哉!"⑦通过对《大学》的地位确立和经义阐释,朱熹将先儒"正君而国定""格君心之非"的政教理想进行了系统化的理论阐释,虽然

---

① (宋)范祖禹撰,杨淮、杨洹释译:《帝学》卷一,远方出版社,1998年,第36页。
② 《大学章句序》,《朱子全书》第6册,第14页。
③ 《宋史》卷四二九《朱熹传》,第12752页。
④ (宋)黎靖德编,郑明等校点:《朱子语类》卷一四《大学一》,《朱子全书》第14册,第422页。
⑤ (清)王懋竑:《朱子年谱》卷四,《朱子全书》第27册,第373页。
⑥ 《朱子语类》卷一四《大学一》,《朱子全书》第14册,第420页。
⑦ 《晦庵先生朱文公文集》卷一五《经筵讲义》,《朱子全书》第20册,第692页。

朱熹侍讲经筵方四十余日便被逐出朝廷,但他以《大学》为框架建构帝王之学的主张被后学所继承。

南宋后期,权臣政治日益盛行。宁宗即位后,权臣韩侂胄借拥立之功全面把持朝政,"侂胄以专擅为当然而恣其所为,小人以无耻为常事而恬不之愧,举朝之臣知有侂胄而不复知有人主"①。开禧三年(1207),韩侂胄被秘杀于宫禁,取而代之的是新一任权相史弥远,"相宁宗十有七年。迨宁宗崩,废济王,非宁宗意。立理宗,又独相九年,擅权用事,专任憸壬"②。不仅一手遮天把持朝政二十六年,更自行废立,将皇帝操控于股掌间。在与权臣的政治斗争中,理学诸儒逐渐形成共识,要使君权真正无法被僭越,辅翼之臣应通过道德教化来"格君心之非",使君主正心立德,涵养刚健浑厚的义理之气,修身、齐家、治国、平天下。早在嘉定元年(1208),真德秀即以其除学禁、明正学的直言奏陈引起了黄榦的重视,"窃闻屡进危言,力扶大义,公论藉以开明,善类为之踊跃。枘凿难合,勇退急流,此风不闻于世久矣,自顾庸懦,亦切增气"③。黄榦在给真德秀的书信中对其正君行道充满了期待,并就时政向真德秀表明了自己的观点。在给李燔等诸友的书信中,黄榦将真德秀视为护法大神,对其显扬朱子学说的正学地位寄予厚望,"得真景元书,嗜学之志甚至,得陈师复书亦然。此二公者异日所就又当卓然,真护法大神也。先师没,今赖有此耳,可喜可喜"④。

蔡渊是著名理学家蔡元定长子,也是朱熹的嫡传弟子,他曾亲历老师被逐、父亲贬死的时代悲剧,因此对致君之道有着更为深刻的理解。自父亲被贬谪道州后,蔡渊一直奉母家居,在建阳讲学论道,后辈学者云集,"真德秀、陈宓、陈韡、黄自然、王埜莫不曲巷过门以问出处之实、理乱之由"⑤。在

---

① 《续编两朝纲目备要》卷七,第124—125页。
② 《宋史》卷四一四《史弥远传》,第12418页。
③ (宋)黄榦:《勉斋先生黄文肃公文集》卷一三《与真景元直院》,元刻延祐二年(1315)重修本。
④ 《勉斋先生黄文肃公文集》卷三《与李敬子司直书》。
⑤ (清)李清馥著,徐公喜、管正平、周明华点校:《闽中理学渊源考》卷二五《处士蔡节斋先生渊》,凤凰出版社,2011年,第343页。

道的践履中,蔡渊向真德秀点明了得君之心是致君行道的前提和保障,"真公参大政,欲以《大学》为对,先生以为实之以事,则理有据而言之易入,不然无益。真公深敬服"①。真德秀继承了朱熹对帝王之学的诠释理路,采纳了蔡渊的建议,以《大学》为间架,实之以经史,并在诠释中益之以时事,使经史与现实紧密结合,在经筵进讲中使帝王产生更浓厚的兴趣。在《大学衍义》中,大量有益治道的故事被经义有机串联,生动而形象地向君主展示理学家的君臣理想与尧、舜、禹、汤、文王、武王等古代圣贤帝王的为治之道,"道 圣贤性命道德之言,旁采古今治乱安危之迹,必提其要,皆聚此书。凡诸老先生之讲明,粗加该括;于君子小人之情状,尤极形容。载瞻海岳之崇深,期效涓埃之裨补"②。

作为朱子学说的继承者,真德秀希望能够将朱熹的学术思想和政治理想行诸庙堂,"《大学》一书,君天下者之律令格例也,本之则必治,违之则必乱。近世大儒朱熹尝成《章句》《或问》,以析其义。宁皇之初,入侍经帷,又尝以此书进讲。愿治之君,倘取其书玩而绎之,则凡帝王为治之序、为学之本,洞然于胸次矣"③。在对《大学》的阐释上,"《大学衍义》开创了一种遵循'确立纲目,先经后史,诸子议论,自己按语'的原则和次序的经典诠释体例,它遵从'以义求经'的诠释原则,根据自己的诠释目的和诠释框架来推衍、发挥经义,重视经史互证、理事合一,以经世致用为基本价值取向,以服务帝王为根本目的,带有鲜明的时代性"④。真德秀认为《大学衍义》推衍先儒未尽之意,以性命道德之学与古今史变之学互为体用,从而凸显出《大学》之道内圣外王的双重功用,"臣闻圣人之道,有体有用。本之一身者,体也;达之天下者,用也。尧舜三王之为治,六经《语》《孟》之为教,不出乎此。而《大学》一书,由体而用,本末先后尤明且备,故先儒谓于今得见古人为学次第者,独赖此篇之存,而《论》《孟》次之,盖其所谓格物、致知、诚意、正心、修

---

① 《闽中理学渊源考》卷二五《处士蔡节斋先生渊》,第343页。
② (宋)真德秀:《进〈大学衍义〉表》,《大学衍义》卷首,第4页。
③ 《大学衍义序》,《大学衍义》卷首,第1—2页。
④ 朱人求:《衍义体:经典诠释的新模式——以〈大学衍义〉为中心》,《哲学动态》2008年第4期,第65页。

身者,体也;其所谓齐家、治国、平天下者,用也。人主之学,必以此为据依,然后体用之全,可以默识矣"①。

端平元年(1234)十月,真德秀将《大学衍义》进献于开始亲政的宋理宗。在《大学衍义》序中,真德秀详细论述了进呈此书的用意和期望:"为人君而不知《大学》,无以清出治之源;为人臣而不知《大学》,无以尽正君之法。既又考观在昔帝王之治,未有不本诸身而达之天下者,然后知此书所陈,实百圣传心之要典,而非孔氏之私言也。……上下数千载间治乱存亡皆繇是出,臣故断然以为,君天下之律令格例也。"②通过对明道术、辨人材、审治体、察民情等格物致知之要和崇敬畏、戒逸欲等诚意正心之要的阐释,真德秀将帝王之学的知识体系和帝王治国的内圣之道紧密结合。而对谨言行、正威仪等修身之要与重妃匹、严内治、定国本、教戚属等齐家之要的论述,则展现出真德秀对《大学》文本由内圣而外王的经世化解读。

一、格物致知之要:帝王治国的知识体系

格物、致知是儒学思想中的重要概念。在《礼记·大学》中,格物、致知被列为八目之首。汉代大儒郑玄对《大学》"致知在格物"有明确的阐释:"格,来也。物,犹事也。其知于善深则来善物,其知于恶深则来恶物,言事缘人所好来也。"③宋代理学家更加注重对理的诠释,程颐明确将格物诠释为"穷理":"格犹穷也,物犹理也,犹曰穷其理而已也。穷其理,然后足以致之,不穷则不能致也。"④只有了解物之"理",才能探究万物的规律,最终形成判断是非善恶的价值观和知识体系,"致知在格物,则所谓本也,始也;治天下国家,则所谓末也,终也"⑤。对于《礼记·大学》未能释格物、致知之意,朱熹认为先儒曾有阐释,而今亡矣。在二程的基础上,朱熹对《大学》中的格物、致知之义进行了补充诠释:"尝窃取程子之意以补之曰:'所谓致知

---

① 《西山先生真文忠公文集》卷一三《召除户书内引札子四》。
② 《大学衍义序》,《大学衍义》卷首,第1—3页。
③ 《礼记正义》卷六〇《大学第四十二》,第1673页。
④ (宋)程颢、(宋)程颐著,王孝鱼点校:《二程集》,中华书局,1981年,第316页。
⑤ 《二程集》,第316页。

在格物者,言欲致吾之知,在即物而穷其理也。盖人心之灵莫不有知,而天下之物莫不有理,惟于理有未穷,故其知有不尽也。是以《大学》始教,必使学者即凡天下之物,莫不因其已知之理而益穷之,以求至乎其极。至于用力之久,而一旦豁然贯通焉,则众物之表里精粗无不到,而吾心之全体大用无不明矣。此谓物格,此谓知之至也。'"①

与佛老不同,朱熹对穷理格物的诠释注重对客观事物的理解和认知,知识来自经验的总结,"穷理格物,如读经看史,应接事物,理会个是处,皆是格物"②,也来自和日常生活相关的各类事物,"格物,须是从切己处理会"③。致知须穷理,物格而后知致,则天下万事豁然贯通,"致,推极也。知,犹识也。推极吾之知识,欲其所知无不尽也"④。帝王担负着治理天下的重任,格物致知对君主就更为重要,君主要具备和增强治国的能力,辅弼之臣必须承担起对君主格物致知能力的培养,"帝王之学,何学也? 以民为心也。夫自致知格物以至平天下、家国,曷尝不以民为心哉。苟学之不精,不先于致知,使天下之物足以乱吾之知,则理不穷;理不穷,则物不格;物不格,则知不至,意不诚,心不正,身不修,出而为天下、国家则为商鞅、苏、张之徒,以血肉视人,而天下不得安其生矣"⑤。

继承了朱熹对格物致知的阐释,真德秀在建构帝王之学时,将君主格物致知的学习能力与其治国理政的行政能力紧密相连。君主治国,必先格物致知,"欲人就事物上穷究义理,则是于实处用其功,穷究得多则吾心之知识自然日开月益。常人之学不就实处用功而驰心于高妙,犹且不可,况人君以一身应万事万物之变,若不于事物上穷究,岂惟无益而已,将必如晋之清谈、梁之苦空,其祸有不可胜言者,此格物致知之学所以为治国平天下之先务也"⑥。若徒言正心,而不足以识事物之要,则是佛老空寂之论;精核事务而

---

① 《大学章句》,《朱子全书》第 6 册,第 20 页。
② 《朱子语类》卷一五《大学二》,《朱子全书》第 14 册,第 463 页。
③ 《朱子语类》卷一五《大学二》,《朱子全书》第 14 册,第 463 页。
④ 《大学章句》,《朱子全书》第 6 册,第 17 页。
⑤ (宋)张九成:《孟子传》卷二,杨新勋整理:《张九成集》,浙江古籍出版社,2013 年,第 692 页。
⑥ 《西山先生真文忠公文集》卷一八《讲筵卷子(十一月八日)》。

昧夫根本,则是俗士功利之谈,皆不可致君行道,成就王道之治。对君主空谈性理并不可取,"其始以之自利其身,其终以之贻害于国,故桓温以为神州陆沉、百年丘墟,王夷甫诸人不得不任其责"①,唯有培养君主明天理人伦、道统源流、王道霸术,辨奸雄窃国、憸邪罔上,审德刑先后、义利重轻、民心向背,方能成就内圣外王之功。这也是真德秀向理宗进献《大学衍义》的期望和目标,"陛下须是做格物致知工夫,于天下义理无不通晓,则此等奸罔之言自不敢进。臣于是时便欲编集此书以献陛下,缘去国之速,不曾做得,闲居八年,此书方能成就"②。

绍定六年(1233)十月,史弥远死,端平元年(1234),真德秀被召入朝,在担任侍读期间,真德秀为理宗讲读《大学章句》及《大学衍义》,并向理宗揭露了权臣史弥远以心腹充任经筵官、蒙蔽君主的欺罔之行,"权臣凡事皆是欺罔陛下,是时讲筵官亦为欺罔之言,臣记得一日讲官讲《易》,辄为奸言云云。臣是时深不能平,欲辟之又恐纷争于陛下之前,有伤事体。退而自咎,若使程颐、朱熹当此,必是与之深辨"③。为了培养君主治国理政的能力,在对理宗进讲《大学》时,真德秀对格物致知进行了明确的阐释:"大抵理之与事,元非二物。异端言理而不及事,其弊为无用;俗吏言事而不及理,其弊为无本。惟圣贤之学则以理为事之本,事为理之用,二者相须,本无二致,此所以为无弊也。"④理宗通读《大学》后自认有所得:"《大学》齐家、治国、平天下乃用处,须至诚意、正心、修身方得。"⑤真德秀当即予以补充纠正:"上面更有格物致知工夫,人君于天下之理、天下之事,须是都讲究令透彻方能诚意正心。"⑥

真德秀利用经筵进讲,不断增强理宗对时局、朝政的关注,培养君主对政务的判断和处理能力,使经筵成为君主了解政治信息的重要渠道,"自今

---

① 《大学衍义》卷一三《格物致知之要一》,第221页。
② 《西山先生真文忠公文集》卷一三《得圣语申省状》。
③ 《西山先生真文忠公文集》卷一三《得圣语申省状》。
④ 《西山先生真文忠公文集》卷一八《讲筵卷子(十一月八日)》。
⑤ 《西山先生真文忠公文集》卷一三《得圣语申省状》。
⑥ 《西山先生真文忠公文集》卷一三《得圣语申省状》。

经筵讲读之际,有切于身心、关于政治者,时发玉音,质问所疑,俾臣等得悉心以对。如有未谕,即乞再三诘难,必圣心洞然无疑而后已。……至于辅臣奏对,尤当从容访逮。政事因革,俾陈其利病之原;人材进退,必叩以贤否之实。如有未谕,反复审究,亦必再三。都俞之外,不厌吁咈,以至言官之奏论弹劾、群臣之进见对扬,率霁天威,俯加酬诘,俾虑底蕴,尽究物情,如此则于国家之事日益明习,而举措用舍之间无不适当矣。凡此皆所谓格物也"①。

真德秀在对帝王之学的建构中,对格物致知的诠释最为详尽,"明道术""辨人材""审治体""察民情"都被囊括进格物致知的范畴中。唯有穷理方能应万事之变,忠直之臣注重对君主仁义之德和施政能力的培养,而奸佞之臣则以酒色逸乐使君主愚暗无能,"自昔忠臣欲其君之贤且明者,必劝之以躬揽万机,日临群臣,如太阳之烛万物,辉光所发无所不被。然后已得以输其忠诚,而措天下于安。自昔奸臣欲其君之愚且暗者,必劝之以深居宫省,托耳目于左右之便嬖。而下情之隐伏,政令之得失,一无所睹"②。故周公以《无逸》告诫成王,"凡《无逸》之条目。如崇俭素、重农亩、恤穷困、勤政事、戒佚游、损横敛,大略皆备"③。傅说辅佐商高宗,告之以治国之道,傅说致君尽诚,商高宗虚心受教。"酒非麹蘖不成,羹非盐梅不和,人君非贤者修辅,无以进其德……王人所以求多闻者,是惟立事而已。学必施于事,然后为有用之学"④,商高宗循傅说之教致知力行,卒成一代贤君。宁宗驾崩后,史弥远擅行废立,为肃清异己,史弥远任用李知孝、梁成大、莫泽等"三凶"控制台谏,"济王不得其死,识者群起而论之,而弥远反用李知孝、梁成大等以为鹰犬,于是一时之君子贬窜斥逐,不遗余力"⑤。

真德秀以古喻今,在《大学衍义》"格物致知之要"中对奸雄窃国之术详加阐释,"奸臣之颠国,必先布置私人,使居权要之地,任击搏之权,而去其异己者,然后得以肆行而无忌。当林甫时,所用以为御史者必皆其党与也,故

---

① 《西山先生真文忠公文集》卷一八《讲筵卷子(十一月八日)》。
② 《大学衍义》卷一八《格物致知之要二》,第288页。
③ 《大学衍义》卷三一《诚意正心之要二》,第506页。
④ 《大学衍义》卷三《帝王为学之本》,第40页。
⑤ 《宋史》卷四一四《史弥远传》,第12418页。

赵奉璋欲言其罪,则林甫嗾讽御史劾而杀之。奸臣之权至于能僇言者,则无所不可者矣!"①人主无忠直之臣辅弼致知,故憸邪得以蔽蒙眩惑,而堕其术中不自知。由于朝政长期由权臣把持,理宗左右包括经筵官在内都是权臣腹心,义理不明使君主陷于彀中。"权臣颛政,务为蒙蔽,恐陛下未能一一致察也。故十年之间,是非邪正,颠倒错缪,无所不有,人皆知为权臣之罪。今既躬亲大政,则凡所以剖判是非、别白邪正者,陛下当身任之矣。若于事物之理不深加穷究,应酬之间,少有差失,咎将谁归? 故臣惓惓,欲陛下以格物致知为事也。"②理宗亲政后,真德秀在经筵进讲中恳陈《大学》格物致知之义,期望理宗通过对《大学》之道的领悟,明义理、辨忠奸、治权臣之罪,使君道复彰。

在《大学衍义》中,真德秀以经为体,实之史事,佐以时政,以古今通变之说引导理宗格物穷理,革除弊政,彰显君道。南宋时期,财政危机日趋严重,"朝廷以财赋不足为忧,小人遂献羡余以求进,朝廷不惜名器,以美官要职处之,诸路监司郡守翕然胥效,为剥下益上计,州县骚然,民不聊生"③,"中外承风,竞为苛急,监司明谕州郡,郡守明谕属邑,不必留心民事,惟务催督财赋"④。时至晚宋,内外交困,百姓生活更加窘迫,"前世或税于农,或榷于商贾,今税榷俱重,不可复加。桑弘羊、宇文融复生,其术穷矣"⑤。真德秀以史为鉴,就苛征、戍役等产生的社会问题对理宗进行劝谏,指出当代弊政对民生的危害:"常赋之诛求,粟则展转增入,有输一石而其费至三石者;帛则沮却换易,有输一缣而其费逾三缣者。和籴之强取,有仅偿其半直者,有不给一钱者。其他横敛苛征,色目如蝟……长此不已,将有瓦解土倾之忧,惟仁圣深念焉。"⑥南宋时期,边防是朝野上下共同关注的急务。

---

① 《大学衍义》卷一九《格物致知之要二》,第319页。
② 《西山先生真文忠公文集》卷一八《讲筵卷子(十一月八日)》。
③ (宋)王十朋著,王十朋纪念馆修订:《王十朋全集(修订本)》文集卷四《除知湖州上殿札子三首(三)》,上海古籍出版社,2012年,第643页。
④ 《晦庵先生朱文公文集》卷一一《戊申封事》,《朱子全书》第20册,第605页。
⑤ 《刘克庄集笺校》卷五一《备对札子(三)》,第2540页。
⑥ 《大学衍义》卷二七《格物致知之要四》,第438页。

第二章 真德秀对君臣之学的诠释与建构 49

早在嘉定七年(1214),真德秀便上书力陈"大修垦田之政,仿汉搜粟故事,颛为一司以领之,力本务农,如周秦之用西土。数年之后,积贮充实,边民父子争欲自保,因其什伍,勒以军法,不待粮饷,皆为精兵"①。但在权臣数十年的操控下,宁宗、理宗皆未有亲理军政之意、治边安民之策,"并边之民往往或从征役,或任转输,饥渴疲劳之殃,戚嗟愁苦之态,往往有甚于古者。自将帅守牧,未闻有过而问之者。况得上彻于九重之邃乎?"②在《大学衍义》中,真德秀对《采薇》《东山》等诗详加阐释,称颂文王、周公:"文王乃先其未发,歌咏以劳苦之,如其身之疾痎焉。""士之蕴于其心,而不能言者,周公尽发之于言。遐想其时,上下交孚,欢欣感激,有不能自已者。"③故西周初年虽连年征戍,然民皆舍生忘死翊戴王室。真德秀期望理宗能以古代贤君为楷模,充分体察边务、民情,"臣今列之是编者,欲仁圣之君,轸文王、周公之念,处宫庭之奥,如亲临边鄙之间。恤民之忧如己之忧,则民亦将以上之忧为忧矣"④。

二、诚意正心之要:帝王治国的内圣之道

对于"诚意",朱熹在《大学章句》中有明确的诠释:"诚,实也。意者,心之所发也。实其心之所发,欲其一于善而无自欺也。""诚其意者,自修之首也。……言欲自修者知为善以去其恶,则当实用其力,而禁止其自欺。"⑤致知而后意诚,意诚而后心正身修。朱熹对"诚意"非常重视,生前曾对《大学》"诚意"章进行过多次修订,"'知至意诚'一段。来喻得之,旧说有病,近已颇改定矣。其他改处亦多,恨未能录寄也"⑥。"《大学》'诚意'之说,已再观之,果如所论。想他书似此处多,须一一整顿也"⑦,直至临终前依然在

---

① 《西山先生真文忠公文集》卷三《使还上殿札子》。
② 《大学衍义》卷二七《格物致知之要四》,第430页。
③ 《大学衍义》卷二七《格物致知之要四》,第427、430页。
④ 《大学衍义》卷二七《格物致知之要四》,第430页。
⑤ 《大学章句》,《朱子全书》第6册,第20—21页。
⑥ 《晦庵先生朱文公文集》卷五六《答郑子上》,《朱子全书》第23册,第2681页。
⑦ 《晦庵先生朱文公文集》卷四四《答蔡季通》,《朱子全书》第22册,第2004页。

修改《大学》"诚意"章。

诚意正心素为理学家所重。"诚"为体,"敬"为用。程颢认为,"诚者天之道,敬者人事之本。敬者用也。敬则诚"①。朱熹以"意诚"区分天理与人欲,"意诚,便全然在天理上行。意未诚以前,尚汩在人欲里"②。诚为本,敬为用。敬乃存诚之道,主敬即是君德,"'毋不敬,俨若思,安定辞,安民哉',君德也。君德即天德也"③。朱熹在《敬斋箴》中对"敬"做了详尽的阐释:"正其衣冠,尊其瞻视。潜心以居,对越上帝。足容必重,手容必恭。择地而蹈,折旋蚁封。出门如宾,承事如祭。战战兢兢,罔敢或易。守口如瓶,防意如城。洞洞属属,罔敢或轻。不东以西,不南以北。当事而存,靡他其适。弗贰以二,弗参以三。惟精惟一,万变是监。从事于斯,是曰持敬。"④在《大学衍义》"修己之敬"中,真德秀引用朱熹《敬斋箴》全文,称之为"敬之为义,至是无复余韵"⑤。继承了程朱对"诚""敬"的阐释,真德秀将"敬"作为帝王之学"诚意正心之要"的重要内涵,分"修己之敬""事天之敬""遇灾之敬""临民之敬""治事之敬""操存省察之功""规警箴诫之助"详加阐释。三代圣贤之君,其君德以敬为首称,"尧、舜、禹、汤、文、武,皆天纵之圣,而《诗》《书》之叙其德必以敬为首称。盖敬者,一心之主宰,万善之本源。学者之所以学,圣人之所以圣,未有外乎此者。圣人之敬,纯亦不已,即天也"⑥。君主身心内外无一毫之不敬,"其容貌必端严而若思,其言辞必安定而不遽。以此临民,民其有不安者乎?"⑦

在"事天之敬"中,真德秀通过伊尹劝诫太甲、群臣进戒周成王之词,向理宗阐明了"敬天"对帝王治国的重要意义,"成王即政之初,群臣进戒,首

---

① 《二程集》,第127页。
② 《朱子语类》卷一六《大学三》,《朱子全书》第14册,第531页。
③ 《二程集》,第117页。
④ 《晦庵先生朱文公文集》卷八五《敬斋箴》,《朱子全书》第24册,第3996—3997页。
⑤ 《大学衍义》卷二八《诚意正心之要一》,第445页。
⑥ 《大学衍义》卷二八《诚意正心之要一》,第441—442页。
⑦ 《大学衍义》卷二八《诚意正心之要一》,第442页。

以敬天为言。盖帝王所当尊者莫如天,所当从事者莫如敬,故重言以求其听。夫天道甚明,不可欺也;天命惟难,不易保也"①。敬天即遵循天道,君主敬天则仁民爱物、修德行政,"盖敬则仁,不敬则私欲贼之而不仁矣;敬则诚,不敬则私欲杂之而不诚矣。曰诚、曰仁,何所用力?惟敬而已"②。真德秀借召公警成王之语晓谕理宗敬天之君必敬其民,"盖小民虽甚微,而至为可畏,王其毋或敢后,用顾畏于民之嵒险可也。……召公此篇言畏天必及民,是畏民当如畏天也"③。圣贤之君崇敬畏、谨持守,"故其所处虽非显明之地,常若天地神明之在其上也,父母师保之在其前也。虽未尝有厌倦之心,而严于自保,常恐燕安怠惰之私萌于中,邪僻嫚易之气设于体也"④,意诚则心正,贤臣以忠敬格君心之非。

"格君心之非""正君而国定"是孟子提出的政治主张和政教理想:"人不足与适也,政不足与间也。惟大人为能格君心之非。君仁莫不仁,君义莫不义,君正莫不正,一正君而国定矣。"⑤孟子的正君之论得到了两宋理学家的大力推扬。程颐认为:"治道亦有从本而言,亦有从事而言。从本而言,惟从格君心之非,正心以正朝廷,正朝廷以正百官。"⑥"天下之治乱系乎人君之仁不仁耳。心之非即害于政,不待乎发之于外也。"⑦治道之本在于君主一心,君心正则朝廷正,朝廷正则世道大治。继程颐之后,朱熹对此又有进一步的阐释:"天下之事千变万化,其端无穷而无一不本于人主之心者,此自然之理也。故人主之心正,则天下之事无一不出于正;人主之心不正,则天下之事无一得由于正。……虽以天下之大,而无一人不归吾之仁者。"⑧真德秀将汉代大儒董仲舒"为人君者,正心以正朝廷,正朝廷以正百官,正百官

---

① 《大学衍义》卷二八《诚意正心之要一》,第454页。
② 《大学衍义》卷二八《诚意正心之要一》,第448页。
③ 《大学衍义》卷二九《诚意正心之要一》,第468页。
④ 《大学衍义》卷二九《诚意正心之要一》,第471页。
⑤ (汉)赵歧注,(宋)孙奭疏:《孟子注疏》卷第七下《离娄章句上》,(清)阮元校刻:《十三经注疏》,中华书局,1980年,第2723页。
⑥ 《二程集》,第165页。
⑦ 《大学衍义》卷一〇《格物致知之要一》,第160页。
⑧ 《晦庵先生朱文公文集》卷一一《戊申封事》,《朱子全书》第20册,第590—591页。

以正万民,正万民以正四方"之论置于《大学衍义》第一章《帝王为治之序》中,称其为帝王为治的要义:"仲舒之论,自孟子之后未有及之者。盖朝廷者天下之本,人君者朝廷之本,而心者又人君之本也。人君能正其心,湛然清明,物莫能惑,则发号施令罔有不臧而朝廷正矣。"① 君主心正则天下大治。

朱熹在张载"心统性情"观的基础上,对"人心"和"道心"进行了明确阐释,"此心之灵,其觉于理者,道心也;其觉于欲者,人心也"②。人心生于形气之私,而道心源于性命之正,欲动情胜则心失其正,忿懥、恐惧、好乐、忧患"皆心之用,而人所不能无者。然一有之而不能察,则欲动情胜,而其用之所行,或不能不失其正矣"③。所谓"正心",就是通过长期的道德修养,去欲存理,"必使道心常为一身之主,而人心每听命焉,则危者安,微者著,而动静云为自无过不及之差矣"④。如果君主不能以道心为主宰,就会陷于各种欲望中不能自拔,从而对国家造成巨大的危害。继承了朱熹对十六字心传的诠释,真德秀将《尚书·大禹谟》中舜传禹的十六字视为帝王为学之本,"声色臭味之欲皆发于气,所谓人心也。仁义礼智之理皆根于性,所谓道心也。今即人主一身言之,宫室之欲其安,膳服之欲其美,与夫妃嫔侍御之奉,观逸游田之乐,此人心之发也。是心为主而无以裁制,则物欲日滋,其去桀纣不远矣。知富贵之不可恃而将之以忧勤,知骄侈之不可肆而节之以恭俭,知旨酒厚味为迷心之鸩毒思所以却之,知淫声美色为伐性之斧斤思所以远之,此道心之发也。是心为主而无以汩丧,则理义日充,其去尧舜不远矣"⑤。

正心必先去欲,在《大学衍义》中,真德秀对孟子"养心莫善于寡欲"的论说详加衍义:"养心谓涵育其心也,存谓不失其本心也。多欲则戕伐其心矣,乌乎养?以欲戕伐则丧失其心矣,乌乎存?……有志于学圣人者,必由寡欲,充之以至于无欲而后可。"⑥ 在《大学衍义》中,真德秀以汉武帝和唐玄

---

① 《大学衍义》卷一《帝王为治之序》,第21—22页。
② 《朱子语类》卷六二《中庸一》,《朱子全书》第16册,第2013页。
③ 《大学章句》,《朱子全书》第6册,第22页。
④ 《中庸章句序》,《朱子全书》第6册,第29页。
⑤ 《大学衍义》卷二《帝王为学之本》,第26—27页。
⑥ 《大学衍义》卷二九《诚意正心之要一》,第481页。

宗的历史教训为例,向理宗指出君主治国需涵育其心使不失其正,无欲而后天下平。汉文帝时,有献千里马者,文帝以之为纵欲之始,明令四方毋献奇丽珍宝,"惟文帝之心湛然渊静,虽世所不常有之物,皆不足以动之,此所以能却其献也。厥后武帝以一马之故,至于兴师动众,疲弊中国以求之。盖文帝几于无欲,而武帝则多欲矣。此得失之所以异与?"①汉武帝承文景之治,国力强盛,却未能听从贤臣之谏去欲正心,故穷兵黩武、与民争利,"夫尧舜无欲者也。武帝好声色、好征伐、好刑名、好财利、好神仙,多欲者也。多欲则邪念纷纭,本心流荡,而欲效尧舜而施仁义,得乎?"②最终酿成了晚年的人伦悲剧,惑邪臣之谮,兴巫蛊之狱,而致父子兵戎相见。君主不能去欲正心,则易惑于佞臣而受制于权臣,"夫忠臣之心,惟恐其君之有欲,晏子之于景公是也。奸臣之心,惟恐其君之无欲,赵高之于二世、李林甫之于明皇是也。人主其可以不察?"③唐玄宗曾平定唐室之乱,使国家进入开元盛世,但其欲日增,李林甫、宇文融、韦坚、杨钊等憸邪日幸,"明皇以其奉己之欲,悦而宠之,不知其失民心而蠹国脉也"④,尖锐的矛盾导致民怨国乱、父子夫妇不能相存。

"治乱之源,在人主之一心。能守法度,不纵逸乐,则其心正矣。然后于人之贤否,知所用舍谋之是非,知所抉择,心志洞然,无一蔽惑,则于逆理逞欲之事,自不肯为……此自古圣贤传授之要法也。"⑤君心正则能知无所蔽惑,循天理,尊贤臣,故能彰君道而振朝纲。因此,真德秀在《大学衍义》中再三喻示理宗治国必以正心为本:"人君心正则治,心不正则乱,故曰治之在心。"⑥

三、齐家之要:帝王治国的宗法之则

结束了晚唐五代时期的社会动荡,宋代统治者开始倡导以家族血缘关

---

① 《大学衍义》卷三四《诚意正心之要二》,第539页。
② 《大学衍义》卷二九《诚意正心之要一》,第481页。
③ 《大学衍义》卷三四《诚意正心之要二》,第539页。
④ 《大学衍义》卷二四《格物致知之要二》,第393页。
⑤ 《大学衍义》卷三一《诚意正心之要二》,第494页。
⑥ 《大学衍义》卷一《帝王为治之序》,第22页。

系为纽带,以孝悌为核心的宗法制来保持社会的平稳安定。恪遵礼法的父子兄弟关系与国家治乱紧密相连。赵似是宋徽宗的异母兄弟,章惇曾力主其继承皇位,徽宗即位后,有司奉承上意,问罪楚王,"以王府史语言指斥,送大理寺验治,似上表待罪"①。左司谏江公望力谏徽宗效法大舜亲爱之道,切勿因嫌隙离残骨肉而导致宗族的覆亡。在朝野公议的压力下,徽宗最终对楚王待以兄弟之礼。而作为南宋一朝的贤君,宋孝宗被史官誉为"卓然为南渡诸帝之称首"②。孝宗起自外藩,入继大统,尽心孝养高宗,"其间父子怡愉,同享高寿,亦无有及之者。……孝宗之为'孝',其无愧焉"③;对几十年来的帝位竞争者赵璩,孝宗亲爱之情始终不衰,"始,璩之入宫也,储位未定者垂三十年,中外颇以为疑。孝宗既立,天性友爱,璩入朝,屡召宴内殿,呼以官,不名也,赐予无算"④。对于破坏宗法、不肯为父亲成服守孝的宋光宗,则被视为不能保守社稷的昏乱之君,"众而群臣,次而多士,次而六军,又次而百姓,家有家喙,市有市哄,莫不怨嗟流涕,疾视不平"⑤,从而导致了赵汝愚等群臣策动"绍熙内禅",光宗最终被迫退位。

嘉定十七年(1224),宁宗驾崩,史弥远在取得杨皇后的支持后,连夜矫诏二十五道,以皇族疏枝赵贵诚取代了宁宗所立的原皇位继承人赵竑,用篡逆的手段拥立了理宗。同时,史弥远玩弄权术,封赵竑为济王,令其出居湖州。在潘壬等人对济王的拥立行动挫败后,史弥远决定乘机将济王铲除,"弥远谋害济王,遣其客秦天锡来,且颁宣医视疾之命。时王本无疾,天锡谕上意,逼王就死,遂缢于州治"⑥。在史弥远的授意下,济王被逼自缢,赵竑死后,朝廷还下诏追夺赵竑王爵,追贬为巴陵郡公。对于理宗,真德秀的感情是较为复杂的。理宗生于近似平民的远枝皇族,原本不具备成为帝王的

---

① 《宋史》卷二四六《宗室三》,第 8723 页。
② 《宋史》卷三五《孝宗三》,第 692 页。
③ 《宋史》卷三五《孝宗三》,第 692 页。
④ 《宋史》卷二四六《宗室三》,第 8731 页。
⑤ (明)黄淮、(明)杨士奇编:《历代名臣奏议》卷一二《孝亲》,上海古籍出版社,1989 年,第 161 页。
⑥ (元)佚名撰,王瑞来整理:《宋季三朝政要笺证》卷一《理宗》,中华书局,2010 年,第 3 页。

资格,是权臣史弥远出于弄权私欲才用僭越手段将他送上了君主的宝座,其帝王之位的得来可说是名不正言不顺。因此,理宗才更需要以二帝三王为师,进学修德以补前缺,"自此益进圣学、益修圣德,几处人伦之际曲尽其至,庶可掩盖前失,异时为有宋盛德之君"①。真德秀不畏史弥远的权势,坚持以理学家的道德规范劝谕理宗:"陛下之处济王者如此,其不及舜明甚。大抵人主所为当以二帝三王为师,秦汉以下人君举动不皆合理,难以为法。陛下所以待亲王者既有愧于舜,终是欠缺处。"②

真德秀视三纲为维持天下正常运行的必尊法则,子对父的绝对尊崇是实现万世之治的根本前提,即使是遇到如瞽瞍这样的顽父,也不可因其昏乱而弃之,相反更应起敬起孝,"谏不入,起敬起孝;谏而怒,亦起敬起孝。敬孝之外,岂容有他念哉!岂容一息忘哉"③。在《大学衍义》中,真德秀以舜帝作为帝王楷模,对其孝亲友弟的至诚之德进行了大力褒扬:"舜以一身处顽父、嚚母、傲弟之间,而能谐和以孝,俾其善日进、恶日泯,非至诚之积,薰蒸浸灌,何以有此?"④对顽父嚚母,舜尊之如天、侍奉至孝,"舜以不获于父母之故,号泣于天,自负其罪,不敢以为父母之罪,自引其愿,不敢以为父母之愿,其诚于孝如此,宜其卒能感动也"⑤。对于处心积虑想害兄夺产的弟弟象,舜也丝毫没有怨恨之心,对象始终慈爱,"象欲杀舜之迹明甚,舜岂不知之?然见其忧则忧,见其喜则喜,略无一毫芥蒂于其中,后世骨肉之间小有疑隙,则猜防万端,惟恐发之不蚤,除之不亟。至此,然后知圣人之心与天同量也"⑥。继帝舜之后,周公也以其友爱孝悌之行被真德秀褒扬:"周公使二叔监殷,二叔以殷畔。公既奉行天讨矣,使他人处此,必且疾视同姓,惟恐疏弃之不亟。而公作此诗,以燕兄弟,方绸缪反复,谓如常棣华鄂之相依,脊令首尾之相应,虽忿阋于门墙之内,至有外侮,则同力以御之。怆然闵恻之至

---

① 《西山先生真文忠公文集》卷一三《得圣语申省状》。
② 《西山先生真文忠公文集》卷一三《得圣语申省状》。
③ 《大学衍义》卷六《格物致知之要一》,第102页。
④ 《大学衍义》卷七《格物致知之要一》,第111页。
⑤ 《大学衍义》卷七《格物致知之要一》,第112页。
⑥ 《大学衍义》卷八《格物致知之要一》,第124页。

情,温然笃叙之深恩,溢于言外。其后有周世赖宗强之助,王室之势安于磐石,虽历变故,而根本不摇。"①虽然二叔不臣,犯下了倾危社稷的叛国大罪,但周公在奉天讨伐的同时并未轻视手足之情,而是作《常棣》之诗,重申兄弟共济乃是周王朝存续的基石,其恻怛深情再次令宗族同心。

与帝王楷模舜相反,真德秀将唐肃宗作为反例予以批评:"肃宗之平长安也,上皇自蜀还都,曰:'朕为五十年太平天子,未为贵,今为天子父,乃贵耳!'此元结之颂,所谓'宗庙再安,二圣重欢'者也,岂不盛哉!徒以内侍握兵,妄为谗间,而迫迁之谋出焉。其所以然者,肃宗柔懦无断,故张后、辅国得以劫之。以天子之贵而不能庇其父,使抑郁无聊,遂以致疾。肃宗之罪于是乎通天矣。"②对肃宗慢待其父玄宗、使玄宗忧郁致死之过,真德秀扼腕痛惜:"倘能励乾纯之德,绝柔道之牵,当辅国进言之时,奋发威断,明谕诸将,斥其离间父子之罪,执而戮之,命驾西宫,俯伏谢过,二帝欢然,和气充塞,彼爪牙之士不过为辅国所迫耳。人谁无父子之情?若告戒明切,必将幡然悔悟,孰肯舍仁孝之天子而从悖逆之内侍哉?帝乃泯然无所开晓,但有垂涕而已。"③因此,他希望通过对肃宗性格弱点的深层剖析总结出帝王在人欲之私的主导下所表现出的共性,使理宗引以为戒,"将士见帝不言,未必不谓实已心许而不欲形之于口,此辅国之计所以得行也。大抵奸贼之臣,离人骨肉,率以利害惑其主,使疑情动于中,徊徨顾虑,欲为自保之计,然后堕其机穽。肃宗之不能力却胁迁之请者,亦以辅国所陈有以动其疑情故也。疑情萌则惧心作,保身之念胜则爱亲之志衰,肃宗之罪正坐于此"④。顺应天理、恪守三纲的舜和周公,纵然面对人伦之变,也能处之如常,恪尽孝悌之道,使三纲重正、兴王道之治。而唐肃宗少在东宫时本以孝名,然因其未能励乾纯之德、绝柔道之牵,故在处人伦之常时以私欲而堕入奸贼机穽,犯下了悖逆纲常的不赦之罪。

---

① 《大学衍义》卷八《格物致知之要一》,第126—127页。
② 《大学衍义》卷七《格物致知之要一》,第120—121页。
③ 《大学衍义》卷七《格物致知之要一》,第121页。
④ 《大学衍义》卷七《格物致知之要一》,第121页。

在传统的宗法制度下,形成了以父系血缘关系为纽带,一旦后妃干政就会助长外戚和权臣的势力,屠戮宗族,对宗法制度造成严重的破坏。对于后妃预政的后果,真德秀在《大学衍义》中多次予以警示:"考其(武后)僭位财二十年,而宗族屠翦殆无噍类。向之黄其屋者,乃所以为赤族之地。"①"君德庸暗,外戚擅权,货赂上流,刑政日紊。如此虽欲不乱,得乎?"②纵观宁、理两朝时局,不难看出真德秀警示背后的现实意义。真德秀明确指出:"自古奸臣欲盗其君之国,非挟宫闱之助,合左右之交,则不能独为。"③理宗继承皇位乃是权臣与后宫协力谋划的结果,内宫的主谋者即宁宗的杨皇后。杨皇后出身卑微,自幼充当宪圣太后宫中的"杂剧孩儿"。但是,杨皇后为人却极有权谋,早年诛杀韩侂胄时,曾以密旨授史弥远,双方合作铲除了专权路上的最大障碍。作为史弥远最有力的宫廷靠山,杨皇后在宁宗死后再次参与朝政,"皇后矫遗诏:竑开府仪同三司,进封济阳郡王,判宁国府"④,将原定的皇位继承人赵竑赶出了朝廷。政变之后,杨氏被尊为皇太后,与史弥远一起对理宗形成了强大的政治威慑力。为了正纲常、严内治,真德秀以宗法原则贯穿于历史评论,将后妃预政视为违逆祖制的取祸之道,即使是志存社稷的贤后也受到了严厉的谴责:"(东汉临朝)六后之中,若邓与梁本以贤称,而桓帝窦后亦志存社稷。然邓以终身称制,为天下后世所非,梁、窦亦不免于祸败。由其以中壶而预国政,外家而擅朝权,非先王之令典故也,可不监哉!"⑤对篡夺李唐江山、威权独揽的武后,真德秀更是给予了宗法的严厉惩处:"列武曌移唐社稷、灭宗枝之罪,告于九庙,废处别宫,而丹其族,宜也。"⑥

随着宗法意识的不断强化,理学家在对《大学》的诠释中,逐渐完成了宗法与皇权的结合,并将其作为君主致知之首。南宋中后期,理学家对宗法秩

---

① 《大学衍义》卷三八《齐家之要二》,第 610 页。
② 《大学衍义》卷四三《齐家之要》,第 754 页。
③ 《大学衍义》卷一七《格物致知之要二》,第 274 页。
④ 《宋史》卷二四六《宗室三》,第 8737 页。
⑤ 《大学衍义》卷三八《齐家之要二》,第 608 页。
⑥ 《大学衍义》卷四三《齐家之要》,第 762—763 页。

序的大力倡导已在社会各阶层中产生了极大的影响,君主治国亦应遵从天理,以孝悌齐家之道垂范天下。

作为政治家和理学大儒,真德秀深谙对皇帝的劝导方式,而这正是为前辈理学家所忽视的。程颐于元祐三年(1088)被召至京师后为崇政殿说书,负责小皇帝的教育,"哲宗幼冲,召程正叔为崇政殿说书。正叔以师道自居,每侍上讲,色甚庄,继以讽谏,上畏之"①。在对皇帝的教育中,程颐忠直严厉,不苟颜笑,哲宗小有违失即随事规谏,以为不如此便不足以"养人主尊儒重道之心,寅畏祗惧之德"②,而不考虑皇帝是否易于接受。程颐的正君方式让皇帝心生厌烦,程颐不但没能实现理学家正君行道的理想,自己也在朝臣的弹劾中离开了庙堂。和程颐相似,朱熹同样忽视了劝化皇帝的进讲方式。为了让皇帝更有成效地进德修业,朱熹一入经筵便接连上疏警诫宁宗不可逸豫:"今别具奏,欲乞圣明特降睿旨,今后除朔望旬休及过宫日外,不以寒暑双只月日诸色假故,并令逐日蚤晚进讲。"③并就修建宫室、定省太上、朝廷纲纪、山林之卜对宁宗进行了严毅地劝谏,反复奏陈,直言无徊,宁宗听后大感不悦,对朱熹之说产生了强烈的抵触情绪,"既退,即降御批云:悯卿耆艾,方此隆冬,恐难立讲,已除卿宫观"④,将立朝只四十余日的朱熹逐出朝廷。

对于理宗,真德秀怀有深厚的感情。在史弥远擅政时期,其党羽梁成大曾上奏真德秀有五大恶,请朝廷将其削秩贬窜,"章既上,不下者两月,或传德秀有衡阳之命,时宰于帝前及之。帝曰:'仲尼不为已甚。'遂止镌三秩"⑤。对于作了"仲尼不为已甚"的表态而使自己免于贬谪的理宗,真德秀对其感激万分,而理宗亦对真德秀颇为倚重。正如真德秀在《得圣语申省

---

① (宋)潘自牧:《记纂渊海》卷三一《崇政殿说书》,《景印文渊阁四库全书》第 930 册,第 682 页。
② 《二程集》,第 340 页。
③ 《晦庵先生朱文公文集》卷一四《乞不以假故逐日进讲札子》,《朱子全书》第 20 册,第 676 页。
④ (宋)黄榦:《勉斋集朝奉大夫华文阁待制赠宝谟阁直学士通议大夫谥文朱先生行状》,《朱子全书》第 27 册,第 557 页。
⑤ 《宋史》卷四二二《梁成大传》,第 12621 页。

状》中所记述的:"某再拜升殿,首叙违去阙庭之久,蒙恩收召。上曰:'卿去国十年,每切思贤之念。'"①君臣感情一向融洽,无论是在经筵中还是在庙堂上,理宗总是对真德秀尊重有加;真德秀也对理宗抱有极大的期望,希望能将其塑造成为继三代之后的圣贤之君,"恭惟陛下有高宗之逊志时敏,有成王之缉熙光明,即位以来,无一日不亲近儒生,无一日不讲劘道义。自昔好学之君,未有加焉者也。臣昨值龙飞之初,获预讲读之末,尝欲用《大学》之条目,附之以经史,纂集为书,以备清燕之览。匆匆去国,志弗之遂,而臣区区爱君忧国之念,虽在畎亩,未尝少忘。……伏望圣慈察臣一念爱君之笃,矜臣十年用功之勤,特降叡旨,许臣投进。而陛下于机政之暇,讲读之余,赐以览观,其于体用之学,不无秋毫之补"②。

真德秀进献《大学衍义》,其目的在于为君主治国、重振朝纲提供理论和方法指导,受到了宋理宗的嘉许:"卿所进《大学衍义》一书,有补治道,朕朝夕观览。"③宋度宗初开经筵时,礼部尚书马廷鸾即为新君"进读《大学衍义序》,陈心法之要"④。侍讲范东叟、危昭德等儒臣在经筵,皆以《大学衍义》开陈进讲、引君向道。"《大学衍义》一书既上,选官留之经幄,平实明粹,真格心辅治之良药也。"⑤延祐四年(1317),元仁宗令翰林学士译进《大学衍义》,"曰:'修身治国,无逾此书。'"⑥并将印本颁赐群臣,使真氏学说深入人心,朝臣无不以之为龟鉴。明朝建立后,朱元璋向儒臣问学,"尝问以帝王之学,何书为要。濂举《大学衍义》。乃命大书揭之殿两庑壁"⑦。与此同时,真德秀对君臣观的诠释也得到了后世儒臣群体的广泛认同,成为儒臣维护纲纪、稳定秩序的理论依据。朱高炽为太子时,杨士奇即劝说其当习《大学衍义》:"《大学衍义》一书,大有益学者及

---

① 《西山先生真文忠公文集》卷一三《得圣语申省状》。
② 《西山先生真文忠公文集》卷一三《召除户书内引札子四》。
③ 《宋季三朝政要笺证》卷一《理宗》,第83页。
④ 《宋史》卷四六《度宗》,第893页。
⑤ 《鹤山先生大全文集》卷六九《参知政事资政殿学士致仕真公神道碑》。
⑥ (清)毕沅编著:《续资治通鉴》卷二〇〇,上海古籍出版社,1987年,第1113页。
⑦ 《明史》卷一二八《宋濂传》,中华书局,1974年,第3786页。

朝廷。为君不可不知,为臣不可不知,君臣不观《大学衍义》,则其为治皆苟而已。"①明宣宗喜好逸乐,陈祚力劝君主听讲圣贤之道以治国安邦,"真德秀《大学衍义》一书,圣贤格言,无不毕载。愿于听政之暇,命儒臣讲说,非有大故,无得间断。使知古今若何而治,政事若何而得,必能开广聪明,增光德业,而邪佞之以奇巧荡圣心者自见疏远,天下人民受福无穷矣"②。明孝宗后期,纪纲日以废弛,儒臣蔡清遂援引真德秀的正心之论恳谏:"若夫纪纲根本所在,则又在于人主之一心。故心正,则百事可正;理明,而后其心可正。讲学而后理可明,学必正,学毋徇于文华之末,而后有明理之功;其指要,则皆不外乎真氏《大学衍义》一书所言矣。"③《大学衍义》作为帝王之学被元明清历代君臣所重视,被为政者奉为政教之要。

第二节 真德秀对辅臣之学的义理诠释与价值导向

《西山读书记》乙上是论述人君为治之学的《大学衍义》,乙下是论述人臣辅治之道的辅臣之学。《西山读书记》甲、丁先成书,宝祐年间已由福州学官刊行。乙上被真德秀于端平元年(1234)进献于亲政的理宗,并在端平年间被刊刻;乙下未及缮写而真德秀病逝,稿藏于家,学者罕见。弟子汤汉从真德秀之子真志道处抄录了《西山读书记》乙下,并亲自校定,厘为二十二卷,于开庆元年(1259)刊刻于福州,并作序阐明《西山读书记》乙下的主旨和作用:"四记中,惟《乙记》最为世间奇伟,未尝有之书。先生既以《衍义》上之帝,所读之经,惟独辅治之法,既不及见诸行事,而尘编蠹简,久蛰屋壁,乃今出而流布,使夫有志于尊主庇民者,读是书,蚤正而素讲,一日当大任,据千载而施四事,真儒之效庶几复见于天下,是则先生佐王之学,与天地相

---

① (明)杨士奇:《东里别集》卷二《圣谕录(中)》,《景印文渊阁四库全书》第1239册,第627页。
② 《明史》卷一六二《陈祚传》,第4401页。
③ (明)蔡清著,张吉昌、廖渊泉点校:《蔡文庄公集》卷一《管见上堂尊》,商务印书馆,2018年,第19页。

终始,岂非其平日至大至公之心也哉!"①从尧舜至唐代,真德秀对经史中所载的名卿贤相的谋谟事业进行了考论,并在对先儒之说的甄选与品评中附以己见,无论是对君为臣纲的义理诠释,还是对辅臣典范的塑造,都体现出晚宋理学家逐步强化的政治建构主张。儒臣之职正在于格君心之非,辅佐君主明理正心、致知力行。通过晚宋理学家的大力倡导,以道相合的政治原则与不谋功利的道德品质在重塑价值观的过程中发挥了重要的导向作用,对士阶层产生了深远影响。

一、"君为臣纲"在君臣之学中的贯穿书写

自南渡初年,权臣擅政就是南宋朝廷的一大痼疾,"而君臣父子之大伦,天之经,地之义,所谓民彝者不复闻于缙绅之间矣"②。为君主讲明帝王之学、重正纲常成为南宋理学家以道自任的重要使命。绍熙五年(1194),朱熹被召入朝为宁宗讲明帝王之学,"会先生急于致君,知无不言,言无不切,颇见严惮。而一时争名之流,亦潜有觊间之意,由是侂胄之计遂行"③。在韩侂胄攫取朝政大权的过程中,理学诸儒被卷入党争,朱熹及其同道被列为"伪学逆党"而被罢职贬谪,韩侂胄遂以定策功擅权朝堂,"侂胄以专擅为当然而恣其所为,小人以无耻为常事而恬不之愧,举朝之臣知有侂胄而不复知有人主"④。

身处权臣政治的漩涡,维护君主权威、宣扬臣子忠节成为朱熹诠释经史的重要指导思想。朱熹晚年对《尚书》这一记录上古君主言论事迹的儒家经典尤为重视,并在义理阐发中鲜明地体现出"君为臣纲"的政治观点。在《洛诰》的诠释中,朱熹对周公恭谨挚诚的尊王之礼尤为推崇:"周公不欲斥言王幼不能,故言王若不敢及天之初命,则我不得不嗣摄政事,保佑王躬,而相此洛邑,以为王当于此初作民主也。"⑤即使君主稚幼暗弱,辅政之臣亦须

---

① (宋)汤汉:《〈西山读书记〉序》,《西山读书记》卷首,《全宋笔记》第 10 编第 1 册,第 5 页。
② 《晦庵先生朱文公集》卷七五《戊午谠议序》,《朱子全书》第 24 册,第 3619 页。
③ (明)李默:《紫阳文公先生年谱》,《朱子全书》第 27 册,第 384 页。
④ 《续编两朝纲目备要》卷七,第 124—125 页。
⑤ 《晦庵先生朱文公集》卷六五《杂著》,《朱子全书》第 23 册,第 3189 页。

秉忠敬之道事君以礼。反之则是违逆三纲,不可宥赦。通过对《康诰》施刑原则及量刑宽严的诠释,朱熹对苏轼"至于父子兄弟,相与为逆乱,则治之当有道,不可与寇攘同法"①的宽缓论点予以了明确的批驳:"言汝若宽纵,则小臣外正皆得为威虐。汝之为此,欲以德乂民,而实非德也,姑息而已。苏、陈等说惩王氏之弊,一概以宽为说,恐非圣人刑人正法之意也。"②管叔、蔡叔助武庚作乱叛周,是对君臣纲常的悖逆与颠覆,即使是武王之弟、成王之叔也必受严惩。在对《西伯戡黎》的考证中,朱熹认为周文王并非通过征伐无道而改易天命,而是以臣子对君的忠敬之心赢得了诸侯百姓的拥戴:"西伯戡黎,便是这个事难判断。观戡黎大故逼近纣都,岂有诸侯而敢称兵于天子之都乎?……囚之羑里。西伯叹曰:'父有不慈,子不可以不孝;君有不明,臣不可以不忠。岂有君而可叛者乎?'于是诸侯闻之,以西伯能敬上而恤下也,遂相率而归之。看来只这段说得平。"③朱熹对"君为臣纲"的义理阐发对晚宋理学家产生了深远影响,也成为真德秀建构君臣之学的重要来源和理论依据。

继韩侂胄之后,史弥远取而代之。真德秀得知史弥远矫诏杀济王后,上书首论三纲乃立国安民之本,君主治国必使君臣之纲正于上,"委任臣工者,人君之大体,躬亲听断者,人君之大权,二义并行,初不相悖。必使政令出于公朝而绝多门之私,威柄归于王室而无倒持之失,则君道立矣"④。史弥远遂授意台谏以真德秀奏札诬诋为由进行弹劾,将其落职罢祠。为消弭权臣擅政的痼疾,真德秀在辅臣之学中着意凸显以礼制纲常稳定政治秩序的重要意义,"礼所以辨君臣、等上下者也,使君臣上下之分截然以明,则虽有强权之臣,且将退听,安得有它日篡弑之祸哉!景公问政于孔子,孔子以君君、臣臣、父父、子子对之……所以正名辨分,而销君弱臣强之患也"⑤。违逆纲

---

① (宋)苏轼撰,舒大刚、张尚英校点:《东坡书传》卷一二《康诰第十一》,曾枣庄、舒大刚主编:《三苏全书》第 2 册,语文出版社,2001 年,第 116 页。
② 《晦庵先生朱文公文集》卷六五《杂著》,《朱子全书》第 23 册,第 3194 页。
③ 《朱子语类》卷七九《尚书二》,《朱子全书》第 17 册,第 2701 页。
④ 《西山先生真文忠公文集》卷四《召除礼侍上殿奏札一》。
⑤ 《西山读书记》乙下之五,《全宋笔记》第 10 编第 3 册,第 422 页。

常者,皆应明正典刑以惩其恶。

对以君臣大义为重、诛杀弑君之子的卫国重臣石碏,真德秀给予了高度褒扬:"《春秋》弑君三十六,而贼讨君葬者,曾无几焉。石碏能以君父之仇为重,父子之爱为轻,不动干戈遂诛逆贼,真足以为万世臣子之法。"①鲁国权臣庆父两弑其君,其弟季友诛灭庆父、安定鲁国内乱后,念及亲亲之谊,依然任命庆父之子为卿以继其后,真德秀认为季友此举以亲枉法,致使臣窃君权无所忌惮,鲁国公室衰微季友难辞其责,"叔牙之罪未显,诛其身而存其后,犹可言也,而施之庆父,则过矣。使鲁人谓弑君者不失为有后,故异时东门遂复有杀嫡立庶之举,鲁由是而遂衰,未必非季子启之也"②。东汉权臣梁冀毒杀汉质帝,太尉李固伏尸号哭。真德秀引先儒胡寅之论,认为李固身为重臣义当"召三公、中二千石、列侯、司隶、期门、羽林士大会庭中,推举尚食,穷问崩故,可以立得罪人,致于廷尉,凡与谋者,杀无赦焉"③,然其唯知伏尸号哭而不能诛逆臣振朝纲,实乃社稷罪臣,汉祚自此不可复炽。名臣王导是东晋的立国功臣,永昌元年(322)其弟王敦因权力之争而起兵攻建康。对王敦的反叛之举,王导率兄弟子侄二十余人日日至君前待罪,晋元帝嘉其忠节。真德秀对元帝感于表象未能认清王导之罪而深为遗憾,"敦之举兵,虽以诛刘隗为名,其实欲危晋室,导宁不知之耶?特以刁、刘轧己,故以敦举兵为快,而忘其逆耳。……导党奸之罪,于是乎不可赎矣"④。王导虽斥其弟为乱臣贼子却无大义讨逆诛贼之举,言必称忠义而实存私欲,其罪等同谋逆。李世民为秦王,房玄龄、杜如晦皆为王府之臣,为助秦王夺位,二人共劝秦王诛杀太子,是玄武门之变的重要谋划者,辅佐太宗李世民成就贞观之治,史家以良相称之:"如晦长于断,而玄龄善谋,两人深相知,故能同心济谋,以佐佑帝,当世语良相,必曰房、杜云。"⑤然真德秀认为房、杜二人助秦王谋弑太子长兄,违逆三纲,看似一时功业显赫,实负千古罪名,"使房、杜而

---

① 《西山读书记》乙下之七,《全宋笔记》第10编第4册,第84页。
② 《西山读书记》乙下之五,《全宋笔记》第10编第3册,第375页。
③ 《西山读书记》乙下之十一,《全宋笔记》第10编第4册,第234页。
④ 《西山读书记》乙下之十三,《全宋笔记》第10编第4册,第319页。
⑤ 《新唐书》卷九六《杜如晦传》,中华书局,1975年,第3859页。

无此,不失为社稷之臣。不幸而有此,故以事业而论,则为一时之元功;以义理而论,则为千古之罪人矣"①。武后篡夺李唐江山,废中宗自立为帝,张柬之、崔玄暐等五人为恢复李唐皇室发动政变,迁武后于上阳宫,拥立中宗复位。对于五臣复唐之举,真德秀认为其虽怀忠心,然不废武后帝号,不诛武三思等逆臣,实未能明大义复纲常,故谋逆之祸相继不绝,"若黜其帝号,处之别宫,武三思辈悉从诛殛,不使遗育,则武氏虽存,大权一去,老病幽废,亦何能为? 虽篡窃之戮不及其身,而赤族之诛,亦足以少惩其罪矣。后来之祸何由作哉"②。

在对君臣之学的政治建构中,以真德秀为代表的晚宋理学家将三纲视为国祚延续的基石,"考观古昔,有当衰微削弱之世,而纲常未至泯绝,犹足以仅存者;亦有治安强盛之世,纲常堕弛,卒至于大坏而不可救者"③。东周国势已衰但齐桓公、晋文公仍能尊王攘夷、戮力王事;开元盛世乃唐朝极治之时,因权臣擅政三纲尽废而玄宗迁蜀。故纲常正则国势虽衰而国脉犹存,纲常废虽国势强盛而国脉已削。君臣皆应谨循天理,兢兢恪守礼法纲常,使社稷长治久安。

二、"正君而国定"的辅治宗旨与真儒形象的塑造

早在先秦时期,孟子就明确提出了"正君而国定"的儒家治国论。而后孟子的主张被以程颐为代表的北宋理学家大力推扬:"昔者孟子三见齐王而不言事,门人疑之。孟子曰:'我先攻其邪心,心既正,而后天下之事可从而理也。'夫政事之失,用人之非,知者能更之,直者能谏之。然非心存焉,则一事之失,救而正之,后之失者,将不胜救矣。格其非心,使无不正,非大人其孰能之?"④治道之本在于君心,君心正则朝廷正,朝廷正则天下治。继程颐之后,朱熹、张栻等南宋大儒对"正君而国定"的辅臣之道做了进一步的阐

---

① 《西山读书记》乙下之十四,《全宋笔记》第10编第4册,第356页。
② 《西山读书记》乙下之十五,《全宋笔记》第10编第4册,第430页。
③ 《西山先生真文忠公文集》卷四《召除礼侍上殿奏札一》。
④ 《二程集》,第390页。

释："心非既格,则人才、政事,将有源源而日新矣。然而格君之业,非大人则不能。若在己之非犹有未之能克者,而将何以尽夫感通之道哉?……后世道学不明,论治者不过及于人才、政事而已,孰知其本在于君心?而又孰知格君之本乃在于吾身乎?"①辅臣之责正在于"格君心之非",通过对君主的道德教化,实现理学家复三代、尊师儒的王道之治。

鉴于三代师儒之道不传,真德秀在完善帝王之学的同时,也对以"正君而国定"为纲,以"正己""格君""谋国""用人"为目的辅臣之学进行了体系建构,"使夫有志于尊主庇民者,读是书,夙正而素讲,一日当大任,据千载而施四事,真儒之效庶几复见于天下,是则先生佐王之学,与天地相终始"②。真德秀以正己、格君为体,谋国、荐贤为用,考论古今辅相事业,凸显真儒辅治之法,"求之于古,惟禹、皋、益、伊、傅、周、召为能尽之。春秋以后,虽号为名卿贤大夫,往往知求治而不知正君,知规过而不知养德,如伊川程氏所讥。至若伯图之佐,衰世之臣,则又汲汲于事功之末,而谓治乱存亡不本于人主之身,虽规过,亦所不暇矣。……大抵其目有四:一曰正己,二曰格君,三曰谋国,四曰用人。以此为的,而考论古今相业,其是非优劣若烛照龟卜,有不能遁者矣"③。

伊尹、傅说、周公、召公是三代著名的辅相重臣,也是理学家推崇的真儒典范。在对《尚书·伊训》的诠释中,真德秀借"臣下不匡,其刑墨"的伊尹之训阐明了"正君"乃是辅臣的首要职能:"臣下不正其君,而加以贪墨之刑者,盖人臣之所以不谏者,以其贪官固位故也。故不谏之罪,与贪墨同,使人知不独贪贿之有罪,而贪官者亦有刑,垂戒之意远矣。"④辅臣不能行正君之职而尸其位,其罪与贪腐同,应施诸墨刑以示惩戒。商高宗武丁向傅说求教治国之道,傅说以"人求多闻,时惟建事,学于古训乃有获"告诫武丁,真德秀称之为得圣贤之道的真儒:"古者学与事为一,故精义所以致用,利用所以崇

---

① (宋)张栻:《南轩先生孟子说》卷四《离娄上》,杨世文校点:《张栻集》,中华书局,2015年,第461页。
② 《西山读书记》卷首《序》,《全宋笔记》第10编第1册,第5页。
③ 《西山读书记》乙下《纲目》,《全宋笔记》第10编第3册,第169页。
④ 《西山读书记》乙下之一,《全宋笔记》第10编第3册,第199页。

德,本末先后非二致也。后世学与事为二,故求道者以政事为粗迹,任事者以讲学为空言,不知天下未尝有无理之事,未尝有无事之理。老、庄言理而不及事,是有无事之理也。管、商言事而不及理,是有无理之事也。深味傅说之言,则古先圣王之正传可以识矣。"①以伊尹、傅说为代表的真儒明天地之理、穷时事之变,不以气力争胜而能感格君心,不为空言讲论而能成王道之治。

真德秀将周公教戒之书汇集贯通,展现出自周公摄政之初到还政成王的政教历程。作为师儒重臣,周公讲贯启发、正君行道,引导年幼即位的成王致知明理、修身治国,"《金縢》者,周公之始;《毕命》者,周公之终。故自《大诰》而下,凡公所以训戒成王、告谕殷民者,莫不备载,以见公之始终,则所谓思兼三王以施四事者,于此亦可见矣"②。周公因此以其格君造化、道洽政治的辅佐之功,被视为安邦定国的元勋。与周公相似,南宋理学家在对《旅獒》的论述中也充分凸显了召公以"格君心之非"为己任的真儒形象,"及读《旅獒》,见召公谆谆如此,然后知古之大人,其事君也,犹子事父母也。……专体君之心而察之。召公体武王之心,故武王稍有放怠,则召公已知之,而训戒已洋洋乎耳目之间矣"③。召公能从君主微小的言行变化中察知其内心,真德秀以为深得大人事君之道,"獒方献而训已陈,此召公所以为能格君心者,若待受之而后训,则非矣"④。武王狎侮懈怠之心稍萌,召公正君之职已行,使武王终能去欲循理,成就文武之治。

除了德懋功显的周公、召公外,真德秀还将素以谋国闻名的吕尚塑造成以道正君的师儒,"太公望之功烈,自《大明》末章之外,余无所考。孟子叙之于群圣之列,以为'见而知之'者。司马迁亦称其为文、武师,则其人亦可知矣。然迁又谓西伯之脱于羑里,归与吕尚阴谋修政以倾商,故其事多兵权奇计,后世之言兵及阴权,皆宗太公为本谋,是岂为知圣贤者。独《大

---

① 《西山读书记》乙下之一,《全宋笔记》第 10 编第 3 册,第 216 页。
② 《西山读书记》乙下之三,《全宋笔记》第 10 编第 3 册,第 312 页。
③ (宋)张九成:《横浦集》卷九《旅獒论》,杨新勋整理:《张九成集》,浙江古籍出版社,2013年,第 103 页。
④ 《西山读书记》乙下之四,《全宋笔记》第 10 编第 3 册,第 336 页。

戴礼·践阼》篇曰:文、武践阼三日,召师尚父而问焉,曰:'黄帝、颛帝之道存乎?'……师尚父西面道书之言曰:'敬胜怠者吉,怠胜敬者灭。义胜欲者从,欲胜义者凶。以仁得之,以仁守之,其量百世。以不仁得之,以不仁守之,不及其世。'"①吕尚是辅佐周王室灭商立国的重臣,其谋国之术为历代兵家之祖,然作为师儒重臣,真德秀以为《史记》侧重对吕尚谋国之术的记述仅得其末,《大戴礼记》所记述吕尚导周王践行仁义之道乃得其本,"则师尚父之所以得在传道之列而为兵武师者,岂虚也哉!而后世显指以为兵家之祖,抑末矣"②。仅有谋国之术而无正君之道者显然无法与孟子所列群圣同侪。

在《西山读书记》中,涉及的唐代辅相名臣数量最多,乙下中最后九卷都是对有唐辅臣事业的论述,真德秀以"正己""格君""谋国""用人"的真儒辅治之道为标准,对其优劣得失进行了深入诠释。魏徵以直言勇谏闻名朝野,被史家视为诤臣典范。真德秀却认为魏徵虽行正君之职,然皆就已发之事纠偏补阙,于未发之时格君心之非则有所缺失,故终不能辅佐太宗上复三代,成周、召事业,"魏文贞公以武德末为谏官,贞观三年遂预朝政,自是居相位者十有五年,始终以规谏为己任,唐史臣以为前代争臣,一人而已,岂不信哉!……观魏公之所论谏,即事而言者多,即心而论者少;正救于已形者多,而变化于未形者少。君臣之间,相与策励者,黾勉于仁义之用而已。故贞观之治,虽有志于三王,迄未能大异于五伯。魏公正君之功,虽秦、汉以下所难及,而揆之伊、傅、周、召,则犹可憾焉"③。

姚崇、宋璟被史家并称为开元贤相。宋璟为人忠耿有节、守法持正,其刚勇直谏颇令玄宗忌惮;而姚崇则善于应变成务,谋国用人进退有度,深得玄宗的尊崇和信任。真德秀总括理学前贤之论,以宋具真儒之资、姚为谋国之臣做出了宋优于姚的论断:"以四事考之,二公谋国用人,皆有可法,而正己格君,则姚之视宋深有愧焉!……以璟之贤,必能如玄龄之容新进,使忠

---

① 《西山读书记》乙下之四,《全宋笔记》第 10 编第 3 册,第 360 页。
② 《西山读书记》乙下之四,《全宋笔记》第 10 编第 3 册,第 360 页。
③ 《西山读书记》乙下之十四,《全宋笔记》第 10 编第 4 册,第 393 页。

贤之类常胜,谏争之言日开,则骄怠之志不敢萌,宦女之祸无自启,而林甫、国忠之奸,亦何从而获售耶?"①格君心之非是辅相的重要职责,如仅以谋国之术悦君,便会令其嗜欲滋生,为奸憸擅政开方便之门,虽处盛世而危机渐萌。

顺宗朝之后,唐王朝国势日衰,辅相之中虽不乏以谋略功业著称的名臣,但正己、格君之人较前朝诸相已多有不及,唯裴垍、李绛、裴度三人稍具懿范,"求其四者之稍备,其惟垍、绛与度乎! 盖三人者,以正律己,以直事君;其大节略同。而垍于宪宗之问,首以正心为言,尤所谓知本者"②。但格君之业至难,非真儒不能引君向道,"故必伊尹而后能使大甲之徙义,必周公而后能去成王之疑心。宪宗天资多欲而易盈,三人者尽言救过则有之,而引君当道,使志于仁则未也。然当垍、绛之时,帝方锐意兴复,犹有所畏而不敢肆。及淮、蔡既平,志气骄溢,侈纵遂生,度虽苦口力争,已无救于败矣"③。裴垍、李绛、裴度三人虽存正君之念,但无伊尹、周公之德性与学养,故只可辅君弥过,而不能感格君心,致使宪宗在平定吴元济之乱后欲心复炽,惑于群小,"及其晚节,信用非人,不终其业,而身罹不测之祸"④,真德秀因此深以为憾。

在众多唐代贤相中,仅有陆贽一人以其"无一不合于理"的言行被真德秀树为真儒:"以四事考之,其在禁林小心精洁,未尝有过;在庙堂,则方镇之赂,虽微必却,其正己可知。其于论谏,必本仁义,不杂以一毫功利之私,凡所开陈,无非欲救德宗心术之蔽,其于格君,又无所愧。平时计画成败,若烛照龟卜之不差……考观平生谋谟事业,无一不合于理者。盖三代而下,唯一董仲舒有宰相之学,而不及为,其他号为名相者,或以德量,或以气节,或以才能,然于学例不能亡憾。虽以诸葛公庶几王佐之才,于此且有歉焉,况其它乎? 若宣公者,可谓有宰相之学矣。"⑤陆贽师承醇儒正宗,一生以圣贤之

---

① 《西山读书记》乙下之十六,《全宋笔记》第10编第5册,第31页。
② 《西山读书记》乙下之二十一,《全宋笔记》第10编第5册,第235页。
③ 《西山读书记》乙下之二十一,《全宋笔记》第10编第5册,第235—236页。
④ 《新唐书》卷七《宪宗皇帝本纪》,第219页。
⑤ 《西山读书记》乙下之十九,《全宋笔记》第10编第5册,第172页。

学正己谏君,谋国经画、养材任贤皆本仁义,可谓"正己""格君""谋国""用人"四事俱备。德宗只以陆贽为谋国之臣,未能以师儒敬之,故君德不彰而奸佞乱政。真德秀以其虽为真儒而不得其时深以为憾:"或谓宣公之学足以正君,而不能回德宗之听,何也?曰:学在己,用不用在时。虽孔、孟有不能必者,于宣公乎奚尤?"①

对于"正己""格君""谋国""用人"四事皆无可取,而徒以经术、文辞事君者,真德秀贬其为章句之儒。真儒与章句之儒在辅臣之学中被视为两极,犹如君子、小人之不可并立,"夫所贵夫儒者,以其真知圣贤之心,实践圣贤之道,而见之于事也。若徒服其衣冠,传其言语而已,是岂所谓儒者哉?宜其无补于成败之数也"②。魏相是汉宣帝倚重的宰辅,"明《易经》,有师法,好观汉故事及便宜章奏,以为古今异制,方今务在奉行故事而已"③,历来被史家视为师儒之臣。然真德秀验诸四事力证魏相德才皆不足以担辅相之职。当少府宋畸因直言凤凰祥瑞之弊而被宣帝贬斥,真德秀对魏相无一言谏君深为不满,"魏相于此时,当以正言祥瑞之不足美,使宣帝不以忠谏罪士大夫,一以格君心,二以开言路,岂不美哉?宋畸之贬,略无一言,使后无逆贼风雨之奏,则导谀之责不可逃矣"④。时宣帝志在中兴,魏相不能汲引王吉等贤人正君治国,却举荐知音善鼓者以愉悦君主,致使君主不思振砺,西汉国势日衰,魏相因此被真德秀归入徒为空言而无经世之志的章句之儒,"大抵西汉之亡,始于宦官,成于外戚,而二者之衅皆兆于宣帝亲览之始、魏相宅揆之时,许氏预朝政,弘、石典枢机是也。《易》于君子、小人之消长,常察其微……相号为明《易》者,不此之察,又何以通经为哉?"⑤匡衡好学通经,为西汉名儒,"诸儒为之语曰:'无说《诗》,匡鼎来。匡说《诗》,解人颐。'……学者多上书荐衡经明,当世少双"⑥,在朝中匡衡先后任少傅、御史

---

① 《西山读书记》乙下之十九,《全宋笔记》第 10 编第 5 册,第 173 页。
② 《西山读书记》乙下之十,《全宋笔记》第 10 编第 4 册,第 209 页。
③ 《汉书》卷七四《魏相传》,中华书局,1962 年,第 3137 页。
④ 《西山读书记》乙下之十,《全宋笔记》第 10 编第 4 册,第 178 页。
⑤ 《西山读书记》乙下之十,《全宋笔记》第 10 编第 4 册,第 185—186 页。
⑥ 《汉书》卷八一《匡衡传》,第 3331 页。

大夫直至丞相,汉元帝对其颇为礼重,然终未能以圣贤之道感格君心、以圣贤之学践诸政事,居尊位而随群小之意俯仰,故真德秀责其虽为名儒实为道德政事皆不足称的章句之儒:"衡为相岁久,当孝元时,显宠方固,虽未能拔而去之,独不当收用贤才,培养正脉,以壮朝廷之势,使阳刚浸长日盛一日,则自复而夫有可为之期矣。而衡未尝以此为意,徒阿谀持禄,如桔槔之俯仰而已,亦焉用彼相哉!"①

在唐代辅相中,真德秀对张说的评价尤异于史家。唐玄宗为太子时,张说任侍读为玄宗讲解经义。玄宗即位后,以张说为尚书右丞相兼中书令,"朝廷大述作多出其手,帝好文辞,有所为必使视草。善用人之长,多引天下知名士,以佐佑王化,粉泽典章,成一王法。天子尊尚经术,开馆置学士,修太宗之政,皆说倡之"②。真德秀认为,张说将自己定位为文学之臣而非宰辅重臣,故以柔顺之态事君而无刚鲠正君之行,致使玄宗骄侈之心日盛,"明皇天才隽发,所少不在辞章,独患其无敬天畏民之诚,时于修己治人之要耳。为辅相者,正当引之当道,使志于仁……今说之所谓发挥典籍者,不过区区诵说之末,而所引徐坚辈亦皆文艺之流,又安有就将缉熙之益哉?故武妃宠而王后废,已见于说在位之时,未几骄侈日滋,穷天下之乐不足以满其欲,卒于危乱而后已"③。张说以粉泽典章、润色鸿业得君心,实乃以文学辞章争胜的章句之儒,真儒陆贽与之相较,高下立判。

在晚宋理学家对辅臣之道的建构中,"正君"与"国定",二者密不可分。正君是为了安邦治国,而非徒以章句之业事君,"君心不能以自正,必亲贤臣、远小人,讲明义理之归,闭塞私邪之路,然后乃可得而正也"④。唯有道隆而德峻的真儒能用丰富的政治经验和深厚的道德涵养格君心之非,从而实现君臣循理而治天下的王道理想。

---

① 《西山读书记》乙下之十,《全宋笔记》10编第4册,第202页。
② 《新唐书》卷一二五《张说传》,第4410页。
③ 《西山读书记》乙下之十六,《全宋笔记》第10编第5册,第35—36页。
④ 《晦庵先生朱文公文集》卷一一《庚子应诏封事》,《朱子全书》第20册,第586页。

三、"不谋功利""以道相合"的君臣理想与价值诠释

早在先秦时期,孔子就将对"义""利"的取舍作为判断君子、小人的重要标准,"子曰:'君子喻于义,小人喻于利。'"① 孟子见梁惠王,明确表达了儒家重义轻利的政治思想:"王何必曰利,亦有仁义而已矣。王曰:'何以利吾国?'大夫曰:'何以利吾家?'士庶人曰:'何以利吾身?'上下交征利,而国危矣。"②君臣皆需遵仁义之道,"欲为君,尽君道;欲为臣,尽臣道。二者皆法尧、舜而已矣。不以舜之所以事尧事君,不敬其君者也。不以尧之所以治民治民,贼其民者也"③。君以仁义施政,"尧、舜之道,不以仁政,不能平治天下"④。臣以仁义辅君,汉儒赵岐注《孟子》对臣道有明确的阐释:"人臣之道,当进君于善,责难为之事,使君为敬,谓行尧舜之仁,是为恭臣。"⑤不谋功利、遵行仁义被儒家先贤视为君臣道合的前提和基础。汉代大儒董仲舒将不谋功利视为奉行王道政治的宗旨,"仁人者正其道不谋其利,修其理不急其功,致无为而习俗大化,可谓仁圣矣。三王是也"⑥。对于董仲舒的政治理想,朱熹深表赞同:"仲舒所立甚高,后世之所以不如古人者,以道义功利关不透耳。"⑦淳熙七年(1180),朱熹将"正其义不谋其利,明其道不计其功"⑧定为白鹿洞书院学规,作为士人立身行道的准则,使之成为诠释君臣理想的核心内容。

作为继朱熹之后的正学大宗,真德秀在《大学》的框架中对君臣之道进行了更为细密的政治建构,"为人君者,内必有以去物欲之私,使视听言

---

① (魏)何晏注,(宋)邢昺疏:《论语注疏》卷第四《里仁第四》,(清)阮元校刻:《十三经注疏》,中华书局,1980年,第2471页。
② 《孟子注疏》卷一上《梁惠王章句上》,第2665页。
③ 《孟子注疏》卷七上《离娄章句上》,第2718页。
④ 《孟子注疏》卷七上《离娄章句上》,第2717页。
⑤ 《孟子注疏》卷七上《离娄章句上》,第2717页。
⑥ (清)苏舆撰,钟哲点校:《春秋繁露义证》卷九《对胶西王越大夫不得为仁》,中华书局,1992年,第268页。
⑦ 《朱子语类》卷一三七《战国汉唐诸子》,《朱子全书》第18册,第4247页。
⑧ 《晦庵先生朱文公文集》卷七四《白鹿洞书院揭示》,第3587页。

动无一不合乎礼;外必有以广民物之爱,鳏寡孤独无一不遂其生,此所谓仁也"①。在对君道的阐发中,真德秀选择并整合了宋代名儒对义利之辨与仁义之道的论述,弱化了对汤、武伐暴功业的称扬,着力宣扬汤、武无功利之私、行仁义而拥有天下的君道观。商汤征伐夏桀,仲虺做诰。林之奇、蔡沈等理学家皆从商汤以仁义顺奉天命的角度诠释了《仲虺之诰》:"舜、禹之受禅,汤、武之征伐,奄天下之众而有之,贵为天子,富有四海,而天下不以为过者,惟其未尝有利之之心而无以天下为,苟其有一毫利之之心,则天下必有不服者,岂能创业垂统以贻子孙万世之业乎?"②"私意不立,非圣人其孰能之?汤之用人处己者如此。而于临民之际,是以能宽能仁。谓之能者,宽而不失于纵,仁而不失于柔。《易》曰:'宽以居之,仁以行之。君德也。君德昭著而孚信于天下矣。'"③

真德秀在《西山读书记》中对林之奇、蔡沈的观点给予了充分认同,力证商汤举兵非出于功利,而是继行禹之仁政,于处变之际不失其正,"盖变而不失其正,即所谓常也"④。故后世视其为圣君,三代之后,仁义不倡而功利之说日盛。朱熹在与陈亮关于"义""利"的论争中明确揭示了汉唐君主"假仁借义以行其私"⑤的功利之心,三代所循君臣之道蔽而不彰,"其间虽或不无小康,而尧、舜、三王、周公、孔子所传之道,未尝一日得行于天地之间也"⑥。晚宋时期内外交困,为缓解财政危机,"理财"之能成为朝廷考课官员的重要标准,君主以美官要职奖兴利之人,聚敛之术更甚于汉唐,"前世或税于农,或榷于商贾,今税榷俱重,不可复加。桑弘羊、宇文融复生,其术穷矣"⑦。

真德秀总结前贤致君行道的经验教训,选取孔、孟、程颐等先儒对人

---

① 《大学衍义》卷六《格物致知之要一》,第89—90页。
② (宋)林之奇著,陈良中点校:《尚书全解》卷一四,人民出版社,2019年,第228页。
③ (宋)蔡沈注,钱宗武、钱宗弼整理:《书集传》卷三《商书》,凤凰出版社,2010年,第78页。
④ 《西山读书记》乙下之一,《全宋笔记》第10编第3册,第193页。
⑤ 《晦庵先生朱文公文集》卷三六《答陈同甫》,《朱子全书》第21册,第1583页。
⑥ 《晦庵先生朱文公文集》卷三六《答陈同甫》,《朱子全书》第21册,第1583页。
⑦ 《刘克庄集笺校》卷五一《备对札子(三)》,第2540页。

臣之道的论述为纲领,在"人臣辅治之法"中有针对性地提出了人臣"不谋功利"的道德准则与"忠诚恭敬"的政治品格。"鄙夫可与事君也与哉?其未得之也,患得之。既得之,患失之。苟患失之,无所不至矣。"①真德秀通过对晋文公重耳以璧投河与狐偃誓言同心的诠释,指出狐偃对个人名利患得患失并非忠诚事主之道,"此盖有要君之意,古者君臣之交,安有是邪?此介之推所以讥其贪天之功为己有也"②。狐偃未能尽除功利之心,致使其行王霸驳杂,虽亦有导君仁义之言,然终未能以正道相其君。对齐桓公之臣管仲,真德秀认为其惟恃谋国治兵之能以固君宠,实乃功利之臣,"桓公始见管仲,其问甚大。使仲尝知圣贤修身治国之学,则必劝公由尧、舜之道……而仲之对,曾微一言及此,其所经画,大抵强兵战胜之事而已"③。故其死后,诸公子争权,群小乱政,数十年富国强兵之功荡毁无存。

霍光本是汉武帝的托孤重臣,然拥立宣帝之功使其骄恣不臣之心日盛。在对霍光的评价中,真德秀明确阐述了人臣当尽忠竭诚、不可自居其功的政治观点:"光受遗辅政,更两主,凡二十年……孝宣立而功益盛,志操为之再变,于是敬忌之心亡,而骄恣之态作矣。"④为永据权位,霍光庇护其妻毒杀许后、谋弑太子,以其族灭的结局印证了伊尹"臣罔以宠利居成功"的警示,"宠利居成功,霍光以援立之功,据权位而不去是也。……而光不免赤族之祸。伊尹之言,岂非万世龟鉴哉!"⑤

与管仲、狐偃、霍光等以功利固宠之人不同,诸葛亮被真德秀视为至诚事君的道德典范。诸葛亮出于匡扶汉室的大义辅佐刘备、刘禅两代君主,朱熹、张栻等名儒皆赞其为正义明道之臣,"昭烈与侯相周旋,一以道义而忘势,受遗之际,君臣肝胆相照,无纤芥形迹……及其既没,内无余帛,外无赢财,视天下无一足以动乎中者,其正大之体岂不具哉!侯之事后主小心恭

---

① 《论语注疏》卷第十七《阳货第十七》,第 2525 页。
② 《西山读书记》乙下之六,《全宋笔记》第 10 编第 4 册,第 5 页。
③ 《西山读书记》乙下之五,《全宋笔记》第 10 编第 3 册,第 386 页。
④ 《西山读书记》乙下之九,《全宋笔记》第 10 编第 4 册,第 175 页。
⑤ 《西山读书记》乙下之一,《全宋笔记》第 10 编第 3 册,第 203—204 页。

恪,一国之柄举出其手,而人不知其为权"①。真德秀在朱、张之论的基础上,进一步阐发了诸葛亮不谋功利、以至诚辅君的忠诚品格:"不惟先主托以幼孤而不疑,虽刘禅之庸,亦举国听之而弗忌……今读侯之传,而想其为人,事君如亲,待诸贤如朋友,抚群下如子弟,襟怀洞然,与物无间。形之表、奏,则忠恳足以悟上;发之教令,则感激足以动人心。其所存,无一之非诚也。"②

在当代的朝臣中,真德秀将秦桧列为憸邪罔上之臣,并对其以功利之心要君固宠给予了尖锐的抨击:"近世有归自北庭而主和戎之议者,则于誓书明言:毋得擅易宰相,此又挟贼虏以要其君也! 属时清明,能专政而不能窃国,然其情状,实圣朝之奸贼。"③朱熹在与弟子的讲论中早已指出,宋高宗虽出于个人私欲而重用秦桧为辅相,实则君臣彼此防范。秦桧通过交接内侍与外戚窥察高宗之意,"阴结内侍及医师王继先,伺上动静。郡国事惟申省,无一至上前者"④。而高宗亦靴中带匕以防谋弑,"秦太师死,高宗告杨郡王云:'朕今日始免得这膝裤中带匕首。'乃知高宗平日常防秦之为逆"⑤。秦桧疾笃之时,高宗拒绝其子秦熺代相的请求,并诏令父子二人皆致仕,其孙秦埙、秦堪等随即被罢黜。通过君臣关系的对比分析,晚宋理学家将正义不谋利、明道不计功作为道德规范在君臣理想中予以诠释。刘禅虽为庸主,然诸葛亮能以忠义至诚感之,故君臣始终不疑。以功利为目的而联结起的君臣关系,终将因道义不行而致君臣猜忌、破家灭族。

"明道不计功"的道德原则与"忠诚恭敬"的品格要求使臣道中的教化职能日益凸显,而安定社稷的政治职能则更适于在君道中阐释发扬。在对伊尹放太甲的阐发中,南宋初年的湖湘学者以社稷功业强势定位臣职,"君不可辅,则宗庙有绝食之忧,社稷有变置之虞……故伊尹放太甲,

---

① (宋)张栻:《汉丞相诸葛忠武侯传》,《张栻集》,第1533—1534页。
② 《西山读书记》乙下之十二,《全宋笔记》第10编第4册,第286页。
③ 《大学衍义》卷二〇《格物致知之要二》,第339—340页。
④ 《宋史》卷四七三《奸臣三》,第13765页。
⑤ 《朱子语类》卷一三一《本朝五》,《朱子全书》第18册,第4116页。

使太甲终不类,则别立君必矣。后世霍光废昌邑,立孝宣,天下服之,人至于今称焉"①。对于胡宏的观点,真德秀并不赞成,"汤之伐桀,自谓不幸而处变,故有惭德,盖以为不独有愧于人,亦将有愧于天"②。以臣逐其君,即使圣贤如商汤亦有惭德。真德秀引用名儒张九成的论述,将伊尹塑造为能以仁义之道教化君主的臣道典范,"伊尹所陈,力亦尽矣。太甲心虽省悟,然心不胜欲,此所以欲变而未能。伊尹乘欲变未能之机……密迩先王之训,以发其仁义之性。此圣人造化之妙也"③。伊尹能竭其忠诚、导君仁义,使太甲终能继汤之德、实现君臣道合的政治理想。

由于政治主体地位在臣道中的弱化,实现以道相合的君臣理想在更大程度上取决于君主对道的认知和践行。在《西山读书记》"人臣辅治之法"的纲领中,真德秀引用程颐对睽卦的诠释,阐明了对君主的道德教化在推动君臣道合中的重要作用,"当睽之时,君心未合,贤臣在下,竭力尽诚,期使之信合而已。至诚以感动之,尽力以扶持之,明义理以致其知,杜蔽惑以诚其意,如是宛转以求其合也。遇非枉道迎逢也,巷非邪僻曲径也,故曰未失道也"④。人臣当以至诚感格君心、引君向道,毋与君主争气力之胜。当君臣道不相合之时,需遵循"人臣辅治之法"纲领首条所引孔子之论,"所谓大臣者,以道事君,不可则止"⑤。为臣者虽不可以强势制衡君主,亦不可循顺承意而失道,"君臣之交,盖以道合,非利也。道不合而弗去,则有苟焉徇利之志,是使君轻视其臣,谓可以利笼络之也。君而轻视其臣,何所不至? 惟大臣者,能以道为去,就则足以起其君敬畏之心"⑥。

汉唐君臣多以利相合,能以道明去就者惟陆贽、李泌等寥寥数人。真德秀通过对陆贽与唐德宗,李泌与肃宗、代宗、德宗三代君臣关系的评述,展现了晚宋理学家对致君行道的思考与诠释。陆贽曾是唐德宗处危乱之时须臾

---

① (宋)胡宏:《释疑孟·卿》,吴仁华点校:《胡宏集》,中华书局,1987年,第326—327页。
② 《西山读书记》乙下之一,《全宋笔记》第10编第3册,第193页。
③ 《西山读书记》乙下之一,《全宋笔记》第10编第3册,第201页。
④ 《西山读书记》乙下《纲领》,《全宋笔记》第10编第3册,第173页。
⑤ 《西山读书记》乙下《纲领》,《全宋笔记》第10编第3册,第170页。
⑥ 《大学衍义》卷一〇《格物致知之要一》,第158页。

不可离的股肱之臣,其事君以忠,论谏皆以仁义导其君,"观贽论谏数十百篇,讥陈时病,皆本仁义,可为后世法,炳炳如丹,帝所用才十一"①。唐德宗,真德秀称其为贪功专利之君,"德宗专利自私,非王者至公之体"②,陆贽忠耿直谏终招致德宗的厌弃与仇视,在盛怒中德宗甚至欲诛陆贽。在论及德宗与陆贽的君臣关系时,真德秀直言德宗之非:"德宗专己欲,而咈天下之情,是以致建中之乱。陆贽恳恳言之,犹弗见听,唐治自是日衰,不明之君可与言哉。"③

李泌历事肃宗、代宗、德宗三朝,是结束安史之乱、使唐王朝由危转安的功勋辅臣,居辅臣之位能以忠义言行感格君心,"李泌善处父子兄弟之间,故能以其直诚正言感悟人主,卒使父子如初,可谓忠矣"④。肃宗为太子时,李泌因赋诗讥诮权臣杨国忠而被诏斥于蕲春郡,"肃宗即位灵武,物色求访,会泌亦自至。已谒见,陈天下所以成败事,帝悦,欲授以官,固辞,愿以客从"⑤。李泌坚辞官秩,辅佐肃宗平定安史之乱,复李唐天下。当李辅国擅权,肃宗君道不彰,李泌劝谏其善事上皇、励德奋发皆不见纳,即勇退求去,归隐衡岳。德宗亦以国事之急而召李泌,李泌应诏赴行在,辅君平定了朱泚之乱。德宗欲废太子、国本摇撼之时,李泌谆谆劝诫太子恪遵父子之礼,"太子遣人谢泌曰:'若必不可救,欲先自仰药,何如?'泌曰:'必无此虑。愿太子起敬起孝。苟泌身不存,则事不可知耳。'"⑥李泌以至诚感发君心,向德宗恳切谏诤数十次,终使德宗感悟、国本复安,真德秀称之曰:"观泌告德宗之言,忠诚恳笃,宜其卒能感悟也。后之为相者,不幸而遇此,要当以泌为法。"⑦然德宗重利肆欲,非以道相合之主,故李泌在保全太子后便屡乞骸

---

① 《新唐书》卷一五七《陆贽传》,第4932页。
② 《大学衍义》卷二六《格物致知之要三》,第418页。
③ 《大学衍义》卷二七《格物致知之要四》,第425页。
④ (宋)范祖禹撰,白林鹏、陆三强校注:《唐鉴》卷七《德宗中》,三秦出版社,2003年,第215页。
⑤ 《新唐书》卷一三九《李泌传》,第4632页。
⑥ (宋)司马光:《资治通鉴》卷二三三《德宗神武圣文皇帝八》,中华书局,1956年,第7500页。
⑦ 《大学衍义》卷四二《齐家之要》,第703页。

骨,以守道立节。在人臣辅治之学中,真德秀对李泌尽忠勇退的品德给予了充分的肯定:"其历事三朝,凡所建画,多系天下安危……观侯在人主之前,切劘规讽,莫非正论,曰'君相不当言命'也,曰'国将兴,听于人'也,是岂溺于巫鬼怪神者邪? 迹其本志,盖超然世俗之表,非有羡慕富贵之心,迫于人主之知,不得已而当大任。"①

在晚宋理学家的政治建构中,君道主于仁,以功利残民者为失道,"君道必主于仁,而为仁必极其至,所谓'止于至善'也"②。臣道以忠敬为本,其旨在导君仁义、成就君德,"陈善闭邪,非仁义不敢陈于王前"③。惟有建立在仁义而非功利基础之上的君臣关系,君臣才能肝胆相照、推诚无隐。士君子虽心忧社稷,然君臣必以道相合,"道者,正理也。大臣以正理事君,君之所行有不合正理者,必规之,拂之,不苟从也。道有不合则去之,不苟留也"④。作为理学名臣,真德秀坚持臣应以道事君,道不合则当勇退,不可羁縻于利而失臣节。真德秀对人臣辅治之法的论述也成为晚宋士人推崇的典范,"故真文忠公所著记,有'人臣辅治'一门,近刊行于《西山集》者,议论纯粹,体用该贯,后有作者不能加矣"⑤。真德秀对帝王之学与辅臣之学的建构不仅被视为君天下者的律令格例,也成为士阶层事君治民的行为准则。

第三节 《心经》《政经》与守牧之学

绍定五年(1232),真德秀再知泉州期间,以自己多年的道学修养和仕宦经验著《心经》《政经》,以期为地方守牧提供官德修养和为政之道的理论指导和师法典范。《心经》以"治心"为主,以舜传禹的"人心惟危,道心惟微,

---

① 《西山读书记》乙下之十七,《全宋笔记》第 10 编第 5 册,第 86 页。
② 《大学衍义》卷六《格物致知之要一》,第 90 页。
③ 《西山先生真文忠公文集》卷一八《讲筵进读〈大学章句〉手记》。
④ 《大学衍义》卷一〇《格物致知之要一》,第 158 页。
⑤ 《刘克庄集笺校》卷八一《稽山书院山长薛据所上进〈孔子集语〉〈相臣揆鉴〉状》,第 3616 页。

惟精惟一,允执厥中"十六字箴言开篇,阐释了理学家存理去欲的心性之学以及克自存养的道德观。在《心经赞》中,真德秀明确表述了《心经》的编纂宗旨和目的:"舜禹授受,十有六言,万世心学,此其渊源。人心伊何,生于形气。……箪食万钟,辞受必辨。克治存养,交致其功。舜何人哉,期与之同。维此道心,万善之主,天之予我,此其大者。敛之方寸,太极在躬。散之万事,其用弗穷。若宝灵龟,若奉拱璧,念兹在兹,其可弗力。相古先民,历历相传,操约施博,孰此为先。我来作州,茅塞是惧。爰辑格言,以涤肺腑。明窗棐几,清昼炉熏,开卷肃然,事我天君。"①

长民者,肩负着忠君爱民的重任,如无"治心"之学开其茅塞、涤其肺腑,则无法以诚敬存养成就惠泽一方的吏治。真德秀从儒家经典和程朱的著述中辑取了大量省察存养的"治心"格言,并辅以自身的理解和认识,编纂了"万世心学",将理学诸子的心性之说与修己治民之法融为一体,"先生之心学由考亭而溯濂洛洙泗之源,存养之功至矣。故其行己也,上帝临女,可以对越而无愧。其临民也,若保赤子……晚再守泉,复辑成是书,晨兴必焚香危坐,诵十数过,盖无一日不学,亦无一事非学。其内外交相养如此"②。端平元年(1234),颜若愚在泉州府学刊刻《心经》,以资地方官借鉴诵习。

真德秀再知泉州时,其出任地方官已历数十年,拥有丰富的为政经验,对地方吏治中存在的弊病也有充分的认识。为了实现儒家的政教理想,真德秀编纂《政经》作为守牧为政之学,"采典籍中论政之言列于前,而以行政之迹列于后,题曰传以别之,末附当时近事六条,谓之附录。……盖德秀立朝日浅,其政绩多在居外任时,故留心民瘼,著为此编"③。真德秀的弟子王迈亦在泉州为南外睦宗院教授,与真德秀朝夕论道,了解真德秀编纂《心经》《政经》的目的和意义,并得以先睹二经,"今所谓《政经》者,乃先生再守温陵日所著。迈时分教睢邸,乡友赵时棣宗华

---

① 《心经·西山心经赞》,《景印文渊阁四库全书》第706册,第437—438页。
② 《心经》,颜若愚跋,《景印文渊阁四库全书》第706册,第438—439页。
③ 《四库全书总目提要》卷九二《〈政经〉提要》,第785—786页。

为法曹,朝夕相与亲炙琴瑟书册之侧,遂得此经,寔在四方门人之先,而四方门人亦未必尽见之"①。

淳祐二年(1242),大庾令赵时棣将《心经》与《政经》合刻,王迈亲为作序,详细说明了《心经》为本、《政经》为用的一体关系,"惟《心经》所以为开天理迪民彝之大本,惟《政经》所以为续天命救民穷之实用。《心经》可以接伊之正传,衍朱、张之遗学。《政经》则自体以达用,举而措之事业,小则为程纯公晋城县谱,次则为富文忠公青州郡谱,大则为韩忠献公、司马文正公嘉祐、元祐之相谱。呜呼!国步斯频,民亦劳止,有民社者当于心、政二经佩服而力行之,则民瘼庶其有瘳乎,国脉庶其有永乎!"②身任守牧之职,诵习《心经》《政经》,可以正心修身,体用合一,使道德修养与临民理政相结合,则由州郡而至于朝堂皆可行圣贤事业、成王道之治,"然则守身奉邑,必知所当思者矣。苟无愧,吾知他日为天子大臣事业,皆自今之分职一同者始也"③。《心经》《政经》合刻,充分体现了理学家修身为政的思想。真德秀希望地方官员在阅读《心经》后能正心去欲、增强道德修养,遵循圣人之教,学习《政经》中古代循吏的治邑经验,惠泽一方。

一、明德新民与修身为政

朱熹对"明德新民"有明确的诠释:"明德者,人之所得乎天,而虚灵不昧,以具众理而应万事者也。……故学者当因其所发而遂明之,以复其初也。新者,革其旧之谓也,言既自明其明德,又当推以及人,使之亦有以去其旧染之污也。"④士人为学,不可视为"成己之事",而应推己及人、明德新民,"圣天子所以搜扬幽隐、付畀民社之意,固将使之宣明教化,宽恤民力……敦厚亲族,和睦乡邻,有无相通,患难相恤,庶几风俗之美不愧古人"⑤。身为地方官员,尤需注重教化。个人修德存养,只是"成己之事",而新民成物、化

---

① (宋)王迈:《政经序》,《皕宋楼藏书志》卷四〇《儒家类二》,中华书局,1990年,第450页。
② 《政经序》,《皕宋楼藏书志》卷四〇《儒家类二》,第450页。
③ 《复斋先生龙图陈公文集》卷一七《送赵县尉时棣》,《续修四库全书》第1319册,第479页。
④ 《大学章句》,《朱子全书》第6册,第16页。
⑤ 《晦庵先生朱文公文集》卷九九《知南康榜文》,《朱子全书》第25册,第4579—4580页。

民成俗,才是体用备至,圣人之道可成,"如汉文帝、唐太宗之时,天下可谓治矣,然先儒谓止是富庶而已,若教则未之及也。故圣人于此,不但曰天下平,必曰明明德于天下。见得须是天下之人皆明其明德,方可谓之天下平。不然则只是小康而已,未可谓之平也"①。

养民、富民是教化民众的前提,人皆有饥餐渴饮之欲,长民者不能使所辖之民得以温饱而徒以礼法教民,则必失民心而治邑凋弊。因此,在《政经》中,真德秀征引了儒家先贤关于"足食""富民""先富而后教"的施政主张:

子曰:"道千乘之国,敬事而信,节用而爱人,使民以时。"②

子适卫,冉有仆。子曰:"庶矣哉!"冉有曰:"既庶矣,又何加焉?"曰:"富之。"曰:"既富矣,又何加焉?"曰:"教之。"③

第一条出自《论语·学而》,第二条出自《论语·子路》,都反映了孔子对民众生活的重视,并视之为检验官员素质能力的重要标准。先富后教是儒家民本主义思想的重要核心内容,朱熹对此有明确阐释:"庶而不富,则民生不遂,故制田里,薄赋敛以富之。富而不教,则近于禽兽。故必立学校,明礼义以教之。"④必须使民有恒产,温饱无虞,然后才可以趋而善之,教民以礼义。"夫民衣食不足,则不暇治礼义;而饱煖无教,则又近于禽兽。故既富而教以孝悌。"⑤

真德秀在《政经》中广泛引用先贤论政之言,并附以前代循吏的治邑成就勉励地方官员教化百姓:

子曰:"道之以政,齐之以刑,民免而无耻。道之以德,齐之以礼,有

---

① 《西山先生真文忠公文集》卷一八《讲筵进读〈大学章句〉手记》。
② 《政经》,《景印文渊阁四库全书》第706册,第444页。
③ 《政经》,《景印文渊阁四库全书》第706册,第445页。
④ 《四书章句集注》之《论语集注》卷七,《朱子全书》第6册,第181页。
⑤ 《四书章句集注》之《孟子集注》卷一,《朱子全书》第6册,第250页。

耻且格。"①

子之武城，闻弦歌之声。夫子莞尔而笑曰："割鸡焉用牛刀？"子游对曰："昔者偃也闻诸夫子曰：'君子学道则爱人，小人学道则易使也。'"子曰："二三子！偃之言是也。前言戏之耳。"②

孟子曰："仁言，不如仁声之入人深也。善政，不如善教之得民也。善政得民财，善教得民心。"③

第一条出自《论语·为政》，第二条出自《论语·阳货》，第三条出自《孟子·尽心上》。孔子认为，政令、刑法仅能使百姓免于犯罪，而道德与礼法却可以使百姓产生向善之心，所以治理天下应通过教化百姓使天下安定。孟子认为，再完善的政令也不能取代推行教化，政令刑法可以让百姓畏惧，而道德教化却能让百姓乐业，实施政令可以使君主获得财富，而推行教化则能为君主赢得民心。而孔子对子游治邑实践的称赞正在于他能用礼乐教化武城百姓，"治有大小，而其治之必用礼乐，则其为道一也。但众人多不能用，而子游独行之。故夫子骤闻而深喜之"④。

继承了儒家"德先刑后"的为政思想，以朱熹为代表的宋代理学家坚持以教化民众为吏治要务："政者为治之具，刑者辅治之法，德、礼则所以出治之本，而德又礼之本也。此其相为终始，虽不可以偏废，然政、刑能使民远罪而已，德、礼之效，则有以使民日迁善而不自知。故治民者不可徒恃其末，又当深探其本也。"⑤虽然政、刑能用法制与强力约束民众行为，使其心存畏惧，不敢触犯国家刑律；但就整个社会的长治久安而言，德、礼之效远在政、刑之上。长民

---

① 《政经》，《景印文渊阁四库全书》第706册，第444页。
② 《政经》，《景印文渊阁四库全书》第706册，第445页。
③ 《政经》，《景印文渊阁四库全书》第706册，第446页。
④ 《四书章句集注》之《论语集注》卷九，《朱子全书》第6册，第220页。
⑤ 《四书章句集注》之《论语集注》卷一，《朱子全书》第6册，第75页。

者必须大力推行德治与礼治,新民化俗,在潜移默化中使民众"止于至善",从而有效维护社会稳定。当朱熹出守漳州时,他向僚属明确地表达了明德新民的教化思想:"郡守以承流宣化为职,不以簿书财计狱讼为事。……欲使邦人士子识些向背,稍知为善之方,与一邦之人共趋士君子之域,以体朝廷教养作成之意。"①在《政经》中,真德秀例举了从春秋到隋代的多位循吏,通过凸显他们在地方治理中的出色表现,展示了教化在地方行政中的重要意义:

> 文翁仁爱好教化,见蜀地僻陋有蛮夷风,欲诱进之,乃选郡县小吏开敏有材者十余人亲自节厉,遣诣京师,受业博士。数岁,蜀生皆成就还归,文翁以为右职,用次察举,官有至郡守刺史者。又修起学官于成都市中,招下县子弟以为学官弟子,为除更繇,高者以补郡县吏,次为孝悌力田。每出行县,益从学官诸生明经行者与俱,使传教令,出入闺阁,吏民见而荣之,数年,争欲为学官弟子,繇是大化,蜀地学于京师者比齐鲁焉。②

> 王畅为南阳太守,奋厉威猛。功曹咏曰:"恳恳用刑,不如行恩。孳孳求奸,未若礼贤。舜举皋陶,不仁者远。随会为政,晋盗奔秦。虞芮入境,让心自生。化人在德,不在用刑。"畅纳其谏,更崇宽政,慎刑简罚,教化遂行。③

> 刘宽典历三郡,温仁多恕,虽在仓卒,未尝疾言遽色。常以为"齐之以刑,民免而无耻"。吏民有过,但用蒲鞭罚之。示辱而已,终不加苦。事有功善,推之自下。灾异或见,引躬克责。每行县止息亭传,辄引学官祭酒及聚生徒相与讲对。每见父老慰以农里之言,少年勉以孝悌之训。人感德兴思,日有所化。④

---

① 《朱子语类》卷一〇六《朱子三》,《朱子全书》第17册,第3470页。
② 《政经》,《景印文渊阁四库全书》第706册,第447—448页。
③ 《政经》,《景印文渊阁四库全书》第706册,第451页。
④ 《政经》,《景印文渊阁四库全书》第706册,第449页。

文翁在景帝末年为蜀郡太守,当时四川的大部分地区仍属尚未开化的蛮夷之地。文翁大兴文教,在四川创立了西汉第一所郡学,用儒家道德礼仪化育蜀地民众,移风易俗,使蜀地渐为礼义之邦,不亚邹鲁。刘宽将孔子"齐之以刑,民免而无耻"的论政之言视为金科玉律,慎刑简罚,治邑不以严刑峻法。刘宽将长民者与长者身份合而为一,深入民众中亲为劝化,百姓感德,风俗日淳。值得注意的是,虽然真德秀认为德、礼之效与政、刑之功不可偏废,但德、礼为本,政、刑为末,本末轻重,泾渭分明。因此,在文翁一节的"选郡县小吏开敏有材者十余人亲自节厉,遣诣京师,受业博士"之后,真德秀有意删除了《汉书·文翁传》中"或学律令"一句,而对律令的熟悉和掌握是西汉朝廷对地方官员的重要要求。从对文本的删节取舍中,可以看出真德秀对地方官员应以教化为重的行政思想的强化。真德秀在《政经》中大力强调教化在行政中的重要意义,他在治邑实践中更是身体力行,一意推行教化,"公历一节四麾,治以教化为先,辟贡闱,增学廪,江东祠范忠宣公,长沙新贾傅庙,晋谯王祠,温陵祠朱文公及林公攒,苏公缄于学,而绌其不当祠者。三山迎聘耆儒,月临讲席"[1],积极推行理学家明德新民的教化主张。

建立"无讼"社会,是自先秦以来儒家一以贯之的政治理想。地方官员能否做到政平讼理,是其为官合格与否的重要考核标准,而其是否能通过道德教化感格民众之心、使治邑无讼才是圣贤所坚持的王道理想。在《政经》中,真德秀大量征引了古代圣贤关于理讼、息讼、无讼的观点:

山下有火,贲。君子以明庶政,无敢折狱。[2]

山上有火,旅。君子以明慎用刑而不留狱。[3]

---

[1]《刘克庄集笺校》卷一六八《西山真文忠公行状》,第6518页。
[2]《政经》,《景印文渊阁四库全书》第706册,第443页。
[3]《政经》,《景印文渊阁四库全书》第706册,第443页。

子曰:"片言可以折狱者,其由也与?"子路无宿诺。①

子曰:"听讼,吾犹人也。必也使无讼乎!"②

第一条出自《周易》六十四卦中的贲卦,第二条出自《周易》中的旅卦,第三条、第四条出自《论语·颜渊》。君子观贲之象,治狱务必去虚文而求实情,办案判决一定要小心谨慎,做到公正清明;观旅之象,用刑要审慎,判决要明察,不可拖滞不判。"若民间之词诉、官吏之能否,一切漫不加问,盖有越月而不一听讼者"③的不作为者,则尤为君子所不容。对于地方官员应该具有的司法能力,孔子在对子路的评价中有明确表述。子路忠信明察,人不敢欺,故断案迅速准确。孔子对子路的品格和能力给予了高度评价。但是,即使具有片言可以折狱的司法能力,也不过只是拥有高水平的末技,圣人认为,务本之举乃是大力实行教化,使人人向善,则奸邪之心自息,争讼自绝,从而建立起和谐安定的王道乐土。在《政经》中,关于理讼、息讼的循吏故典占了相当大的比重:

鲁恭拜中牟令,专以德化为理,不任刑罚,讼人许伯等争田,累数令不能决,恭为平理曲直,皆退而自责,辍耕相让。亭长从人借牛而不肯还之,牛主讼于恭。恭召亭长,敕令归牛者再三,犹不从。恭叹曰:"是教化不行也。"欲解印绶去。掾吏泣涕共留之,亭长乃惭悔,还牛,诣狱受罪。④

刘矩为雍丘令,民有争讼,矩常引之于前,提耳训告,以为忿恚可忍,县官不可入,使归寻思。讼者感之,辄各罢去。其有路得遗者,皆推寻其主。⑤

---

① 《政经》,《景印文渊阁四库全书》第706册,第444页。
② 《政经》,《景印文渊阁四库全书》第706册,第444页。
③ 《历代名臣奏议》卷五○《治道》,第683页。
④ 《政经》,《景印文渊阁四库全书》第706册,第449页。
⑤ 《政经》,《景印文渊阁四库全书》第706册,第450页。

仇览为蒲亭长,劝人生业,为制科令。农事既毕,乃令子弟群居,还就学。览初到亭,人有陈元者,独与母居,而母诣览告元不孝。览惊曰:"吾近过元舍,庐落整顿,耕耘以时。此非恶人,当是教化未至耳。母守寡务孤,苦身投老,奈何肆忿于一朝,欲致子于不义乎?"母闻感悔,涕泣而去。览乃亲到元家,与其母子饮,因为陈人伦孝行,譬以祸福之言。元卒成孝子。时考城令王涣政尚严猛,闻览以德化人,署为主簿,谓览曰:"主簿闻陈元之过,不罪而化之,得无少鹰鹯之志耶?"览曰:"以为鹰鹯不若鸾凤,故不为也。"①

苏琼除清河太守,有百姓乙普明,兄弟争田积年,援据至百人。琼召普明兄弟谕之曰:"天下难得者,兄弟;易求者,田地。假令得田地失兄弟心,如何?"诸证莫不洒泣,普明兄弟叩头乞外更思,遂还同居。②

(辛公义)迁并州刺史,下车,先至狱,露坐牢侧,亲自验问。十余日,决断咸尽,方还,受新讼,不立文案,遣当直佐僚一人,侧坐讯问。事不尽,公义即宿厅,不还阁。或谏曰:"此事有程,使君何自苦!"答曰:"刺史无德可以导人,尚令百姓系于囹圄,岂有禁人在狱而心安之乎?"罪人闻之,咸自款伏。后有欲讼者,乡间父老遽相晓曰:"此小事,何忍勤劳使君。"讼者皆两让而止。③

真德秀列举了由汉到隋众多循吏息讼化俗的行政事迹,其共同特点都是将推行教化作为治邑行政的要务,以理服民、以情感人。民有争讼,皆亲为劝谕,使之感悔而自省。这种专以德化为理,不任刑罚的治邑效果非常明显,即使是黄口小儿亦有仁爱之心,家族友睦、乡间和谐,民众皆忠厚质朴。通过实行教化而达到无讼,这是真德秀大量列举循吏息讼故典的根本目的。

---

① 《政经》,《景印文渊阁四库全书》第706册,第450—451页。
② 《政经》,《景印文渊阁四库全书》第706册,第451页。
③ 《政经》,《景印文渊阁四库全书》第706册,第451页。

在宋代,由于商品经济的不断发展,对田地、房产、财物的争夺诉讼成为基层社会的常态,"至南宋,由于经济利益的多元化和豪强兼并势力的日盛,人们要求法律帮助和借助法律维护自身权益的愿望日益强烈。在这一社会环境中,民间学法习讼之风更盛……南宋民间好讼之风的盛行,确实给官府带来繁讼之苦,特别是争讼中虚伪多端、百态万状的案情,既给官府带来审判压力,也造成'伉健难治'"①。从真德秀出生和生活的福建地区到其为官的江东、江西、湖南地区,民众健讼几成常态。因此,在《政经》中,真德秀并没有单独征引孔子的"无讼"之言,而是有意将其列在《易》之贲卦和旅卦之后,而这两卦的象意都是针对决讼进行评析的。由此可见,真德秀将理讼能力作为实现"无讼"理想的基石,理学家所期待的"无讼"社会必须建立在此基础之上,真德秀为时任崇仁知县的范应铃所题的堂匾即清晰地显示了这一行政思想,"夙兴,(范应铃)冠裳听讼,发摘如神,故事无不依期结正,虽负者亦无不心服。真德秀扁其堂曰'对越'"②。在《政经》中,真德秀对隋代循吏辛公义的例证最具典型意义。下车伊始,辛公义便秉承"不留狱"的行政原则,十日之内将所有积讼案件全部判定。在处理诉讼案件时,辛公义表现出了极强的司法水平和敬业精神,"罪人闻之,咸自款伏",显示出了前贤"片言可以折狱"的司法能力,辛公义以自己对司法精神的理解与践行赢得了治邑民众的爱戴。在辛公义的治理下,牟州大化,父老相谕为使君息讼,从而使一郡无讼。从理讼、息讼进而无讼,辛公义达到了孔子所称赏的最高境界。真德秀以辛公义的行政事迹作为《政经·传》的结尾,大有深意。与孔子在《春秋》的收笔处寄寓深意相似,辛公义的行政事迹中蕴含了真德秀对政法与教化二者辩证关系的时代诠释,也寄予了真德秀对当代地方官员的殷切期望。

二、"去欲""主敬"与地方官的道德要求

真德秀以"人心惟危,道心惟微,惟精惟一,允执厥中"十六字心传作为

---

① 戴建国、郭东旭:《南宋法制史》第五章《南宋的法制理论与实践》,人民出版社,2011年,第260—261页。
② 《宋史》卷四一〇《范应铃传》,第12345页。

治心要义。《心经》亦以此十六字开篇,随即征引朱熹对"道心""人心"的论述:"心之虚灵知觉,一而已矣。而以为有人心、道心之异者,以其或生于形气之私,或原于性命之正,而所以为知觉者不同,是以或危殆而不安,或微妙而难见尔。然人莫不有是形,故虽上智不能无人心,亦莫不有是性。故虽下愚不能无道心。二者杂于方寸之间,而不知所以治之,则危者愈危,微者愈微,而天理之公,卒无以胜夫人欲之私矣。精则察夫二者之间而不杂也,一则守其本心之正而不离也,从事于斯无少间断,必使道心常为一身之主,而人心每听命焉。则危者安、微者著,而动静云为自无过不及之差矣。"①惟有以道心为身之主宰,使人心听命于道心,方能以天理遏人欲,"须是食其所当食,饮其所当饮,乃不失所谓道心。若饮盗泉之水,食嗟来之食,则人心胜而道心亡矣。……但以道心为主,而人心每听命焉耳"②。

朱熹认为生于形气之私,人欲便是人心;道心原于性命之正,天理便是道心。人皆有饥食渴饮之欲,故虽上智不能无人心,人皆有恻隐、恭敬之心,故虽下愚不能无道心,"故圣人以为此人心,有知觉嗜欲,然无所主宰,则流而忘反,不可据以为安,故曰危。道心则是义理之心,可以为人心之主宰,而人心据以为准者也"③。

要使人心听命于道心,君子应不断修养心性,完善存养之功。在《心经》中,真德秀征引了孟子的"养心"说,孟子认为存养心性的关键在于减少欲望,"养心莫善于寡欲。其为人也寡欲,虽有不存焉者,寡矣;其为人也多欲,虽有存焉者,寡矣"④。北宋名儒周敦颐在其《养心说》中对孟子的观点进一步深化,"孟子曰:养心莫善于寡欲。其为人也寡欲,虽有不存焉者,寡矣;其为人也多欲,虽有存焉者,寡矣。予谓养心不止于寡而存耳,盖寡焉以至于无。无则诚立、明通。诚立,贤也;明通,圣也。是圣贤非性生,必养心而至之。养心之善有大焉如此,存乎其人而已"⑤。周敦颐将孟子的"寡欲"进一

---

① 《心经·西山心经赞》,《景印文渊阁四库全书》第706册,第426页。
② 《朱子语类》卷七八《尚书一》,《朱子全书》第16册,第2665页。
③ 《朱子语类》卷六二《中庸一》,《朱子全书》第16册,第2014页。
④ 《心经·西山心经赞》,《景印文渊阁四库全书》第706册,第436页。
⑤ 《心经·西山心经赞》,《景印文渊阁四库全书》第706册,第436页。

步强化为"无欲",唯有"无欲"才能成就圣贤之道,"无欲则静虚、动直,静虚则明,明则通;动直则公,公则溥。明通公溥,庶矣乎!"①

在去欲养心的圣贤之学中,"敬"被贯穿始终,"'敬'字工夫,乃圣门第一义,彻头彻尾,不可顷刻间断"②。唯"敬"能去欲存养,"敬则天理常明,自然人欲惩窒消治"③。"把个'敬'字抵敌,常常存个敬在这里,则人欲自然来不得。"④持敬存养乃是保持本心不失的重要方式,"敬者,一心之主宰,而万事之本根也"⑤。主敬则仁、去欲则廉,"学者当知孔门所指求仁之方,日用之间,以敬为主。不论感与未感,平日常是如此涵养,则善端之发,自然明著"⑥。继承了朱熹主敬去欲的存养论,真德秀对长民者提出了去欲存本心、持敬行仁义的道德要求,"盖敬则仁,不敬则私欲贼之而不仁矣"⑦。"敬之一辞,乃治三风、砭十愆之药石也。"⑧地方官通过持敬存养发明本心,则仁义之道可行。陈端父知武义,真德秀在赠行序中勉励其存养仁义之质使勿失,告诫其存养之功必以诚敬为本:"盖敬者所以浚天理之源而窒人欲之穿者也。……诚能敬以存之,俾亡须臾之离,则静焉而仁义之体具,动焉而仁义之用行,吾见子之民将游泳德化中有不自知者,是则儒者之效,非世吏之所可及也。"⑨

身为守牧,当以仁义为治政之方、持敬为存心之要。因此,在《政经》中,真德秀大力弘扬廉仁爱民的前代循吏,希望地方官员能从中汲取历史经验,去欲存养,以廉仁之道治邑抚民。

渤海左右郡岁饥,盗贼并起,二千石不能擒制。丞相御史举龚遂可

---

① 《心经·西山心经赞》,《景印文渊阁四库全书》第706册,第436页。
② 《朱子语类》卷一二《学六》,《朱子全书》第14册,第371页。
③ 《朱子语类》卷一二《学六》,《朱子全书》第14册,第372页。
④ 《朱子语类》卷一二《学六》,《朱子全书》第14册,第367页。
⑤ (宋)朱熹:《四书或问·大学或问上》,《朱子全书》第6册,第506页。
⑥ 《朱子语类》卷一二《学六》,《朱子全书》第14册,第374—375页。
⑦ 《大学衍义》卷二八《诚意正心之要一》,第448页。
⑧ 《大学衍义》卷三一《诚意正心之要二》,第497页。
⑨ 《西山先生真文忠公文集》卷二八《送陈端父宰武义序》。

用,上以为渤海太守。召见,谓遂曰:"渤海废乱,朕甚忧之,君将何以息其盗贼以称朕意?"遂对曰:"海濒遐远,不沾圣化,其民困于饥寒而吏不恤,故使陛下赤子盗弄陛下之兵于潢池中耳。"……悉罢逐捕盗贼吏,诸持锄钩田器者,皆为良民,吏毋得问,持兵者乃为盗贼。遂单车独行至,郡中翕然,盗贼亦皆罢。①

孟尝为合浦太守,郡不产谷实而海出珠宝,与交趾比境,尝通商贩货籴粮食。先时宰守并多贪秽诡人,采求不知纪极,珠渐徙于交趾郡界,于是行旅不至,人物无资,贫者死饿于道。尝至官,革易前弊,求民病利,曾未踰岁,去珠复还。②

龚遂治渤海,渤海素为难治之郡。龚遂言简意赅地阐明了"民困于饥寒而吏不恤"乃是盗贼蜂起、政令废乱的根本原因,州县官员需以仁抚民,使百姓生活富足,则治邑自然安定。合浦太守孟尝为政廉洁,革除前守贪暴之弊,以仁义之道惠泽百姓,成为合浦珠还的循吏典范。

编纂《心经》的目的是以心性之学辨道心人心、以存养之功明理去欲,《政经》是真德秀为地方官员治邑而编纂的前贤论政之言与循吏行政事迹。明理去欲的心性之说与治民理政的政教理想有机融合,使《心经》《政经》如鸟之双翼、车之双轮,共同组成了真德秀建构守牧之学的经纬之脉。

宋元易代,真德秀对君臣之学的建构进一步显示出强大的政治功能和经世作用,"公之书本诸圣贤之学,以明帝王之治,据已往之迹,以待方来之事,虑周乎天下,忧及乎后世。君人之轨范,盖莫备于斯焉"③。元代儒士将朱熹视为在思想领域集大成的理学大儒,而真德秀则是朱子学说的杰出传承者,"晦庵朱子,集厥大成,一时横遭禁锢,罕能传习。又得西山真文忠公,

---

① 《政经》,《景印文渊阁四库全书》第706册,第448页。
② 《政经》,《景印文渊阁四库全书》第706册,第450页。
③ (元)虞集撰,王颋点校:《虞集全集》上册《西山书院记》,天津古籍出版社,2007年,第639页。

发扬推阐,公论开明。所著《大学衍义》一书,君德治道,多所裨益。《读书》诸记,体用该博,鲁斋深所尊敬,以授学徒。是二儒者,时虽不同,其传绍道统,则一而已"①。作为帝王之学的代表著作,《大学衍义》被元代统治者奉为政教之要。元成宗即位之初,屡召其臣韩麟进读《大学衍义》,韩麟为成宗敷陈义理、诠释经史,"凡正心修身之要,用人出治之方,君臣善恶之迹,兴坏治忽之由,皆灿然可睹。帝从容咨询,朝夕无倦,公不为容悦逢迎,每因事献纳于帝"②。元仁宗暇日召重臣董守简聚饮,董守简即以《大学衍义》之说劝谏君主正心诚意,"上尝赐公以真德秀所著《大学衍义》。时承平多暇,近侍间进以酒。公因引《衍义》之说以谏,上嘉纳焉"③。

泰定元年(1324),儒臣邓文原主讲经筵,以陈栎为代表的硕儒名士明确指出《大学衍义》乃是佐兴圣治的治国之典而非空谈性理的章句之学,期望邓文原向君主阐明真氏学说经世致用的真髓,将义理贯彻于治道,"真文忠公《大学衍义》一书,儒臣毗赞圣学之根本龟鉴也,如有用我,执此以往。先生平昔所有志而未得行者,今得行其所志,不在此书,其将焉在?……赞襄圣学,其本体也。佐兴圣治,其功用也。有本无用,非学也。以耆寿俊为社稷臣,愚将大有望于先生焉"④。

明清两朝君主专制进一步强化,真德秀维护君主权威、宣扬臣子忠节的君臣观得到了明清帝王与儒臣的一致推崇,"宋儒真文忠公著此书,所以备有天下国家者之法戒也。为人主及其辅臣皆不可离此"⑤。当君道不振、纪纲废弛之际,更加凸显真氏学说的经世意义。明朝中后期,儒臣群体将"正己""格君""谋国""用人"的辅治之法融入对帝王之学的建构中。蔡清认为正纲纪当以格君心之非为本,真氏学说的要旨正在于实现"正君而国定"的

---

① (元)徐东:《运使复斋郭公言行录》卷一《建安前进士张复奉题言行录后》,元至顺刻本。
② (元)苏天爵著,陈高华、孟繁清点校:《滋溪文稿》卷二二《资善大夫太医院使韩公行状》,中华书局,1997年,第373页。
③ (元)黄溍:《金华黄先生文集》卷二六《御史中丞赠推诚济美功臣荣禄大夫河南江北等处行中书省平章政事柱国追封冀国公谥忠肃董公神道碑》,《中华再造善本》,北京图书馆出版社,2005年。
④ 《定宇集》卷一〇《贺邓祭酒书》,《景印文渊阁四库全书》第1205册,第301页。
⑤ (明)杨士奇:《东里续集》卷一七,《景印文渊阁四库全书》第1238册,第585页。

辅治宗旨,"若夫纪纲根本所在,则又在于人主之一心。故心正,则百事可正……其指要,则皆不外乎真氏《大学衍义》一书所言矣"①。为强化学术建构中的达用之能,丘濬作《大学衍义补》进献给明孝宗,"濬以真德秀《大学衍义》于治国平天下条目未具,乃博采群书补之。孝宗嗣位,表上其书,帝称善……濬以《衍义补》所载皆可见之行事,请摘其要者奏闻,下内阁议行之"②。其目的在于通过补全《大学衍义》"治国平天下"之要,达到举德义而措之于事为、酌古道而施之于今政的经世目的,为帝王提供更具现实意义的施政指南。晚清时期,内忧外患、国势倾危,道光三十年(1850),曾国藩在奏章中恳陈《大学衍义》《大学衍义补》当为经筵必讲之书:"窃谓为君之道,莫备于真德秀《衍义》、邱濬《衍义补》二书。真氏于用人之道,邱氏于理财、治民之道,尤言之深切著明。顷给事中吕贤基曾以为请,臣拟请讲此二书,于今日时政实有裨益。"③同治二年(1863),张之洞在殿试对策中直言《大学衍义》《大学衍义补》乃是治国的经世大法:"真德秀《大学衍义》四十三卷,断自'齐家'而止,意谓治平之基已具。丘濬补之为百六十卷,而后经世大法犁然可观。"④儒臣辅政贵在忠诚切直,以明体达用为先务,不仅要使君臣互相警发,更要有裨益于时政,通过对正君、治国之道的讲论与践行,彰显君臣道合的经世意义。

---

① 《蔡文庄公集》卷一《管见上堂尊》,第19页。
② 《明史》卷一八一《丘濬传》,第4808—4809页。
③ (清)曾国藩:《曾国藩全集(修订版)·奏稿一》卷一《条陈日讲事宜疏(四月初四日)》,岳麓书社,2012年,第13页。
④ (清)张之洞著,庞坚点校:《张之洞诗文集》卷五《殿试对策》,上海古籍出版社,2015年,第194页。

第三章　庙堂之策与真德秀的政治思想

纵观真德秀的宦海生涯，为他赢得巨大声誉的是"论思魁杰"和"循吏典范"。"大科异等，发端文字之中谠论危言，脱颖簪缨之外。已上銮坡之直，犹烦金节之行。治民数著于外庸，体国最关于公论。"①在朝廷，真德秀以崇论宏议名重当世，"一疏万言，援引古今，铺陈方略，忠谊感激，辞章浩瀚，诚有补于国家"②，"每上一谏疏，草一制诰，朝大夫与都人士争相传写"③。在地方，真德秀以不息之诚惠恤生民，甚得口碑，所至之处，迎者塞路。自嘉定元年（1208）上殿奏三札首言和议不可恃、勿以好名、好异沮公议，"权相为之侧目，而海内人士，抄传诵咏，于是蔼然公辅之望，中外无异词矣"④，到端平二年（1235）的《经筵奏已见札子》劝谏理宗敬天用贤，真德秀坚守名节、立朝刚正，奏疏数十万言"皆切当世要务，直声震朝廷。四方人士诵其文，想见其风采。及宦游所至，惠政深洽，不愧其言，由是中外交颂"⑤。

南宋后期，权臣擅政，韩侂胄、史弥远等权臣长期独专国秉，对南宋政治

---

① （宋）曹彦约：《昌谷集》卷六《答江西帅真舍人启》，《景印文渊阁四库全书》第1167册，第76页。
② （宋）戴复古：《石屏诗集》卷一《嘉定甲戌孟秋二十有七日，起居舍人兼直学士院真德秀上殿直前奏边事，不顾忌讳，一疏万言，援引古今，铺陈方略，忠谊感激，辞章浩瀚，诚有补于国家。天台戴复古获见此疏，伏读再三，窃有所感，敬效白乐天体以纪其事，录于野史》，《景印文渊阁四库全书》第1165册，第565页。
③ 《朦轩集》卷五《真西山集后序》，《景印文渊阁四库全书》第1178册，第506页。
④ 《鹤山先生大全集》卷六九《参知政事资政殿学士致仕真公神道碑》。
⑤ 《宋史》卷四三七《真德秀传》，第12964页。

产生了严重影响。在理学家的政治思想中,君臣行为皆须遵从天理,才能稳定政治秩序。历经宁、理两朝,真德秀所上庙堂之策数万言,而"敬天""公议""名节"尤为真德秀所重视。真德秀认为,使君臣之道复彰的良策,一是敬天保民,通过宣扬天命使君主修身立德、施行仁政,从而祈天永命、稳固社稷。二是以公议对君主和权臣进行制约,通过倡导公议维护君主与士大夫共治天下的祖宗家法。三是大力弘扬直谏勇退的名节观,通过对名节的诠释与践行,达成砺士风、正朝纲的政治理想。

第一节 敬天保民与仁君之道

早在先秦时期,"天命"便被视为主宰王权的神秘力量,"帝尧老,命舜摄行天子之政,以观天命"①。王权的归属当谨遵上天的意志。在商代,历代商王通过占卜获知并恪遵天命,"先王有服,恪谨天命"②。当周王朝取代商王朝之后,新的君主立即宣称自己是天命所归,"我有周佑命,将天明威,致王罚,敕殷命终于帝"③。天命无常,既能命成汤革夏,又能让姬发取代商纣成为新王朝的天子,"皇天无亲,惟德是辅"④。天命系乎君主之德,不行德政之君,其国终将灭亡,"惟天不畀不明厥德,凡四方小大邦丧,罔非有辞于罚"⑤。汉儒董仲舒在先秦时期的天命观的基础上,坚持君主应行德政祈天永命,"故天子命无常,唯命是德庆"⑥。如君主恣意妄为,不敬天恤民,则天将示警,社稷危殆,"国家将有失道之败,而天乃先出灾害以谴告之,不知自省,又出怪异以警惧之,尚不知变,而伤败乃至。以此见天

---

① 《史记》卷一《五帝本纪》,中华书局,1959年,第24页。
② (汉)孔安国传,(唐)孔颖达疏:《尚书正义》卷第九《盘庚上》,(清)阮元校刻:《十三经注疏》,中华书局,1980年,第168页。
③ 《尚书正义》卷第十六《多士》,第219页。
④ 《尚书正义》卷第十七《蔡仲之命》,第227页。
⑤ 《尚书正义》卷第十六《多士》,第220页。
⑥ 《春秋繁露义证》卷七《三代改制质文第二十三》,第187页。

心之仁爱人君而欲止其乱也。自非大亡道之世者,天尽欲扶持而全安之,事在强勉而已矣"①。有德之君,则天降祥瑞,"臣闻天之所大奉使之王者,必有非人力所能致而自至者,此受命之符也。天下之人同心归之,若归父母,故天瑞应诚而至"②。君主骄奢淫逸、道德衰微而不施仁政之时,上天便降灾异警示君主,"及至后世,淫佚衰微,不能统理群生,诸侯背畔,残贼良民以争壤土,废德教而任刑罚。刑罚不中,则生邪气;邪气积于下,怨恶畜于上。上下不和,则阴阳缪戾而娇孽生矣。此灾异所缘而起也"③。

天命是对君主行为的重要约束,伊尹告诫太甲:"惟天无亲,克敬惟亲;民罔常怀,怀于有仁。……先王惟时懋敬厥德,克配上帝。"④周公告诫蔡仲:"皇天无亲,惟德是辅。民心无常,惟惠之怀。"⑤敬天对于君主具有重要意义:"盖帝王所当尊者莫如天,所当从事者莫如敬,故重言以求其听。夫天道甚明,不可欺也;天命惟艰,不易保也。昧者徒曰高高在上,不与人接,而不知人君一升一降于事为之间,天之监视未尝一日不在此也,岂可忽哉。"⑥君主一旦失道,则天命改易。商汤敬天慎行,唯恐己之所为少咈天意,"天视成汤之德如此,故大命集焉,俾任抚安万方之责"⑦。周文王恭顺敬天,"遂能怀来百福。由其德不违于天,故天使膺受四方之国"⑧,周武王凭借上帝之临开创了周王朝的基业。君主希望国祚长久,必祈天永命,躬行德政。在《召诰》中,重臣劝谏周成王以夏、商两朝因君主不行德政而丧失天命的历史教训为鉴,仁德爱民,以保周王朝千秋万世,"王其德之用,祈天永命。……上下勤恤,其曰,我受天命,丕若有夏历年,式勿替有殷历年。欲王以小民受天永命"⑨。若是君主未能以诚敬事天,天也将降异象警示君主。灾异成为

---

① 《汉书》卷五六《董仲舒传》,第 2498 页。
② 《汉书》卷五六《董仲舒传》,第 2500 页。
③ 《汉书》卷五六《董仲舒传》,第 2500 页。
④ 《尚书正义》卷第八《太甲下》,第 165 页。
⑤ 《尚书正义》卷第十七《蔡仲之命》,第 227 页。
⑥ 《大学衍义》卷二八《诚意正心之要一》,第 454 页。
⑦ 《大学衍义》卷二八《诚意正心之要一》,第 447 页。
⑧ 《大学衍义》卷二八《诚意正心之要一》,第 453 页。
⑨ 《尚书正义》卷第十五《召诰》,第 213 页。

上天对君主失道的警示，君主唯有立志修德方可感天祛灾，祈禳之术徒劳无益，"古之应天者，惟有敬德而已，祷禳非所恃也，后世神怪之说兴，以为灾异可以禳而去，于是人主不复有畏天之心，此为害之大者也"①。面对灾异，君主需反省自身，崇敬畏、戒逸欲，"迅雷烈风之属，天之怒也；日食星变之类，天之谕也。人君为天所子，其事天如事亲。然亲之容色少有不怿，人子当痛自咎责，敢有轻忽傲慢之意耶？天之变异有少失常，人君当深自戒惧，敢为戏豫、驰驱之失耶？"②

对于《尚书》中的"祈天永命"与董仲舒的天人感应说，真德秀推崇备至："窃惟汉儒之言天，未有深切著明如仲舒者。"③作为君主治国的重要约束，真德秀屡屡在经筵和奏议中规劝君主"祈天永命"，顺应天道，使政权稳固："君臣上下皆以祈天永命为心，然后可以安元元，固社稷，销未形之变，迓将至之休。"④"使朝廷之上知守成之惟艰，无难之可畏，惕焉戒惧，以祈天永命为心，亲信仁贤，修举德政，则国势屹然有泰山磐石之固。"⑤祈天永命是彰显仁君之道的重要体现，其核心思想就是敬天恤民。有道之君，天命所归。敬天者，国运昌隆，"帝王所当尊者莫如天，所当从事者莫如敬，故重言以求其听。夫天道甚明，不可欺也；天命惟难，不易保也"⑥。明君敬天安民，以仁义治理天下，"天之聪明在民，天之明威在民，民心所在即天心也。天人一理，通达无间，有民社者其可不敬乎？此皋陶之告舜者如此。隆古君臣之间讲论政治，无一事不本于天，无一事不主于敬，真后王所当法与"⑦。

儒家思想提倡以民为本，民气舒惨则天心应之。因此帝王事天之职，实为保民之职，"始以天与民并言，而终独归之民者，民心即天心也，能保小民则能保天命矣"⑧。民生与吏治息息相关，吏治不清、正邪异位则会导致民

---

① 《大学衍义》卷二九《诚意正心之要一》，第465页。
② 《大学衍义》卷二八《诚意正心之要一》，第455页。
③ 《西山先生真文忠公文集》卷二《己巳四月上殿奏札一》。
④ 《西山先生真文忠公文集》卷三《直前奏札一》。
⑤ 《西山先生真文忠公文集》卷五《江东奏论边事状》。
⑥ 《大学衍义》卷二八《诚意正心之要一》，第454页。
⑦ 《大学衍义》卷二八《诚意正心之要一》，第446页。
⑧ 《大学衍义》卷二七《格物致知之要四》，第420页。

心不安,灾异频现,"以是为非,以非为是;以忠为佞,以佞为忠。此所谓讹言也。讹言兴,则君子小人易位,而邪正混淆,所以致繁霜之灾也"①。在经筵进讲《高宗日历》时,真德秀借高宗处霖雨之变而惕然自省的故事,向宁宗肯陈任用贤良之臣对国计民生的重要意义。淫雨过度、细民失业、死亡枕藉,都是天怒民怨所致。官员能布宣德意、勤恤民隐者少,而依势作威、倚法刻削者多,"假称提楮币之令而科率齐民,借摧抑兼并之名而破坏富室,期会峻于星火,争利极于锥刀,于是掊敛兴而民始怨矣"②。帝王施行仁政,需选任循吏安民,与民休养生息,真德秀劝谏宁宗不忘祖宗之训,以宽仁恤民为治政根本,蠲除烦苛,与民休养生息。嘉定更化后,自然灾害频仍,真德秀多次借灾异直言进谏君主当亲正人、任贤良、施仁政、恤百姓以求国泰民安。

嘉定二年(1209),国家出现了暴风、雨雹、蝗蝻等灾异,时任校书郎的真德秀将灾异现象与朝政之失相联系,认为这是上天在昭示戒儆,于是上陈"亲正人""抑近幸""除壅蔽""去贪残"四说,以裨补时阙。正直之士未得到充分的信任而近幸凭恃君主宠信弄权擅政,是导致灾异兴起的重要原因,"阴邪之类长则阳刚之道缺,致异之原,其或在是"③。在奏议中,真德秀引前朝因贪虐而引发灾害的历史记载,并联系社会现实,劝谏宁宗申严贿赂之禁,亟定赈救之策:"夫天人一理,感通无间,民气舒惨则天心应之……广南数州,粒米狼戾。臣愿斥内帑封桩之储,及今收籴,以济其饥,是亦赈救之一端也。方今元元之命寄于陛下,倒垂之急近在目前,幸哀怜而亟救之,庶几人心可回而天意自解。"④君主当正心修身,与大臣同心燮理,则必将转灾为祥,否则非但天灾不可消弭,民心亦将尽失。

嘉定三年(1210)夏,连日暴雨导致的洪涝灾害对都城造成了严重的影响,"湖水暴涨,溢入都城,细民失业,粒米翔贵。近畿州县,被灾者广,或颓城郭,没官寺,毁庐舍,溺人民,决坏堤防,淹浸田亩,平畴沃壤,浩如涛波"⑤,真

---

① 《大学衍义》卷二九《诚意正心之要一》,第462页。
② 《西山先生真文忠公文集》卷五《故事(癸酉七月二十一日进)》。
③ 《西山先生真文忠公文集》卷二《己巳四月上殿奏札一》。
④ 《西山先生真文忠公文集》卷二《己巳四月上殿奏札一》。
⑤ 《西山先生真文忠公文集》卷二《庚午六月十五日轮对奏札一》。

德秀在奏札中指出,由于权臣擅政导谀成风,官员对灾害伤农的真实情况置之不理,并千方百计掩盖不报,导致深居九重的皇帝毫不知晓灾情的严重性。都城淫雨不止、湖水暴溢入城,就是上天对此示警,"下情不通,民隐莫诉,故作淫雨,京畿尤甚,将以感悟宸衷,亟图惟新之政,天心仁爱,盖可见矣"①。真德秀告诫宁宗应诚心推原致异之由,并推及其类。根据汉代大儒的阴阳五行说,水灾乃阴盛所致,北宋名臣欧阳修亦上疏言水灾、兵燹为阴盛之象。真德秀认为朝廷为奸邪小人所充塞、强敌盗寇侵凌不绝,此皆为阴气盛阳气衰的鲜明体现,而水灾则是阴盛之象的外在表现,"内而奸邪小人,外而兵戎盗贼,亦阴也。人君者秉至阳之德以御众阴,故主道宣明,则阳畅阴伏,各由其序而弗为灾,否则阴盛而忏阳"②。为消弭灾异,为君者当修君道、正纲常,任用忠直之臣使朝政清明、遴选良将守卫疆土,则至阳之德重振而阳戾之气消弭,灾异自退而国势日强,"尊信仁贤,容受忠谠,使正人端士得以行其志,而憸邪巧佞不得售其私,以抑小人道长之渐。淮甸创残之余,遴柬良牧,寄以赤子之命……衔命督护,整齐师律,激励士心,以挫群盗方张之锐,则积阴之沴庶乎其可销,方来之患庶乎其可弭也"③。

嘉定四年(1211),真德秀为著作佐郎兼礼部郎官。针对更化以来各种自然灾害频发的状况,真德秀上殿奏札,劝谏宁宗遵循祖宗家法,守兢业之志,知贤善任,务去奸邪,"君德无愧,则天为之喜而祥瑞生焉;君德有阙,则天示之谴而灾异形焉。灾祥虽殊,所以勉其为善一也"④。当内廷多次举行醮事,真德秀虽肯定了君主的畏天之诚,但也明确指出上天以灾异示警,君主不可仅凭斋醮祈禳等末技消弥灾害,诚敬修德、广施仁政方是感格上天之本:"今年虽告稔,民食仅充,然荐饥之余,公私赤立,如人久疾,甫获瘳而血气未平,筋力犹惫,药败扶伤,正须加意,朝廷之上,未可遽忘矜恤之念也。恭闻间者内廷屡蒇醮事,固足以见陛下畏天之诚,然而修德行政者本也,禬

---

① 《西山先生真文忠公文集》卷二《庚午六月十五日轮对奏札一》。
② 《西山先生真文忠公文集》卷二《庚午六月十五日轮对奏札一》。
③ 《西山先生真文忠公文集》卷二《庚午六月十五日轮对奏札一》。
④ 《西山先生真文忠公文集》卷二《辛未十二月上殿奏札一》。

禳祈请者末也,举其末而遗其本,恐终不足以格天。……推行惠政以活斯民,则愁叹销于下而休证格于上矣。"①君主在修君德、严敬畏的同时,更需以实际行动行惠民之政,以体昊天仁爱之意,异象灾害虽是一时之警,但灾害过去并不意味着朝廷可以高枕无忧,君主仍应以诚敬事天之心抚恤百姓。

嘉定五年(1212)秋七月,雷雨毁太庙屋,宋宁宗避正殿减膳。在八月初一日轮对之时,真德秀奏陈雷霆击毁太庙乃是上天的警示,应引起君臣的高度重视:"臣博观六经载籍之传,下及秦汉以来史传所志,自非甚无道之世,未闻震霆之警及于宗庙者。鲁之展氏人臣耳,己卯之异,《春秋》犹谨书之。盖雷霆者,上天至怒之威;宗庙者,国家至严之地。以至怒之威而加诸至严之地,其为可畏也明矣。"②雷霆是上天至怒之威,宗庙则是国家至严之地,宁宗循常例避殿减膳已无法缓解上天至怒之威,况君主诚意弗加、动皆勉强,徒为塞责之举。真德秀将灾异之象与社稷安危紧密相连,告诫宁宗前有流星示异、后有雷霆示警,皆昭示兵燹连年、大战在即的危急局势,但朝廷上下偷安逸乐而无励精图治之意,长此以往则社稷危殆,"乃者孟秋之朔,流星示异,其占为兵忧,而上下恬然,若不之闻,故相距才九日而震霆之变作。夫示之以星象之飞流亦云切矣,而陛下不知戒于是;警之以震霆,又加切焉!……臣愿陛下内揆之一身,外察诸庶政,勉进君德,毋以豢安养逸为心,博通下情,深求致异召和之本,庶几善祥日应,咎证日销"③。

嘉定六年(1213)十月,真德秀上陈"祈天永命"六事,期待君主能在天命离合之机、国家多事之时进修圣德、施行仁政,"盖尝深惟今日之势,必也君臣上下皆以祈天永命为心,然后可以安元元、固社稷"④。真德秀历数这一年二月飞雪,六月天气骤凉,九月天星陨落,十月流星出昴等异常天象,认为这都是上天用来警示君主过失的灾异之象。面对灾异频仍的上天示警,真德秀引景祐五年雷发孟春,仁宗皇帝下诏求言裨补缺失、感格上天

---

① 《西山先生真文忠公文集》卷二《辛未十二月上殿奏札一》。
② 《西山先生真文忠公文集》卷二《八月一日轮对奏札》。
③ 《西山先生真文忠公文集》卷二《八月一日轮对奏札》。
④ 《西山先生真文忠公文集》卷三《直前奏札一》。

的祖宗故事。真德秀所奏祈天永命第一事就是宁宗应下求言诏,以通人情、察民隐、进忠直、屏佞谀,使善政日新,"今陛下自视何如仁宗,冬雷之警甚于春孟,而求言之诏未颁,政令否臧何由悉见?四方利病何由尽闻?群臣邪正何由偏察?虽震惧之言不绝于口,忧劳之念日切于心,臣犹以为未也"①。祈天永命第二事则是要遵守祖宗家法,仁爱恤民而不行聚敛之政。真德秀认为自三代以来,德泽深厚莫如本朝,宋太祖以来的历代君主均世守祖宗家法,故能在强敌环伺、军备不足的情势下而保有江山社稷。因此切不可以聚敛为理财之要务、以刑法为立威之具,"或者患国执未张而欲振以威刑,患财用未丰而欲益以聚敛,谓诚信不如权谲,谓忠厚不如刻深,有一于兹,皆伐国之斧斤、蠹民之螟螣也。惟陛下察截截之谝言,守闶闶之家法,舍一时之近效,恢长世之远图,此祈天永命之二事也"②。祈天永命第三事是法令本人情、政事因风俗。对于动辄籍没民产以充公,真德秀认为非叛逆大罪不宜籍没民产,如果朝廷任由酷吏残民,势必引发社会动荡,天心与民心俱失,"弱者至父子相随赴井以自毙,强者至欲刲刃守臣以自快。民愁如此,而承流宣化者动以人情安便为言,是不特欺其民,且欺其君矣。孰谓清明之朝而可罔以非道哉!"③祈天永命第四事是削非法之征徭、禁不时之科率。针对地方官吏科敛无度、擅增赋税,真德秀认为此乃竭泽而渔、致使民力衰竭之举,"四方郡国,科民出镪,少者日亦千缗,江右守臣至有阴增常赋以自润者,久而弗已,岂邦本之利哉?夫安富恤贫,王者之政也。……今有余之家窘于科敛,摧于告讦,皆薾然有不自存之态,于是赊贷之路穷而贫民益困矣"④。唯有纾民力、阜民生,使民众生活得到保障,国家才能长治久安。祈天永命等五事是宽仁为本、不施严刑峻法。真德秀引名臣范祖禹上哲宗皇帝"勿尚严刑为威"的奏疏,力谏宁宗效法宋太祖以仁为本,哀矜于民,方能承天心、固社稷,"昔我艺祖皇帝承五季极

---

① 《西山先生真文忠公文集》卷三《直前奏札一》。
② 《西山先生真文忠公文集》卷三《直前奏札一》。
③ 《西山先生真文忠公文集》卷三《直前奏札一》。
④ 《西山先生真文忠公文集》卷三《直前奏札一》。

乱之余,赤子遗民,存者什一,于是立奏案之法以革藩侯专戮之弊,颁折杖之格以除狱官过用之刑,至仁如天,覃及百世"①。针对大理寺执法严苛之弊,真德秀将蕃舶之株连颇众的冤狱与幽郁所感淫雨为灾的天象联系在一起,凸显重德轻刑对延续国脉的重要意义。祈天永命第六事是国家待臣子以忠恕为心,勿因才拙力薄而遭轻侮重刑,"臣愿因诏有司,博参物论,若其倚法牟利,赃状灼然,在臣何敢遽议?或缘材术短拙,措置乖方,本无嫚令之心,例遭旷职之罚者,揆诸人情,宜在可贷之域"②。

祈天永命是对君主治国的重要约束,得天命者必修君德、聚民心。君主敬天恤民,施行德政,虽有敌国外患而国祚久长,"昔周至成王,天下既极治矣,而召公作诰,一则曰祈天永命,二则曰祈天永命,若不能以朝夕安者,盖天命靡常,圣贤所畏,而况今乎?然尝反覆《召诰》一篇,其纲目不过二事,曰敬德、曰小民而已。盖国之将兴,不在强兵丰财而在君德,国之将亡,不在敌国外患而在民心,此召公所以勤勤于戒王,而臣复推演之为陛下告也"③。

在史弥远掌控朝政的情势下,真德秀的奏陈未能引起君主的重视,反因屡进忠谠之言而被史弥远及其党羽所忌,"时相当国既久,言路遍置私人,耆旧尽去。都司胡、薛之徒始用事,钞法楮令既行,告讦繁兴,吏民坐新书抵罪者众。公首上是奏,直声动朝野。……时相始不乐,都司尤切齿,然籍没之产,以渐给还;士大夫停废迁徙者,亦稍稍牵复,公发之也。时相患公与左史李公埴数论事,于是二公俱出疆"④。嘉定七年(1214),朝廷诏令真德秀为江东转运副使,朝野公论对真德秀离朝深表惋惜,"起居真舍人,以精博之学,端方之操,立螭坳,进谠言,謇謇谔谔,作时砥柱,搢绅倚以为重,海内想望风采,呜呼!可谓正人也已。边事方殷,将漕江左,欲豫为战舰之备,朝家委寄之意,亦不轻矣。而一时公论,皆深惜其去"⑤。

绍定六年(1233)十月,权臣史弥远死,理宗亲政。十一月,以洪咨夔为

---

① 《西山先生真文忠公文集》卷三《直前奏札一》。
② 《西山先生真文忠公文集》卷三《直前奏札一》。
③ 《西山先生真文忠公文集》卷三《直前奏札一》。
④ 《刘克庄集笺校》卷一六八《西山真文忠公行状》,第6502—6503页。
⑤ 《絜斋集》卷八《送右史将漕江左序》,《景印文渊阁四库全书》第1157册,第91页。

代表的朝臣奏请召真德秀回朝。端平元年(1234)正月,宋、蒙联军攻破蔡州,金哀宗自杀,金国灭亡,宋军主将孟珙将金哀宗的遗骨带回南宋。对于金的灭亡,南宋举国欢庆,认为百来年终洗靖康之耻,朝野上下皆沉浸在强烈的复仇喜悦中,"幅裂常包割地羞,扫平忽雪戴天雠。穹庐已喋元颜血,露布新函守绪头"①。二月,真德秀应诏上封事。与喜不自胜的宋理宗不同,真德秀对于联蒙灭金胜利后的国运却深感忧惧,"迩者窃闻京湖帅臣以八陵之图来上,陛下恭览再三,悲喜交集,命卿监郎官以上诣省恭视,集议以闻,盖将稽按旧章,遣使朝谒,以慰一祖六宗之灵。而远方传闻,未知其的,或谓人以河南归我,而朝廷因有经略中原之谋。审如所传,是将复蹈宣和之辙也。日夕恐惧"②。真德秀回顾自己在嘉定六年奏陈"祈天永命"之说,至今已二十余年。金国灭亡诚如所料,但"祈天永命"之说却没有得到朝廷的重视和施行,"二十余年之间,政出私门,谋犹回遹,堕祖宗之法度,坏朝廷之纪纲,民力朘剥而无余,人材衰飒而不振,虽陛下赫然振起,风采顿殊,然非坚持一意,行之十年,未可以冀中兴之效也"③。权臣擅政二十余年,国力衰减、民生凋弊。当休养生息以固元气,朝廷不宜妄启兵端招致后患。然而真德秀的谏言并未被采纳。

端平元年(1234)五月,理宗以赵葵为主帅率领宋军北上收复"三京",七月,宋军先后进入北宋故都汴京和洛阳,但随后蒙古突然发动攻击,宋军死伤惨重,被迫从开封、洛阳撤军,端平入洛不但以失败告终,国力损耗巨大,宋理宗自此失去了锐意进取之志,逸乐苟安之心日盛。九月十三日,真德秀入对选德殿,上奏札复进"祈天永命"之说,以上天屡降灾异告诫理宗天命无定,不可沉溺于酒色逸乐。自太祖建国到高宗、孝宗中兴,江山社稷传至理宗已历二百余年,现今中原无主,天命归属悬而未定,无论是假和以纾患,亦或恃战以成功皆非良策,唯有修身立德,存恢复进取之心、行收敛靠实之策,方能当天心、得天命,"厥今天下何时也,臣以为天命未定之时

---

① 《刘克庄集笺校》卷一一《端嘉杂诗(其一)》,第679页。
② 《西山先生真文忠公文集》卷一三《甲午二月应诏上封事》。
③ 《西山先生真文忠公文集》卷一三《甲午二月应诏上封事》。

也。……今中原俶扰,天之简求民主,兹惟厥时。使吾之德足以当天心,天必不舍而他畀也;苟吾之德未足以当天心,天必转而他之矣。臣故曰此天命未定之时也"①。

针对南宋连年灾害、国势岌岌可危的现状,真德秀认为帝王祈天永命并非世俗所谓的禬禳小数、谄渎鬼神,"敬德""怀民"才是关键。真德秀要求理宗以敬德自砺,戒酒色逸乐。真德秀在奏札中列举了"仪狄之酒""南威之色""侏儒之戏""滑稽之谈""郑声之淫""佞人之殆""盘游之乐""弋射之娱""禽兽之珍""狗马之玩",认为君主只要沉溺其一皆足害敬,绝不可沾染。其次要勤于自省、勇于改过。对于因权臣所误而导致的君德缺失、政令失误都要及时改正,一念之愧不敢安、一事之戾不敢忽,谨之于心术之微而发之于践履之实,如此方可谓之敬。"陛下真能敬德于上,而使斯民怀生于下,则人心悦而天意顺,恢拓之本,其在斯乎? 天厌夷德久矣,鞑戎残暴,所至为墟,必非眷命之所属。陛下春秋鼎盛,圣德日新,惟益懋敬焉。一陟一降,在帝左右,一游一衍,若天与俱,强勉力行,悠久不息,以迓续休命于无穷,乃眷南顾,当有其日,中原故物,终为吾有。"②

端平二年(1235)正月初一日,太史占风,风起乾位,其占主兵,而月犯太白,亦为兵象。真德秀闻之忧心,遂于经筵进讲时再次劝谏理宗行敬天恤民之实。理宗自亲政以来虽频下恤民诏令,但均未落到实处,"名曰恤民而凋瘵如故,未闻实惠之有加,名曰察吏而污浊如故,鲜以实廉而自励,至于财匮而弗赡,弊轻而不行,师徒丧于奔溃,舟楫坏于转输,凡若是者,皆未闻经理之实"③。中原动荡、灾异频发,蒙金大战一触即发,要使国祚延续,君主须真正做到敬天恤民,而不能徒为虚文,"伏惟陛下深体上天仁爱之意,凡其本之心、修之身、推之于事者,必使无一非实,而去其所谓文具、美观者,上帝监临,必垂眷佑,所以延洪国命、销弭兵灾,当有潜格于冥冥之中者矣"④。

---

① 《西山先生真文忠公文集》卷一三《召除户书内引札子一》。
② 《西山先生真文忠公文集》卷一三《召除户书内引札子一》。
③ 《西山先生真文忠公文集》卷一四《乙未正月丙辰经筵奏己见札子一》。
④ 《西山先生真文忠公文集》卷一四《乙未正月丙辰经筵奏己见札子一》。

真德秀将君主敬天保民视为培本根、延国祚的关键,有德之君敬顺天道、仁爱百姓,则天必佑宋,国祚长久。反之,即使国力强盛如汉唐,也无法成就尧舜化成天下的功业。和以"天命"约束君主行为的方式相比,在真德秀的奏议中,更为频繁出现的是以"公议"代表天理,在政治生活中形成对君主的约束和影响。

第二节 朝臣公议与士风重振

"公议"一词,历来有不同的阐释,公议可以作为私意的反义,"私意既摇于中,公议遂移于外"①。"盖人心常徇私情,而天下久无公议。"②也可以解释为群言众论,"百夫所聚,公议自明"③。"采中外之公议,是非可否,惟众之从。"④但对理学家而言,公议并不等同于"士林清议""月旦之评"等仅限于社会公众舆论等形而下的议论范畴。程颐认为:"人志于王道,是天下之公议。"⑤公议不能根据持论者是否人数众多而定义,而是天理在社会生活中的体现。公议在宋代奏议中的出现频率要远胜前朝,被赋予的政治作用也不断增强,"宋代是这些词汇真正在政治领域被普遍接受、发挥效力的典型时期。不同于前代单纯的概念运用,宋代于公议标准界定及价值阐发上进一步发展。更重要的是,在与具体政治参与行为结合的过程中,公议观的意涵更为丰富"⑥。"公议"又被称为"公论","公论的确定性体现在天理

---

① (宋)秦观撰,徐培均笺注:《淮海集笺注》卷一四《进策·论议上》,上海古籍出版社,1994年,第567页。
② (宋)杨冠卿:《客亭类稿》卷五《代邑宰求知启》,《景印文渊阁四库全书》第1165册,第465页。
③ (宋)苏辙:《栾城后集》卷一八《复官宫观谢表》,曾枣庄、马德富校点:《栾城集》,上海古籍出版社,1987年,第1365页。
④ (宋)李焘:《续资治通鉴长编》卷四四一,中华书局,2004年,第10613页。
⑤ 《二程集》,第112页。
⑥ 陈晔:《词汇与理念:宋代政治概念中的"公议"》,《安徽师范大学学报(人文社会科学版)》2019年第1期,第74页。

的永恒性,以及这种永恒性在时间维度上的展开,即无论舆论如何纷扰、事务如何错综,最终意义上的公论都能够在历史的展开中得以浮现。在时间的无所止息的流变中确切的道理能够借助于后世君子而得以实现,以此成为对特定时空中就具体政治事务参与议论各方之是非善恶的最终的评"①。以二程、朱熹为代表的宋代理学家尤重公论,"盖大义所当,典礼之正,天下之公论"②。"进退取舍,惟公论之所在是稽,则朝廷正而内外远近莫敢不一于正矣。"③"进退人材无一不合乎公论,不为偏听以启私门,则圣德日新,圣治日起,而天人之应不得违,衅孽之萌不得作矣。"④公议作为宋代政治文化中的重要概念,体现了宋代士阶层的价值观和政治理想。⑤

南渡后,虽然多数君主对于恢复祖宗疆土并不热衷,"而对于回顾与标榜'祖宗之法',却怀有相当的热情。尽管朝廷的政治倾向及具体措置多有不同,但总是处处祭起'祖宗之法'的法宝,力图予人以向北宋'祖宗朝'靠拢的印象"⑥。以朱熹为代表的南宋理学家对"祖宗之法"中的权力制衡措施和公议约束机制深为推崇:"盖君虽以制命为职,然必谋之大臣,参之给舍,使之熟议以求公议之所在,然后扬于王庭,明出命令而公行之……此古今之常理,亦祖宗之家法也。"⑦遵循公议不但是士人正君行道的重要方式,也是制约君王使之遵循天理的有效手段。

---

① 苏鹏辉:《试论朱子经世思想中的"公论"观念》,《政治思想史》2015 年第 3 期,第 63 页。
② 《二程集》,第 516 页。
③ 《晦庵先生朱文公文集》卷一一《壬午应诏封事》,《朱子全书》第 20 册,第 577 页。
④ 《晦庵先生朱文公文集》卷一四《甲寅行宫便殿奏札一》,《朱子全书》第 20 册,第 667 页。
⑤ 对于"公议"的论述,虞云国在《宋代台谏制度研究》(上海书店出版社,2009 年,第 158 页)把公议作为一种价值标准;王瑞来在《宰相故事:士大夫政治下的权力场》(中华书局,2010 年,第 354—355、373—374 页)中认为,公议是约束皇权的重要手段,与"祖宗家法"一样具有衡量政治行为的重要作用。陈晔认为,"公议""公论"作为宋代政治思想中的重要理念,两词在宋代文献中出现的数量超过了此前一直很常见的"清议"。"公议""公论"意义范围、使用领域扩大,其重要性和原则性被强化。任峰《中国思想史中的"公议"观念与政治世界》(《知识分子论丛》第 10 辑,江苏人民出版社,2012 年,第 197—231 页)是目前对公议观念最为系统的研究。苏鹏辉在《试论朱子经世思想中的"公论"观念》(《政治思想史》2015 年第 3 期,第 57 页)中认为"公"蕴涵着价值指向,要求善恶正邪的实质区分。在这一意义上,公论就体现出其作为"道德理性共识"的根本性内涵。
⑥ 邓小南:《祖宗之法:北宋前期政治述略》,生活·读书·新知三联书店,2014 年,第 457 页。
⑦ 《晦庵先生朱文公文集》卷一四《经筵留身面陈四事札子》,《朱子全书》第 20 册,第 680 页。

继承了朱熹以公议行天理的政治主张,真德秀在奏章中明确提出了"公议即天道"说:"臣闻天下有不可泯没之理,根本于人心,万世犹一日者,公议是也。自有天地以来,虽甚无道之世,破裂天常,堕坏人纪,敢为而弗顾者,能使公议不行于天下,不能使公议不存于人心。善乎先正刘安世之论曰:公议即天道也,天道未尝一日亡,顾所在何如耳。"①公议代表天道,即使权臣用权力压制公议,但公议仍存天地人心,蔑视公议之人即是违逆天道。在真德秀看来,如王安石、秦桧、韩侂胄等权臣虽能弄权擅政于一时,但其遏制公议、违背天道,终将难逃败亡之命:"熙宁之世,以新法为不可行者,公议也。虽以王安石之愎谏遂非,而不能遏士大夫之口。绍兴之际,以和好为不足恃者,公议也。虽以秦桧之擅权专杀,而不能弭君子之论。卒之新法行而民力屈,和好就而敌情骄,甚哉,此理之在人,信可畏也!与其拂之以取败,孰若顺之以为安。近年侂胄用事,以区区私意小智捍天下公议之冲,虽能颠倒是非于一时,终不免为当世大僇。何者?公议天道也,侂胄违之则违天矣,天其可违乎!故善为国者畏公议如畏天,则人悦之,天助之,何事功不立之忧哉!"②与其逆天取亡,不如顺天行道,遵从公议、摒弃私欲,则事功可立。

对国家而言,公议的重要性更是无可替代,"公论,国元气也,元气痞膈,不可以为人,公论湮郁,不可以为国"③。"使天下公论皆得上闻,而奸邪不得以壅蔽,则是非好恶之实,庶乎其不谬矣。"④真德秀坚持君臣皆须遵循公议以正朝纲,"一以天下公议为主而不累于好恶偏党之私,尽公极诚,如对上帝,则天人胥悦,治效可期"⑤。真德秀将公议与天道相联系,君臣皆须遵从公议,权臣遏制公论即有违天道,将使国运日衰、社稷危殆。

从嘉定元年(1208)起,真德秀连上奏章,对从北宋后期到当代权臣以"好异""好名"打压公议的行为进行了尖锐的抨击:"伏观庆元以来,柄臣

---

① 《西山先生真文忠公文集》卷二《庚午六月十五日轮对奏札二》。
② 《西山先生真文忠公文集》卷二《庚午六月十五日轮对奏札二》。
③ 《西山先生真文忠公文集》卷四《除江东漕十一月二十二日朝辞奏事札子一》。
④ 《大学衍义》卷一五《格物致知之要二》,第255页。
⑤ 《西山先生真文忠公文集》卷二《庚午六月十五日轮对奏札二》。

颐制,立为名字以沮天下之善者有二,曰好异,曰好名。士大夫志于爵禄,靡然从之者有年矣。吁,是岂非蠹坏人心之大原乎!是岂非更新圣化之首务乎!"①北宋中后期,随着王安石、蔡京用事、打压公论,到徽宗崇宁、宣和时期士风日颓。宁宗继位后,韩侂胄以定策功独揽大权,打压异己,遏制公论,士人慑于权臣之威,或委屈迎合,或缄默不语,对士风产生了恶劣的影响,"有如至诚忧国以为忠,犯颜切谏以为直,臣子常分也。柄臣则以好异诋之,设为防禁以杜天下欲言之口,于是忠良之士斥而正论不闻矣"②。

为扭转士风倾颓之势,真德秀大力倡导恢复公议传统以振士风。对于国家大事,只要秉承公议、体现天理,即使朝臣驳斥天子,布衣百姓议论朝政,朝廷亦能宽闳博大、优容采纳,"祖宗盛时,以宽闳博大养士气,以廉耻节礼淑人心。国有大政事、大议论,天子曰可,大臣曰否,宰相曰是,台谏曰非,而不以为嫌;布衣陈时政,草茅议廊庙,而不以为僭。盖惟恐人之不尽忠而未尝恶其立异也。……夫是以忠谠之气伸而佞谀者不见容,廉节之俗成而贪鄙者知自愧。其所以扶持国脉于久安长治之地者,其源盖出诸此"③。北宋仁宗朝对公议的倡导和尊重使得朝廷之上忠谠君子济济,时局安定、朝政清明。高、孝中兴时期,朝廷对打压公论有变革之意,鼓励朝野上下各尽忠言,然后博采众长,朝政清明,"高宗中兴,内外尤为倥偬,然无一事不采人言。建炎四年尝议防秋矣,绍兴初元尝议便民弭盗矣,五年则令前宰执各陈御寇之策矣,八年则令侍从台谏各上讲和利害矣。夫祖宗之明,非不知独运专断为神,顾以广谋从众为得者,凡以尽天下之心而建久长之策也"④。

真德秀恳谏宁宗谨守祖宗家法,破除权臣擅政以来的尚同之习,培养风俗,振励士气,"今日改弦更张之初,臣谓当先破尚同之习,广不讳之途,朝政

---

① 《西山先生真文忠公文集》卷二《戊辰四月上殿奏札二》。
② 《西山先生真文忠公文集》卷二《戊辰四月上殿奏札二》。
③ 《西山先生真文忠公文集》卷二《戊辰四月上殿奏札二》。
④ 《西山先生真文忠公文集》卷三《直前奏事札子》。

得失,俾臣下各尽所怀,而不以立异为可厌,褒崇名检,明示好尚,俾人人有士君子之行,而不以沽誉为可疑,则士气伸而人心正,风俗美而治道成"①。真德秀认为党争对朝政所产生的严重后果就是权臣用事、公论不存。宋哲宗亲政后,任用章惇为相,严酷打击元祐党人,一时名臣皆被罢黜,哲宗下诏削除司马光的赠谥,又追贬其为朱崖军司户参军。绍熙内禅之后,韩侂胄独揽大权,对直言勇谏者皆以"好异""好名"斥逐,宗室重臣赵汝愚被罢黜流放而公议不闻于朝,"文正乘熙丰末流,与民更始,销祸乱而开太平,而其没也,有朱崖之贬;忠定以同姓之卿,戮力帝室,挈大明而东升,转危机于反掌,而有零陵之徙"②。虽然司马光、赵汝愚等人终被昭雪复爵,但国无公论对国家造成的灾难性影响已经形成,"忠定之斥十有三年,权臣颛执国命,至于兵祸作,生灵暴骨者数十万……绍、符、崇、宣之变,群邪踵蹑用事者三十余年,卒之犬戎内侮,二圣播迁,然后是非以定,故天下遂乱而几不可救"③。公论与国家命运息息相关,君主治国而不循公议,则祸乱必将随之而至。

诛杀韩侂胄之后,朝廷任用名臣硕儒,下诏求直言,颇有振奋士气、鼓励公议之势,号称"更化"。当士人以为言路大开,将复现北宋盛时气象时,朝廷上却并未出现所期待的变化,士风萎靡,无异于前。嘉定六年(1213),真德秀再上奏札,对"更化"没能达到理想效果的原因进行了剖析:一是积习沉疴日久,士风颓弊,"自权奸擅政十有四年,谀佞成风,日以浸甚。然其始也,朱熹、彭龟年以抗论逐,吕祖俭、周端朝之徒以上书斥,当时近臣,犹有争之者,正如始病之人,气血虽伤而未至甚惫也。其后吕祖泰之贬,非惟近臣莫敢言,而台谏且出力以挤之,则嘉泰之疾已深于庆元矣。又其后也,盗平章军国之名,起边陲干戈之衅,非独举朝莫敢言,虽布衣韦带之士,求一如祖泰者亦不可得,是开禧之疾又深于嘉泰矣。风俗至此,已成膏肓,救药扶持,岂易为力!"④韩侂胄自知为支持赵汝愚、朱熹的儒林公议所不容,于是大兴党

---

① 《西山先生真文忠公文集》卷二《戊辰四月上殿奏札二》。
② 《西山先生真文忠公文集》卷三四《石鼓挽章祭文后》。
③ 《西山先生真文忠公文集》卷三四《石鼓挽章祭文后》。
④ 《西山先生真文忠公文集》卷二《癸酉五月二十二日入直奏事一》。

禁,广布党羽,逐忠说之士、遏逆己之言,致使谀佞成风。庆元初年,近臣中还有奏疏论争者,到了开禧年间,韩侂胄总揽军政,以残酷手段排斥异己,朝野上下齐喑。

二是"更化"徒有其名而无其实,进言者未闻纳谏却被罢黜,以致人怀观望莫敢进言,"更化之初,一时群贤皆得以忠言自奋,则精神风采,犹可渐还,而曾未兼旬,遗补之官,以言罢职,是疾方小愈而遽以酒色伐之矣。若是而欲起嘉泰、开禧之沉痼,其可得乎?自时厥后,傅伯成以谏官论事去,蔡幼学以词臣论事去,邹应龙、许奕又继以封驳论事去。……彼见是数人者非能大有所矫拂,已皆不容于朝"①。对此,真德秀向宁宗进献三策以改变现状:一是勤访问,使下情得以顺利通达朝廷,"访以民生疾苦、朝政阙遗,仍诏宾赞之臣,虽有两班,皆令宣引,则下情可通而上听无壅矣"②。二是广谋议,国家政令的制定,尤其是楮币、盐钞等民生攸关的重要政策,更应参酌群臣之议,"更张独决于庙谟,献替靡闻于群下。傥凡皆若此,欲事无遗策,其可得哉?臣愿陛下以帝尧稽众为心,以汉廷杂议为法,俾人得自竭,则令无不臧矣"③。三是明黜陟,对进忠说之言者应予以奖励提拔,以表明君主纳谏的诚心,"凡向以言事去国者,察其用心之忠,勿使久外。左右近臣尽诚献替者,当如宪宗之擢李藩。媕阿苟容者,如裴垍之责严休复,使人知忠鲠可尚而谀悦可羞"④。因上书言事被贬者,应召回予以重用,使士人知朝廷之所崇、政令之所向。

在真德秀的大力倡导下,袁燮、柴中行与朝臣中敢言者亦为之相应和,沉寂已久的朝廷开始渐复公议之风。嘉定七年(1214)十一月,真德秀在将赴任江东转运副使朝辞之际,上札再陈公议对重振朝纲、遏制权臣的重要意义:"祖宗盛时,用人立政,一揆之众论,而行之以至公,故人心说服,天下顺治。熙宁之世,以新法为不可行者,公论也,王安石违而咈之,终以误国。绍兴之际,以和议为不可恃者,公论也,秦桧仇而嫉之,遗患至今。……往者侂

---

① 《西山先生真文忠公文集》卷二《癸酉五月二十二日入直奏事一》。
② 《西山先生真文忠公文集》卷二《癸酉五月二十二日入直奏事一》。
③ 《西山先生真文忠公文集》卷二《癸酉五月二十二日入直奏事一》。
④ 《西山先生真文忠公文集》卷二《癸酉五月二十二日入直奏事一》。

胄弄权,以威罚钳天下之口,浸淫既久,附和成风。北伐一事,中外共知其非,而莫敢言,其效盖可睹矣。使侂胄能虚心平听,不以先入为主,而惟公论是从,则国无佳兵之祸,己无僇辱之殃,岂不美哉!"①

真德秀认为,公论为国之元气,公论伸屈,关系到国家的治乱存亡。他引开禧年间北伐之事为例,当时中外共知其非,但由于韩侂胄弄权,打压公论,致使举朝暗默,最终兵败国辱。对于宁宗君臣欲以岁币与金国以求安之举,朝野上下纷纷谏言反对纳币求和,真德秀称此乃公议渐伸、士风重振的重要标志:"间者使命之出,外议哗然,从臣争之,馆学争之,庠序之士又争之。或者未必不以为纷纷多事,臣独曰此十数年来所无之气象,圣君贤相,优容涵养,致此盛事,岂易得哉!"②他将家事比喻为政事,天下本一家,父兄有过,子弟须履行规劝之职。君主有过,臣子须秉承公议,直言进谏,"自昔恶闻正论者往往加以归过、卖直之名。夫欲使士大夫畏避此名,务为缄默,直易易耳,不知臣子至情,本为国计,何负于君父而顾嫉之耶! 深惟今日实公论伸屈之机,朝廷之上若以言者为爱君,为报国,无猜忌之意而有听用之诚,则公论自今而愈伸。若以言者为沮事,为徼名,无听用之诚而有猜忌之意,则公论自今而复屈"③。

朝廷当以言者为爱君报国之士,无猜忌之意而有听用之诚,则公论自伸。真德秀将重倡公议、振砺士风视为更化之要务,奏请宁宗虚心纳谏,顺从公议,"愿朝廷之上,兢兢保持,勿失初意,用人立政一以天下公议为主而不累于好恶党偏之私,尽公极诚,如对上帝,则天人胥悦,治效可期,海内之幸也"④。他希望朝臣能够展现出北宋盛时的风骨,形成公论制约权臣。在此国势倾颓、内忧外患的危机时刻,更应伸张公议、重振朝纲,而不能以威罚钳天下之口。

宁宗驾崩后,史弥远联合杨皇后矫诏废宁宗原定的继承人赵竑,改立宗

---

① 《西山先生真文忠公文集》卷四《除江东漕十一月二十二日朝辞奏事札子一》。
② 《西山先生真文忠公文集》卷四《除江东漕十一月二十二日朝辞奏事札子一》。
③ 《西山先生真文忠公文集》卷四《除江东漕十一月二十二日朝辞奏事札子一》。
④ 《西山先生真文忠公文集》卷二《庚午六月十五日轮对奏札二》。

室子赵昀为帝,赵竑被封为济王,被迫离开都城于湖州安置。对于赵竑的遭遇,天下人多有不平,以潘壬、潘丙兄弟为首的太湖渔民以武力胁迫济王为帝,济王先藏匿不从,后率州兵平乱,并遣使向朝廷奏报。霅川之变平息后,为绝后患,史弥远派心腹秦天锡逼死济王,并降为巴陵县公,天下震惊。然群臣皆畏惧史弥远之势而喑哑无言,如莫泽、朱端常、梁成大、李知孝等大批史弥远的党羽更承奉史氏之意,对济王落井下石,惟有真德秀、魏了翁、洪咨夔、胡梦昱等寥寥数人上章谏言朝廷处济王之不当。虽然为济王鸣冤的人极少,但因此论体现了"天理",士林推之为"公议"。宝庆元年(1225),真德秀即将入朝之际,史弥远派遣起居舍人杨迈来见,谕以奏陈切勿言及济王之死与霅川之变。六月,真德秀入对垂拱殿,对权相以一己私欲掩天下公议的行为进行了抨击:"天下之事非一家之私,其在公朝何惜不与众共以求至当之归乎!且庙堂之上,所以废佥谐而任独见者,不过恶闻异论而已,抑不思事未行而有异论,吾犹得以参酌可否而惟是之从,事既行而有异论,则国体已伤而救无所及。"①

真德秀将朝廷对济王赵竑的处置与宋太宗对秦王赵廷美的处置相比较,凸显出权臣擅政对祖宗家法和天理公议的严重破坏,"盖立政用人,未有不参稽公议而能厌服天下者。祖宗盛时,凡有大政,必采群言。太平兴国中,秦邸之事作,太子太师王溥等议于朝堂者七十有四人,然后有诏裁决,以大事之不可轻也。乃者霅川之变,视昔略同,而未闻有参听于槐棘之下者,此人情之所共惑也"②。太平兴国七年(982),秦王赵廷美被告谋反,宋太宗听取公议,而后慎重处置。而在霅川之变中,史弥远遏制公议,致使中外人情汹汹、人心难安。面对权臣擅政、三纲沦绝的政治环境,真德秀恳谏理宗当以社稷为重,鼓励群臣进言论事,使公论得行于朝堂:"臣愿自今国有大议,陛下虚心于上,使群臣各得尽言于下,大臣至公无我而详择其中。至于简拔材能以任重任,亦必以公论为主。"③要想在朝廷中恢复公议之风,必须

---

① 《西山先生真文忠公文集》卷四《召除礼侍上殿奏札二》。
② 《西山先生真文忠公文集》卷四《召除礼侍上殿奏札二》。
③ 《西山先生真文忠公文集》卷四《召除礼侍上殿奏札二》。

谨守祖宗家法,鼓励朝臣乃至布衣论事进言,而非以严刑重罚、动辄流放以禁人言,否则即使朝廷下求言诏,朝野亦皆以虚文视之,人心忧疑、士气难昌。

治理国家需遵循公议,才能避免失误,"事之有关国体者必议而后行。众言杂进,岂皆当理?议论不一,尤难适从。迂者不切事情,狂者不识忌讳。然异同不一之中,乃至当之论所从出,正如玉隐于石,金混于沙,琢之淘之,至宝乃见"①。朝廷下诏求言,上至庙堂,下至草野,皆可上书言事。如何在纷杂的群言中辨别公论,其取舍的标准便是能否体现公平正大的天理,"惟公惟平,惟正惟大,一循天下之理而不杂以一己之私"②。宰执重臣举贤任人亦需遵从公论,不可因私废公。真德秀以边帅的选用为例,"康定、庆历间,简求西帅必取当世第一流,宰臣吕夷简至忘仇荐进,以重任之不可轻也。往者淮蜀二阃之除,皆出金论所期之外,今其效亦可睹矣"③。北宋盛时,宰臣秉承公心选拔边帅,不忌仇隙。而当朝宰执却无视公议,两淮、川蜀制阃皆非良才。

真德秀多次上书史弥远,直言其当效法诸葛武侯与其父史浩,子承父志,遵公议、用正人,使言路畅达无壅。史弥远之父史浩历仕三朝,死后赐谥"忠定",为帝师、为宰执皆能举贤纳谏,唯公议是从,为朝廷培国脉,"方忠定之初相也,当时士大夫议论所主亦有不同者矣,而盛德雅度,包涵茹纳,未尝与之较短长,争胜负,用舍之间,一惟公论是主。及再登揆席,凡所荐扬拔擢莫非天下选,而昔之议论不同者,亦班班焉与于其间。此所以屹然为四朝元老,以功名始终,铭勋太常,侑食清庙,扬休无穷也"④。真德秀希望史弥远能以其父为榜样,不以私意废公论,父子相继为贤相,"伏惟大丞相坚忍持守,益加于初,使天下之士无一不被容覆者,则盛德宏度,超越古今,与忠定王无间矣"⑤。执政者身居重位而不绌于公议,必将感格天心,使人心悦服。

---

① 《西山先生真文忠公文集》卷三八《上丞相书(论用人听言)》。
② 《西山先生真文忠公文集》卷四《召除礼侍上殿奏札二》。
③ 《西山先生真文忠公文集》卷四《召除礼侍上殿奏札二》。
④ 《西山先生真文忠公文集》卷三八《上丞相书》。
⑤ 《西山先生真文忠公文集》卷三八《上丞相书》。

端平元年(1234),真德秀被召还朝后,为了恢宏公议之风,对多名刚直敢言之士进行了大力荐举:"今朝廷之上绅绥济济,夫岂乏人? 然敏锐之士多于老成,政事之才富于经术。慷慨敢言者少,故正论罕闻;廉退自重者少,故士风弗竞。……陛下诚欲收用贤之效,臣愿处(傅)伯成、(杨)简于内祠,置(柴)中行于经幄,若(陈)宓、(徐)侨擢之言论之地,且益求其类而招徕之。使华发旧德之良,清名峻节之彦,峨冠委佩,异萃于朝廷,陛下开心见诚,俾之条陈阙失,大臣虚怀无我,与之商榷事宜,毋縻以好爵而言论不从,毋隆以虚文而情意弗浃,则贤者之所有皆为朝廷有矣。"①傅伯成和杨简是前朝名臣,向有刚直敢言之名。史弥远大权独揽,朝臣无敢慷慨尽言者,而柴中行、陈宓、徐侨等人却连上封事,指陈时弊。在真德秀的大力举荐下,徐侨、郑寅等人俱被召还朝廷。复职后,他们没有辜负真德秀的期望,刚直立朝,慷慨尽言,"手疏数千言,皆感愤剀切,上劘主阙,下逮群臣,分别黑白,无所回隐"②,萎靡选耎的士风被注入了宏毅刚直之气,使理宗更化初年公议渐伸。

第三节 权臣政治与直谏勇退的名节观

权臣政治在禁锢士人群体政治活动空间的同时,也严重削弱了士大夫以名节相高的道德风尚,这种影响一直延续到晚宋,"祖宗盛时,作成涵养,名公巨人杰立角出,争以气节相高。顷自蔡京、秦桧用事以来,摧丧既略尽矣"③。从宋廷南渡开始,权臣政治便与南宋王朝相伴始终。秦桧、韩侂胄、史弥远等权相相继把持朝政,对不愿附己、不能利诱的士人进行残酷打击。秦桧两据相位十九年,用尽手段排除异己,上下皆惧秦桧权势,"凡一时献言

---

① 《西山先生真文忠公文集》卷四《召除礼侍上殿奏札二》。
② 《宋史》卷四二二《徐侨传》,第12614页。
③ 《晦庵先生朱文公文集》卷九六《少师观文殿大学士致仕魏国公赠太师谥正献陈公行状》,《朱子全书》第25册,第4457页。

第三章 庙堂之策与真德秀的政治思想

者,非诵桧功德,则评人语言以中伤善类。欲有言者恐触忌讳,畏言国事,仅论销金铺翠、乞禁鹿胎冠子之类,以塞责而已"①。有志用世之士被迫蛰居乡里,刘勉之"即日谢病归,杜门高卧十余年"②。"天地闭塞几二十年,先生(胡宪)亦已泊然无复当世之念。"③

南宋中期,韩侂胄借拥立之功擅权朝堂,以"宗室谋危社稷"为名将赵汝愚排挤出朝堂,庆元二年(1196)正月,赵汝愚在衡州去世,天下闻而冤之,"衡阳讣闻,人心益愤。多为挽章,私相吊哭,至大书揭于都城观阙之上"④。对伏阙上书辩赵汝愚之忠的太学生杨宏中、周端朝等人,悉送五百里外羁管。自此言路皆侂胄之人,群憸和附,视正士如仇雠,忠谠之臣被罢黜流放,"进士吕祖泰投匦上书论韩侂胄……后五日乃批旨云:'吕祖泰挟私上书,语言狂妄,送连州拘管。'于是右谏议大夫程松、殿中侍御史陈谠皆言祖泰有当诛之罪,今纵不杀,犹宜杖脊黥面,窜之远方"⑤朝野上下喑哑无声,百官对韩侂胄希旨逢迎,"自侂胄扼塞言路,从官既不言事,而台谏亦多牵掣顾望……又有泛论君德、时事之类,皆取其陈熟缓慢,略无撄拂者言之,以至百官转对、监司、帅守奏事亦然。或问之,则愧谢曰:'聊以籍手。'台谏官则曰:'聊以塞责。'有监察御史当应课,乃言:'都城货炒栗者,皆以黄纸包之,非便,乞禁止。'闻者哂之"⑥。从中央到地方的言路被堵塞殆尽。

继韩侂胄后,史弥远把持朝政二十六年,"弥远为相十七年,宁宗崩,废济王,立理宗,又独相九年,用余天锡、梁成大、李知孝等列布于朝。最用事者薛极、胡榘、聂子述、赵汝述,时号'四木'"⑦。对他擅行废立、逼死济王的大逆之举,士人群起抗言,而史弥远反用李知孝、梁成大等为鹰犬,一时君子贬斥殆尽。权臣以爵禄縻天下士,视君主若棋子,御台谏如鹰犬,韩侂胄要

---

① 《宋史》卷四七三《秦桧传》,第 13763 页。
② 《晦庵先生朱文公文集》卷九〇《聘士刘公先生墓表》,《朱子全书》第 24 册,第 4192 页。
③ 《晦庵先生朱文公文集》卷九七《籍溪先生胡公行状》,《朱子全书》第 25 册,第 4504 页。
④ 《宋宰辅编年录校补》卷二〇,第 1306 页。
⑤ 《续编两朝纲目备要》卷六,第 104—105 页。
⑥ 《续编两朝纲目备要》卷七,第 129—130 页。
⑦ 《宋季三朝政要笺证》卷一,第 66 页。

战便可举全国之力冒进,史弥远要和便能竭民之膏血媾和,朝野众人皆"坐视国家倾危而噤不发一语,但曰明哲保身而已,此于君臣大义如秦越"①。

相较于北宋诸子在道德领域对名节观的价值重塑,南宋理学家更注重从政治领域对其进行诠释与践行。南宋中后期,随着理学社会化进程的加速,名节观不仅作为政治伦理为士人群体所接受,同时成为衡量士人政治行为的重要标准,在中央和地方行政体系中发挥着重要的价值导向作用,其核心精神一直为历代士人所尊崇。为了重振萎靡不振的士风,南渡后的士大夫精英将励名节、去奸佞视为安定社稷的重要保障,"宜鉴既往之失,深以明人伦、励名节为先务,而又博求魁磊骨鲠、沈正不回之士,置之朝廷,使之平居无事,正色立朝,则奸萌逆节销伏于冥冥之中。一朝有缓急,则奋不顾身以抗大难,亦足以御危辱陵暴之侮,则庶几乎神器尊严而基祚强固矣"②。孝宗即位后,以陈俊卿为代表的朝臣大力倡导直谏敢言的刚性气节,为臣者当以骨鲠强谏之刚节绳愆纠谬,以正朝纲;为君者当效法唐太宗导臣使谏,罢黜奸佞。"气节之士,虽有小过,犹当容之;佞邪之人,虽甚有才,犹当察之,庶几有以作新人才,兴起颓弊。"③

朱熹、杨万里等大儒亦在对前代名臣的褒贬评价中向当代士人展示了直谏勇退的名节风范。姚崇、宋璟同为开元名臣,但杨万里却对二人有截然不同的评价:"见姚而喜,明皇以开元之治为极治,明皇其不乐乎?见宋而惮,明皇以开元之治为未治,明皇其不忧乎?姚、宋则皆贤也,开元则诚治也,明皇乐于开元之功,天下不见其祸;明皇忧于开元之功,天下不见其福。不胜其忧,明皇于是乎一而逐韩休,再而逐九龄;不胜其乐,明皇于是乎一而相林甫,再而相国忠,天下之事至此然后知宋璟之可惮,乃深可喜欤!"④宋

---

① 《复斋先生龙图陈公文集》卷一一《回真西山书》,《续修四库全书》第1319册,第387页。
② 《晦庵先生朱文公文集》卷九七《皇考左承议郎守尚书吏部员外郎兼史馆校勘累赠通议大夫朱公行状》,《朱子全书》第25册,第4509页。
③ 《晦庵先生朱文公文集》卷九六《少师观文殿大学士致仕魏国公赠太师谥正献陈公行状》,《朱子全书》第25册,第4457页。
④ 杨万里撰,辛更儒笺校:《杨万里集笺校》卷九〇《宋璟刚正过姚崇论》,中华书局,2007年,第3552—3553页。

璟为人耿介有大节,早在武后时期就以其名义至重的言行闻名朝堂,历中宗、睿宗、玄宗三朝俱守法持正、刚勇直谏,令君主忌惮。而姚崇则善于应变成务,侍奉君主进退有度,因此得到玄宗的尊崇和信任。杨万里认为,以严毅之姿对君主利欲进行制衡乃是臣子应尽的职责,身为朝廷重臣更当直言勇谏、格君心之非。如果只知承顺君主,任其为嗜欲所迷,就会为奸佞擅政开方便之门,必将对社稷造成巨大的危害。杨万里通过两汉结局的历史对比,剀切陈述了进退之节对国家存续的重要意义:"在下者以进退之节而严诸身,凛凛然如执玉而忧其坠;在上者以进退之节而养其下,恤恤然如艺苗而望其成。进退严然后廉耻立,廉耻立然后名节全,名节全然后国家重。故以西汉之盛治,至于单于来朝,而王莽以一孺子而取其国;以东汉之衰微,至于献帝不能自存,而曹操终身不敢去臣位。何也?名节之立与不立而已。然则名节之关人国家,岂细事哉?"①西汉国力强盛,然士人羁于爵禄,致使权臣无所忌惮,窃国易如反掌。东汉衰微,却凭恃大批秉忠贞之志、守进退之节的士君子,在权臣当道、国势倾危的衰世支撑了东汉王朝百余年,"名节之称虽起于衰世,而于衰世之中实亦有赖乎此,使并与是焉而俱亡,则亦无以为国矣"②。东汉后期,宦官专权,其亲党遍布天下,然士大夫庙堂廷争无惧其威、诛治其党羽刚毅果决,即使身陷囹圄亦前仆后继。朱熹因而盛赞东汉士人砥砺名节的风范:"今世人多道东汉名节无补于事。某谓三代而下,惟东汉人才,大义根于其心,不顾利害,生死不变其节,自是可保。未说公卿大臣,且如当时郡守惩治宦官之亲党,虽前者既为所治,而来者复蹈其迹,诛殛窜戮,项背相望,略无所创。今士大夫顾惜畏惧,何望其如此!"③对比之下,当代士人慑于权臣之威而以柔服为常态,则是丧失了士人应有的名节。韩侂胄被诛后,群贤纷纷上书要求褒崇名节以振士风,"侂胄自知不为清议所贷,至诚忧国之士则名以好异,于是忠良之士斥,而正论不闻;

---

① 《杨万里集笺校》卷六九《轮对第二札子》,第 2927—2928 页。
② (宋)张栻:《新刊南轩先生文集》卷一七《西汉儒者名节何以不竞》,《张栻集》,第 1014 页。
③ 《朱子语类》卷三五,《朱子全书》第 15 册,第 1288 页。

正心诚意之学则诬以好名,于是伪学之论兴,而正道不行。今日改弦更张,正当褒崇名节,明示好尚"①。

嘉定二年(1209),真德秀任校书郎,对于韩侂胄专权擅政而《玉牒》《会要》所书皆逢迎之词表达了强烈不满,谏言朝廷当重行修纂,秉笔直书,以辨正忠奸善恶,"臣伏观《玉牒》《会要》所书,大抵承迎侂胄之意而夸大其功,欺天罔人,莫此为甚。昔绍圣中,奸臣用事,被宣仁以夺嫡之谤,加蔡确以定策之名,颠倒是非,终危宗社……臣愿特降睿旨,命国史实录院具所修事节上之朝廷,看详允当,即颁下《玉牒》《会要》所参照,重行修纂,上以光圣朝揖逊之美,下以杜奸党窥觎之渐,天下幸甚"②。嘉定三年(1210),真德秀为秘书郎兼学士院权直,时刑部尚书黄由乞归田里,真德秀在《赐正奉大夫守刑部尚书录直学士院兼侍读黄由乞归田里不允诏》中凸显了黄由在庆元党禁中不畏权臣、不计自身安危,全护直谏诸君子的高节懿行:"权臣窃柄,私意日滋,群邪翼之,和附如响,而卿独陈正论,以钩党之禁为不可兴,深遏众言,以发策之戆为不必问,此其有功士类者。"③充分肯定黄由言行足以励士风、彰名节。真德秀以致君行道、忠言进谏为臣子本分,"君,天也,父也,孰有对越上天而可欺乎? 孰有事吾父而可有不尽乎? 朝廷有旷阙,在位者不敢言吾言之;生民有蹙忧,肉食者不敢言吾言之,此事天与父之当然者也"④。君子志于义,故君子立于朝,不敢为爵秩而欺君,故忠谠直谏,无所回隐,不负平生所学。小人志于利,"则上欲希举首,下欲不失甲科,鳃鳃然唯恐落人后。时方攻正学,则曰伪党不可容;时方启兵端,则曰大义不可郁。侥幸一得而已,他奚恤? 推是心以往,位于朝必不能以父事其君,仕而居民上,必不能以赤子视其人,凡皆一念之利为之也"⑤。

真德秀将朝臣能否直谏、君主能否纳谏视为朝政是否清明、君臣是否契合的重要特征,"夫为人君者,受谏则明,拒谏则昏。明则君子得以自尽,昏则小

---

① 《宋史》卷四三七《真德秀传》,第12958页。
② 《西山先生真文忠公文集》卷二《己巳四月上殿奏札二》。
③ 《西山先生真文忠公文集》卷二〇《赐正奉大夫守刑部尚书录直学士院兼侍读黄由乞归田里不允诏》。
④ 《西山先生真文忠公文集》卷三六《跋黄君汝宜廷对策后》。
⑤ 《西山先生真文忠公文集》卷三六《跋黄君汝宜廷对策后》。

人得以为欺。故为君子者,唯恐其君之不受谏;为小人者,唯恐其君之不拒谏。彼小人者,岂以受谏为不美哉,盖正论胜则邪说弗容,公道行则私意莫逞,故其术不得不出于此"①。真德秀认为能够聚正人端士于朝廷,使之尽言补过,乃是固根本之方。君子以正君而国定为己任,君道不正、政事有阙必忠言进谏而不苟从,从而为权臣所忌。为阻塞言路,权臣以好名、立异相诬诋,甚至以结党危社稷、谤讪藐君王等诬枉之词排斥异己,"若景祐中范仲淹既坐言事绌,议者因请敕榜朝堂,有曰'憸邪罔上者有辟,挟私立党者必惩',自谓足以梗言路矣,而仁宗寻即悔悟,诞降明诏,敷求直言,召还仲淹,竟至大用,而庆历之治以成。哲庙初,用司马光之言,下诏求谏,当时有不欲者,豫设六事以排之……光复上疏争之,以为此非求谏,乃拒谏也。人臣惟不言,言则入六事矣。哲宗、宣仁,亟俞其请,而四方言利病者始获上闻,元祐之治实基乎此"②。

真德秀引前朝故事,从正反两面强调了君子直谏、君主纳谏对国家盛衰的重要意义。仁宗悔过求直言,召回范仲淹终成庆历之治,哲宗用司马光之言,亦成元祐之治。真德秀勇谏宁宗效法仁宗、哲宗,明辨正邪、虚心纳谏,勿效徽宗远正论而拒直谏,贬斥忠良恶闻阙失,专任谗佞以祥瑞欺君,"政、宣之际,以言为讳。张根论征敛之烦,散官安置;李纲论大水之变,远谪监征。于是荐绅不敢言矣。邓肃以进诗讽谏屏出太学,朱梦说以昌言宦寺窜斥偏州,于是布衣不敢言矣。钤结成风,驯致祸败"③。政和、宣和之际,权臣用事,朝堂之上无人敢对君主直谏,缙绅布衣,尽皆钳口。最终导致了靖康之变,国都沦陷而徽、钦二帝被掳。

宁宗登基后,韩侂胄借拥立之功擅权,言路皆侂胄之人。权臣史弥远专权擅政,台谏遍布爪牙弹劾言事者,"今济济周行,号为多士,然汉儒所谓骨鲠耆艾,论议动众心,忧国如饥渴者,既难其人,间有意见小异则已成枘凿,论议小激则目以诪张,岂以朝廷之上所少者非此耶?"④嘉定更化并未实现

---

① 《西山先生真文忠公文集》卷四《直前奏札》。
② 《西山先生真文忠公文集》卷四《直前奏札》。
③ 《西山先生真文忠公文集》卷五《江东奏论边事状》。
④ 《西山先生真文忠公文集》卷三《直前奏事札子》。

理学诸儒开言路、重忠说的政治主张,史弥远相宁宗十七年,其权术更甚于韩侂胄,"时史弥远方以爵禄縻天下士。(真)德秀慨然谓刘爚曰:'吾徒须急引去,使庙堂知世亦有不肯为从官之人。'遂力请去"①。真德秀认为,勇退并非体现政治上的失意,而是士大夫重视名节和维护朝廷纲纪的体现,使直谏勇退的道德意义和价值导向作用更加鲜明。

真德秀与赵竑有着较为深厚的师生情谊,早在嘉定二年(1209),真德秀即兼沂王府教授,教导沂王嗣子赵均。景献太子赵询病故后,嘉定十四年(1221)六月,赵均被立为皇子,赐名赵竑。居乡的真德秀仍心系赵竑,得知赵竑成为皇位继承人后,即上书祝贺并以忠孝诚敬勉之:"自衔恤以来,屏居山林,时事一不挂口。独念昔者备数府僚,最辱恩遇,怀不能已,辄以平生所闻于师友者,效其千虑之一,而不自知其僭焉。"②真德秀深知赵竑性格,恳谏其恪守皇子本分,孝事帝后,不涉政事,"总揽权纲者,人君之职也;进贤退不肖者,宰相之职也。国公任兼臣子,所职果何事哉?尽视膳问安之敬以承两宫温清之欢,尽修身进德之诚以副两宫眷倚之重,此国公之职也。至于政事之弛张,人材之用舍,此大臣之职而非国公之事也"③。真德秀还通过对《易》的解读谆谆劝告赵竑韬光养晦、勤学立德,必寅恭祗畏而不可躁动逾越,"《易》之道,处之不当其位,行之不适其时,则虽正而有悔。《乾》之为卦,初则曰'勿用',二则曰'在田',三则曰'夕惕',四则曰'自试',此以位与时言之也。如使处三而自试则躁矣,处二而勿用则乖矣。……况于国公居九三之位而当九三之时,则其寅恭祗畏,宜若何而可也!伏惟深穷大《易》之旨而审于自处焉,岂惟一身之福,实宗社元元之福也"④。

霅川之变后,真德秀立即致书史弥远,向其陈说情实,彰济王之忠,唯恐史弥远借此以谋反篡位定济王之罪,"窃度亲王之心,必有所未安也。近者闻诸道路,狂悖之徒,敢为妄举,一时事变,出于仓猝,至自投于水以避之,危

---

① 《宋史》卷四三七《真德秀传》,第12959页。
② 《西山先生真文忠公文集》卷三七《上皇子书》。
③ 《西山先生真文忠公文集》卷三七《上皇子书》。
④ 《西山先生真文忠公文集》卷三七《上皇子书》。

迫之情,可谓甚矣。仰赖宗社之灵,旋踵底定,中外帖然,亲王亦幸以自勉。某之区区,以谓此正谗间易入之时,而亲王危惧不自保之日也。圣上崇笃友爱,朝廷顾惜事体,必自有以处之,所虑寡闻浅见之人,有托纳忠除患之说以进者,此在吾君吾相不可不致察也"①。在济王被削爵追贬后,真德秀无惧史弥远及其党羽的警告,在宝庆元年(1225)六月入对垂拱殿时,向理宗直谏朝廷对济王处置失当,当以舜待象之法补过纠非:"济王之于陛下,其属为兄,而霅川之变,迫于群凶,非出本志,前有避匿之迹,后与讨捕之谋,情状灼然,本末可考。陛下傥能以舜爱象之心而全之,又以舜封象之法而处之,使有富贵之娱而无尺寸之柄,则陛下之所为即舜之所为矣。"②真德秀还力谏理宗以宋太宗待秦王之法为济王立嗣,以全纲常、睦宗族,"今济王之亡也,自辍朝卜葬之外,未之闻焉。意者群臣未有以太宗之事告陛下者,臣不避诛戮,敢冒昧言之。伏愿明诏有司,考求雍熙故实,斟酌而行之。虽济王未有子息,然兴灭继绝之仁在陛下为之,何不可者! 扶纲常于几坠,全恩义于已亏,天地神人之心亦将有以亮陛下矣"③。

当真德秀为济王之冤屡进忠谠之言,台谏纷纷仰权臣意旨谴斥其妄言,"公既屡进谠言,上虚心开纳,时相以其负人望,有主眷,屡诱怵以祸福,使附己,公不为动,乃与其党谋逐公。给舍王塈、盛章,缴驳济邸赠典,且请追议其罪。公始杜门求去"④。为将深孚众望的真德秀排挤出朝廷,史弥远指使党羽殿中侍御史莫泽、监察御史梁成大等人弹劾真德秀首倡邪说、奏札诬诋以危社稷,"时相数讽台谏击公,皆慑于公论,殿中侍御史莫泽微词阴诋,而公求去之章,引泽为辞,泽虑已不得安,八月丙辰,遂上疏劾公,明日,诏除职与宫观"⑤。对于莫泽等人的指斥、弹劾,真德秀当即上书求去,以勇退全士之名节,"本朝旧章,尊重言责,凡台臣议论所及,不必明指姓名,皆当引去,朝廷亦不复固留。所以伸言路之风采,存朝廷之纪纲,而养士大夫之廉

---

① 《西山先生真文忠公文集》卷三八《上相府书》。
② 《西山先生真文忠公文集》卷四《召除礼侍上殿奏札一》。
③ 《西山先生真文忠公文集》卷四《召除礼侍上殿奏札一》。
④ 《刘克庄集笺校》卷一六八《西山真文忠公行状》,第6514页。
⑤ 《鹤山先生大全文集》卷六九《参知政事资政殿学士致仕真公神道碑》。

耻。……夫一从臣之去留于事为细,而言路伸屈,纪纲系焉,其可以某之故而坏之乎?且士大夫能重其身而后能为朝廷重,今台臣既斥其罪矣,而乃贪恋荣禄,栖栖然尚冀一日之留,则是顽钝亡耻之人也"①。宝庆元年(1225)十一月,谏议大夫朱端常又在史弥远的授意下弹劾真德秀奏札诬诋,朝廷下诏将真德秀落职罢祠。真德秀遂返浦城,与门人弟子著述讲学、抱道守节。

  真德秀将直谏勇退视为君子行道的重要体现,不仅具有砥砺名节的道德作用,还具有关系国家兴亡的现实意义。真德秀对直谏勇退的当代名臣予以了高度褒扬。江公望是宋徽宗时期的谏官,崇宁间,抗疏极论时政。后因上疏弹劾权相蔡京,被贬为安南军。真德秀将江公望之高节与严子陵相比,"钓台严先生之清风,更千百年未有续之者,至谏议江公出,然后孤标峻节,仰配而无惭"②。对江公望因触怒权臣而投荒万里的遭遇,真德秀深为痛惜:"是时也,上虽有意乡善而志未决,元祐诸贤虽稍稍参用而势未定,正安危理乱之岐途也。公恳恳尽言,所以坚明主意、保合善类者,不遗余力。使公之道得行,则二蔡之奸不攻而自却,绍述之说不沮而自销,王室尊安,戎狄退听,其为国家生民之福讵可量也哉!奈何正邪消长之势一分,公之身弗获安于朝廷之上。自是二十年间,疽蚀浸淫,元气日以凋耗,天下之患有不可胜言者。"③江公望的奏谏如能得到君主的重视,则奸小无处容身,朝纲正而社稷安,其平生大节千载凛凛,足以起衰懦而羞奸谀,无愧古代圣贤。庆元初,彭龟年愤于侂胄用事,于是条数其奸,力谏其不可用。随后诏侂胄与内祠,彭龟年以焕章阁待制知江陵府、湖北安抚使。时楼钥为中书舍人兼直学士院,极论朝廷处置失当,"乞留龟年于讲筵,或命侂胄以外祠"④。朱熹因得罪韩侂胄去官,"公持其命不下,曰:'当今人望儒宗,无出熹之右者。'奏虽寝,然当邪说充塞之时,首倡学者共尊朱公,后卒赖其言,而学禁遂开,道统有续。然则观公平生大节,而后可以读公之文矣"⑤。楼钥以直谏敢言

---

① 《西山先生真文忠公文集》卷一一《三乞黜责状》。
② 《西山先生真文忠公文集》卷二八《钓台江公文集序》。
③ 《西山先生真文忠公文集》卷二八《钓台江公文集序》。
④ 《宋史》卷三九五《楼钥传》,第 12047 页。
⑤ 《西山先生真文忠公文集》卷二七《攻媿先生楼公集序》。

闻名,缴奏无所回避,连帝王也有所忌惮。真德秀在其文集序中赞颂了楼钥勇于直谏、坚守名节的道德品质,称其奏议如辰星泰岳,根本正而大节昭,为天下士人所敬仰。

在为傅伯成、刘夙奏议撰写的跋文中,真德秀高度肯定了二人刚正不阿的国士风范和抗击权臣的高节懿行,"竹隐先生侍郎傅公《奏议》十卷,建安真某伏读而叹曰:呜呼! 此足以观公立朝事君之本末矣"①。傅伯成是北宋名臣傅尧俞之后,傅尧俞身为御史忠正耿直、进退有道,在元祐诸臣中,身名俱全。傅伯成祖父傅察在宣和七年(1125)冬见金国太子,抗辩不屈尽节而死。傅伯成继祖辈遗风,于韩侂胄专权用事时不顾官卑职微,毅然上书极论党禁之祸,恳谏朝廷广开言路,因此触怒权臣,出知漳州。真德秀盛赞傅伯成精忠远识为嘉定名臣之冠,直谏勇退之高节不逊先祖,"盖公之为人,知有国之利害而不知其身之安危,知范我之驱驰而不知诡遇之有获,故屡进而屡不合也。昔公之先正献简公为谏官御史四年,论事凡百六十余章;公在谏垣才五十余日,所上亦十有三奏。观其欲修后范以正化本,斥阉尹以遏奸萌,合异同以销朋党,辞气和平,直而不激,蔼然有献简之风。至解罢言职,迁吏部侍郎,不视事而去,则又祖孙相望,如出一辙"②。刘夙是真德秀友人刘克庄的祖父,与其弟刘朔因直言敢谏被时人称为"二刘"。刘夙轻禄位而重出处,重名节而薄势利,立朝尽言,指陈阙失,以风节闻名天下,真德秀对其奏议中所展现的刚直风骨和产生的政治作用予以了高度评价:"得公奏稿读之,其轮对则斥近幸盗权,以为阴侵阳之应,其上封论事又申言之,至谓'流荡戏狎,常始于燕游之无度;人兽杂乱,常出于御幸之无节'。呜呼! 其亦可谓激切也已。……卒之佞幸小人消缩摧沮,不能大为奸慝。"③在黄汝宜廷对策的跋文中,真德秀指出,黄汝宜自殿试始就展现出直言忠谏的风节,"莆阳黄君汝宜对策大廷,尽吐其平生之学,亡所回隐,可谓亡负始进之节矣"④。唯有

---

① 《西山先生真文忠公文集》卷三四《跋傅侍郎奏议后》。
② 《西山先生真文忠公文集》卷三四《跋傅侍郎奏议后》。
③ 《西山先生真文忠公文集》卷三五《著作刘公奏稿》。
④ 《西山先生真文忠公文集》卷三六《跋黄君汝宜廷对策后》。

诚敬事君之人方能直陈朝政缺失,不敢为爵秩而附权臣、欺君主。

在为已故参知政事萧燧撰写的祠堂记中,真德秀着重彰显其忠耿直谏的勇毅与进退无愧的高节。萧燧作为南宋初年名臣,历仕高宗、孝宗两朝,萧燧在高宗时任职左司谏,"登谏垣,任言责,正色直辞,上不阿人主,中不徇大臣,下不怵近习。贪夫小人有以非道进者,公必声其罪而击之。论有弗合,视去其位如去传舍,而不顾其后也"①。萧燧以直道事君,声色货利皆漠然无欲,君有过,勇谏不畏,高宗赞其"议论鲠切,不求名誉,纠正奸邪,不恤仇怨"②。对位高权重之人,萧燧坚持以道辨邪正,直击其奸无所回避,"有讽其太直,盍少加委曲,公曰:'吾直道事君,知任真而已,何以曲为?'卒以是终其身不变。呜呼!迹公平生之大节,其可谓以道始终,浩然而无愧矣,非诚而能之乎!"③萧燧死后三十年,临江军为其建祠于学,以其忠敬刚直、直谏勇退的高节振励士风。在吕祖谦、吕祖俭二先生祠记中,真德秀将吕祖俭的忠耿直谏与吕祖谦的道统传承并称,认为二人皆为后世敬仰的楷模,"成公所传,中原之文献也;其所阐绎,河洛之微言也。扶持绝学,有千载之功;教育英材,有数世之泽。及庆元初,孽臣始窃大柄,大愚以一太府丞抗疏显斥其奸,孤忠凛然,之死不悔。迨其晚年,义精仁熟,有成公之风焉。二先生所立如此,其祠之固宜"④。对于"绰有古争臣之烈"的李大异,真德秀盛赞其不附权贵、直言勇谏的凛然节操,称其为朝臣典范:"君子志在忧时,岂惮尽言而触祸?小人心乎趋利,第思阿意以徼荣。孰知天理之好还,殆匪人情之可料。导谀者未必获福,咎徒塞于两仪;守正者未必罹殃,名自流于百世。"⑤

自北宋后期以来,"往往推忠之言,谓为沽名之举。至于洁身以退,亦曰愤怼而然。欲激怒于至尊,必加之以讦讪。事势至此,循嘿乃宜"⑥。在权臣政治的阴霾下,不愿屈附于权臣的士大夫多以勇退全节。陈岘是深得真德秀

---

① 《西山先生真文忠公文集》卷二四《萧正肃公祠堂记》。
② 《宋史》卷三八五《萧燧传》,第 11840 页。
③ 《西山先生真文忠公文集》卷二四《萧正肃公祠堂记》。
④ 《西山先生真文忠公文集》卷二五《东莱大愚二先生祠记》。
⑤ 《西山先生真文忠公文集》卷三九《贺平江李大谏除宝学启》。
⑥ 《西山先生真文忠公文集》卷四三《刘阁学墓志铭》。

敬重的前辈,淳熙十四年(1187)中博学宏词科,开禧元年(1205)进为秘书监兼直学士院,负责起草诏令。韩侂胄欲拔擢党羽苏师旦为节度使,使人属意陈岘草制。陈岘不为所屈、力拒权臣:"节钺以待将臣之功高者。师旦何人,可辱斯授?以此见命,召惟有去而已!"①时人皆叹服陈岘直道义行、力拒权臣之高节,"或问公与熙宁三舍人之事孰难?曰:'李定之除,公朝显行之令也;师旦之命,权臣密谕之旨也。方熙宁初,王安石虽用事,然诏令犹付之有司,故三舍人得以职争之,其为力也易至。侂胄有所欲为,则阴使人谕以意指,一有违忤,遂假他罪逐之,不使得以守职言事去也。故在公拒之为难。'"②真德秀高度赞扬了陈岘直谏勇退的高节,立朝唯知秉义,故能断腕抗章、连触权贵;守道不移,故能浩然而归,"方是时,侂胄权震中外,鼻息所向,谁敢违者,而公秉持直道不少顾,卒以去国,士论高之"③。对直斥权臣韩侂胄之奸、指陈朝廷阙失尽心无隐的彭龟年,立朝正色、有大利害辄尽言于朝而无所避的李祉,首论韩侂胄小人窃主柄致使朝纲日隳的刘光祖,坚拒与阴操国柄、兴"伪学"之禁的权臣同列朝班的滕璘,真德秀都在为其撰写的墓志铭和祭文中充分凸显了直言敢谏对于抗击权臣、正君行道的重要时代意义。

要言之,在被儒家奉为经典的《尚书》中,对天命的敬畏充斥于历史事件的记载。夏桀无道,故天命改易,"有夏多罪,天命殛之"④。武王灭商,被称为替天伐罪,"今予发惟恭行天之罚"⑤。君主当敬德保民、以德配天,方可长治久安。汉儒董仲舒将天命论与阴阳五行结合起来,提出了天人感应说,将灾异视为君德有失而上天示警,是国将变乱的征兆。而晚宋时期灾异频现、国势日颓的自然环境和政治环境使得天命论和灾异说日盛。"在晚宋,尤其是宋理宗赵昀(1224—1264在位)统治时期,一方面边备、楮币、民生、士风等诸多难题引发的焦虑、议论,在史料中比比皆是;另一方面,君臣对于天、天命的关切又与对上述种种困局的讨论交织在一起,甚至被认为是破解

---

① 《四朝闻见录》戊集《侂胄师旦周筠等本末》,第181页。
② 《四朝闻见录》戊集《侂胄师旦周筠等本末》,第182页。
③ 《西山先生真文忠公文集》卷四四《显谟阁待制致仕赠宣奉大夫陈公墓志铭》。
④ 《尚书正义》卷八《汤誓》,第227页。
⑤ 《尚书正义》卷一一《牧誓》,第339页。

难题的锁钥。"①面对灾异不断、内外交困的时局,朝臣纷纷奏陈理宗当敬天修德、革除弊政,以真德秀为代表的理学诸儒更是将君主正心诚意、修身立德与敬天保民的政治目标紧密联系,作为扭转困局、延续国祚的根本。真德秀过世后,他反复奏陈的"敬天"之说对理宗的影响依然没有消减。嘉熙三年(1239),理宗从六经中摘录与天道密切相关的内容,御笔亲纂《敬天图》十二幅,"取其关于天道之大,而有以启寅畏之衷者,每经表而出之,裒列成编,目之曰《敬天图》"②。并张挂殿幄、刻石自警。理宗还亲为《敬天图》作序,"人主知天之当敬,视六经格言如金科玉条,罔敢踰越,则逸德鲜矣"③。理宗将"敬天"视为六经之要,以理学家所崇尚的道德修养论贯穿于对天道的诠释,力图以此祈天永命、摆脱困境。同时,真德秀也继承了二程、朱熹等理学大儒对公议与名节观的阐释,将倡导公议、砥砺名节作为士大夫立身行道的政治原则,并为其出处进退提供了理论指导。作为宋代士大夫政治文化的重要组成部分,历史观、道德观和政治观都在公议与名节的概念范畴中得到了诠释,所包蕴的内涵深广丰富,对后世产生了深远的影响。南宋理学家以公议行天理的政治观念继续被明清儒士所沿袭,成为庙堂廷争有力的政治武器,"公论,非众口一词之谓也。满朝皆非而一人是,则公论在一人"④。而南宋理学家在名节观中所注入的重义轻利的政治内涵也通过岁月的传承与积淀被为政者奉为政教之要,"理教化者,为政之要也。……其君子文而有检,矜名节而砥廉隅;其小人愿而有礼,争慕义而重犯法。古之君子所以致美于简册者,盖诚从事于此"⑤,成为安定社稷、稳定秩序的重要保障。

---

① 方诚峰:《"天"与晚宋政治——释宋理宗御制〈敬天图〉》,《中山大学学报(社会科学版)》2017年第2期,第73页。
② 潜说友纂修:《咸淳临安志》卷七,《宋元方志丛刊》第4册,中华书局,1990年,第3420页。
③ 《咸淳临安志》卷七,《宋元方志丛刊》第4册,第3420页。
④ (明)吕坤著,欧阳灼校注:《呻吟语》卷五,岳麓书社,2002年,第302页。
⑤ (清)彭孙通:《松桂堂全集》卷三七《重修海盐学宫序》,《景印文渊阁四库全书》第1317册,第292页。

第四章　战守之争与真德秀的战略规划

从宋廷南渡到南宋灭亡,战、和、守之争贯穿始终。南宋初年,名儒胡安国父子、张九成等人就在对经典的诠释中阐述了理学家的战守之论,力图为国策的选择和制定提供理论指导。在《春秋传》中,胡安国明确阐述了尊王攘夷、反对议和偏安的政治主张:"虽微辞奥义,或未贯通,然尊君父、讨乱贼、辟邪说、正人心、用夏变夷,大法略具。庶几圣王经世之志,小有补云。"[①]胡寅向高宗上奏札,以鲁侯墨绖从戎对高宗亲征北伐提出了明确期待:"鲁侯有周公之丧,而徐夷并兴,东郊不开,则以墨衰即戎。孔子取其誓言……今六师戒严,誓将北讨,万几之众,孰非军务?陛下听断平决,得礼之变。卒哭之后,以墨衰临朝,合于孔子所取,其可行无疑也。"[②]湖湘学派的战略主张在中兴两朝产生了重要影响。即使北伐失败,杨万里仍然秉承春秋之义激励君主:"今天子以天下之半,带甲百万,表里江淮,安坐而指挥天下豪杰,以图恢复祖宗之业,而澡靖康之耻。进则成混一之功,守则成南北之势,何至于以一小折自沮,而汲汲以议和哉?"[③]作为二程嫡传杨时的弟子,张九成则在《孟子传》中阐述了理学家内治立本的"自治"主张。作为坚守华夷之辨的名儒,张九成反对

[①] (宋)胡安国撰,王丽梅校点:《春秋传》卷首《春秋传序》,岳麓书社,2011年,第1—2页。
[②] (宋)胡寅撰,容肇祖点校:《崇正辩　斐然集》卷一一《请行三年丧札子》,中华书局,1993年,第237页。
[③] 《杨万里集笺校》卷八七《君道(中)》,第3423页。

朝廷苟安求和,但像周太王那样为生民计而选择避狄安民,亦不失为"天下之至计","夫为爱民之计,理义也,则有避狄之策;为世守之计,亦理义也,则有效死之策。此皆圣贤之本心,天下之至计,不害名教,不犯理义,顾吾力量如何耳。……倘其心出于贪生畏死,不以社稷为意,此春秋之所诛也,纪侯大去其国是也,孟子肯许人如此乎?倘其心出于爱民,如太王避狄是也。太王于避狄其间自有造化"①。以安民内治立本的"自治"主张很快得到高宗的赞许和利用:"前此中外纷纭之论,皆欲沿边屯戍军马,移易将帅,及储积军粮之类,便为进取之计。万一遂成轻举,则兵挈祸结,何时而已?今而后宜安边息民,以图久长。"②在先内治而后外夷平的思想主导下,以"守"为立国之本的战略主张逐渐得到了士群体的广泛支持。

随着宋金对峙局面日渐形成,由金所统治的中原地区已由南宋初年"忠义军民等倡义结集动以万计,邀击其后"③,逐渐变为"民亦久习胡俗,态度嗜好与之俱化"④。国内局势也每况愈下,"比年诸道亦多水旱,民贫日甚。而国家兵弱财匮,官吏诞谩,不足倚仗"⑤。开禧二年(1206),权臣韩侂胄为了巩固权力举兵北伐。由于准备不足,开禧北伐终以失败告终,韩侂胄的首级也被函送金廷。史弥远主政后,与金签署了嘉定和议,南宋上国书称金主为伯父,增加岁币维持和平,边备废弛。随着蒙古的崛起,金国的衰落使得南宋的对外政策和军事方略也由此发生了改变。金国被迫迁都后,真德秀等朝臣主张对金断绝岁币、亟图自立之策。真德秀力谏朝廷不可以和议为恃,应以边防为急务,重视军备,对沿边诸州进行部署,并在稳固两淮、控扼荆襄、经略川蜀等方面实施了一系列战略规划,力图为保障腹心地带建构战略防御体系。

---

① (宋)张九成:《孟子传》卷五,《张九成集》,第749—750页。
② (元)佚名撰,李之亮校点:《宋史全文》卷二二下,黑龙江人民出版社,2005年,第1538页。
③ (宋)徐梦莘:《三朝北盟会编》卷一〇八,上海古籍出版社,1987年,第792页。
④ (宋)范成大撰,孔凡礼点校:《揽辔录》,中华书局,2002年,第12页。
⑤ 《晦庵先生朱文公文集》卷八九《右文殿修撰张公神道碑》,《朱子全书》第24册,第4133页。

第一节　不主和议与拒送岁币的外交政策

"何言乎王正月？大一统也。"①西汉初年,公羊学派在《春秋》经义的注疏中已经提出了"大一统"的概念,董仲舒对"大一统"的阐释更加明确:"王者必受命而后王。王者必改正朔,易服色,制礼乐,一统于天下,所以明易姓,非继人,通以己受之于天也。"②王者受命于天,以王道一统天下,然后布政施教,以仁治宇内。汉儒的"大一统"观念成为宋代士人正统论形成的重要理据,"传曰:'君子大居正。'又曰:'王者大一统。'正者,所以正天下之不正也。统者,所以合天下之不一也。由不正与不一,然后正统之论作"③。王者之治须居天下之正、合天下于一,方为正统。朱熹编撰《资治通鉴纲目》,以明正统、立纲常为主旨,"问《纲目》主意。曰:'主在正统。'问:'何以主在正统？'曰:'三国当以蜀汉为正,而温公乃云某年某月"诸葛亮入寇",是冠履倒置,何以示训？缘此遂欲起意成书。'"④朱熹对正统的定义进行了明确的表述:"只天下为一,诸侯朝觐,狱讼皆归,便是得正统。……秦初犹未得正统,及始皇并天下,方始得正统。晋初亦未得正统,自泰康以后方始得正统。隋初亦未得正统,自灭陈后方得正统。"⑤秦王以武力灭东周,司马氏取代曹魏政权,杨坚夺取宇文氏江山,这些新建王朝在一统天下后,皆被归入正统之列,而蜀汉和东晋在成为偏安政权后,它们的正统地位也随之削弱,只能被称为"正统之余"。耽于偏安、屈身事敌意味着主动放弃仗义承统的尊崇地位。朱熹以义理纲纪史传,"子朱子笔削《资治通鉴》为《纲目》,褒

---

① （汉）何休注,（唐）徐彦疏:《春秋公羊传注疏》卷一,（清）阮元校刻:《十三经注疏》,中华书局,1980年,第2196页。
② 《春秋繁露义证》卷七,第185页。
③ （宋）欧阳修著,李逸安点校:《欧阳修全集》卷一〇六《正统论》,中华书局,2001年,第267页。
④ 《朱子语类》卷一〇五,《朱子全书》第17册,第3459页。
⑤ 《朱子语类》卷一〇五,《朱子全书》第17册,第3458页。

贬去取,一准《春秋》书法,别统系以明大一统之义"①,"其大经大法,如尊君父而讨乱贼,崇正统而抑僭伪,褒名节而黜邪佞,贵中国而贱夷狄,莫不有系于三纲五常之大"②。苟安议和、不图恢复,不但使三纲沦丧,也意味着正统地位的削弱。耽于偏安、放弃仗义承统的尊崇地位,终将丧失天命所归的政治优势。

  开禧北伐失败后,史弥远取代韩侂胄把持朝政,以银三十万两、绢三十万匹的岁币为代价签定了嘉定和议。真德秀对此深为忧虑,"虏人欲多岁币之数,而吾亦曰可增;虏人欲得奸臣之首,而吾亦曰可与。至于往来之称谓,犒军之金帛,根括归明、流徙之民,承命唯谨,曾亡留难。窃揆谋国之意,不过以乐天保民为心,幸和好之亟就耳,独不思虏人得以窥吾之情而滋漫我之意乎!"③真德秀以励精图治以待可为的越国与听命于敌以图苟安的六国相对比,期待君主效法勾践卧薪尝胆以图复仇,而不可倚和议以求苟安。君臣当秉不息之诚、振励有为之志,则国势日强,敌不敢侵,"君臣之间,朝夕儆戒于敌情之难保,祸至之无日,搜讨军实,申饬边防,凛然若敌师之将至,如是而国势不张、外虞不弭者,未之有也"④。嘉定四年(1211)六月,宋遣余嵘贺金主生辰,会蒙军围困中都,余嵘不至而返。蒙金战事起,真德秀以其政治敏感预料金国必亡,"方阿骨打、粘罕之徒崛兴穷海之滨,茹毛饮血,云合鸟散,用夷狄所长以凭陵诸夏,故所向莫能当。今数十年豢养之余,亡复前日坚悍之气,而达靼小夷欻起而乘之,干戈相寻,情见力诎,盖今之女真即昔之亡辽,而今之达靼即向之女真也"⑤。

  当朝廷诸臣为金国日衰而欢欣之时,真德秀则向宁宗奏陈了金亡之后更加错综复杂令人忧虑的政治变局:"方陛下更化之初,和议未坚,边警未

---

① (元)汪克宽:《〈资治通鉴纲目考异〉凡例序》,(清)康熙御批:《御批资治通鉴纲目》卷首下,《景印文渊阁四库全书》第689册,第38页。
② (宋)尹起莘:《〈资治通鉴纲目发明〉序》,《御批资治通鉴纲目》卷首下,《景印文渊阁四库全书》第689册,第31页。
③ 《西山先生真文忠公文集》卷二《戊辰四月上殿奏札一》。
④ 《西山先生真文忠公文集》卷二《戊辰四月上殿奏札一》。
⑤ 《西山先生真文忠公文集》卷二《辛未十二月上殿奏札二》。

撤,君臣上下惕然有不敢康之心。迨夫聘眺交驰,遽已狃目前之安,而忘前日之患。万一此虏遂亡,莫或余毒,上恬下嬉,自谓无虞,则忧不在敌而在我矣。此臣所谓可忧者一也。事会之来,应之实难,毫厘少差,祸败立至。设或外夷得志,邀我以夹攻,豪杰四起,奉我以为主,从之则有宣和结约之当戒,张觉内附之可惩。如将保固江淮,闭境自守,彼方云扰,我欲堵安,以此为谋,尤非易事。此臣所谓可忧者二也。"①在蒙古崛起、金国衰落,中原战略格局产生重大改变的大环境下,无论是联蒙灭金还是闭境自守均有过惨痛的历史教训,执政者不可不深虑。以夷狄之衰为中国之利,实乃误国谬论。为国者不思自振而将存亡大事寄托于敌人之盛衰,欲乘人之敝以侥幸万一之功,是舍汉宣中兴而法梁武亡国。

嘉定六年(1213)十月,真德秀为金国贺登位使出使金国。真德秀行至盱眙,便因为蒙古攻金而无法继续北上,遂滞留两月遍观两淮山川地理,进行军事筹划。"至盱眙,留两月,凡两淮山川险易,士卒勇怯,守将贤否,边民疾苦,皆览观谘访,识之于册。慨然有为国经理之志。尝谓:'苟得自见,平地可使为至险,旷土可使为良田,弱兵可使为精兵。'惜不及用也。"②在南北对峙的战争时期,加强间谍对敌国诸举进行严密侦查,往往可以对战争的胜负起到决定性的作用,"夫间谍不明,最兵家之深忌"③。真德秀在滞留边境的两个月中敏锐地察觉到,对于中原形势的发展,南宋边臣们几乎无人知晓,"今女真与达靼相持盖非一日,战斗离合,不知其几,而吾边臣迄未有得其要领者。至如乌林答忠之归,纥石烈执中之死,并边诸郡,言人人殊,即此推之,它可概见"④,甚至是关于金国中都被蒙军攻陷这样天下震惊的大事,守边诸帅也语焉不详、说法各异。"夫敌国存立,兹非细事,风传不一,乃至于斯,脱有缓急,其将何及"⑤,南宋守臣对敌国形势的懵然不晓引起了真德秀深深的忧虑。

---

① 《西山先生真文忠公文集》卷二《辛未十二月上殿奏札二》。
② 《刘克庄集笺校》卷一六八《西山真文忠公行状》,第6503页。
③ 《西山先生真文忠公文集》卷三《使还上殿札子》。
④ 《西山先生真文忠公文集》卷三《使还上殿札子》。
⑤ 《西山先生真文忠公文集》卷三《使还上殿札子》。

战争的胜败取决于多重因素,但知己知彼乃是做出正确战略决策的重要前提,南渡初年中兴诸将屡破强敌,强有力的谍报系统是其取得胜利的重要前提,"韩世忠、吴玠诸人捐金募间,如用砂砾,故敌人深谋秘计靡不豫知,取胜之术,大抵繇此"①。因此,真德秀在奏札中恳切建议朝廷趣督领兵诸臣积极行动,了解时局变化,获得真实信息,为战略决策提供可靠的依凭,"臣等谓宜申饬主兵之臣,专任遣间之责,事之验否,特示劝惩,庶几实事必闻而闻事必实"②。虽然真德秀满怀报国之志,深陈所以备敌之策,但由于史弥远以和议为主导思想,真德秀所作两淮布防图及其战略规划皆被朝廷弃之不用。

自嘉定四年(1211)起,由于蒙金战事致使宋朝岁币未能按时输送,嘉定七年(1214)三月,金国遂派使臣前来催督岁币。五月,金宣宗下诏南迁至北宋都城汴京,天灾人祸,国势大衰,"旱蝗频年,赤地千里,甚于夫差之时,鞑靼群盗四面交攻,无异苻秦之季"③,面对百年强敌的衰落,朝中诸人多以能苟安维和而窃喜,真德秀提出徙江上之屯以壮淮甸之势,在襄汉、两淮建立幕府加强守备等建议反被指为"张皇"。真德秀对此深以为虑,"或曰彼方纷拏,我幸无事,但求镇静,焉用张皇?臣窃以为不然,夫自古未尝无夷狄,惟有以待之,则不敢窥;未尝无奸雄,惟有以折之,则不敢肆。今不于斯时,大有所振立,万一更生虎狼之敌,知吾易与,潜启桀心,当是时也,不知安边金缯,行人玉帛,可以窒其无厌之欲乎?……今朝廷若以张皇为戒,臣下希指,虽有警急,不敢上闻,本恶张皇,乃成蒙蔽"④。天下形势巨变,朝廷不思警惕应对,反以金人自危、我幸无事而因循懈怠,一旦战事爆发,必将上瞒下误、君臣无措。

对于金宣宗迁都之举,真德秀认为此乃对南宋君臣的巨大羞辱:"臣窃惟汴都者,我祖宗开基建国,立郊社宗庙,正南面朝群臣,而八蛮六狄奉琛臣

---

① 《西山先生真文忠公文集》卷三《使还上殿札子》。
② 《西山先生真文忠公文集》卷三《使还上殿札子》。
③ 《西山先生真文忠公文集》卷四《除江东漕十一月二十二日朝辞奏事札子一》。
④ 《西山先生真文忠公文集》卷三《直前奏事札子》。

妾之地也,今垂亡腥臊之虏乃得窃而居之。伏惟陛下赫然发愤,思列圣所以得之守之之繇,考宣和、靖康所以失之之故。"①中原故土被敌国占据近百年而不能恢复,如今敌虏公然入主祖宗建都之地,南宋君臣实当自省奋发。鉴于金朝内忧外患的艰难处境,真德秀预料到其必会向南宋重索岁币,并在奏札中对输金岁币之议予以了坚决反对:"臣窃惟虏既移以移巢来告,索币之报,必将踵至。其在朝廷,尤宜审处。以臣愚虑,苟能显行止绝,以其货币颁犒诸军,缮修戎备,于以激士心而褫敌气,此上策也。命疆吏移文与议,削比年增添之数,还隆兴裁减之旧,此中策也。彼求我与,一切如初,非特下策,几无策矣。盖今远夷群盗,交驰中土,安知无善谋者,觇吾举措,必将曰:女真彼之深仇,亡在旦暮,且奉之唯谨,它日乘战胜之威,为虚辞以恐动,将何求而弗获耶?此召侮之端、致寇之本也。"②真德秀认为,金既被迫迁都,亡已几成定局,此时输币与金乃无谋下策,不仅会加剧南宋财政的窘迫,更将会为骤兴之蒙古所轻视,实乃召侮之端、致寇之本。相反,如果拒送岁币,将其用于缮修戎备、激励士气,则国势日张,人心日奋,虽强敌骤兴不能为我患。

嘉定七年(1214)八月,金国再派使者前来催督岁币。对于是否继续向金输送岁币一事,南宋朝廷内部争论激烈,以淮西转运判官乔行简为代表的一派认为应继续与金岁币,使其作为屏障抵御蒙古,从而成为南宋的藩篱,"乔公行简为淮西漕,上书庙堂云云,谓:'强鞑渐兴,其势已足以亡金。金,昔吾之仇也,今吾之蔽也。古人唇亡齿寒之辙可覆,宜姑与币,使得拒鞑。'"③然而,在庙堂公议中,真德秀绝输岁币的主张得到了大多数人的支持。刘爚上奏:"绝金人岁币,建制置司于历阳以援两淮。"④袁燮也连上备边札子,反对以岁币输金:"借寇兵资盗粮,古人之所深戒也。彼既渝盟,是为敌国。乃以重币资之衰弱之余,一旦得此以激厉其众,又岂中国之利也哉!"⑤以黄自然

---

① 《西山先生真文忠公文集》卷三《直前奏事札子》。
② 《西山先生真文忠公文集》卷三《直前奏事札子》。
③ 《四朝闻见录》甲集《请斩乔相》,第23页。
④ 《宋史》卷四〇一《刘爚传》,第12172页。
⑤ 《絜斋集》卷四《论备边札子一》,《景印文渊阁四库全书》第1157册,第41页。

等人为首的太学生们甚至请斩乔行简以绝输币之议。甚至宁宗也对真德秀拒送岁币的奏陈表示赞同,"是日读至此段,口奏云:'虏人既有迁都之报,旦夕必须来索币,臣窃以为不可与。'上曰:'不当与。'玉音颇厉,异于常时"①。

嘉定七年(1214)十一月,真德秀即将赴任江东转运副使,在朝辞奏事札中,真德秀再次强调了靖康之耻不可忘,不可与仇敌之国议和。他以勾践、谢玄等君臣为例,向宁宗阐明了志存经略、不事仇敌对社稷存续的重要意义,"勾践会稽之辱,举国以臣妾于吴,而能苦身焦思,折节下士,与百姓共其劳,人事既修,天应亦至。吴之稻蟹不遗种矣,而夫差方观兵中土,与晋会于黄池,勾践得以乘间举兵,遂墟其国。此所谓势可以胜而遂报之者也。晋孝武时,苻坚聚百万之师,志吞吴会,赖谢玄等大破之淮淝。坚既狼狈西归,其子丕复与慕容垂相持于邺。使晋之君臣有志经略,乘机席卷,殆不甚难,而谢玄方且从丕之请,遗兵以救其穷,馈米以济其饥,舍苻氏之深仇与慕容而为敌。未几刘牢之等为垂所败,秦既不祀,晋亦以衰。此所谓势可以报而反助之者也"②。越王勾践面临国之将亡的危难局势,卧薪尝胆、志在兴复,使国力渐强,最终灭吴称霸。而面对前秦淝水之战大败、国力衰弱的大好形势,东晋君臣不图经略,错失一统天下的时机,致使国势日衰。

真德秀认为,宋金世为仇敌,南渡初年国力不足以复仇。如今金国四面受困、天灾频仍,正是南宋君臣兴复的良机,"臣窃惟国家之于金虏,盖万世必报之雠,高宗、孝宗值其方强,不得已以太王自处而以勾践之事望后人。今天亡此胡,近在朝夕。旱蝗频年,赤地千里,甚于夫差之时,鞑靼群盗,四面交攻,无异苻秦之季,天其或者付陛下以有为之会乎!"③此时如若还谦辞厚币维持苟安,则上负于天,下愧于民。在众多朝臣的反对下,朝廷最终决定以漕渠干涸为由停止向金朝输送岁币。身在江东的真德秀对朝廷的决定依然感到失望,"岁币之弗遣是矣,然不以还燕为词,

---

① 《西山先生真文忠公文集》卷三《直前奏事札子》。
② 《西山先生真文忠公文集》卷四《除江东漕十一月二十二日朝辞奏事札子一》。
③ 《西山先生真文忠公文集》卷四《除江东漕十一月二十二日朝辞奏事札子一》。

而诿曰漕之渠干涸,使残房得以移文督责,中原豪杰闻之,宁不以寡谋见哂乎?"①真德秀认为,朝廷虽拒送岁币,然以漕渠干涸为由显出朝廷君臣委靡颓惰、偃兵苟安的心态,如君臣无经略之志,必将面临金亡而宋亦危殆的局面,"厥今庸人之论有二,不曰房未遽亡,犹可倚为屏蔽,则曰中原方扰,未暇窥我江淮。凡此皆误国之言,不可不察也。……中外有司忠诚愤激者少,委靡颓惰者多,一闻赤白囊至则相顾失色,不知所为,少定则又帖然矣。国家平时不爱名器爵禄以宠士大夫,一旦有急,未见有毅然以戮力王室自任者,此臣之所以大惧也"②。

宋理宗在丞相郑清之及赵范、赵葵等人的支持下,于端平元年(1234)六月正式下诏出师河南。宋军六月十二日出师,七月二十九日便在洛阳遭到蒙军的伏击,宋军大溃。八月初,宋军已全部败退,仓皇退回境内。不但收复中原故地的理想成为泡影,还将南宋的十年之聚毁于一旦,兵卒、钱粮损失殆尽。由于端平入洛的惨败,理宗已无复刚亲政时的锐意进取,接连派出使臣前往蒙古寻求议和通好。十月,蒙古使者王檝抵达宋境。对于如何对待蒙古使者,朝廷上下意见不一。真德秀借经筵进讲之际,向理宗阐明了应秉承礼接来使、绝勿言和的严正外交立场:"自古兵交,使在其间,纵使房人已犯边,若有使来犹当礼接,况未尝犯我乎?或谓欲却而绝之,或谓宜拘留勿遣,此皆不可行,但当以礼遣之。万一露欲和之意,切不可轻信。盖金人昨以和误我,后来房人又祖其故智以误金人,今日虽不可沮其善意,亦不可堕其奸谋。边面之备,一事不可阙略,一日不可稽缓。惟陛下深留圣念。"③然而与蒙古达成和议是理宗此时的强烈渴望,理宗对王檝卑词厚礼,甚至许以高昂岁币,期望换取与蒙古的交好。"三京退师之余,朝廷惩创太甚,撤去关防,待之过优"④,任由王檝一路顺江东下,恣索财货,自襄、荆顺流直下京口,又留京师月余。对于理宗此举,真德秀连上奏札予以警戒。真德秀认为

---

① 《西山先生真文忠公文集》卷五《江东奏论边事状》。
② 《西山先生真文忠公文集》卷五《江东奏论边事状》。
③ 《西山先生真文忠公文集》卷一八《讲筵进读〈大学章句〉手记》。
④ 《鹤山先生大全文集》卷一九《被召除礼部尚书内引奏事第四札》。

时移事易,与蒙古和议已无法实现,"和之一字易于溺人,远则宣和,近则金虏,皆殷鉴也。槩离穹庐已久,所得鞑酋之语在吾国未进兵之前,我既进兵,在彼岂复更守前说? 自古未有受人之兵而不报者……鞑相移剌楚材,曾上平南之策,与王檝议不合。又云李寔献策鞑酋,劝其先谋犯蜀,顺流下窥江南,凡此却似实语"①。因此,王檝之言不可轻信,岁币亦未可轻予。虽然理宗对真德秀之论予以了很高的评价——"卿真心体国,朕所嘉叹"②,但洞悉理宗内心世界的真德秀忧心如焚,他在经筵与廷对中向理宗反复肯陈和议绝不可恃,蒙军蓄意南侵已是箭在弦上:"臣窃惟今日所至急者边防,而决不可恃者和议。或者徒见北夷之性喜寒恶暑,谓其不能于春夏举兵,今距来岁之冬尚有岁余,可以从容修备。臣尝闻之蜀士,丁亥、辛卯之岁,虏人皆以盛夏扰蜀,初不俟秋冬而后至也。然则边防之事,岂非至急乎?"③面对日益危急的时局,议和之念应果断摒弃,唯有效法勾践奋发图强,加强防御练兵备战,方可保国祚平安。

第二节 对边防的战略规划

嘉定和议签署后,宋金进入相持阶段,以史弥远为首的主和派执掌朝政。随着金国国势的衰弱、北方蒙古的崛起,朝廷以岁币求和、边政不修的政策激起了朝野上下有识之士的强烈不满,对边防的战略规划成为确立国是的重要内容,"当今之务,有不可一日缓者,边防是也"④。两淮、京湖、川蜀乃是抗击金、蒙的前线。针对战事频仍的时局,真德秀就淮防与江防、守边将帅的选拔与任用、北方归附群体的接纳与安置等一系列问题进行了规划。

---

① 《刘克庄集笺校》卷一六八《西山真文忠公行状》,第 6521—6522 页。
② 《西山先生真文忠公文集》卷一八《讲筵进读手记》。
③ 《西山先生真文忠公文集》卷一四《十一月癸亥后殿奏已见札子一》。
④ 《絜斋集》卷四《论备边札子一》,《景印文渊阁四库全书》第 1157 册,第 40 页。

一、稳固两淮、控扼荆襄、经略川蜀

两淮、荆襄之地是东南的屏障和藩篱,"自古立国东南,未有不以两淮、荆襄为根本"①。屏障一失则国势倾危,"六朝之能保守江左者,以强兵重镇尽在淮、襄,虽曹魏之雄,苻、石、拓拔之众,卒不能一窥江表。后唐李氏有淮南则可都金陵,其后失之,遂以削弱"②。值此南北对峙之际,真德秀认为更应该固屏障、葺藩篱,以良将重兵屯淮、襄,"朝廷欲为守备,则当于两淮、荆襄置三大帅,屯重兵以临之,分遣偏师,进守支郡,小筑城垒,如开新边,遇有贼马则大帅遣兵应援。稍能自守,商旅必通,乃可召人来归,渐次葺理。假以岁月,则藩篱成矣"③。南宋后期,由于兵员阙额严重、战斗力衰减,多数朝臣主张集中兵力、守江御敌。经过两个多月的实地考察与分析,真德秀提出了守淮御敌的战略主张,"自扬而之楚,自楚之盱眙,经行所及,凡数百里,平畴沃壤,极目无际,重湖陂泽,渺漭相连,而田野之民又皆坚悍强忍,亡吴儿骄脆之态。迨久驻边城,访问益审,凡两淮形势之利,如在目中"④。两淮百姓坚韧强悍、勇健善战已有数百年历史,五代末年,"周世宗攻两淮,州郡各已降附,周之诸将恣行杀戮,淮人相与结集保伍,截纸为甲,号白甲军,大败周师。虽周世宗之英武,亦且退却"⑤。嘉定十年(1217)黄榦知安庆府时,也提出了将两淮民众武装起来,守乡御敌:"盖淮人忠实勇健,若能平日团集保伍,阅习武艺,叶心一意,共保乡间,虽有强敌,莫能为患。"⑥真德秀认为两淮之地绝不可弃,此乃长江流域之天然屏障,是为朝廷提供兵员与粮食的重要地区。为重振国势、伺机进取,真德秀在奏札中提出了移驻江之兵守淮、筑城屯田、扼守要冲等战略规划,希望将两淮防线构筑为进可攻、退可守的堡垒门户和磐石之基。

---

① 《西山先生真文忠公文集》卷三《使还上殿札子》。
② 《西山先生真文忠公文集》卷三《使还上殿札子》。
③ 《西山先生真文忠公文集》卷三《使还上殿札子》。
④ 《西山先生真文忠公文集》卷一三《召除户书内引札子二》。
⑤ 《勉斋先生黄文肃公文集》卷三七《安庆劝谕团结保伍榜文》。
⑥ 《勉斋先生黄文肃公文集》卷三七《安庆劝谕团结保伍榜文》。

自南宋立国后,长江天险就被南宋君臣视为护卫帝都的生命防线,"据长江之险,择要害之地,置战舰水军,使形势相接,金鼓之声相闻,敌人虽有百万之师,岂敢轻犯"①。因此,守卫长江的驻军常年保持在数十万的规模,而两淮防线的兵力却明显不足。对于朝臣中坚持以长江为战略防线而弃守两淮的主张,真德秀指出了其所带来的消极后果,"以长江为足恃,是犹咽喉见扼于人而欲与之角藩墙,肩镭为盗所有而欲保堂奥之安,亡是理也"②。值此蒙金交兵之际,更应该顺应时局变化、改变以盟约为恃的因循苟安之策,"往者极边之地,城垒不建,戍守不增,徒以区区要盟之故。今事变一新,正吾更张规模之日"③。在真德秀的战略规划中,两淮地区将成为蒙宋必争之要地,因此应从兵将云集的沿江防线调动精兵劲卒充实两淮之地,"沿江列屯亡虑十数万,劲骑精卒皆当移驻并边,而增募舟师,以扼江面。凡城池楼橹之未固,若要害之未筑者,就遣屯兵,并力缮治,使沿边数千里脉络相联,有贯珠之势,首尾相应,有率然之形"④。

对于守边兵力不足、战斗力不强的状况,真德秀提出以军功拔擢将才,以收豪杰之心。同时,真德秀还大力建言在两淮垦田积谷,大修垦田之政,使积贮充实。在调集兵将守卫淮、襄的同时,积极训练边地民众,使其战时不待粮饷而自可为精兵,从而达到备粮储、增兵员的战略目的。两淮民众气豪善战,充分利用当地的义勇民丁,平居时务农屯田、战时编入军旅,在不增加国家财政负担的同时大大增强了边境地区的战斗和防御能力,"欲保江南,当葺理淮、襄,以为家计。夫荆襄形胜,臣固习闻,而两淮利病尤所深悉。盖军国所资莫如盐茶,而淮有鬻海之饶;兵食所仰莫如屯田,而淮有沃野之利。其齐民则天性健斗,每易视虏兵;其豪民则气概相先,能鸠集壮勇。使范蠡、诸葛亮辈得而用之,力本以务农,教民以习战,虽方行天下可也"⑤,一

---

① (宋)李纲:《梁溪集》卷一〇三《与宰相论捍贼札子》,《景印文渊阁四库全书》第1126册,第274页。
② 《西山先生真文忠公文集》卷三《使还上殿札子》。
③ 《西山先生真文忠公文集》卷三《使还上殿札子》。
④ 《西山先生真文忠公文集》卷三《使还上殿札子》。
⑤ 《西山先生真文忠公文集》卷三《使还上殿札子》。

旦开战,军需可就近取之于两淮,无须舍近求远由闽浙漕运,既贻误战机又劳民伤财。

真德秀还奏请朝廷对于参与战备的民兵团结应予以优恤,减免其赋税科役,"州县科役颇繁,田赋虽蠲,撮课仍重。民兵团结,衣装弓弩责其自备,教阅资粮令其自赍,呻吟之余,何以堪此!臣愿朝廷深念保郛之重,多方优恤,俾获苏醒,以收边甿之心"①。然而,真德秀的建议却被视为迂阔而未被采纳。端平入洛失败后,真德秀对理宗回顾自己当初的战略建议时依然扼腕痛心:"臣嘉定中尝乞经理两淮,垦田积谷,而权臣视为迂阔。塞下之备枵然,一旦举兵,乃漕浙米,由江入淮,汴既久堙,又须陆运,劳费甚于登天。"②漕运不力、粮草不济正是宋军入洛惨败的重要原因之一。

作为南北之间的战略要地,真德秀认为必须在沿边地带修筑坚城控遏要道,并结合两淮防务中存在的问题进行了剖析:"今淮东要害在清河之口,敌之粮道,实出于兹;而淮阴无寻丈之城,无尺寸之兵,徒以山阳可恃而已。然山阳虽大,前无淮阴之蔽,后无宝应之援,若敌以重兵遮前而奇兵断后,则高邮、维扬之路绝,而山阳之形孤。山阳不守,则通、泰危,而江浙震矣。淮西要害在涡颍之口,敌之粮道,亦自此出,而濠、梁、安丰,城则庳薄,池则堙狭,兵则单虚,徒以庐、和可恃而已。然有安丰之屏扞,则敌始不得以犯合肥,有濠、梁之遮蔽,则敌始不得以走历阳。藉有它径可由,而吾之庐、和当前,而濠、寿断后,则彼有腹背之虞,我有掎角之助,其能长驱深入、荡无所畏乎?"③淮东的清河口、淮西的涡河口和颍河口是两淮的要害之地,也是控遏敌军粮道的咽喉,然而,战略要冲竟或无城可守,或城庳池狭,无法御敌。敌军突破淮河要冲后,便可长驱直入,东下通、泰,西犯庐、和,屏障一失,则敌军再无腹背之虞,南下攻宋必将势如破竹。因此,在边境筑坚城、屯劲旅,形成掎角之势阻敌于屏障之外,乃是战略防御的关键所在,"夫两淮藩篱也,大

---

① 《西山先生真文忠公文集》卷三《直前奏事札子》。
② 《刘克庄集笺校》卷一六八《西山真文忠公行状》,第6519页。
③ 《西山先生真文忠公文集》卷三《直前奏事札子》。

江门户也,藩篱壮则盗贼无阑门之虑,两淮固则戎马无饮江之忧,第当精阅舟师,布列津要,则表里相应,屹如金汤。其与区区坐守江壖而使贺若弼之徒得以经营飞渡者,利害何翅什伯哉"①。

真德秀一贯坚持守江必守淮的主张,在真德秀的战略规划中,将帅须亲临边地,"大将拥重兵于江南,官吏守空城于江北"②,不但造成两淮防御空虚,也无法在战争爆发之时对前线战事进行有效指挥。京湖、江淮虽然设有制置使,但其皆位于长江防线之上,考虑到即将到来的战争,须在两淮、荆襄之地设立幕府,从而确保对边地的战略部署,"今江陵建邺,虽有制阃之名,而实处内地,边陲机事,多不即知。至于小有措置,必皆听命于朝。有请辄从,尚云可也,请而弗获,抑又多焉,藉有异材,何由展布?因循误事,可为深忧。臣愿于近臣中择其更事任、熟军情、威望素孚、文武兼备者二人,一于襄汉,一于两淮之中,建立幕府。财许移用,官许辟置,其他悉如吴蜀任二臣故事,则荆淮之家计可成,而朝廷之忧顾可释"③。嘉定十年(1217)金兵南侵,为便于指挥作战,京湖置制司的帅阃便从江陵北移到了近边的襄阳。嘉定十二年(1219),金兵大举南下,猛攻安丰、滁、濠。为了将金军阻于两淮,九月,朝廷将原本定阃于建康的江、淮制置司分置为淮东、淮西、沿江三个制置司,淮东制阃设在扬州、淮西制阃镇守庐州,将战略防线从长江北拓到了淮中的近边之地,阻遏金军的南下,确保南宋腹心地带的安全。

在蒙宋战争的前期,南宋水军力量相对较强,只要派遣舟师遏诸隘口,敌军便不敢轻易突破,"长淮诸隘,如安丰之上则颍河口,濠梁之上则涡河口,招泗之上则五河口、潼河口,淮安之上则大、小清河口,皆是贼舟可以出淮之路。往年下流谨舟师之备,而上流无隘口之防,贼亦未习于舟,不敢轻突"④。然而,随着时间的推移,蒙军的水军逐渐发展壮大,南宋军队在与蒙

---

① 《西山先生真文忠公文集》卷三《直前奏事札子》。
② 《西山先生真文忠公文集》卷三《直前奏事札子》。
③ 《西山先生真文忠公文集》卷三《直前奏事札子》。
④ 《历代名臣奏议》卷三三八《御边》,第4385页。

古水军的相持战中渐无昔日优势,蒙军在宿州、亳州等地积粟治舟,从水陆两路大举南下,"由诸隘出淮,皆顺流建瓴之势,而此贼又于南北两岸夹以马步,翼以炮弩,每每我以一面而受敌三面之锋,而又众寡相绝,势所难御"①。正如真德秀在嘉定七年的奏札中所剖析的,在控遏敌军粮道的战略要冲,无坚城重兵无法抵御强敌,当南宋水军处于难以防御的下风状态后,淮东安抚制置使李曾伯决定沿淮择要害处修筑坚城,淮安、泰州、高邮、寿春、泗州等地均建高城,增设重兵守卫。和北方政权擅长骑兵突袭相比,宋军更擅长把守城池、阻遏敌军。在要冲坚城的依托下,南宋军民顽强坚守,控遏住两淮咽喉要地,有力阻止了蒙军的南下,对保卫东南腹心地带发挥了战略屏障的重要作用。

即使在被视为内地的江南西路,真德秀依然坚持在沿江诸郡缮城以备战。在知隆兴府期间,真德秀按视城堞,发现其绵亘甚阔而倾圮颇多。真德秀决定按照唐之旧制缩小城池规模,使其西北临江、其东有湖为险,城池易守难攻,敌寇不敢窥伺。在经过江州铃辖杨禧考察之后,制定出完备详细的修缮方案,如砌城面以防渗漏,作叶沟以通水道,用夜叉木以壮城骨,皆旧所未有。虽然帑庾枵然,但真德秀通过兑借安抚司犒赏费、撙节诸色寨名钱等收买砖石竹木,雇募民夫修筑,庶几城堞得以一新。真德秀送友人刘垕知江宁,特赠以城防之要:"秣陵为今东都,而以君所治言之,则其附庸者也。昔尹铎之在晋阳,不忍茧丝其民,嘘噢休息,迄成保障之势;而董安于之经营斯邑也,下至墙之苫、楹之质,且为备豫百年计焉。盖铎之心厚民如身,而安于之心恤公室如其私,故异时赖之,以保其国。"②真德秀将春秋时期赵简子家臣董安于、尹铎营建晋阳城作为城防中的经典。董安于治晋阳,城郭坚实高大,且以荻蒿楛楚为墙,以炼铜为柱,为防御战争准备了充足的战略物资。继董安于之后,尹铎在晋阳城中进一步加固城防,同时轻徭薄赋,使晋阳百姓得以休养生息。在尹铎的治理下,晋阳城仓廪充实,府库足用,民心归附,

---

① 《历代名臣奏议》卷三三八《御边》,第 4385 页。
② 《西山先生真文忠公文集》卷二八《送刘伯谆宰江宁序》。

使赵氏得以在退守晋阳的生死关头击退强敌,为赵国的崛起奠定了坚实的基础。身为地方守牧,不可一意以课税理财为务。边患四起之时,尤当稳固民心,以坚固的城防守土保境,为国家计深远。

川蜀秦陇与东南不同,素以骁勇能战闻名天下。川秦之地原本是抵御金蒙入侵的重要屏障,但由于制置使的任命不得其人,致使边防守备空虚。在吴曦附逆被诛后,朝廷鉴于蜀地偏远,为防止形成藩镇割据的局面,更加倾向于并立诸司、分权而治,"蜀之边面诸司并列,兵权不一,微有小警,纷然奏议,理财者归怨于兵弱,握兵者归咎于财寡"①,虽然有效避免了一方势力独大,但也造成了各方官员互为掣肘,无法形成统一指挥、不能灵活协调的战略防御体系。曹彦约任利州转运判官期间已深切地感受到各司官员多方牵制、互相推诿,川蜀边境防御松弛,特作《病夫议》上奏朝廷,主张精选贤能而尽付之兵权,整顿军纪散乱的大军和民勇,加强战备,凝聚人心,从而建立起坚固的防御体系。

嘉定六年(1213)十月,蒙军以凌厉的攻势取金涿州,金国大乱。真德秀敏锐地意识到将不可避免地波及川蜀之地,"夫蜀之与秦,壤地相属,长安百二之势。天下有变则豪杰之所必争。今虏为鞑靼所乘,悉力以备燕、晋。而秦之地必虚,万一灵夏伺隙而长驱,盗贼乘时而窃据,邠、岐、汧、陇,遂为战场,虎斗于垣,而主人得安枕以卧者,亡是理也"②。相较在地理位置上更靠近南宋腹心地带的两淮、荆襄之地,朝廷对四川的战略规划和控制能力相对薄弱。四川在军政民政方面都比其他诸路享有更多的地方自主权,选拔威名、智略可当一面的官员镇守川蜀更为重要。真德秀向宁宗建言,储备人才以备将帅之选乃边政要务:"臣观宝元、庆历间,西事既兴,一时名臣往往多在边境,陕西阙帅则就命韩琦,延安阙帅则就用仲淹,无事机蹉跌之虞,有威信相孚之素者,盖预蓄人才之效也。……臣愚谓宜仿先朝西鄙故事,凡蜀之名藩要郡,若总饷榷牧之官、转漕刑狱之任。非精明魁垒可以折冲御侮者,

---

① 《宋史》卷四一〇《曹彦约传》,第12342页。
② 《西山先生真文忠公文集》卷三《直前奏札二》。

不在兹选,其疲软弗胜任者易之。储材于间暇之余而拔用于仓猝之顷,备边制敌,莫此为急。"①真德秀认为,任命川蜀统帅应以北宋庆历时期选任韩琦、范仲淹为标准,御敌安边,镇守一方。然而,从南宋朝廷历年对蜀地官员的任用情况来看,以谨慎守成者为多,或可在安定的环境中完成民政任务,但却缺乏足够的智略可以折冲御侮、保卫疆土。在战火即将绵延川蜀之际,真德秀建议朝廷对川蜀官员的选拔更应慎重,建立起适应时势发展的军帅选拔方式和人才储备体系,备边制敌,守卫疆土。

二、对北方流民、归正人、忠义人等归附群体的态度

对于流民的界定,江立华、孙洪涛在所著《中国流民史》中概括了流民群体的三个特征:第一,自发性和无序性。流民群体的流动是一种自发行为,处于无序状态。第二,流民的主体主要是农民。第三,过渡性和暂时性。流民是一定数量的人口,是在离开原居住地和放弃原谋生手段后形成的临时性特殊人口群体。② 南宋时期,由于宋和金、蒙发生了多次大规模战争,再加上中原地区频繁遭遇灾害和饥荒,中原流民数量众多,向南迁徙流动的规模较大。

绍兴和议后,南宋朝廷即严令诸路毋纳中原流民,陕西连岁不雨,秦民无以食,争西入蜀,川陕宣抚副使郑刚中以誓书所禁不敢纳,流民无可投奔,饿死者甚众。而投奔两淮的中原民众亦同样被驱遣,"金人大饥,来归者日以数千、万计,边吏临淮水射之"③,强弓硬弩逼其北返。蒙金交战后,随着金国国势的衰微,中原地区的汉人纷纷南下归宋,然而南宋朝廷并未调整对北方流民及归正人的政策,继续执行与金维和的旧约,使得中原民众对南宋拒而不纳的政策多有怨愤,甚至在边境引发纷争和暴乱,"北方大扰,群雄并兴,中原遗黎皆欲相率以归我……江淮帅臣敢行一切之政,所在张榜,流民并与约回,盗贼并行剿戮。夫慕义来归,不过此两项尔,而拒绝如此之严,安

---

① 《西山先生真文忠公文集》卷三《直前奏札二》。
② 江立华、孙洪涛:《中国流民史·古代卷》"引言",安徽人民出版社,2001年,第3页。
③ 《宋史》卷四〇七《杨简传》,第12291页。

得不怨"①。

为了避免激化矛盾,真德秀以务修德信、抚纳新附的西晋元勋羊祜、东晋名将祖逖为例,建议宋宁宗谨择良臣,抚纳新附,凝聚中原民心,奠定恢拓之基。对于淮北边境的流民,真德秀也对守边之臣一概拒之的行为提出了疑虑:"闻淮北之民扶携老稚、结筏欲渡者日以百数,虽边臣谨守疆场,拒却使还,然猬集而南者,其势未已。盖其仍岁荐饥,重以师旅,遗黎何辜,死者什七,苟非越境,亡以偷生,故其谋遂出诸此。今将容而纳之,固未易处,若一切拒绝,彼或萌等死之心,设有不幸,随之以溃散之兵,继之以群行之盗,其将何以待之?"②相较于江南民众,淮民久处边地,善战强悍,对于淮北流民,如能妥为接纳而善用之,则可成为御敌保境的重要力量,"择其伉健,收置戎行,非惟增壮军容,济弭奸慝,亦以收忠义之心"③。若一味拒之而绝其生路,反而会对两淮造成侵扰和破坏。

对于来自四境的归附群体,南宋对其有着明确的界定:"归正,谓元系本朝州军人,因陷蕃,后来归本朝。归顺,谓元系西南蕃蛮溪峒头首等,纳土归顺,依旧在溪峒主管职事。归明,谓元系西南蕃蛮溪峒人,纳土出来本朝,补官或给田养济。归朝,谓元系燕山府等路州军人归本朝者。忠义人,谓元系诸军人,见在本朝界内,或在蕃地,心怀忠义,一时立功者。"④在归附人群中,具有作战能力,能抗击金人,是区分忠义人与其他归附群体的重要标准,"忠义人与归正人不同,归正人只是由金国投奔到南宋者,本人可能并没有具体的抗金活动。忠义人则是金国境内的抗金团体,或南宋边境地区的百姓,是自组军队与金人对抗者"⑤。正因为忠义人在归附群体中最具战斗力和威胁性,所以相较于北方流民和归正人而言,朝中诸臣对忠义人的态度更

---

① 《絜斋集》卷二《轮对建隆三年诏陈时政阙失札子》,《景印文渊阁四库全书》第1157册,第16页。
② 《西山先生真文忠公文集》卷三《使还上殿札子》。
③ 《西山先生真文忠公文集》卷三《直前奏事札子》。
④ (宋)赵升:《朝野类要》卷三《归附等》,中华书局,2007年,第67页。
⑤ 雷家圣、黄玫瑄:《啼则与果:南宋的忠义人与朝廷的应对政策》,《上海师范大学学报(哲学社会科学版)》2018年第6期,第136页。

为复杂和具有争议。

南宋初年,出于抵抗金军和民族情感的考虑,南宋朝廷对来投奔的归正人一般都给予安置,甚至授予官职。丞相史浩曾在给朝廷的奏札中表露出对归正人应严加甄别和戒备的态度:"庙堂之上,率常以大半日力整会归正人,某人乞官,某人援例。以庙堂犹如此,则宣抚司、沿边诸军、帅司、州郡又可知矣。……此辈小人,何常之有?廪给禄赏少不厌其无涯之心,则怨詈并作,未必不刺取国事,归报敌境,况又其间往往有本心为间探而来者!"①宋金进入战略相持阶段之后,在"不生事端""毋沮和好"的外交政策主导下,除了几次北伐的短暂时期,南宋朝廷对归正人等基本持不予受纳的戒备状态。对于朝廷排拒归正人的政策,嘉定七年(1214),真德秀在奏札中表达了不满:"北境遗黎,本吾赤子,日夕南望,如慕慈亲。彼既襁负而来,焉有可拒之理?窃闻疆吏便文塞责,至以锋镝驱之,既绝其向生之涂,是激其等死之忿。又闻秦陇之间,有相率内附者,自涅其面,示无还心。视昔八字之军何异,而入南不受,归北不可。兽穷则搏,势有必然。……诚能谨择其人,分镇三边,务以恩信怀柔,而使远人欣慕,民既我附,土将焉归。恢拓之基,实在于此。臣愿朝廷亟加之意,以收中原赤子之心。"②

嘉定八年(1215),程彦晖求内附,四川制置使董居谊拒之。嘉定九年(1216)四月,唐进与其徒何进等引众十万来归,四川制置使董居谊拒却之。程彦晖全家甚至被杀于黑谷山,川蜀震撼。同年十二月,真德秀上《江东奏论边事状》,对制阃诸臣为图苟安而剿杀归正人的残暴行为给予了严正抨击:"并边遗民,皆吾赤子,穷而归我,当示绥怀,疆吏非人,唯知拒却,固已绝中原之望,甚者视为盗贼,戮之焚之。上流制阃之臣,明揭大榜,来者即行剿杀。西州总戎之帅杀程彦晖一家骨肉于黑谷山,秦陇之人莫不切齿。召邻国之侮,开边鄙之隙,结遗黎之怨,逆上帝之心,孰甚于此!"③能否妥善处理

---

① (宋)史浩:《鄮峰真隐漫录》卷七《论归正人第二札子》,《景印文渊阁四库全书》第1141册,第591—592页。
② 《西山先生真文忠公文集》卷三《直前奏事札子》。
③ 《西山先生真文忠公文集》卷五《江东奏论边事状》。

归正人的问题,直接关系到边境的稳定和人心的向背。但真德秀此奏依然未能引起宁宗、史弥远君臣的警惕和重视。

每逢南宋朝廷决意北伐,忠义人都扮演着协助官军对抗金国的重要角色。开禧北伐,镇江都统戚拱遣忠义人朱裕结弓手李全袭涟水县,给金人造成了严重的打击,李全也因此携全家归宋。北伐失败后,金人要求宋廷将韩侂胄首级交送金国,将朱裕枭首,李全及家人送归金国处置。对此,太常少卿兼国史院编修官黄度坚决反对,认为函首安边有辱国体尊严,而枭首朱裕、送归李全更会令忠义人心寒:"今之议者,动称国势方弱,难与敌争。窃以为天子无失德,诸贤相维持,转弱为强,夫岂无术! 诚使合义理,顺人心,酬应无不当,则气势恢张,虽弱必强。违义理、逆人心,酬应失其节,则气势销沮,虽强必弱。甲申议和,唐、邓、海、泗皆以还敌,则今日关要,濠梁自应归我,不足为恩。函侂胄首,古无是事。李全决不可杀,泗人决不可还。"①然而朝廷并未采纳黄度的建议,韩侂胄首级被函送金国,朱裕也被枭首境上,以确保宋金和议的达成。嘉定和议之后,朝廷开始大规模遣散忠义人。

随着金国的衰落和蒙古的崛起,嘉定十年(1217),金宣宗开始了志在"取偿于宋"的大规模南侵,为了阻遏金军入侵,利州路提刑虞刚简对中原归正的忠义人安抚体恤,平等任用,抽还忠义人之配隶内郡者以纾边人之愤,无论是进屯皂郊还是收复湫池,忠义人都在反击金军入侵中立下了战功。然而,就在虞刚简准备乘胜攻取秦、巩诸地时,"会节制司参议官魏邦佐至,乃以密札谕昌祖抽还忠义人。众大愤,拆矢倒戈,散而为盗,于是皂郊复受兵而虏人成、和矣"②。忠义人在歧视和排斥的政策下纷纷离去,或为盗,或倒戈,"四川制置使仓皇进治利州,大将败亡相属。沿边忠义人忿于散遣之令,于是西和、成州及河池、栗亭、将利、大潭县莽为盗区,羽书狎驰,蜀道震扰"③。

---

① 《絜斋集》卷一三《龙图阁学士通奉大夫尚书黄公行状》,《景印文渊阁四库全书》第1157册,第180页。
② 《鹤山先生大全文集》卷七六《朝请大夫利州路提点刑狱主管冲佑观虞公墓志铭》。
③ 《鹤山先生大全文集》卷六九《显谟阁直学士提举西京嵩山崇福宫许公奕神道碑》。

真德秀于嘉定七年出使还朝后,深感崛起的蒙古将是朝廷最大的威胁,"虽均为戎狄,然习安者易制,崛起者难驯,理固然也。今女真土倾鱼烂,势必不支,万一遂能奄有其土疆,封豕豺狼,本非人类,却之则怨,接之则骄,重以亡虏旧臣各图自售,指嚓之计,何所不为?"①随着金国在中原统治力的衰弱,地方武装在各地割据,杨安儿在山东起兵,攻占登州、莱州后称帝,置官属,改元天顺,并继续攻占了宁海州等。真德秀认为朝廷对于这些割据势力亦应有所对策:"臣等又闻旧酋之子改元僭号于山东,比者攻围海州,距吾并边才数十舍。倘其粗能自立,遂成瓜裂之形。因而抚柔,尚易为力,万一外夷得志,必欲灭完颜之宗,干戈相寻,为力弗敌,兔奔豕突,迫吾边陲,又将何以御之。"②在金国未亡之时,朝廷可对这些武装力量采取怀柔政策,使其与金国互为掣肘以保边境安宁。一旦金国灭亡,这些割据势力必然分化,或投靠蒙古,或号称忠义人南下投奔宋廷。

当金宣宗对南宋发动战争后,以杨安儿、李全等为首的大批忠义人受到了南宋朝廷的招抚,并加以笼络,使之对抗金军。李全被任命为武翼大夫、京东副总管。随着李全屡立战功,势力不断扩大,也引发了其内部的纷争及朝廷各方的警惕。战时利用忠义人,给予其封赏爵禄。一旦战事平息,又会对忠义人猜忌防范,甚至欲铲除忠义人势力。当朝廷欲与金议和,崔与之即提出了忠义人将面临的风险:"东海、涟水已为我有,山东归顺之徒已为我用,一旦议和,则涟、海二邑若为区处?山东诸酋若为措置?"③这也导致了忠义人趋利避害、将私利置于忠义之上的行为。嘉定十二年(1219),秘书少监徐凤根据忠义人的特点建议应继续鼓励忠义人通过对金作战而获取利益,称其不但可以降低忠义人对南宋的威胁,同时也减少了南宋朝廷安抚忠义人的花费;朝廷应逐渐分散削弱忠义人的力量,降低对忠义人的依赖程度,从而使其对南宋朝廷保持忠心,"今忠义之徒,官供家请,诚不可已。盖

---

① 《西山先生真文忠公文集》卷三《使还上殿札子》。
② 《西山先生真文忠公文集》卷三《使还上殿札子》。
③ 《宋史》卷四〇六《崔与之传》,第12259页。

亦鼓舞歆动之,俾常以逐北为利而不复怀巢南之安,则责望于我者轻矣。否则亟行贾谊众建诸侯之策,为置部落而少其力,力少则易使以义,党与散则无邪心"①。徐凤的建言得到了真德秀的肯定和支持,当忠义人首领李全反叛被杀后,真德秀盛赞徐凤具远见卓识,所言皆切中时弊,并对史弥远"以侈服遗李全之妻而冀其不叛"②的短视之举给予了尖锐的抨击,认为此举使国蒙羞。

南宋中后期,虽然不乏虞刚简、崔与之、魏了翁这样善用忠义人卫边保境的能臣良帅,在金、蒙入侵之时能充分发挥忠义人的战斗力,"自金有蒙古之难,中原豪杰并起,而争请命于宋。……使宋得壮猷宿望如崔与之、魏了翁者,建阃淮甸,抚之以恩威,驭之以纪律,画疆理以处之,择将帅以统之,岂惟可以保淮而固江耶?复汴洛之旧都,吊祖宗之遗民,盖可坐致矣"③。但南宋朝廷对于忠义人的利用和猜忌使得忠义人归而复叛,甚至成为金、蒙攻宋的前导与助力。对于南宋中后期的归附群体,黄宽重认为已与南宋初年出于同仇敌忾而投奔宋廷大相径庭,"民族意识既被求生意识所取代,那么,如宋善待他们,他们可以为宋效命疆场,捍御金、蒙,缔造功绩……一旦宋人歧视他们,或者蒙古改用安抚政策,招集流亡,他们也可以返回故乡,投靠蒙古,作为蒙古攻宋的前导"④。

第三节　蓄力待时、以备战守的积极防御

身为孝宗的帝师,史浩的政治主张对南宋国是的形成具有重要的影响,"自治"是史浩对孝宗反复进陈的治国之策,"自陛下即位以来,凡臣之建

---

① 《西山先生真文忠公文集》卷四六《秘书少监直学士院徐公墓志铭》。
② 《西山先生真文忠公文集》卷一四《十一月癸亥后殿奏已见札子》。
③ (明)何乔新:《椒邱文集》卷七《朝廷以淮乱相仍遣使必毙始欲轻淮而重江楚州不复建阃以其帅杨绍云兼制置改楚州为淮安军视之若羁縻州然》,《景印文渊阁四库全书》第1249册,第108页。
④ 黄宽重:《南宋时代抗金的义军》,台北联经出版事业公司,1988年,第227页。

议,莫不以自治为先,深恐好名之士但持正论以挠初谋,锐意之士不恤大计以成轻脱,是以拳拳之念,蚤夜不敢忘"①。对于边防,史浩坚持毋生事端、固守边境的自守政策,"毋纳流民,毋恤叛郡。专固吾圉,以求自治。城郭之未筑者筑之,要害之未屯者屯之,某处可以聚粮则立庾廪,某处可以屯田则备牛犁。……苟不知自守,徇虚声,招实祸,见小利,失大体,是皆佻功掠美,不恤国家之计者也,当易置之。精求长虑远见如汉赵充国辈用之,则不失朝廷保淮之本意"②。内治修而后外夷平成了自治政策的理论支持,并在战略规划中发挥了政治导向作用,"周宣中兴,复古之诗谓'内修政事,外征猃狁',说者分为二事。臣独谓修政事,所以征猃狁,使吾政事修明,猃狁望风知畏,六月之师所以能成功也。此意汉宣帝得之,果见单于慕义稽首称藩臣。愿陛下精思熟虑,于政事益加修焉,则敌国怀德畏威,罔不率俾。周宣之克复境土,汉宣之功光祖宗,不难至矣"③。而固守安边的自治主张,也渐为朝臣所接受。

乾道五年(1169),虞允文拜相。虞允文劝说孝宗出师恢复,被刘朔极力谏止,以为不可轻言出师而破坏和议:"臣观今日通和,未为失策,昔富弼累增岁币,今减十万矣。往时两淮不许备守,今江北诸城增陴浚隍矣;前此江上教兵,彼且呵问,今沿淮分屯,鼓声达泗、颍矣。虏或示我弱,殆不可测。宜选兵将,广储峙,责成于端重堪事者,从容以待其变。若募彼人向导,挟异国济师,合中原响赴而兵不必众,就虏人储聚而粟不必多,凭虚蹈空,过为指料,将有临危失据之忧矣。此所谓决天下于一掷者也。"④朱熹亦因主复仇遭到了刘夙、李浩等人的反对,"朱公元晦亦以为人主义在复仇,遇著作于李德远坐论之,著作弗是也。他日,朱公曰:'乃为宾之、德远夹攻!'"⑤乾道之

---

① 《鄮峰真隐漫录》卷七《再论山东札子》,《景印文渊阁四库全书》第1141册,第589页。
② 《鄮峰真隐漫录》卷三一《论边臣招诱流民叛郡事上宰执札子》,《景印文渊阁四库全书》第1141册,第778页。
③ 《鄮峰真隐漫录》卷九《临陛辞日进内修八事札子》,《景印文渊阁四库全书》第1141册,第604—605页。
④ 《水心文集》卷一六《著作正字二刘公墓志铭》,《叶适集》,第304—305页。
⑤ 《水心文集》卷一六《著作正字二刘公墓志铭》,《叶适集》,第305页。

后,国内外形势发生了重大变化,"二十年之间,水旱盗贼,略无宁岁。迩者垂象差忒,识者寒心。饥馑连年,民多流殍"①。北伐复仇的主战之策在朝议中渐落下风,而以"先东南之未治为忧""以守为立国之本"的自治主张得到了士群体的广泛认同。淳熙十五年(1188),五十九岁的朱熹在《戊申封事》中明确阐述了将内治视为急务的政治观点:"臣窃观今日天下之势,如人之有重病,内自心腹,外达四肢,盖无一毛一发不受病者,虽于起居饮食未至有妨,然其危迫之症,深于医者固已望之而走矣。……今日之急务,则辅翼太子、选任大臣、振举纲维、变化风俗、爱养民力、修明军政六者是也。"②正如朱熹门人杨复所总结的:"先生当孝宗初政,囊封陛对,皆陈复仇之义,力辨和议之非,其后乃置而不论,何哉? 窃观《戊申封事》有曰:'此事之失,已在隆兴之初,不合遽然罢兵讲和,遂使宴安鸩毒之志日滋日长,卧薪尝胆之志日远日忘。是以数年以来,纲维解弛,莩蘖萌生。区区东南,事犹有不胜虑者,何恢复之可图乎?'此所以惓惓独以天下之大本,天下之急务为言也。又曰:'大本诚正,急务诚修,而治效不进,国势不强,中原不复,仇虏不灭,臣请伏斧钺之诛。'以此言观之,先生曷尝忘复仇之义哉? 但以事不可幸成,政必先于自治。能如是,则复中原灭仇虏之规模,已在其中矣。"③朱熹晚年的政治态度表现出理学大儒在复仇大义与政治形势之间的审慎权衡,"先生平日论事甚众,规恢其一也。至其暮年,乃谓言规恢于绍兴之间者为正,言规恢于乾道以后者谓邪。非《语录》所载,后人安得而知之?"④朱熹以北伐复仇为长远目标、以修明内治为当前急务的战略规划对以真德秀、魏了翁为代表的晚宋理学家产生了深远影响。

随着金国日渐衰落,已基本没有大举进攻南宋的能力。权相史弥远在其父史浩"自治"政策的基础上,以"修静持敬"为名行维和之实,苟安之风日盛。由史浩制定、史弥远强化其维和功能的"自治"政策没有达到自固疆

---

① 《晦庵先生朱文公文集》卷一三《辛丑延和奏札一》,《朱子全书》第20册,第637页。
② 《晦庵先生朱文公文集》卷一一《戊申封事》,《朱子全书》第20册,第590页。
③ 《朱子年谱》卷三,《朱子全书》第27册,第335页。
④ 李性传:《饶州刊朱子语续录后序》,《朱子全书》第18册,第4356—4357页。

土的目标,反而逐渐显现出明显的弊端。对此,袁燮给予了痛切的针砭:"当边烽未熄、戎事方殷之际,而优游恬愉若四方无虞之日,真才未必能用,宿弊未必能革,骎骎焉,日入于颓弊之域,军民愁怨无所赴愬,兹非逸豫之所致欤!……若因循纵弛,无奋发之心而专以自守为说,守不能固,寖微寖弱而遂至于通和,则大事去矣,无可言者矣,堂堂大朝而委靡至此可不痛哉?"①

宁、理两朝,权相史弥远把持朝政二十六年,对积极备战固边的军事经略,朝廷却以张惶为戒。四川三任制置使董居谊、郑损、桂如渊皆一意求和,不以战备为意,"(董)居谊仓皇度剑,尚守密院风指,显然下令,有不得追袭过界之文。于是虏可以攻我,而我不可以袭虏"②。郑损帅蜀,遇敌望风而逃,尽弃关外五州,"谕令降附,弃险要,蹙地数百里以图苟安"③,绍定元年(1228),桂如渊接任四川制置使,郑损以史弥远和议密指授桂如渊,"郑损与所代官四川制置使桂如渊会于顺庆,使以时相所喻和议密指告之,且畀以朝廷所授"④,在朝廷苟安之策下,"桂如渊固守其说,虏将大赤辈已纵骑焚掠,出没吾地,而虏使速不罕方以议和留兴赵原"⑤,四川众将愤虏之暴行,欲出兵抗敌,桂如渊"令诸将毋得擅出兵沮和好,且遣王良能、李大举诣凤翔虏酋所回报,而督汉中趣办牛羊酒以犒鞑师,边民扼腕切齿"⑥。对于朝廷的和议之策,兴元知府郭正孙屡屡提出警告,桂如渊惟恐逆和议之旨,严厉指斥郭正孙为异论,依然以和议为恃,关隘不修,军无斗志。绍定四年(1231)五月,蒙军攻陷兴元,由北向南,长驱深入,如践无人之地。辛卯之变,"人莫不咎如渊之暗,而不知弥远实使之"⑦,苟安议和的政策使南宋屡遭重创。

---

① 《絜斋集》卷三《论弭咎征宜戒逸豫札子》,《景印文渊阁四库全书》第 1157 册,第 34—35 页。
② 《鹤山先生大全文集》卷一八《应诏封事》。
③ 《鹤山先生大全文集》卷一八《应诏封事》。
④ (元)耶律铸:《双溪醉隐集》卷二《凯歌凯乐词九首》,《景印文渊阁四库全书》第 1199 册,第 383 页。
⑤ 《鹤山先生大全文集》卷一八《应诏封事》。
⑥ 《鹤山先生大全文集》卷八二《故太府寺丞兼知兴元府利州路安抚郭公墓志铭》。
⑦ 《鹤山先生大全文集》卷一八《应诏封事》。

嘉定七年(1214),金宣宗南迁至汴,执政者以金国势日衰而日益宴安,"今庸人之论有二,不曰虏未遽亡,犹可倚为屏障,则曰中原方扰,未暇窥我江淮。凡此皆误国之言,不可不察也"①。真德秀深以为忧,在奏札中以力主和议的史弥远比之秦桧,宰辅重臣以粉饰太平、苟安逸乐隳堕君主进取之心,其罪百死莫赎:"昔勾践之栖于会稽也,饮食不致味,听乐不尽声,内则修令宽刑,赈贫吊死,折节下士而厚礼宾客,外则具车马兵甲而与三军共饥劳之殃,凡可以报吴者无不为,而非可以报吴者不暇为也。国家南渡,驻跸海隅,何异越栖会稽之日,宗庙宫室本不应过饰,礼乐文物本不应告备,惟当养民抚士,一意复仇。而秦桧乃以议和移夺上心,粉饰太平,沮铄士气。今日行某典礼,明日贺某祥瑞,士马销亡而不问,干戈顿弊而不修。士大夫豢于钱塘湖山歌舞之娱,无复故都黍离麦秀之叹。此桧之罪所为上通于天而不可赎也。"②真德秀力劝宁宗效仿越王勾践,励自强之志,讲求攻守之策,蓄力待时,以图兴复。

嘉定八年(1215)十一月,真德秀即将赴任江东转运副使,临行前上奏札向宁宗详细分析了战、守、和三种对敌之策的优劣得失:"臣尝熟思待敌之策,其别有三:练兵选将,直捣其巢,若勾践袭吴之师,此上策也;按兵坚垒,内固吾圉,止使留币,外绝虏交,若晋氏之不与敌和而鉴其宴安江沱之失,此中策也。以救灾恤邻之常礼,施之于茹肝饮血之深仇,若谢玄之助苻丕,此下策也。用上策则大义明,混一之机也;用中策则大计立,安强之兆也;用下策则大势去,阽危之渐也。臣不知今日之庙谟,其将安出乎?"③真德秀明确提出了练兵选将、收复中原乃为上策;坚守城池、不与敌和乃为中策;偏安江左、与敌通好实属下策。勾践灭吴,十年生聚,养兵恤民,卧薪尝胆,方可战胜强敌。然而,面对北方劲敌,未有勾践十年之功而希图一战功成,乃鲁莽冒进之举。真德秀认为,在此时的形势下,攻不足而守有余,使用稳健固守之策更加符合当前的国力现状。真德秀希望用大义分明的严正之辞使宁宗

---

① 《西山先生真文忠公文集》卷五《江东奏论边事状》。
② 《西山先生真文忠公文集》卷三《直前奏事札子》。
③ 《西山先生真文忠公文集》卷四《除江东漕十一月二十二日朝辞奏事札子一》。

摆脱对金的畏怯,深鉴东晋灭亡的教训,以积极奋发的态度果断摒弃和议苟安的对敌之策。金国灭亡只须稍待时日,南宋君臣如不亟图自立之策,则是将安危命运寄于他人之手,"或曰鞑靼许和矣,或曰群盗听命矣,或曰穹庐还燕有日矣。诚使虏命少延,吾得以因时修备,岂非至愿,政恐奔窜败亡之余,势必不久。皇皇巨宋,初非小弱,顾乃籍彼以为安,是犹以朽壤为垣,而望其能鄣盗贼也。臣愿陛下励自强之志,恢立武之经,毋以虏存为喜,毋以虏亡为畏,则大势举矣"①。蒙古的崛起必将引发更加激烈的战争,朝廷需尽快练兵经武、做好防御强敌入侵的准备。"及在江东,复上封奏,举宣和之十失,愿今日之深惩。盖臣愚忠,知国家异日必与之邻,既与之邻,安能无隙;既与之隙,不免交兵。势所必然,理当豫虑。故不敢徇众人之所忽,而独陈私己之深忧,欲于未雨之时,大为彻桑之备。"②

真德秀以北宋覆亡为鉴,对宁宗进行了恳切的奏谏:"陛下所以自治其国与外御敌国者,亦宜以政、宣为鉴……不幸燕安湛溺之余,纪纲荡然,无一足恃,本根既拨,枝叶从之,于是女真得以逞其凶残,攻陷我都城,倾覆我社稷,劫迁我二圣,荼毒我蒸民,自开辟以来,夷狄之祸未有若是之酷也。"③国家存续的关键不在于外敌强弱而在于我之盛衰,如果继续沉溺燕安,不思革除弊政,北宋覆亡的惨痛历史必将再现。只有振砺自强,广施仁政,才能凝聚民心,使南宋国祚得以长久,"修实德以格天命,敷仁政以结民心,奖忠实以作兴天下之材,省科敛以培养天下之力,至于某人可将,某兵可用,某城当缮,某器当修,无日不计于朝而申训之,庶几国势自尊,敌人自慑,则乘机取胜,可以制蚌鹬之危,养威俟时,足以保金汤之固矣"④。然而,由于史弥远讳言用兵,故真德秀所奏陈的军政方略无一被采用,"使权臣有意为国经营,选用得人,措置有方,不数年间,可以坐收成效。而所用守将,大抵非材,经理之方,未尝介意,塞下之备,枵然亡有"⑤。

---

① 《西山先生真文忠公文集》卷四《除江东漕十一月二十二日朝辞奏事札子一》。
② 《西山先生真文忠公文集》卷一三《甲午二月应诏上封事》。
③ 《西山先生真文忠公文集》卷五《江东奏论边事状》。
④ 《西山先生真文忠公文集》卷二《辛未十二月上殿奏札二》。
⑤ 《西山先生真文忠公文集》卷一三《召除户书内引札子二》。

绍定六年(1233)十月二十四日,史弥远薨,理宗亲政,起用洪咨夔、王遂等名臣,真德秀闻之欢欣鼓舞,"曰:'二凶去矣。闽特犬豕,越乃虺蛇。'盖梁闽人,李越人也。未几并除洪公咨夔、王公遂为察官,西山尤喜,曰:'四十年无此矣。'"①亲政的理宗有一统天下之志。端平元年(1234)正月,孟珙帅宋军攻破蔡州城,金哀宗自尽。京湖制置使史嵩之露布告金亡,以八陵图、守绪函骨及玉带、金牌等来献,极大地鼓舞了宋理宗收复中原、省谒八陵,成就盖世之功的雄心。为了尽快确定收复中原之策,宋理宗命卿监郎官以上集议。时任福州知府兼福建安抚使的真德秀闻听朝廷有出兵北进之论,忧急万分,坐卧不能安,立即应诏上封事:"远方传闻,未知其的,或谓人以河南归我,而朝廷因有经略中原之谋。审如所传,是将复蹈宣和之辙也。日夕恐惧,不知所云。"②

对于南宋的军事实力,真德秀有着清醒的认识。数十年议和苟安、武备不修导致国家军事实力衰弱,即使理宗发愤图强、励精图治也需做好充分的准备方可冀中兴之效。真德秀从内政与外患两方面进行了剖析。民力朘剥、寇盗蜂起,国力已无法再承担庞大的军费开支。和北宋朝与金共谋伐辽相比,南宋与蒙元共谋伐金无论是军事人才还是物资储备都没有优势,"然图恢复之功,必有恢复之人;有恢复之人,必有恢复之具。谋臣勇将者,恢复之人也。聚财积粟者,恢复之具也。宣和之时,群邪用事,宁有远谋?然西兵宿将,尽萃阙下,老成持重有如种师道,骁悍敢战有如杨可世,而驱之即敌,每向辄北。今群贤在列,岂曰乏材?大抵文致虽优,往往弗娴武略,宣威制阃,实难其人……况于移江淮之甲兵以守无用之空城,运江淮之金谷以治不耕之废壤,其费甚巨,其力甚难,富庶之效,茫未可期,根本之虚其弊立见"③。真德秀再三劝谏理宗毋被不世功勋所迷惑,仍应坚持蓄力待时、自治固本的国策,不可盲目兴师北伐:"今更张俶尔,百度阙然,譬犹宿疢方瘳,

---

① (宋)吴子良:《荆溪林下偶谈》卷四《圣上亲政二事》,《景印文渊阁四库全书》第1481册,第510页。
② 《西山先生真文忠公文集》卷一三《甲午二月应诏上封事》。
③ 《西山先生真文忠公文集》卷一三《甲午二月应诏上封事》。

正须保养,所当厚壅深培,以固元气,不当轻举妄动,以摇本根……至于中原旧物,岂可弭忘,必量吾力之能为,然后随机而善应。与其借房以启后患,不若俟时固吾圉。"①

然而,真德秀的谏言并未被理宗接受。端平入洛失败后,真德秀连上四札,向理宗奏陈蓄力自守之策。在奏札中真德秀坦陈,自己也曾对恢拓进取心怀向往,"向为先帝言莫非恢拓之事"②,但三十年的苟安积弊使得目前的国力与人力已无法和前朝相比,国家当前的战略规划也应随时而变,"承三十年之弊,欲整治之,度非十年不能。纵令勤敏兼倍,亦非三数年不可。以臣观之,此正诸葛亮闭关息民、务农讲武之时也。愿陛下亟与大臣筹之,考亮行事,而参之以时势之宜,立为规模,确然不易,其间因敌制变固有活法,要当以收敛靠实为主,外则张皇声势,不为敌所轻,内则严护本根,不为敌所致"③。对敌战略不应再盲目追求"恢拓",对泗、宿、涟、海、亳、蔡、息、唐、邓诸郡的恢拓之议,真德秀审时度势后认为南宋朝廷已无力顾及羁縻诸州。真德秀恳谏理宗固本舍末、进德恤民,存恢复进取之心,行收敛靠实之政,既不可因一时的失利就丧失斗志,也不可因复仇的冲动而再次轻举,应效法勾践,先订立规模,勤修内政,恢复国力,待国家强盛之时,方可收复中原。

真德秀向理宗建议采取举国经武、蓄力待时的防御政策:"臣所欲言其大者有二,一曰经武,二曰博谋。臣观方今之势,非可以承平无事治也,其必振厉威武如创业中兴之时,然后能转弱为强,以底泰山四维之固。"④面临强劲之敌,雍容暇豫已无法抵御强敌,唯有举国经武、练兵御敌才能应对困境。真德秀敦促理宗下诏求贤集策,无论是朝廷重臣还是山野布衣,只要能为国防建良策,均可拔擢奖录,"在廷百执事,各思治兵御戎之策,许以非时陈献。轮对、转对必先当务之急,视其所论之当否而为升黜焉。草茅韦布之士,有言边事可用者,稍奖录之,则彼将轻千里而来告矣"⑤。强化军政势必增加

---

① 《西山先生真文忠公文集》卷一三《甲午二月应诏上封事》。
② 《西山先生真文忠公文集》卷一三《召除户书内引札子二》。
③ 《西山先生真文忠公文集》卷一三《召除户书内引札子二》。
④ 《西山先生真文忠公文集》卷一四《十一月癸亥后殿奏己见札子二》。
⑤ 《西山先生真文忠公文集》卷一四《十一月癸亥后殿奏己见札子二》。

国家财政支出,此时南宋已国衰民疲,不堪重荷。真德秀劝谏理宗效法太祖和孝宗,克欲撙节,蠲浮费、俭私奉,不加重百姓负担而出内府之储以修武备,以万乘之尊作为楷模凝聚民心,建构起坚固的战争防御体系,"祖宗内库之储,夫固为讲武设也。圣明在上,躬履节俭,无横恩,无滥予,独不可举之以修武备乎? 况以国势积弱之余,不若是无以奋张而兴起之"①。

端平二年(1235),阔窝台汗遣皇子阔端和曲出帅兵攻宋,宋蒙战争全面爆发。就在真德秀生命即将结束的最后时刻,他仍然心系国事。端平二年正月初一日,太史占风,有兵起之兆,真德秀听闻后以为"天之示戒",自端平更化以来,理宗虽然屡下求贤诏,但革弊图治之策却终未落到实处,"名曰恤民而凋瘵如故,未闻实惠之有加,名曰察吏而污浊如故,鲜以实廉而自励,至于财匮而弗赡,楮轻而不行,师徒丧于奔溃,舟楫坏于转输,凡若是者,皆未闻经理之实"②。当此兵起之兆,真德秀在奏札中恳谏理宗端凝初心,弃虚文而行实政:"伏惟陛下深体上天仁爱之意,凡其本之心、修之身、推之于事者,必使无一非实,而去其所谓文具、美观者,上帝监临,必垂眷佑,所以延洪国命、销弭兵灾,当有潜格于冥冥之中者矣。"③对边境防御,真德秀奏请朝廷对互不协力的各路统帅晓以大义,使之同心御敌:"襄、黄、昇、扬,制阃衅隙浸萌,此大可虑。宜勉以廉、蔺、李、郭之事。"④对新拓诸州,真德秀则根据国力现状,建议朝廷不可在新复州郡投以过多兵力,应全力确保东南腹心之地。五月,真德秀带着未尽的遗憾与对国事的忧虑辞世,"厥后,邛、徐诸郡失守,唐、邓亦继叛,卒如公言"⑤。

真德秀一生不主和议,勤修军政、以备战守是真德秀战略防御主张的核心内容。就外部局势而言,金已日渐衰落,而蒙古则日益崛起。就内政而论,皇帝或受制于权臣或倚权臣而立,朝政由权臣把控,国势日益倾颓。真德秀在奏札中以力图兴复、抗衡强敌的诸葛亮、谢玄事迹阐明自身的战略主

---

① 《西山先生真文忠公文集》卷一四《十一月癸亥后殿奏己见札子二》。
② 《西山先生真文忠公文集》卷一四《乙未正月丙辰经筵奏己见札子一》。
③ 《西山先生真文忠公文集》卷一四《乙未正月丙辰经筵奏己见札子一》。
④ 《刘克庄集笺校》卷一六八《西山真文忠公行状》,第6525页。
⑤ 《刘克庄集笺校》卷一六八《西山真文忠公行状》,第6525页。

张。真德秀所援引的历史人物,具有强烈的地缘政治特色,且多为偏安政权的柱石之臣。奏议主题多为南方如何抵挡北方侵略,如诸葛亮选贤任能,以保蜀国延续;谢玄练兵经武,使敌军不敢窥江东。真德秀在奏札中反复称颂这些历史人物,都是对南宋君臣有为奋发的振励和期待。对宋理宗、郑清之君臣开边致敌的北伐之举,真德秀对其进行了一定程度的回护:"承权臣极弊之余,犹以和扁继庸医作坏之后也。其症危,其力艰,若一药之误,至于害事,则人将以责和、扁而不责庸医也,是代为庸医受责也。"①真德秀在奏札中指出,端平入洛的惨败并不能完全归咎于理宗君臣的好大喜功与轻率鲁莽,乃是史弥远等权臣长期奉行苟安政策的必然结果。对真德秀此论,黄震等学者视其为阿附,"理宗时,天下所素望其为相者,真德秀文行声迹独重。嘉定、宝、绍间,金谓用则即日可太平。端平亲政,趋召至朝,正当世道安危升降之机,略无一语及之,乃阿时相郑清之,饰其轻举败事,谓为和、扁代庸医受责"②。

北伐失败后,纵观朝廷君臣,受到打击最大的当数刚刚亲政的理宗,他自此丧失了锐意进取之心,日渐因循衰颓。真德秀意识到当前首务乃是重振君心,使理宗毋隳初志,继续坚持"收敛靠实""严护本根"的自守之策,力阻议和偏安之论。针对理宗,婉曲振砺的进谏方式要胜于对其决策失误的直接抨击。因此,真德秀才会首先肯定理宗志在恢复、不图苟安的大义本心,同时对于激烈批评端平入洛之举的朝议也进行了一定程度的批评:"比者王师深入,或者往往议朝廷之过举。臣独有以识陛下之本心。蠢兹女真,据我河洛逾百年矣,厥罪贯盈,天命剿之。则九庙神灵,所当慰安,八陵兆域,所当省谒。偷安不振,是以弱示敌;抚机不发,是以权予敌。此陛下之本心也,以名则正,以义则顺,议者之言,毋乃过乎!"③端平三年(1236),宋理宗下罪己诏,承认自己轻率用兵之过:"予小子不替上帝命,欲图绍复之功。岂期轻动于师干,反以激成于边祸,至延强敌,荐食神州……序言其情,谁执

---

① 《西山先生真文忠公文集》卷一四《乙未正月丙辰经筵奏已见札子二》。
② 《宋元学案》卷八一《西山真氏学案》,第 2707 页。
③ 《西山先生真文忠公文集》卷一三《召除户书内引札子二》。

斯咎？皆繇朕责治太速,知人不明,误信佳兵之言,弗思常武之戒。抚心若厉,欲悔何追？"①一向主张自守之策的吴潜兄弟、魏了翁、陈韡等人被重新起用,朝廷对四川、京湖、两淮的战略防御也逐渐重视。

要言之,南宋后期,在权臣政治的阴霾下,国势日衰。对于备战固边的军事经略,朝廷概以"但求镇静,焉用张皇"②为戒。真德秀在理宗决意大举用兵之时忧急万分,多年的政治经验使他敏锐地意识到这次准备不足的北伐必将重蹈宣和之覆辙,故连上数札予以劝阻。从真德秀一贯的军政主张来看,在战、守、和三种战略的选择中,和议绝不可行,此乃"上通于天而不可赎"之大罪。真德秀认为主战在目前的国力下虽不可行,但和议更是导致国家危亡的下策。作为坚守夷夏之防、以名节自期的理学家,真德秀对北方的金、蒙政权坚持不与之和议的政治态度,力谏朝廷以进取之心修明内政,视冒进、因循皆为误国之论。在晚宋理学家中,时人皆以真魏并称,魏了翁曾督视京湖军马,负责江淮防务,"酌上下流之中,开幕府江州,申儆将帅,调遣援师,褒死事之臣,黜退懦之将"③,并亲临前线指挥,修饬武备。而真德秀终其一生也未能实现自己的战略主张,因此获得了"所言不切于实务""军政自是不复立"等负面评价。但战事的发展证明了真德秀并非迂阔不经、只知空谈心性的腐儒,他以两淮、襄汉、川陕等沿边诸州作为藩篱屏障,修筑城池、团结保伍、恤民生、修武备,为稳固国防、防御外敌进行了有效规划,在南宋后期的战争中发挥了积极的作用。在理解和研究真德秀的军政思想时,应将其战略规划与内治主张相结合,在理学家内治修明而外患自平的政治框架中进行历史考量。

---

① （宋）吴泳:《鹤林集》卷一二《端平三年罪己诏》,《景印文渊阁四库全书》第1176册,第110—111页。
② 《西山先生真文忠公文集》卷三《直前奏事札子》。
③ 《宋史》卷四三七《魏了翁传》,第12970页。

第五章　真德秀的施政主张与地方治理

对士大夫的经世精神,南宋诸儒都提出了明确的要求。朱熹告诫为学之士当以天下为志,不可做徒诵经典的腐儒或荣身肥家的俗士,"古人之所谓学者,岂读书为文以干禄利而求温饱之云哉! 亦曰明理以修身,使其推之可以及夫天下国家而已矣"①。叶适明确批驳了"为善士者皆言不能为县,为县者必不能为善士"②的观点,修身、齐家、治国、平天下皆士人分内事。袁燮大力倡导经纶事业,"谓学不足以开物成务,则于儒者之职分为有缺"③。

真德秀从庆元五年(1199)授南剑州判官起到端平二年(1235)去世,在真德秀的仕宦生涯中,曾先后担任江东转运副使、知隆兴府兼江西安抚使、知潭州兼湖南安抚使、知福州兼福建安抚使并两知泉州,政声大著。真德秀在任期间坚持"廉、仁、公、勤"的为官准则,恪尽职守:"(真公)忠国爱民,缠绵固结,不以进退易虑。每谓近代名卿,如了翁、梁溪,皆以得丧荣辱为虚幻,而以济时及物为真实。自泉而福,则恨不得尽力以谢泉人;自福造朝,又恨未有以及一路……忘身殉国,终始如一。"④在江东、江西、湖南、福建等地留下了众多佳话为世人传颂:

---

① 《晦庵先生朱文公文集》卷八〇《玉山刘氏义学记》,《朱子全书》第24册,第3792页。
② 《叶适集》卷二九《书常希古〈长州政事录〉后》,第590页。
③ 《西山先生真文忠公文集》卷四七《显谟阁学士致仕赠龙图阁学士开府袁公行状》。
④ 《刘克庄集笺校》卷一六八《西山真文忠公行状》,第6529页。

> 真文忠为江东转运,有民困于买鸩之役,来诉。公判云:"诏捕鸩鹝,若水尚还其使;岁贡蚶蛤,孔戣犹疏于朝。况为州县之官,可恣口腹之欲!"①

> 真西山论菜云:"百姓不可一日有此色,士大夫不可一日不知此味。"②

任职期间,真德秀以"不息之诚""尽己之忠"忧勤吏事、惠政深洽,治邑之民无不感戴其恩,视之如父。每当真德秀任满离去时,民众都会扶老携幼、倾城相送,并自发为其立生祠祭拜:

> 江东旱蝗,广德、太平为甚,德秀遂与留守、宪司分所部九郡大讲荒政……竣事而还。百姓数千人送之郊外,指道傍丛冢泣曰:"此皆往岁饿死者。微公,我辈已相随入此矣。"③

> 闻道泉人截镫留,翰林从此去吾州。村中父老相持泣,但祝今侯似故侯。④

> 真西山帅长沙,郡人为立生祠。一夕,有大书一诗于壁间者,其辞云:"举世知公不爱名,湘人苦欲置丹青。西天又出一活佛,南极添成两寿星。几百年方钟间气,八千春愿祝修龄。不须更作生祠记,四海苍生口是铭。"⑤

---

① (宋)王应麟著,栾保群、田松青、吕宗力校点:《困学纪闻》卷一九《评文》,上海古籍出版社,2008年,第2078页。
② 《鹤林玉露》卷二甲编《论菜》,第35页。
③ 《宋史》卷四三七《真德秀传》,第12959—12960页。
④ 《刘克庄集笺校》卷二《送真舍人帅江西八首》之二,第91页。
⑤ 《鹤林玉露》卷四乙编《西山生祠》,第193页。

真德秀在地方治理中践行"廉""仁""公""勤"的行政准则,勤政爱民、淳风化俗,以经世惠民的施政主张和丰富的治邑经验赢得了崇高的声望。

第一节 "廉""仁""公""勤"的为官之道与治邑之绩

南宋是灾害多发的朝代,再加上北方强敌入侵,国家财政日益窘迫,财政的匮乏使南宋朝廷对地方官员"理财能力"的要求与日俱增,"朝廷以财赋不足为忧,小人遂献羡余以求进。朝廷不惜名器,以美官要职处之,诸路监司郡守翕然胥效,为剥下益上计,州县骚然,民不聊生"①。凡常赋之外,多献羡余者皆为政绩出众而除授美官,"沈复之为秀州,盖尝以献羡余而进,自此而得枢密矣。钱良臣之为总领,盖尝以巧聚敛而进,自此而至参政矣。上之人设大官以诱之,故下之聚敛者奔而趋之"②。而一意惠泽百姓的仁厚之官却往往面临考课劣等,甚至被革职查办的严酷境地,"(陈谅)知古田县,一意抚字,不忍苛取,民号为'佛子'。及解归,以帑存无赢,几为司财赋者所沮。朱文公熹为言于帅曰:'陈宰,廉吏也。若以此逗留,则为善者何以劝乎?'"③不重民生、只以聚敛为务成为普遍现象,"凡今为州郡者,多立名色巧为征取。属邑之苗,命官量覆,必欲使之出剩。本州受纳,不问多寡,必倍数而可充。……而又广为税目,征取百端,虽民间日用之物仅及数金,悉皆收税,间有科税典贴,敷纳收金,钗鬟有征,蔬菜有税,民间昏姻、驱令、市酒,锱铢不遗,无异丐取。剥肤椎髓,民心嗷然"④。为了革除以敛财刻剥为务的行政陋习,宽民力、重民生,使百姓富足、治邑安定,真德秀每至一处都会发榜谕诫下属州县官吏,明确知会僚属应履行的行政要求。谕州县官僚文是真德秀施政主张的重要体现。知泉州、潭州、福州期间,真德秀都在对

---

① 《王十朋全集(修订本)》文集卷四《除知湖州上殿札子三首(三)》,第643页。
② 《历代名臣奏议》卷三〇七《灾祥》,第3976页。
③ 《八闽通志(修订本)》卷三七《秩官》,第1071页。
④ 《历代名臣奏议》卷五〇《治道》,第683页。

地方僚属的谕告文中提出了对为官者的四大要求:"律己以廉""抚民以仁""存心以公""莅事以勤"。

历代官箴和政训都对官员的廉洁品格做出了严格要求:"理官莫如平,临财莫如廉。廉平之德,吏之宝也。吏能廉平,则患难远已,故为宝也。"① "居官不言廉,廉盖居官者分内事……况明有三尺,一陷贪墨,终身不可洗濯。故可饥、可寒、可杀、可戮,独不可一毫妄取。苟有一毫妄取。虽有奇才异能,终不能以善其后。故为官者当以廉为先,而能廉者必深知分定之说。"②

真德秀将"廉"作为对僚属的首要要求。他告诫官员必须"律己以廉":"凡名士大夫者,万分廉洁,止是小善。一点贪污,便为大恶。不廉之吏,如蒙不洁,虽有他美,莫能自赎。故此以为四事之首。"③针对泉州商旅云集、巨室富户众多的地域特点,真德秀进一步指出了廉洁对官员行政的重要性:"盖泉之为州,蛮舶萃焉,犀珠宝货,见者兴羡,而豪民巨室有所讼诉,志在求胜,不吝挥金,苟非好修自爱之士,未有不为所污染者。不思廉者士之美节,污者士之丑行。士而不廉,犹女之不洁,不洁之女,虽功容绝人,不足自赎;不廉之士,纵有他美,何足道哉!"④廉洁乃是吏治的基本保障,只有做到以清廉为本,才能有效保障各项行政措施的顺利开展。在地方任职期间,真德秀以身作则,律己以廉,"江东二年,凡下车例册及台阃戎司之馈,以至太夫人诞日诸司所奉寿礼,皆不入私橐,专储之以助赈施"⑤。真德秀律己清苦,"自长沙归,始有粤山新居。又越数年,厅廊乃具。学易斋、共极堂,俱卑朴无华饰。负郭薄产,皆出玉堂俸赐。后出藩入从,无所增益"⑥。虽然身无长物、负担沉重,但真德秀始终以廉为铭,"常以廉俭诲子,作《楮衾铭》焉"⑦,堪称南宋

---

① (唐)武后:《臣轨》下《廉洁章》,《丛书集成新编》第30册,中华书局,1985年,第653页。
② (宋)佚名撰,张亦冰点校:《州县提纲》卷一《洁己》,(宋)李元弼等撰,闫建飞等点校:《宋代官箴书五种》,中华书局,2019年,第97页。
③ 《政经·帅长沙咨目呈两通判及职曹官》,《景印文渊阁四库全书》第706册,第454页。
④ 《西山先生真文忠公文集》卷四〇《谕州县官僚》。
⑤ 《刘克庄集笺校》卷一六八《西山真文忠公行状》,第6506页。
⑥ 《刘克庄集笺校》卷一六八《西山真文忠公行状》,第6527—6528页。
⑦ 《刘克庄集笺校》卷一六八《西山真文忠公行状》,第6528页。

后期不可多得的廉吏。卫泾向朝廷举荐廉洁之臣,首推真德秀与章采:"泉南多舶货,贤士大夫间有不免,而二人者前后为泉,皆于舶货毫发无取。去泉之日舶商拥道攀送,以大香注钱其行,二人者皆却不受。"①

端平元年(1234)正月,真德秀至福州后,召所辖十二县僚属劝谕,当此国势倾颓、民力衰竭之际,守牧更当戒贪忧民,使民力复苏,并将廉直作为举荐地方官员的重要标准,"矧惟守令职,休戚我焉寄。盍推若保心,眷焉抚孩稚。横目事征求,往往学顽痹。床剥肤已侵,鹰击毛尽挚。但期已丰腴,曷恤彼憔悴。近来二十年,贪风日滋炽。蒲萄得凉州,西园哄成市。环詹郡邑间,太半皆污吏。民穷盗乃起,原野厌枯骴。哀哉罹祸徒,念之辄挥涕。天地忽开张,清飙扫氛曀。我乃于此时,拥旄忝为帅。顾惭老儒生,蹇拙乏长技。同官为僚友,努力图共济。惟闽古大都,星罗邑十二。岂无良大夫,与我同厥志。要如羔羊直,委蛇自无愧。勿为硕鼠贪,踯躅乃多畏。上方明黜陟,我亦公举刺。民言即丰碑,令问疾邮置。黄堂一卮酒,殷勤抒至意。慎勿多酌余,忧心正如醉"②。

"仁"是儒家思想中的核心内容。先秦时期,儒家先贤便对"仁"在政治生活中的表现进行了论述:"樊迟问仁。子曰:'爱人。'"③"君子之于物也,爱之而弗仁。于民也,仁之而弗亲。亲亲而仁民,仁民而爱物。"④继承了儒家先贤对仁的理解,朱熹对"仁"展开了进一步的论述:"盖仁之为道,乃天地生物之心,即物而在,情之未发而此体已具,情之既发而其用不穷,诚能体而存之,则众善之源、百行之本,莫不在是。此孔门之教所以必使学者汲汲于求仁也。"⑤因此,在谕州县官僚文中,真德秀将"抚民以仁"提升到了为官者体天道、立人道的重要高度:"为政者当体天地生万物之心,有一毫之惨刻非仁也,

---

① (宋)卫泾:《后乐集》卷一三《应诏举真德秀章采赵崇模充廉吏状》,《景印文渊阁四库全书》第1169册,第651页。
② 《西山先生真文忠公文集》卷一《会三山十二县宰》。
③ 《论语注疏》卷一二《颜渊第十二》,第2504页。
④ 《孟子注疏》卷一三下《尽心章句上》,第2771页。
⑤ 《晦庵先生朱文公文集》卷六七《仁说》,《朱子全书》第23册,第3280页。

有一毫之忿疾亦非仁也。"①他希望各级僚属无论身任何职都能够存仁民爱物之心,推己及人,广施仁政,"发一残忍心,斯民立遭荼毒之祸;发一掊克心,斯民立被诛剥之殃。盖亦反己而思之,针芒刺手,茨棘伤足,举体凛然,为之痛楚,刑威之惨,百倍于此,其可以喜怒施之乎?虎豹在前,坑穽在后,号呼求救,惟恐不免,狱犴之苦,何异于此,其可使无辜者坐之乎?己欲安居,则不当扰民之居;己欲丰财,则不当朘民之财。故曰:'己所不欲,勿施于人。'其在圣门,名之曰恕,强勉而行,可以至仁。矧当斯民憔悴之时,抚摩爱育,尤不可缓"②。嘉定十六年(1223),真德秀为湖南安抚使、知潭州,召集长沙十二县宰宣谕长民者当以仁亲民:"从来守令与斯民,都是同胞一样亲。岂有脂膏供尔禄,不思痛痒切吾身。此邦祇似唐时古,我辈当如汉吏循。今夕湘春一卮酒,直烦散作十分春。"③绍定初年,福建一路盗寇蜂起,十室九空。王埜知邵武军,真德秀以诗相赠,劝其抚民以仁:"樵川古乐国,谁遣生榛菅。往事忍复言,念之辄长叹。子往字其人,寄任良亦艰。伤哉周余民,十室九孤鳏。深心察苛痒,摩手苏痍瘝。愿加百倍功,勿作常时观。"④

秉"公"行政,是历代统治者对官员施政的要求。《臣轨》专辟《公正》一章,对官员进行严格约束。唐代统治者认为,官员是否具有"公心",直接关系到其齐家治国的成效:"唯公心可以奉国,唯公心可以理家。言无公心则不可理家奉国矣。"⑤到了宋代,以司马光为代表的政治家们更将"公"视为行政治国的根本大法:"政者,正也。为政之道,莫若至公。"⑥朱熹等南宋大儒将"公"纳入了以"仁"为核心的道德规范体系中,"公却是仁发处。无公,则仁行不得"⑦。"仁是本有之理,公是克己工夫极至处。故惟仁然后能公,理甚分明。"⑧仁是本有之

---

① 《西山先生真文忠公文集》卷四〇《潭州谕同官咨目》。
② 《西山先生真文忠公文集》卷四〇《谕州县官僚》。
③ 《西山先生真文忠公文集》卷一《会长沙十二县宰》。
④ 《西山先生真文忠公文集》卷一《送王子文宰昭武》之一。
⑤ 《臣轨》上《公正章》,《丛书集成新编》第30册,第646页。
⑥ 《历代名臣奏议》卷三四《治道》,《景印文渊阁四库全书》第433册,第851页。
⑦ 《朱子语类》卷六《性理三》,《朱子全书》第14册,第258页。
⑧ 《朱子语类》卷六《性理三》,《朱子全书》第14册,第258页。

理,公是克尽自己私欲以后表现在外的行为,在对官员素质进行衡量时,仁与公应互为表里,不可或缺。"朱熹认为官员能否秉公从政,影响极大……作为'善人'的君子,能从'公'出发治政,必定惠及所管辖的全部地区。这也是儒家历来所主张的学者应该修身、齐家、治国、平天下的理想。由此可见,朱熹并没有把他的公私观停留在理论上,而是希望贯彻到士大夫的政治实践中去,因此他的公私观成为他将道德与政治融为一体的新的伦理思想体系的一个重要方面。"①为官不论职权大小、职位高低,秉公行政的原则皆应一以贯之,"官无大小,凡事只是一个公。若公时,做得来也精采。便若小官,人也望风畏服。若不公,便是宰相,做来做去,也只得个没下梢"②。

真德秀首知泉州,即刊刻了诸葛亮"开诚心、布公道、集众思、广忠益"之言以励僚属,将"公"视为官员品格的重要组成部分。继承了朱熹秉公从政的行政思想,真德秀提出了"存心以公"的四字箴言:"私意一萌则是非易位,欲事之当理不可得也。"③并以蜀汉丞相诸葛亮"吾心如秤,不能为人作轻重"的至公名言谕诫僚属,对地方官员提出了"以公心持公道"的行政原则:"公事在官,是非有理,轻重有法,不可以己私而拂公理,亦不可徇公法以徇人情。诸葛公有言:'吾心如秤,不能为人作轻重。'此有位之士所当视以为法也。然人之情每以私胜公者,盖徇货贿则不能公,任喜怒则不能公,党亲昵,畏豪雄,顾祸福,计利害,则皆不能公……愿同僚以公心持公道,而不汨于私情,不挠于私请,庶几枉直适宜,而无冤抑不平之叹。"④真德秀自己更是不计利害,坚持以公心执法,秉公行政,治邑之处亲贵豪强望风畏服,乡间百姓闻而归心,"泉多大家,或席贵势,患苦闾里。公严绳其仆,而雅责其主,皆愧之而不敢怨。始至,郡之先达有田讼,闻公语自慊,焚其契不复争。曾从龙贻书寓里曰:'此人视宰执如小儿,宜谨避之。'"⑤

---

① 朱瑞熙:《论朱熹的公私观》,《上海师范大学学报(哲学社会科学版)》1995年第4期,第96页。
② 《朱子语类》卷一一二《朱子九》,《朱子全书》第18册,第3583页。
③ 《西山先生真文忠公文集》卷四〇《潭州谕同官咨目》。
④ 《西山先生真文忠公文集》卷四〇《谕州县官僚》。
⑤ 《刘克庄集笺校》卷一六八《西山真文忠公行状》,第6508页。

勤,是在真德秀所提"四事"中最具行动力的施政要求。在南宋基层社会中,呈现出的是一种多种势力共存的复杂社会形态。由于地方政府(尤其是县级政府)官员数量有限,很难在有限的任期内完全掌控陌生的治邑,从而给了胥吏和豪强操纵吏治的可乘之机,"多是故纵吏胥,畏惮权豪,凡有公事,略加点检,无不坐此二病者"①。因此,地方官员必须以勤恪不懈的态度加大对行政事务的亲控力度,钳制胥吏、抑制豪强,"今日自一命以上,孰不知作邑之难。既知其难,要当专心致志,朝夕以思,自邑事外,一毫不可经意。如声色饮燕不急之务,宜一切屏去"②,"凡文书之呈押与讼事之可剖决者,要当随日区遣,无致因循。行之有准,则政有条理,事无留滞"③,从而确保基层行政体系顺利运行。朱熹出任地方,即对救荒、养济、劝农等行政事务性工作提出了积极的要求:"凡是以劳苦之事役使人,自家须一面与他做,方可率得它。如劝课农桑等事,也须是自家不惮勤劳,亲履畎亩,与他勾当,方得。"④朱熹即将赴浙东救荒前,陈亮向他大力推荐了婺州通判赵善坚:"钱守虽有爱民之心,而把事稍迟;今岁救荒,奔走上下不遗余力者,独赵倅一人。所至骑从简约,县道诸色文字并不取索,穷民有请无不遂。今闻去替只二十日耳,若失此人,婺州尚未知所倚。"⑤仁民之心与勤勉之行二者兼备,是衡量循吏的重要准绳。

南宋后期,地方吏治腐败,"诸邑令宰多非其人,产钱失陷而不知考核,版籍散乱而不知整顿,钞书积压而未尝勾销,奸吏豪民相为欺隐"⑥。官场因循之风日盛,"有勤于吏事者反以鄙俗目之,而诗酒游宴则谓之风流娴雅"⑦。真德秀对此提出了尖锐的批评:"当官者一日不勤,下必有受其弊者。古之圣贤犹且日昃不食,坐以待旦,况其余乎?今之世有勤于吏事者,

---

① 《晦庵先生朱文公文集》卷三四《答吕伯恭》,《朱子全书》第21册,第1485页。
② 《州县提纲》卷一《专勤》。
③ 《州县提纲》卷一《事无积滞》。
④ 《朱子语类》卷四三《论语二十五》,《朱子全书》第15册,第1517页。
⑤ (宋)陈亮著,邓广铭点校:《陈亮集》卷二八《壬寅答朱元晦秘书》,中华书局,1987年,第334页。
⑥ 《西山先生真文忠公文集》卷一七《申南安知县梁三聘札》。
⑦ 《西山先生真文忠公文集》卷四〇《潭州谕同官咨目》。

反以鄙俗目之,而诗酒游宴则谓之风流娴雅,此政之所以多疵,民之所以受害也,不可不戒。"①真德秀劝励僚属应以公事为重,勤理政务,非节假日不可聚饮宴游,至于赌博等娱乐活动更应戒绝,否则就会上愧朝廷、下负民望:"民生在勤,勤则不匮,则为民者不可以不勤;业精于勤,荒于嬉,则为士者不可以不勤。况为命吏,所受者朝廷之爵位,所享者下民之脂膏,一或不勤则职业隳弛,岂不上孤朝寄而下负民望乎?今之居官者或以酣咏邀放为高,以勤强敏恪为俗,此前世衰弊之风也,盛明之时岂宜有此?……今愿同僚共体此意,职思其忧,非休浣毋聚饮,非节序毋出游,朝夕孜孜,惟民事是力,庶几政平讼理,田里得安其生。"②每任一职,真德秀都会勤力亲为,不以自身劳瘁为意,"四忝节麾,一周星纪,视人犹己,忧公如家,缘积思虑之劳,遂得烦悸之疾"③,以至四任之后,积劳成疾。

在"廉""仁""公""勤"四纲领之下,真德秀纲举目张,制定了崇风教、清狱犴、平赋税、禁苛扰等具体的行政规章,向僚属提出了行政要求:"当职于此,不敢不勉。亦愿诸县知、佐以前四事及今四条揭之座右,务在力行,勿为文具。"④

"崇风教"是真德秀在行政条目中所列的第一条。真德秀在旌孝、息讼、兴学、尊儒等四方面对僚属进行了谕诫。真德秀认为人道所先,莫如孝悌,因此,编民中有能孝于父母,悌于兄长,性行尤异者,父母官应详加采访,以其实上州,优加赏劝,对于不顾长幼之伦,或因利分争,遽兴骨肉之讼者则应先开谕劝诫,不从者施以常刑。兴学广教是化民成俗的重要手段之一,但在当时颇多州县官员不以教养为意,赡学之田或为豪民占据,或为公吏侵渔,甚至移作他用,未尝养士,甚至多有诡冒生籍,日请钱米,未尝在学习读。许多州县学校因循趋俗,只以应试为目的进行功利性教育,有失国家育材待用的本意。对此,真德秀谕诫僚属必须究心措置,"学田所入,严加钩考,毋令

---

① 《西山先生真文忠公文集》卷四〇《潭州谕同官咨目》。
② 《西山先生真文忠公文集》卷四〇《谕州县官僚》。
③ 《西山先生真文忠公文集》卷一一《辞免直院状》。
④ 《政经·劝谕事件于后》,《景印文渊阁四库全书》第 706 册,第 467 页。

渗漏,计其所入,专以养士……举业之外,更各课以经史,使之绅绎义理,讲明世务,庶几异时皆为有用之才,所补非浅"①。真德秀任职地方期间,广建书院学校,延请硕儒讲学授业,为国育才。嘉定十二年(1219),泉州贡院建成,上梁之日真德秀作八咏以表颂祝,同时寄寓了作育英才、为国培基、振励士风的祝愿:

> 万间贡宇旧巍巍,更辟新楹广旧规。岂为儒生决科计,要培宗社太平基。(之一)
> 簪橐联辉三大老,节旄相映四贤侯。作成后进须先进,引领时流作胜流。(之七)
> 策足巍科亦漫然,当知致远识为先。丁宁莫负梅溪祝,名节岂峣共勉旃。(之八)②

真德秀知潭州,特意聘请朱熹高第钟震掌教事,"真景元长沙延典郡教,称为主一先生……湘南学者,一时向风"③。真德秀知福州,将州学修葺一新,并延聘朱熹门人林学蒙、杨复等入尊行堂讲学,"自今以始,每月朔旦,愿屈长者一临讲席,发挥圣门太训,俾学校之士皆得闻修身立己之要,相与勉励为善人之归"④。即使在还归浦城期间,真德秀依然协助地方官积极致力于官学教育。宝庆年间,真德秀退居乡里,应知县邀请为浦城县学诸生讲论朱子学说。浦城虽科举之风鼎盛,但朱子学说依然以强劲的势头在浦城士子中发展传播,朱熹门人刘黼是真德秀交往甚密的师友,"考亭之门人刘黼,字季文,号静春,与文忠为友而辈行过之。……文忠公与静春辩,各主其说,或当燕饮旅酬之顷,静春必与公辩极而争起,公引觞命静春曰:'某窃笑汉儒聚讼,吾侪岂可又为后世所笑?姑各行所学

---

① 《政经·劝谕事件于后》,《景印文渊阁四库全书》第706册,第463页。
② 《西山先生真文忠公文集》卷一《泉州贡院举梁八咏》。
③ (清)苏佳嗣纂修:《长沙府志》卷一一《人物上》,中国科学院图书馆选编:《稀见中国地方志汇刊》,中国书店,1992年。
④ 《西山先生真文忠公文集》卷三八《请郑林杨三士人尊行堂》。

而已。'"①虽然刘㽦与真德秀对朱子学说的理解有所不同,但对刘㽦,真德秀非常敬重,"尝谓人曰:'吾辈所言,皆是皮肤,惟静春能道其骨髓。若静坐山中十年,庶几敢望静春耳。'"②宝庆二年(1226),刘㽦因故未能如约前往浦城县学讲学,真德秀即代刘㽦作《四德四端讲义》,向浦城县学诸生讲授道德修养论,"知吾心之德即天地之德,必当战兢朝夕,不敢失坠……夫如是,然后不失其所以为人之理。若夫颠倒于利害之途,昏迷于嗜欲之境,善端泯绝,正理消亡,则孟子之所谓非人也,可不惧哉!"③使县学成为传播朱子学说、振励士风的重要场所。

"狱讼无冤"是朝廷对地方官员的考课标准之一。因此,"清狱犴"亦是真德秀对僚属的重要要求。本着"崇德轻刑"的儒家传统思想,真德秀要求僚属尽可能减少冤假错案,"苟非当坐刑名者,自不应收系。为知县者每每必须躬亲,庶免枉滥"④。南宋后期,地方官员严刑逼供、草菅人命的现象屡见不鲜,"诸县间有轻置人于图圄,而付推鞫于吏手者,往往写成章子,令其依样供写,及勒令立批,出外索钱,稍不听从,辄加捶楚,哀号惨毒,呼天莫闻"⑤。渎职无为者,坐视犯人囚粮减削,饥冻交迫。许多囚犯由于枷具过重,颈项为之溃烂。或屋瓦疏漏不修,或因病不早医治,致使犯人轻者饱受风雨之侵、虮虱之苦,重则须臾毙命、刑同大辟。

针对种种狱讼之弊,真德秀要求僚属在行使司法权时必须坚持"抚民以仁""莅事以勤"的行政原则,亲力办案,逐项核查,不得轻易付之吏手。对于死刑的判定,真德秀认为人命关天,有司在定刑时要慎之又慎,"至于大辟,死生所关,岂容纤毫,或至枉滥,明有国宪,幽有鬼神,切宜究心,勿或少忽"⑥。真德秀将"断狱不公""听讼不审""淹延囚系""惨酷用刑"视为狱讼中的四害,"刑者,不获已而用,人之体肤即己之体肤也,何忍以惨

---

① 《四朝闻见录》甲集《考亭解中庸》,第4页。
② 《宋元学案》卷六九《沧州诸儒学案(上)》,第2285页。
③ 《西山先生真文忠公文集》卷三二《代刘季文浦城县庠四德四端讲义》。
④ 《政经·劝谕事件于后》,《景印文渊阁四库全书》第706册,第463页。
⑤ 《政经·劝谕事件于后》,《景印文渊阁四库全书》第706册,第463页。
⑥ 《政经·劝谕事件于后》,《景印文渊阁四库全书》第706册,第464页。

酷加之乎？今为吏者，好以喜怒用刑，甚者或以关节用刑，殊不思刑者国之典，所以代天纠罪，岂官吏逞忿行私者乎！"①正因"清狱讼"直接关系着百姓的生活与治邑的安定，当有僚属向真德秀提出"虑知县事繁，不暇专意狱事"而应将勘狱之职付于县丞的请求时，当即遭到真德秀拒绝："知县以狱事为重，专任其责，虽与县丞同勘，即不许辄取罪囚出外，以致莫伸情款，引惹教唆。或丞老而病，且乏廉声，亦不宜使之干预。"②真德秀认为，"清狱讼"是知县的重要职责，应采取长官负责制，不能借口事繁而推卸给僚属或狱吏。刑狱乃国之大法，稍有懈怠就会给民众带来无法挽回的惨痛损失。

赋税是国家财政的来源与命脉，如何在督促民众按时缴纳赋税的同时又能做到不扰而集，是地方官员考课的重要标准。在"平税赋"这一条目下，真德秀对预借、多征、重叠催税、科罚取财等多种弊政进行了严厉禁止。对官员征收赋税有明文规定，"输纳二税自有省限，官司先期催纳，在法非轻。至于预借税租，法尤不许。若公吏私借者，准盗论"③。然而，由于地方经济的凋敝，大批官员皆以预借为常事，"有未及省限而预先起催者，有四年而预借五年之税，五年而预借六、七年之税者"④，致使民众负担沉重。真德秀将严禁僚属预借作为整顿吏治的一项重要措施，"仰自今为始，须及省限，方行起催仍，只催当年及递年未纳税赋，不许更行预借。所有公吏私借之弊，并委知县严行觉察，务令禁绝"⑤。

真德秀知泉州期间，通直郎梁三聘身为南安知县不但财赋不办、狱讼不理，更因循废放，以预借为当然。在真德秀严禁预借之后，梁三聘竟然从此一钱不复上州。真德秀多次对其进行晓谕劝诫皆无效果，于是上奏送梁三聘赴部别行注授，另选贤能之士治理南安县。在真德秀的奏请下，梁三聘与祠禄，徐鹿卿差知泉州南安县。在以铁腕果断劾罢一批庸员的同时，真德秀

---

① 《西山先生真文忠公文集》卷四〇《潭州谕同官咨目》。
② 《政经·劝谕事件于后》，《景印文渊阁四库全书》第706册，第464页。
③ 《政经·劝谕事件于后》，《景印文渊阁四库全书》第706册，第464页。
④ 《政经·劝谕事件于后》，《景印文渊阁四库全书》第706册，第464页。
⑤ 《政经·劝谕事件于后》，《景印文渊阁四库全书》第706册，第464页。

还将一些地方官员催缴赋税的成功经验向各地进行推广:

> 隆兴丰城,人户多委掌揽输赋,而掌揽不以时纳。嘉定中有为宰者,措置每都出一青册,每板开税户二名,第一行书每人户,第二行书干事人三字,第三行书掌揽人三字……如系本户自纳,即于第一行云自纳;或委干事人纳,即于第二行书其姓名、在何处居;或委掌揽人纳,即于第三行书其姓名、在何处居。诸都人户税赋无不知其去着者,于催科为尤便。①

> 宁国、宣城催科亦难办。嘉定中有宰到官,首召诸都保长来,饮之以酒而与之约曰:"自今官不以一毫扰汝,汝亦毋得以违吾信命。"同僚皆哂其迂,谓此间保司虽挞罚不能使之畏,岂杯酒所能坚其约乎?既而三年之间无一违信命者,鞭朴束缚而不用,此又以诚意感人之效也。②

> 潭之醴陵,庆元间有名士为宰者,每省限满点追到官,或十人或六七人,宰谓之曰:"汝等罪当杖,然不忍皆杖也。"则使探阄,而受杖被刑者少,而人皆知惧,此又一法也。③

在催缴赋税的经验中,真德秀最欣赏歙县县令所创造的"造簿分限之法","以上数条皆可采用,而歙县造簿分限之法尤为切要"④:

> 徽之歙县,催科素难。嘉定中有为宰者,措置夏税秋苗以一都为一簿,与诸都保长相约,每日引三四都,某都以甚日当限,自近而远,谓如初一日引第一、第二、第三都,初二日引第四、第五、第六都,至十四日而

---

① 《政经·催征》,《景印文渊阁四库全书》第706册,第452页。
② 《政经·催征》,《景印文渊阁四库全书》第706册,第452页。
③ 《政经·催征》,《景印文渊阁四库全书》第706册,第452—453页。
④ 《政经·催征》,《景印文渊阁四库全书》第706册,第453页。

诸都毕,又自十六日再轮至,二十九日而毕。所以虚十五日者,以其有小尽故也。其簿居常置宅堂中,闲暇辄一翻阅,至某日某都当限,则携是簿以出,令保长当厅抛箱,知县据案令乡司当厅批销,即与押字,而保长者即出,无羁留之苦、无引展之费,安得不如期以来。①

真德秀认为,只要掌握了正确的催科方法,秉持"莅事以勤"的行政态度,便可达到"催科不扰"的县令考课标准,"若用歙县之法,则各都之纳有欠无欠,一目了然。故尝谓催科之权在己而不在吏,则不扰而办,在吏而不在己,则扰而不办,盖谓此也。今属县财赋之不办,大抵由其不能用歙县之法,故予于此尤惓惓焉"②。赋税倍输一向是百姓沉重的负担,一斛做二斛征收,一岁而再税三税,民众饱受其苦,"盖有已纳而钞不给,或钞虽给而籍不销,再追至官,呈钞乃免,不胜其扰矣。甚者有钞不理,必重纳而后已,破家荡产,鬻妻卖子,往往由之"③。即使如此,官府仍敛取无艺,如暗合、斛面等名目,不可胜穷,民益以为困。早在江东救荒日,真德秀便索毁太平州私创之大斛;知泉州,真德秀又与僚属约定,民众输纳税米,令自量自概,止收三升为耗,诸县亦一体施行。然而诸县更不照前约束,甚至取及二、三斗者。对此,真德秀制定了行政规约,严令属县长官照州仓交纳体例,令纳户自行量概,毋致过取。非额定上缴税粮,真德秀令僚属一毫不得多取于民。真德秀还将重叠催税和科罚取财作为二害,务为民除之,"民间自二税合输之外,一毫不当妄取。今县道有行科罚之政与夫非法科敛者,皆民之深害也,不可不革"④。

真德秀知潭州,将"纵吏下乡""低价买物"等扰民行为列入吏治十害,对其进行了严厉禁止:"乡村小民,畏吏如虎,纵吏下乡,犹纵虎出柙也。弓手土兵,尤当禁戢,自非捕盗,皆不可差出。"⑤"物同则价同,岂有公私之异?

---

① 《政经・催征》,《景印文渊阁四库全书》第706册,第451—452页。
② 《政经・催征》,《景印文渊阁四库全书》第706册,第453页。
③ 《西山先生真文忠公文集》卷四〇《潭州谕同官咨目》。
④ 《西山先生真文忠公文集》卷四〇《潭州谕同官咨目》。
⑤ 《西山先生真文忠公文集》卷四〇《潭州谕同官咨目》。

今州县有所谓市令司者,又有所谓行户者,每官司敷买,视市直率减十之二三,或不即还,甚至白著,民户何以堪此?"①在谕州县官僚文中,真德秀明确列出"禁苛扰"一目。真德秀在行政规范中明确规定,"在州官及诸县知、佐,不许出引,令公吏保司买物"②。诸县循习成例,借圣节赐宴为名,或于行铺科买物件不依时价支钱;或于民院科配钱物、或迫乡村农民充乐社祗应的扰民弊习,真德秀再三申诫、明令禁止,并将因上元放灯白科铺户油烛的永春县吏及令民户妆束祗应筵会的惠安县吏勒罢监禁。对军需用品的白科敷买历来理由充足,并缘军期,辄有科配。军情急如星火,为了在军期前完成造船造箭任务,强行敷买人户桐油、赤藤等物的扰民之举屡见不鲜。对此,真德秀告谕官吏:"今后遇有军期行下,宜从长区处,务令不扰而办。毋容县吏并缘广行科配,及抑令保司赔备。"③真德秀除严惩当事人外,还从根本处入手,严厉禁止诸属县大兴土木之工,"自今非甚不获已,毋辄兴土木之工,其不急兴修并仰住罢。所有合修去处,须管以见钱置场,依时价召人申卖,不许出引敷率。今恐属县或因修造辄有敷配,仰日下除罢"④,从而清除了长期以来困扰民众的一项苛扰。保正、保长乃是编民身份的执役者,官员科率多端,公吏取乞尤甚,致令破家荡产,许多民户由此畏避,不肯充承。为了规范执役制度,真德秀再三谕诫僚属务以宽恤为法:"自今于保正、长等人务加宽恤,除烟火盗贼及自受文引外,不许稍有苛扰。"⑤同时,对保正等人也提出了执役要求:"如官司已存恤保正、长,而保正、长却募破落过犯人代役,在乡骚扰,即当究治施行。"⑥

通过对四纲四目的阐释,真德秀充分展示了自己的行政思想和施政方略,不仅从为官素质上对各级僚属提出了严格的要求,同时,也在治邑方法上为僚属制定了具体而有效的措施,从而有效保障了民生。

---

① 《西山先生真文忠公文集》卷四〇《潭州谕同官咨目》。
② 《政经·劝谕事件于后》,《景印文渊阁四库全书》第 706 册,第 465 页。
③ 《政经·劝谕事件于后》,《景印文渊阁四库全书》第 706 册,第 466 页。
④ 《政经·劝谕事件于后》,《景印文渊阁四库全书》第 706 册,第 466 页。
⑤ 《政经·劝谕事件于后》,《景印文渊阁四库全书》第 706 册,第 467 页。
⑥ 《政经·劝谕事件于后》,《景印文渊阁四库全书》第 706 册,第 467 页。

一、江东救荒、仁爱济民

嘉定七年(1214)十一月,真德秀被朝廷任命为江东转运副使,嘉定八年(1215)江东即遭遇严重的旱蝗灾害,百姓民不聊生,饥民起而为盗,"江东九郡大旱者七,加以飞蝗所过,遗孽蔽江盈野,其积数尺,草木芦苇为之一空。秋阳方骄,风日愈烈,耳目所接,无非焦熬窘促之状,人情皇皇,略无生意。井泉沟涧,在在枯竭,居民行旅,汲饮无所。市籴翔踊,斗及千钱,其长未已,居民相谓以平时三数日之资为一日籴,犹不能饱。至于村疃镇戍,市无粒米,道路往来,有连日不得食者"①,百姓百十人入靖安县强发富室仓米,池州饥民剽掠客旅,地方动荡不安,暴乱一触即发。

江东旱蝗,广德、太平为甚,自到任之日起,真德秀便与僚属讲行荒政。真德秀接连奏请朝廷蠲放宣城县去岁零苗、为江宁县城南厢居民代输和买、倚阁重灾区夏税秋苗,蠲免第四等、第五等人户灾年赋税:"臣以转漕为职,亦自靳惜财计。第亲见民穷如此,宁忍坐观不言?仰惟仁圣盛明之朝,哀矜元元,一如赤子,微臣虽不奏请,终亦必有施行。然臣窃惟救患恤灾,宁过乎早,若及今亟行恩恤,庶人户不至逃移。"②当灾情加剧,米价骤增之时,真德秀又连上数状请求朝廷拨米赈济,以解燃眉之急:"江东自昨岁旱蝗,屡经丰熟,荒田未垦,在在相望,若今更有转徙,必至无人可耕,国之所失,不知几倍。臣等夙夜忧惧,思得协心尽力,为陛下救此一道生灵,使不致饥饿流亡,散为盗贼,以遗朝廷忧。已行下州县,分遣官僚,躬亲抄札,略计七八郡所当济者不下百余万户,户给一石,亦该一百余万石。所在州县匮乏,岂有宽余,而义仓见管才四十三万,耗腐在内,非陛下捐数十万石之米,不足以振此凶灾……伏望断自宸衷,亟命有司于镇江、建康府转般仓拨米五十万石,贴助本路义仓米斛,赈济饥民。"③在真德秀连番奏请下,朝廷降旨给降度牒一百道付提举司,及取拨制置司桩管会子十万贯,又令建康转般仓支拨米三十万

---

① 《西山先生真文忠公文集》卷六《奏乞分州措置荒政等事》。
② 《西山先生真文忠公文集》卷六《奏乞蠲阁夏税秋苗》。
③ 《西山先生真文忠公文集》卷六《奏乞拨米赈济》。

石,贴充江东路济粜使用。真德秀考虑到"般运之间尚费期日,不能遽及待哺之民。米运往来,糜费耗折,又所不计"①,又再上奏折,请求截拨宁国府、广德军等上供米,使朝廷恩意速可及民,不至稽缓误事。

朝廷赈灾的主要方式有三种:赈给、赈粜、赈贷,或单独使用,或混合使用。对于官府而言,赈给或曰无偿赈济,投入的财政成本最大,"(赈贷)系此年出,次年入,赈粜者则是出粮入钱,对官府的财计影响不大,或者说没有什么损失。无偿赈济则是纯粹的支出"②。因此,官府多采用赈粜的方式减少财政压力,杨宇勋在研究中做过统计,"在多数的官方赈荒史例之中,赈粜数量多过于赈给"③。嘉定八年(1215),真德秀与淮西总领胡槻等人商议救荒之策,并自领广德、太平两地的救灾之任,"乙亥之旱,桐川为甚,而民又最贫,故德秀所分二州,允加意于此郡,汲汲拯救,如捍头目。控诉于朝,得米凡五万余石,皆捐以济民,而未尝责之出粜"④。江东救荒,守牧勤力忧民者甚少,"救荒之政固当责之守令,而州县之间,官事丛委,虽有忧民之吏,欲置它务以专意赈恤,而势有所不能。其间庸惰之吏视为故常,付之吏手,徒耗官物,惠不及民,实为利害"⑤。

广德军在嘉定八年(1215)的旱灾中受灾情况最为严重,然官吏因循,多不可用,唯教授林庠诚实恳到、有志及民,真德秀遂将赈灾救荒一事属之林庠,"非不知教官自有职分,不当与闻民事,实缘本军官僚别无可委,兼民命危急,不应拘牵常法,坐视而不知救,强之再三,庠始任责,朝夕尽瘁,区画有方,遂使千里赤子均被朝廷振恤之实惠,桐川之人悉能言之"⑥。林庠自兼任救荒之职后,全力赈济,终日坐敖仓中,处之自安。在林庠全力措置之下,广德百姓得以不经贪官克扣、胥吏盘剥,顺利获得朝廷发放给灾区的二万斛

---

① 《西山先生真文忠公文集》卷六《申尚书省乞截拨宁国府等上供米》。
② 汪圣铎:《两宋财政史》,中华书局,1995年,第512页。
③ 杨宇勋:《先公庚后私家:宋朝赈灾措施及其官民关系》,万卷楼图书股份有限公司,2013年,第155—156页。
④ 《西山先生真文忠公文集》卷七《第二奏乞待罪》。
⑤ 《西山先生真文忠公文集》卷六《奏乞分州措置荒政等事》。
⑥ 《西山先生真文忠公文集》卷七《奏为不合差广德军教授措置荒政自劾状》。

赈济粮。"以理念而言,在真氏心中,恤民比政府财计来的重要;都司则不然,他们必须考量财计,以应付困窘的财政问题。"①真德秀所主张的赈给救荒,引起了胡槻等人的不满,"都司胡槻、薛拯每诮德秀迂儒,试以事必败,至是政誉日闻,因倡言旱伤本轻,监司好名,振赡太过"②,朝廷亦未准许真德秀的赈给之请。为救民饥困,真德秀与广德知军魏岘议,先发廪以济民,然后申乞俟罪。胡槻指使知军魏岘奏陈真德秀以夸大之词欺瞒朝廷以收买人心,被真德秀委以救荒重责的教授林庠也被魏岘以越职侵官所劾,真德秀对此深为愤慨:"其始议之时,庠与一二同僚皆主赈贷,独岘移书告臣,力言给济之便。"③救荒有力的林庠本主赈贷,而真德秀最终决定赈给发廪正是魏岘的建议。魏岘却在胡槻的利诱和怂恿下弹劾林庠,致使朝廷下旨将林庠放罢。

为了正视听、明是非,真德秀对魏岘所指自己易赈粜为赈给乃为博取民心而使民怨集于朝廷的指责进行了辩驳:"易粜为济,然后一方之民得免死徙之患,此主上之至德,丞相之至恩也。米乃朝廷之米,有司不过奉朝廷之命给散之耳。"④并当即上奏自劾、待罪:"臣窃见近日风俗日以衰弊,人臣率顾一身利害之私而不以国家生民为念,臣虽不肖,每独忧之岘之说行。恐自今分职授任者益以自专掠美为嫌,便文自营,谁任陛下事者?岘言虽小,所关甚大,此臣拳拳之愚所以上渎天听不自知其烦也。岘与某一是一非必有公论。伏望陛下特选朝士或委邻路监司核考其实,若广德荒政不举,则某为有负陛下,不可无责。若岘言无实,则是以私意邪说上惑朝听,亦乞明正其罪,使天下知是是非非不可混于圣明之世。"⑤在时任提举江东路常平茶盐公事李道传等同僚的声援下,最终朝廷下旨,真德秀无罪可待,魏岘与宫观。

为了尽快恢复农业生产,使民众顺利度过灾荒,真德秀在大力奏请朝廷赈济、蠲免税赋的同时,还采取了一系列宽养民力、有益民生的惠民举措。

---

① 《先公庚后私家:宋朝赈灾措施及其官民关系》,第 248 页。
② 《宋史》卷四三七《真德秀传》,第 12960 页。
③ 《西山先生真文忠公文集》卷七《第二奏乞待罪》。
④ 《西山先生真文忠公文集》卷七《第二奏乞待罪》。
⑤ 《西山先生真文忠公文集》卷七《第二奏乞待罪》。

在这次旱蝗灾害中,池州受灾深重,"池阳诸邑,曩自兵兴之后,继以旱蝗,民力雕敝,视他郡特甚"①,然而自嘉定四年(1211)起,朝廷便以军备为名,令池州民众烧造滁州城砖,后又累加池州城砖,涉历累年,官民劳费,未有了日。烧造城砖成为池州百姓无法摆脱的沉重枷锁,值此大灾之年,民力已衰竭不堪,再负担此劳役无疑使民众生路全绝。因此,真德秀毅然上奏,请求免除池州百姓造砖之役,以宽恤民力:"夫修筑城壁,固当致力于无事之日,丰年乐岁,虽未免劳民犹之可也。今旱蝗之变甚于昔年,小民方皇皇然救死之不赡,而复使之受无穷之扰,其何以堪?……方此饥歉之岁,设有缓急,何以为备?此又不容不为先事之虑也。欲乞详酌所陈,行下池州,日下权行住罢诸县烧砖及修城二役,仍追回各县所差公吏,候将来丰熟日别议施行。"②

当赈米已下拨给受灾民户后,真德秀并没有因此满足,他为百姓考虑得更加长远,在广泛访听了当地父老之言后,真德秀决定在灾区大力推广二麦的种植,"若广种二麦,则一饱有期,庶几四五月之交,赈济或可结局。若种麦稀少,不足救饥,则非至秋成,官司振给实难遽已"③。通过种植二麦既可使民众摆脱灾荒所造成的艰食处境,同时也可使灾区尽快结束依靠朝廷赈济的局面,其利不言自明。然而在受灾之后,州郡无余财,仓储无赢余,为此真德秀再上奏札,为民众争取籴本,斟量给贷,麦熟之日,令民随税输纳。在真德秀的奏请下,"前后得米凡五十余万石,官会、度牒又不与焉,大抵悉行给予。当时九郡四十三县之民无一流莩,感戴至今"④。江东百姓受益者数以万计,大规模的骚乱得以避免。

二、潭州广储、长效保障

嘉定十五年(1222)九月,真德秀被任命为湖南安抚使知潭州。真德秀在任职期间复税酒,兴社仓,立义冢,行和籴米,建赈惠局,兴学广教,凡以利

---

① 《西山先生真文忠公文集》卷六《申枢密院乞住筑池州城壁》。
② 《西山先生真文忠公文集》卷六《申枢密院乞住筑池州城壁》。
③ 《西山先生真文忠公文集》卷七《乞给降钱会下本路灾伤州郡下户收籴麦种》。
④ 《西山先生真文忠公文集》卷一〇《申尚书省乞拨和籴米及回籴马谷状》。

民者无不为。嘉定十七年(1224)夏,潭州遭遇旱灾,"潭州诸县多以旱告,而长沙、善化、宁乡、益阳等县为尤甚,早稻之伤几及其半,诉旱之状日以千百计"①,由于潭州所仰食者多为早稻,早稻绝收则民众即陷入无食之境,米价翔踊,甚至无米出粜。州城自二月后即行赈粜,至七月终计米七百万石。由于刚刚遭受了嘉定十四年的旱灾,常平之积几尽,又无其他粮项可资挪融,真德秀忧心如焚、寝食俱废,遂请求朝廷存留纲运,将嘉定十六年上供米、十四年以后和籴米共七万二千石留为赈粜之本,但朝廷颁下圣旨,却只令于和籴桩管米内支拨二万石充赈粜使用,于是他再次上奏恳请朝廷按原申数拨给赈粜粮。在真德秀的坚请下,朝廷终依其所申,将七万石和籴米尽数发拨潭州灾民。为了赈济灾民、维护治邑稳定,真德秀又发《劝立义廪文》谕富民发粜以助官府赈济,"今举行义廪,使上中之户自相推排,随力出备,官司不计产强敷之也。自置粜场,自收粜钱,官司不遣吏监临之也。价直高下,视时稍损,官司不抑令痛减也。况常岁艰食,悉仰劝分,今州郡既立社仓,又粜义米,则与尔富民分任其责者为不少矣,其可不体官司美意相率而乐从哉"②。

　　相较于辛弃疾、朱熹等前辈名臣,真德秀在继承了他们荒政方略的同时,更采用了多样化的劝谕形式,使基层社会各阶层都自觉维护乡间秩序、积极履行社会责任。对于持"潭人未易告谕,诸县劝粜,自有成式"观点之人,真德秀在劝谕文中给予了明确驳斥:"为是说者,是以薄待吾民也,十二邑之广岂无好义乐善之君子?"③在潭州救荒劝谕的过程中,真德秀既对富民上户晓之以理:"夫人之贫富,虽有不同,推其由来,均是天地之子。先贤有言:'凡天下之疲癃、残疾、惸独、鳏寡,皆吾兄弟之颠连而无告者也。我之与彼,本同一气,我幸而富,彼不幸而贫,正当以我之有余而济彼之不足。'"④同时又对其谕之以利害:"若以利害计之,无饥民则无盗贼,无盗贼

---

① 《西山先生真文忠公文集》卷一〇《申朝省借拨和籴米状》。
② 《西山先生真文忠公文集》卷四〇《劝立义廪文》。
③ 《西山先生真文忠公文集》卷四〇《劝立义廪文》。
④ 《西山先生真文忠公文集》卷四〇《劝立义廪文》。

则乡井安,是富家之利也。况义廪云者,非捐所有以与之,特出所有以粜之而已,于富家初无损,而于贫民实有益。且每岁劝分出于官司,岂能无扰?"①对于在劝分中欣然出粜,自觉惠恤穷困的富民与士人,真德秀大力旌褒以为榜样,州郡或借补官资,或特立坊名,或量与免役,以旌异之。在乡村秩序的构建与维护过程中,各阶层成员都应由被动接受转变为主动遵循,由自发行为转变为自觉作为,形成一种社会性的思维方式和行为方式,"儒教中的个体的行为、思想乃至情感既受这种社会性制约,也是这种社会性的表现"②,从而实现理学家社会改造的目标。

面对十年九灾的艰难时局,上奏请赈、蠲弛税赋等常规性救荒措施往往由于各种原因无法得到朝廷的许可,如果灾疫程度相对较轻,即使是民众艰食,地方官员也不敢轻易援例请赈。因此,建仓广储、创立常效保障体系更能显现其济世拯民的经世化特质。真德秀日夜苦思济民之策,"假守湘土,深惟委寄之重,朝夕疚心,苟可以惠养民生、培固邦本者,不敢不用其至。惟是民食一事,最关休戚"③。潭州地狭人稠,"土产有限,全仰客米,以济其乏,若邻路与上江岁丰谷贱,转贩者多,仅免阙食。一或不然,则市直骤增,平民下户立见狼狈"④,因此春夏之间,潭州居民多苦于贵籴。潭州虽设有常平仓,然法令谨严,非重灾不得动用常平储粮,"常平义仓之储本自无几,加以法禁严重,非饥荒已甚之岁不敢辄请发粜,故二年之间,虽苦贵籴,臣皆那融借拨别色米斛以粜,而不敢遽发常平。至今夏米价益翔,借拨之米不足以继,然后浼申常平司,得米五万石赈粜,一城生齿赖以全活,而公家之积则已垂罄矣"⑤。

乾道七年(1171),朱熹以与友人魏掞之小异的"岁贷收息"法在崇安五夫建立社仓,"岁一敛散,既以纾民之急,又得易新以藏,俾愿贷者出息什

---

① 《西山先生真文忠公文集》卷四〇《劝立义廪文》。
② 白欲晓:《回到儒教自身——"儒教形态"引论》,《安徽大学学报(哲学社会科学版)》2010年第4期,第37页。
③ 《西山先生真文忠公文集》卷一〇《奏置惠民仓状》。
④ 《西山先生真文忠公文集》卷一〇《奏置惠民仓状》。
⑤ 《西山先生真文忠公文集》卷一〇《奏置惠民仓状》。

二……数年之间,左提右挈,上说下教,遂能为乡闾立此无穷之计"①。朱熹的社仓之法很快被推行于天下,"孝宗皇帝深惟民食之重,因朱熹有请,颁社仓法于天下。自是数十年间,凡置仓之地,虽遇凶岁,人无菜色,里无嚣声"②。尤其是在八闽之地,更是社仓云集,在乡村社会中发挥着救荒平粜的重要作用。然而,随着时间的推移,各地的社仓在运营过程中由于不得其人或监管不力,日久则弊病渐生,社仓的推广趋势逐渐减缓,甚至有废止的倾向。对此,真德秀以亲身经历对欲废社仓的时论予以了驳斥:"臣少时实亲睹其利,岁久法坏,每为之太息。嘉定乙亥,蒙恩将漕江东,岁适旱蝗,承诏措置荒政,奔走属部,亲见饥穷之民惟乡落最甚,而致粟又为最艰,劳费不啻数倍。因慨然深念,使社仓之法推行而不废,在在皆有藏粟,以之振民犹取之怀也,其利岂不溥哉! 至是益知孝宗皇帝之圣谟神画,有百世不可易者。……古之法曷尝无弊,亦在夫维持整饬之尔。如以常平义仓论之,侵渔移易,其害亦不一矣,然卒不可废者,以其害不能掩利故也,何独社仓必欲举而废之哉?"③与他地社仓废坏不同,庆元初知长沙县事的饶干所立的二十八所社仓始终发挥着救荒活民的重要作用。当大灾之后,社仓的存在价值就更加鲜明地凸显出来,"今春艰食,诸处细民窘迫至甚,惟长沙县诸乡有社仓二十八所,凡二十亩以下之户皆预贷谷,赖此得充粮种,比之他县贫民粗有所恃"④。

在嘉定十七年大旱之后,真德秀立即申奏朝廷,在潭州广建社仓,"今夏旱暵尤甚,祷请之余,斋居深念,所以为一方饥馑之备,盖无出社仓之右者。用是搏节浮费,以官钱易谷于总所凡八万石,益以他谷为九万五千余石,十二县置仓凡百所,令人户之当输谷于州者就输之社仓,其敛散之规、息耗之数,大概悉仿朱熹所上条约,而因时救弊、视俗制宜者又加详焉"⑤。真德秀

---

① 《晦庵先生朱文公文集》卷七七《建宁府崇安县五夫社仓记》,《朱子全书》第24册,第3721—3722页。
② 《西山先生真文忠公文集》卷一〇《奏置十二县社仓状》。
③ 《西山先生真文忠公文集》卷一〇《奏置十二县社仓状》。
④ 《西山先生真文忠公文集》卷一〇《申尚书省乞拨和粜米及回粜马谷状》。
⑤ 《西山先生真文忠公文集》卷一〇《奏置十二县社仓状》。

还总结和汲取了社仓五十年来的败坏之由,"盖缘其始多是劝谕士民出本,因令管干,往往视为己物,官司亦一切付之,不加考察,且无更替之期,安得不滋弊幸"①。官方不参与管理而将一切付之民间管理,此乃是社仓废坏的根本原因。真德秀为潭州所置的百所社仓订立了严格的规约,"某今来所置诸县社仓百余所,一切从官司出本,选择佐官分任出纳,乡士之主执者不得独专其权,兼令二年一替,其视向来规模似稍周密。其他考察,一一加详,质之众论,似可悠久"②。真德秀希望通过官方的参与管理来约束和引导社仓的运行,从而将文公遗意传之久远。为使良法美意久存不坏,真德秀以行政保障介入社仓运营,"命令尹四明林冈任提督之责,命尉府上饶余禹翼任措置之责,选幕中之贤,得庐陵朱涣检察其事。……提督、检察、措置官预焉,盖将使邦人知公创置之意,又知奉承者之不苟如此"③,其效果非常明显,贫富强弱,阨塞疾苦,具得其实。

真德秀在潭州两年,"所以为民食计者,无所不至。在城则置惠民仓,诸县则劝立义廪"④,惠民仓和义廪所赈济的主要对象乃是无田之民,末等税户虽艰食却因有田而不能蒙惠。要惠济所有灾民,除非置立社仓储谷给贷,此外别无良策可使蒙惠。嘉定十七年(1224),真德秀在潭州创建惠民仓,并将其设为定制,"自今岁为始,将上项折粳令人户输纳本色,更不折钱,以嘉定十六年纳到数目计之,合正与耗为米五万余石,别敖盛贮,名曰'惠民仓',岁岁赈粜,其规模大略悉仿张咏之法,庶几城市细民自此永无艰食之虞,而因养寓教,又于风化不为无补"⑤。在真德秀的筹划下,潭州惠民仓开始发挥作用。适逢自然灾害,刚刚设立的惠民仓即"拨人户纳到折粳米五万余石桩充赈粜"⑥,大大缓解了朝廷赈粜不足的压力。

---

① 《西山先生真文忠公文集》卷一〇《申尚书省乞拨和籴米及回籴马谷状》。
② 《西山先生真文忠公文集》卷一〇《申尚书省乞拨和籴米及回籴马谷状》。
③ (宋)戴邦用:《长沙府大觉社仓始末》,(明)解缙等纂:《永乐大典》卷七五一〇,中华书局,1986年,第3387页。
④ 《西山先生真文忠公文集》卷一〇《申尚书省乞拨和籴米及回籴马谷状》。
⑤ 《西山先生真文忠公文集》卷一〇《奏置惠民仓状》。
⑥ 《西山先生真文忠公文集》卷一〇《申尚书省乞拨和籴米及回籴马谷状》。

值得重视的是，真德秀对潭州仓储体系的建设模式，有力地确保了地方保障体系的规范化和长久化。无论是惠民仓还是社仓，真德秀都在汲取了以往成败经验的基础上，加强了官方的参与和控制力度，在因时救弊、视俗制宜的基础上，必立之规，使后任有规可循，为仓储体系在地方的发展定立了长远之计。潭州惠民仓自创设起，就被真德秀纳入了潭州的地方行政体系中，真德秀将惠民仓的经管与对僚属的考课挂钩，并立此为程式，使后任官员遵规而行，"庶几城市细民自此永无艰食之虞，而因养寓教，又于风化不为无补"①。在真德秀订立的规章基础上，其后任曾从龙、余嵘等及各属县守令也多守之弗失，行不敢怠，"令丞去官，郡稽其存否为功过，且俾常平使者察焉"②，从而在一定程度上巩固了朱熹等理学前贤救荒济民的成果。正如魏了翁在为潭州惠民仓所作记中言："余尝语希元，子无患焉，仁义之心人皆有之，吾将见是法也，有推行而无沮挠，有变通而无废易也。"③

三、练兵经武、整肃军政

嘉定十二年（1219）秋，真德秀除集英殿修撰、知隆兴府安抚江西。鉴于前任安抚使多以江西为内地而忽视军政要务，真德秀明确指出九江、兴国等沿江州郡皆为军事重镇，练兵备战是江西安抚使的重要职责，"今之议者大抵以江西为内地，殊不知九江、兴国二郡，前临大江，北望淮壖，才一水尔。中兴初，江西安抚大使实兼节制蕲、黄，盖以是也。去岁之春，敌攻黄州诸关，江右震动，本司承制檄调兵守江，仓卒间仅能发诸州禁卒千人以往。夫以步卒守江，犹策马使耕，驱羊使载，其不胜任也必矣。臣谓与其缓急调无用之兵以误事，孰若平时养有用之兵以待事！"④嘉定十三年（1220）六月真德秀上《江西奏便民五事状》，首陈治兵选将、缮城弭盗等军政之策，"凡任帅职者皆当以治兵为先，而帅江右者尤当以治兵为急。故自到官以来，凡事

---

① 《西山先生真文忠公文集》卷一○《奏置惠民仓状》。
② 《鹤山先生大全文集》卷四八《潭州外十县惠民仓记》。
③ 《鹤山先生大全文集》卷四八《潭州外十县惠民仓记》。
④ 《西山先生真文忠公文集》卷九《江西奏便民五事状》。

关军政,率不敢后。然人情蹈常袭故,往往视为内地,语及武备则哂其不切,虑及江面则指为过忧,缮治城堞则曰不必徒费,督责将佐则曰毋庸多事。……故今所陈,一以治兵选将、缮城弭盗为请"①。

南宋时,屯驻大军取代禁兵,肩负着平寇的责任,而各地尚存的禁兵,则成为专供杂役、不从事战斗的部队,州郡兵力日益削弱,州郡禁卒多以供工匠,备厮役,而非经过训练的战备力量。一旦匪寇作乱,必调遣大军往赴平叛。如若边境有警,则大军难以内外兼顾,所以扩充州郡兵力、维护地方安定是地方守牧的重要职责。

真德秀将设立团结作为增强地方禁军战斗力的优选方式,"臣所领十一郡,有所谓团结禁军者,盖诸道所不及。其法选诸指挥禁军之强壮者(年若干以下试弓若干斗、力弩若干力),聚为一营,命曰团结,月增料钱一千,合诸郡祖额,凡若干人(隆兴府一千人,诸州军各具实数)。臣欲稍增其额,合一路为一万二千人(隆兴府增五百人,通为一千五百人,诸州军均添足数)。日教旬阅,责之兵官……其拣选不精、教练不熟者,案劾以闻,守贰不觉察,并行责罚。如此则一二年间,州郡之兵渐趋精勇,此弭奸销萌之要术也"②。江南西路率先在禁军中选拔强壮者组成团结,增其兵饷,每日教练,定期检阅,练兵考核的责任由知州、通判担任,优勤者拔擢,劣惰者汰除,战斗力不断提升,地方守备力量也得以增强。真德秀建议,浙西、浙东、江东、湖南、福建、广东、广西等内地诸路均应效仿江西团结之制以为不虞之备,"两浙、江东、湖南、福建大约各以万二千人或万人为额,二广则稍杀焉。其选择教练,悉如臣今来所请,则此八路中禁军之可用者无虑十万余人。平居以备盗贼,缓急以待兴发"③,对提升地方军事力量具有重要作用。

在真德秀的仕宦生涯中,他曾两知泉州,第一次是在嘉定十年(1217)三月赴泉,嘉定十二年(1219)秋离泉。第二次知泉州为理宗绍定五年(1232)

---

① 《西山先生真文忠公文集》卷九《江西奏便民五事状》。
② 《西山先生真文忠公文集》卷九《江西奏便民五事状》。
③ 《西山先生真文忠公文集》卷九《江西奏便民五事状》。

八月到绍定六年(1233)十月。继承了理学前贤的治邑思想,真德秀以"尽己之忠"与"不息之诚"忧勤王事、振立军政,使动荡不安的形势渐趋稳定。泉州作为东南沿海最繁华的商贸港口,中外贸易曾创造过数以万计的巨额财富,然而,到了南宋后期,由于官吏的苛征,泉州贸易额日益递减,商人畏重征,苦官吏和买,至者绝少,郡计大窘,州县财政陷入了公私赤立之境。真德秀至泉后,立即采取措施,"戒官吏毋得买一物。虽诸台委倅属市物,必申州始得奉行"①,在严格的监管下,番舶数量逐渐恢复,遂及绍熙旧额,从而确保了州郡收入,使凋敝的地方经济得以复苏。

平定海盗是历代守泉者均需置于首位的军政要务,每次海盗来犯都会对泉州的政治经济造成严重破坏。真德秀首知泉州即于嘉定十一年(1218)四月二十九日遭遇海盗侵袭,他调兵遣将,派遣左翼军统制薄处厚率兵乘驾甲乙丙大战船并次船共五只,水军四百一十八人迎御海寇。为了增强兵力,真德秀素知同安县管下烈屿首领方知刚、林枋等人勇武有谋且能以信义服众,"王子清等在漳州海界浯屿放火杀人,去烈屿止一望间,方知刚等即团结丁壮,排布矢石,控扼海岸。未几贼船果到本屿,见其有备,不敢辄犯,一境生灵赖以获全"②,且烈屿民兵久习舟楫,于是真德秀以礼劝谕方知刚率烈屿民兵协同左翼官兵作战,贼徒初欲抵敌,以官民兵势盛,恐惧丧胆,遂束手就擒。在潭州沙淘洋,官民与民兵协力,捕获盗首赵希卻等人,其余诸盗势孤气沮、四散奔逃,有力地保障了泉州的安定。然而真德秀并未因此胜利而放松警戒,自浪淘洋大捷后,真德秀接连上书枢密院,请求加强沿海军事防御:"泉之为州,控临大海,实闽陬要会之地。国家南渡之初,盗贼屡作,上勤忧顾,置兵立戍,所以为海道不虞之备者至详且密。开禧军兴之后,戍卒生还者鲜,舟楫荡不复存,于是武备空虚,军政废坏,有识之士所共寒心。"③自开禧北伐失败后,泉州军政废坏,兵员不足,武备空虚,海盗窥见官军单弱,辄萌侵轶之志。为了永绝后患,真德秀选派观察推官李方子和晋江知县徐

---

① 《刘克庄集笺校》卷一六八《西山真文忠公行状》,第6507页。
② 《西山先生真文忠公文集》卷八《泉州申枢密院乞推海盗赏状》。
③ 《西山先生真文忠公文集》卷八《申枢密院措置沿海事宜状》。

叔川协同左翼军将领遍行海滨,审视形势。在经过了实地调查和多方征询后,真德秀确立了布军寨、练兵卒、增舟楫、节制左翼军等军政复兴方略。

驻扎在泉州的左翼水军原有宝林、法石和永宁三寨。宝林寨紧邻州城,距海最远,却屯驻水军三百;法石寨乃海防要地,仅有一百二十余人;永宁寨正临大海,步军之数却远超水军,诚为本末倒置。"诸寨军兵杂以老弱,法石军器总于大军,遇事关请,未免稽迟。大军战舰,仅可足用,自余诸寨船只俱无,徒有舟师之名,初无其实。至于营房倒塌,器械阙少,亡具尤甚。"①对此,真德秀进行了一一整顿。真德秀首先从宝林寨三百水军中拨出两百人分别增入法石寨、永宁寨和围头新寨,军人列居海滨,习熟风涛之险,与安居内地养成骄脆者不同。对于围头新寨,真德秀尤为重视,为了阻击海盗,真德秀还创立新寨以成控遏之势,"(围头)视诸湾澳为大,往来舟船可以久泊。访之土人,贼船到此多与居民交通,因而为盗。况自南洋海道入州界,烈屿首为控扼之所,围头次之。烈屿既有土豪乡兵可恃,围头合行措置。今欲创立小寨,约以百人为额。上可接永宁,下可接烈屿,前可以照应料罗、吴屿等处,内可以控捍石井一带港口,实为冲要"②。为使军人居有定所,真德秀还在各寨扩建营房,法石寨原本只有一百二十人,后增至二百人,因此添造寨屋九十间,庶几士卒得以安居。永宁寨见存营房一百五十间,浅隘太甚,火道又狭,军人家口稍多者难以安存。真德秀下令添造将官房舍及寨屋四十间,使官兵原本狭小闭塞的居住环境得以改善。在真德秀的调度安排下,无论是旧寨的调整还是新寨的创立都被纳入有序规划中,能更有效地发挥平定海盗的军事职责。

对于士卒的军事训练,真德秀尤其重视。"旧例春秋各大校一次,后缘无船,遂不复讲"③,定时举行军事演练本是成规旧例,后因无船而荒废,真德秀申请朝廷将左翼军新造战船移入法石港,以便三寨水军定时操演,"每月遇潮长日分草校一次,本州差职曹官同将官阅相。……自日下为始,仍旧

---

① 《西山先生真文忠公文集》卷八《申枢密院措置沿海事宜状》。
② 《西山先生真文忠公文集》卷八《申枢密院措置沿海事宜状》。
③ 《西山先生真文忠公文集》卷八《申枢密院措置沿海事宜状》。

举行,庶几舟船在水,逐时运动,既免朽腐,人船相习,亦免生疏,余时即用蓬席遮覆,以避雨淋日炙之患"①。南宋后期,各军普遍阙员,兵员质量也日益下降。为了填补阙额,许多游手孱弱之人也被召入军队,使得战斗力严重减弱。对此,真德秀提出了精卒强兵的方略:"诸寨水军务要人人可用,近所阅视,勇怯未免相半。契勘左翼水军阙额颇多,合量行招刺外,仍牒本军将在寨水步人通共拣选。应水军内有不堪出海之人,拨入步军队伍;步军内有稍谙船水及虽未谙而少壮勇健堪以演习之人,却拨作水军使唤。又宝林两寨附城,与大军密迩,稍有老弱,尚可存留,惟自法石以往,并须精锐,不可以老弱充数。"②为了进一步发挥将士的战斗力,真德秀还向朝廷申请实行加大对军人奖酬力度的激励措施:"永宁、围头正临大海,风沙簸扬,将士到彼,未必乐居。兼又责之逐月巡绰,则时时在海,暴露日多。欲牒左翼军,今后将官差在永宁、围头者。以二年为率,理作重难,除获到贼徒别申朝廷照条格推赏外,如止是巡绰有劳,界内无盗贼作过,亦许本军保明升差一次。其法石将官在寨实及二年,如能究心军政,肃清海道,亦与申闻朝廷,别加酬奖。"③在真德秀精兵强卒的军政方略下,士卒的战斗力被大大加强。

舟楫是水军的命脉,也是泉州赖以维持治邑稳定的有力武器。然而由于财政窘迫,泉州可以用来抵御海盗的战船数量极少,"海道之备,无先舟楫。往者左翼虽有水军之名,舟楫之具,初无一有,或遇寇警,临时差顾,往往缓不及事"④,除法石寨有大战船三只外,永宁、宝盖两寨只有平海船一只,仅可载战士四十余人,万一贼舟歘至,其众稍盛,法石寨官猝然救援不及,则两寨官军难以取胜。真德秀奏请枢密院,建造大船两只发往永宁、宝盖。根据旧例,水军战船三年一小修五年一大修,关节众多、时间拖沓,"从本军申帅府,帅司申朝廷,往复迟回,差官计料裁减,动至累载,方准行下,或竟寝不报。缘此坐泥腐坏,不可复修"⑤。真德秀认为,若一味因循旧例,则

---

① 《西山先生真文忠公文集》卷八《申枢密院措置沿海事宜状》。
② 《西山先生真文忠公文集》卷八《申枢密院措置沿海事宜状》。
③ 《西山先生真文忠公文集》卷八《申枢密院措置沿海事宜状》。
④ 《西山先生真文忠公文集》卷九《申枢密院措置军政状》。
⑤ 《西山先生真文忠公文集》卷九《申枢密院措置军政状》。

诸寨之船必皆朽败,一有警急,就会措手不及,给泉州带来更大的破坏。因此,真德秀恳请朝廷支降官会两万贯,五千贯用于打造战船,剩余一万五千贯置抵当库一所,"不得那移他用,遇战船稍有损动,即从本军报州,委官计料,立便修葺。所费少而见功多"①,既可使战船常新不坏,又可以息钱为修葺之费,从而免除朝廷长期拨款的负担。

左翼军是朝廷为了应付福建一路的叛乱而组织的地方军,指挥和节制左翼军的权力归于殿前司和福建安抚使,绍兴二十六年(1156),左翼军移至泉州驻扎,其军费也由泉州地方政府承担,但泉州知府并无权调派和节制左翼军,"左翼一军屯驻泉南垂七十载,官兵月粮衣赐、大礼赏给及将校折酒等钱,间遇出戍借请,悉倚办于本州,招刺效用军兵,亦例从本州审验,若无一事不与州郡相关,其实未尝略有统摄。故于军政全不与闻,兵籍之虚实,舟楫之有无,器械之利钝,教阅之勤隋,升差之当否,本州悉不知之"②。正是由于军政互不相关,泉州地方政府对于左翼军无约束的权力,致使统制者得以肆意掊克,教阅尽废,纪律荡然,一旦地方有警,左翼军尽可坐观,"一旦有急,如丁丑春尼院之灾,守臣亲出救援,将士偃然不肯用命,必邀重赏而后肯前"③。随着海盗的猖獗,真德秀要求左翼军承担责任的期望也日益强烈:"若本州与左翼军不相统摄,终恐别生矛盾,无由集事。伏望钧慈俯赐详酌,照殿步司出戍淮上体令,令左翼军听本州守臣节制,庶几彼此一家,平日有所施行,可相评议,缓急或有调发,不至乖违,实悠久之利。"④为了将左翼军全权纳入泉州军政体系中,真德秀接连上札要求付州郡以节制之权:"今受代在数日间,窃伏惟念朝廷置此一军,关系甚重,若欲军政常常修举,非付州郡以节制之权,终有所不可。"⑤在真德秀的要求下,嘉定十四年(1221),朝廷颁旨令泉州守臣节制左翼军。

两知泉州期间,真德秀全力措置军政,修整战船,同时招募水军,增置石

---

① 《西山先生真文忠公文集》卷九《申枢密院措置军政状》。
② 《西山先生真文忠公文集》卷八《申枢密院乞节制左翼军》。
③ 《西山先生真文忠公文集》卷八《申枢密院乞节制左翼军》。
④ 《西山先生真文忠公文集》卷八《申枢密院乞节制左翼军》。
⑤ 《西山先生真文忠公文集》卷九《申枢密院措置军政状》。

湖、小兜水军名额,加强对水军的战备训练。为了保障水军的战斗力,真德秀每年举行水军校练演习,令诸寨定期巡视海界,通过实行一系列措施,海盗肆虐的现状明显好转,从而有效地维持了治邑的安定,为地方经济的复苏和泉州百姓的生活创造了安定的环境。

真德秀出任地方官期间,先后祭祀了赵鼎、韩国华、王十朋、蔡襄、颜师鲁、韩琦、程大昌等大批前贤循吏,以昭明诚敬之心,以褒其廉仁之德。在所有的前贤名宦中,蔡襄、王十朋对泉州人遗爱最深,"流风善政,人到于今称之"①,泉州百姓自发为之建祠。对王十朋的治邑贡献,真德秀非常感佩,"观公治泉之政,非嘘濡姑息,阉然自媚于民者也。哀恫惨怛有父母之心,戒令饬正有师长之教,仁义之相须也,刚柔之不偏用也,未尝薪民之思而民自不能不思者也"②。真德秀认为,为前贤建祠的根本目的,并不是为了将其在百姓心中神化,而是以他们的事迹和仁政教化后来者,垂范后世。真德秀在泉州多次祭拜王十朋,并以其廉仁公勤的为政之道自励:"牧守相望,多时名臣,惟梅溪公遗爱尤盛。盖其所以修身治人者一出于诚,故邦人思之,愈久不替。某自少小,即尝诵公中和安静之诗,仰止高山,于兹有日。敢图侥幸,获继贤躅于四十七年之间。方将朝夕勉焉,以师慕其万一。"③为实现理学家"为万世开太平"的社会理想,真德秀以廉仁公勤为准则,以前贤循吏为楷模,在所辖各州县广设社仓、惠民局、慈幼庄、安乐庐等社会保障机构,并在治邑兴学广教、敦励士风,践行理学家的社会理想。

第二节 官方祭祀的世俗倾向与牧民官的现实考量

"夫圣王之制祭祀也,法施于民则祀之,以死勤事则祀之,以劳定国则祀

---

① 《西山先生真文忠公文集》卷四八《蔡端明祝文》。
② 《西山先生真文忠公文集》卷二六《重建王忠文公祠堂记》。
③ 《西山先生真文忠公文集》卷四八《王詹事祝文》。

之,能御大灾则祀之,能捍大患则祀之。"①官方祭祀有着针对性,除褒奖体恤为国家做出杰出贡献的有功之臣外,祭祀还有抵御灾害、预防大患的目的。对民间祠祀习俗进行兼容和化育,是牧民官在地方治理中面临的重要问题。地方官在重视民生、民俗、民愿的前提下,以务实的态度对旧有的社会民俗进行兼容和改造,通过保障民生与引导民俗的方式,使理学家化民成俗的社会理想深入民间。

"天子祭天地,诸侯祭社稷及其境内之名山大川,大夫祭五祀,士庶祭其先"②,此乃礼法所定,祀典所规。从北宋后期起,地方官员对社稷的祝祷已渐成虚文,"春秋行事取具临时。乃或器用弗备,粢盛不蠲,斋祓弛解,祼献失度"③。到了南宋中后期,大量州县守令对祭祀社稷更加漠然,"社稷坛壝草莱芜没,执事者不可升降,虽专设官,久失司存,不复振举"④。"近邵武陈史君于水旱,惟专诣社稷致祷,俗人笑之而不知其为礼之正也。"⑤对此,朱子门人后学坚持以复兴礼法为己任。淳熙九年(1182),刘清之为鄂州通判往谒社稷坛,发觉其地褊迫,燎瘗无所,于是重新选地建坛,"得城东黄鹤山下废营地一区,东西十丈,南北倍差。按政和五礼画为四坛"⑥,建坛未半,罗愿接任知州,继续对鄂州社稷坛进行增扩,"东社西稷居前,东风伯、西雨师,雷师居后少却。坛皆三成,有壝,壝四门"⑦,淳熙十年(1183),鄂州社稷坛最终建成。胡衍知永嘉县后,有感于社稷坛沦没,遂于嘉定十一年(1218)重修社稷坛,"用政和仪,崇五坛,坛石皆青,表之门道,敞之房宇。嘉定十一年秋,告新社成礼"⑧。真德秀亦身体力行,绍定五年(1232),真德秀再知泉州,多次亲祀社稷,为邑众祈福:"古者诸

---

① 《礼记正义》卷四六《祭法第二十三》,第1590页。
② (宋)陈淳著,熊国祯、高流水点校:《北溪字义》卷下《鬼神》,中华书局,1983年,第60页。
③ 《宋会要辑稿》礼二〇之一,第987页。
④ 《宋会要辑稿》礼二三之一四,第1138页。
⑤ (宋)陈淳:《北溪大全集》卷四八《请傅寺丞祷山川社稷》,《景印文渊阁四库全书》第1168册,第881页。
⑥ 《晦庵先生朱文公集》卷七九《鄂州社稷坛记》,《朱子全书》第24册,第3770页。
⑦ 《晦庵先生朱文公集》卷七九《鄂州社稷坛记》,《朱子全书》第24册,第3770页。
⑧ 《水心文集》卷一一《永嘉县社稷记》,《叶适集》,第190页。

侯之祭,惟社稷而已,盖稷非土无以生,民非稷无以农,重社稷所以重民。某叨恩来守,礼当祗谒,其敢弗恪。"①并且对废弃已久的风师、雨师、雷师祭坛进行了修缮,"谨涓谷旦,按视坛壝,且庀工徒,稍加缮修。惟神当此春和,扇温厚之仁,以成生育之化,吉蠲之报,其敢弗虔"②。真德秀门人马光祖知建康,参考《政和五礼新仪》后于咸淳二年(1266)按古制筑社稷之坛各一,"饰以方色,羹以黄土,南位而北向。燎坛、瘗坎悉如礼。又为斋庐两间,以备阴沴,而祭风、雨、雷三坛,位北向南,亦鼎新焉"③。这些都体现了理学诸儒对礼法的尊重与践行。

"礼者,天理之节文,人事之仪则"④,对于祀典之外的祠庙,理学名儒陈淳提出了尖锐的抨击:"世俗为塑像,为立配,为置男女,屋而贮之,亵渎神示之甚。"⑤对于地方上的淫祀之风,陈淳屡屡上书漳州官员,要求取缔除威惠庙之外的所有淫祀,"惟威惠一庙,为死事捍患于此邦,国朝之所封锡,应礼合制,号曰忠臣义士之祠,邦人之所仰然。……非所祭而祭之曰淫祀,因祀无福,神其聪明正直,必不冒而享之。况其他所谓圣妃者,莆鬼也,于此邦乎何关?所谓广利者,广祠也,于此邦乎何关?假使有或凭依言语,亦妖由人兴,不足崇信"⑥。即使是在当地声名赫赫庇佑平安的天妃庙与广利王庙,陈淳也以其非本地所当祭者而称其为淫祀。

和陈淳等严守祀典的理学家不同,真德秀在遵循祀典礼法的同时,亦尊重民俗民愿,对在民众中影响较大、有助于稳定地方秩序的民间祠神,亦为其向朝廷申请赐额,将其纳入官方祠祭体系。一味坚持"毁淫祠,而崇社稷山川古先圣贤之祀"⑦"官司为严其扃钥,开闭有时,不与民间亵渎,乃为合礼"⑧

---

① 《西山先生真文忠公文集》卷五〇《社稷神祝文》。
② 《西山先生真文忠公文集》卷五〇《风师祝文》。
③ (宋)周应合:《景定建康志》卷四四《祠祀志一》,《宋元方志丛刊》第 2 册,中华书局,1990年,第 2049 页。
④ 《朱子语类》卷六《性理三》,《朱子全书》第 14 册,第 239 页。
⑤ 《北溪字义》卷下《鬼神》,第 62 页。
⑥ 《北溪大全集》卷四三《上赵寺丞论淫祀》,《景印文渊阁四库全书》第 1168 册,第 852 页。
⑦ 《宋史》卷四二九《张栻传》,第 12775 页。
⑧ 《北溪字义》卷下《鬼神》,第 62 页。

的严格礼法,很难达到地方治理的理想效果。因此,在真德秀出任地方时,他的祠祀对象和祭祀行为展现了鲜明的世俗倾向,体现出牧民官的现实考量。

一、祠祀对象的灵验性

宋代是自然灾害高发的朝代,种种自然灾害给社会生活造成了严重破坏。应对灾荒、祈晴祷雨乃是关乎民瘼的重要政务。在自然灾害面前,为政者为安定民心而广泛祭祀诸神,以求神灵庇佑,消灾祈福。

适逢大灾之际,地方官员往往忧心如焚,"朝夕忧劳,与僚属躬礼百神,遍走祠庙寺观,凡祈求之方,无所不至。虽或屡洒而复收,竟未蒙优渥之应"①。躬礼百神的结果若收效甚微,不仅愈发激起百姓的忧虑和恐惧,而且会对地方官员的吏治表现和考课成绩产生不利的影响。傅雍知漳州,遍祈诸神求雨而未能如愿,朱子高弟陈淳劝其严守祀典,漳州境内的山川神灵乃为祀典之正,其次为社稷、风雷雨师等,并以邵武知军陈彭寿于水旱惟专诣社稷致祷为例,称其为得礼之正。陈淳认为,所祈之神当合祀典之正,再以精诚之意感格,"在山川社稷,有是真实无妄之理矣,若又加之真实无妄之心,以萃集其神灵,则必能实感而实应……今若扫去流俗一切冗杂之说,而专一致吾精意于山川社稷正神之前,则脉络贯通,无有不感格者"②。

身为地方守牧,真德秀同样肩负着安民之重任。他遍行荒政、济贫恤困。作为理学名儒,真德秀亦视以祸福要其不正之享为淫昏之鬼所为,地方官员当大力破除淫祀。必欲使民出钱以广神祠宫室的做法,亦非祠祀之礼,"盖大仙之所以信服于邦人者亡它,惟仁而已"③。真德秀每到一处,皆会审慎索查图经、寻访父老,广得民众崇信、灵验度高的神灵就会成为真德秀祠祀的对象,"若某不审其事之真伪而竭蹷听命焉,非惟见嗤于士论,且获罪于大仙矣,

---

① 《北溪大全集》卷四八《请傅寺丞祷山川社稷》,《景印文渊阁四库全书》第 1168 册,第 880 页。
② 《北溪大全集》卷四八《请傅寺丞祷山川社稷》,《景印文渊阁四库全书》第 1168 册,第 881 页。
③ 《西山先生真文忠公文集》卷五二《鳌峰灵泽殿祈雨祝文》。

是以未敢即任劝率之责,而愿有谒焉。厥今高下之田方以旱告,大仙诚能大庇斯民而亟赐以雨,使谷之将收者无秕而不实之患,而欲槁之苗翕然以兴,则环数乡之民将奔走称谢之不暇,某于是时慨然任劝率之责,亦为有辞矣"①。在真德秀的相关记载中,祭祀对象往往非常广泛,且多有灵验之名。

嘉定八年(1215),江东旱蝗,时真德秀为江东转运副使,在两浙及江南,张王以其有求必应的传闻赢得无数信众。张王姓张名渤,西汉吴兴人,宋康定元年(1040)封灵济,崇宁三年(1104)赐庙号广惠,后屡有褒封。嘉定八年(1215)江东大旱,真德秀为江东转运副使,大行荒政,同时数次往广惠庙向张王祈告:"周恤赈济,凡人力之所可为者,有司固不敢辞其责。至于均调雨旸,销弭灾沴,凡人力之所不到者,非神其曷有济!维王自庙食于兹土凡几百载矣,民恃王以为父母,有水旱而必祭。今嗷嗷之民有甚于赤子之待乳哺,神之仁亦岂忍坐视其将毙!虔命幕僚,展谒祠下,所以赴诉于王者如此,惟哀恫斯民而亟救之,更千百年,其敢忘神之大惠!"②希望神灵在人力不及之处通天施为,攘除旱蝗。在告祷于张王后,江东的旱灾出现了明显的好转,有感于张王灵验,真德秀知泉州、福州时,均将广惠庙作为重要的祠祀对象,向张王进行告祈:"某曩在江东,适罹岁旱,凡所祷请惟神是依。今在泉南,复值冬旱,躬走祠下,为民致祈。信宿之间,甘泽随注;将菱之麦,翕然勃兴;即涸之泉,奎然充溢。其拜赐也渥矣!"③在江西、湖南,仰山灵济王深得士民崇信,"惟山之威灵德泽,肇于大江之西而延及于重湖之南,有众恃之,以为司命"④,真德秀知潭州,久闻仰山二神每祷必获的神异,遂虔诚告祷于神:"惟时湘土,离宫在焉,赖神之休,自此焉始,鞠躬拜谒,其敢不虔!"⑤后每遇水旱,真德秀均率僚属、吏民亲祀仰山神庙。

在福建路,清水祖师和冲应真人在南宋的地位不断提升,其祈祷雨旸,无不感应的灵异使这两位神祇名震四方。真德秀知泉州,任职未久即遇大

---

① 《西山先生真文忠公文集》卷五二《鳌峰灵泽殿祈雨祝文》。
② 《西山先生真文忠公文集》卷四八《广惠庙祝文》。
③ 《西山先生真文忠公文集》卷四八《张大帝庙祝文》。
④ 《西山先生真文忠公文集》卷四九《仰山祝文》。
⑤ 《西山先生真文忠公文集》卷四九《仰山祝文》。

旱,在求助其他神佛不应的情况下,真德秀遂采纳乡人父老之意先后于安溪清水寺和泉州清源洞向这两位神灵虔诚祝祷。冬旱之时,真德秀再次向冲应真人祈告,又得喜雨,"越明年春涉秋,膏泽时至,田高下硗肥皆告稔,米斗百钱。黄馘槁项之叟欢曰:'昔未曾有也。'非真人之灵实大庇吾土,顾安获此哉?"①在真德秀的力主下,蔡真人之功灵迹被部使者上报,朝廷加其昭博之号,而蔡真人祠庙也被正式纳入泉州的官方祠祭体系,"嘉定十一年十月三日,有诏泉山清源洞冲应善利灵济真人加昭博之号,为八字真人。先是十年夏五月不雨,臣始至官问仙祠灵官之着验章灼者,咸以真人对。臣亟祷焉,未几遂雨。是年冬旱,臣往祷焉,又雨。……于是相帅以其事白于州,州谂于部使者,下其书旁郡审覆之,如本州言,乃以闻。天子嘉焉,命有司撫其名之显且大者,以旌真人之功"②。

龙作为传统的司雨之神为民间百姓崇信。真德秀知泉州、潭州、福州皆遍查图经,向各处灵迹彰灼的龙神祝祷,期望风调雨顺、岁稔民安。"五龙之祠,于祀典为最重。某之至也,尝命官僚分谒而未克躬拜于庭。属以霖雨过度,惕然不敢宁,讯之幙属,谓王神灵变化莫测,所当先祷焉,用敢齐心有请。愿王以一嘘吸之间,豁开阳明,屏除阴沴,留此嘉泽,以时施焉,庶几穧苗获全,丰岁可望。某与邦人将戴施于无穷,其曷敢忘报!"③真德秀先后亲诣东湖福远庙、同安昭应庙、南安龙湖庙、息山龙王庙、德化佐溪潭、晋江龙湖、常逮里龙潭等地向诸位龙神虔诚祝祷:"伏愿油然而云兴,沛然而雨注,以震耀龙君之威灵,俾岁有秋而人弗告病,则某之所以图报者,其曷敢忘!"④并对所祈龙神进行了世俗化的许诺与酬奖。

对息山龙王等尚未取得朝廷赐额的龙神,真德秀积极为其奏请赐额,"昭灼若此,而乃祠宇弗治,爵号未颁,倘不以事实有请于朝,岂惟无以彰神龙之灵,慰邦人之望,而昔之与神约者亦自食其言矣"⑤。息山龙王庙被朝

---

① 《西山先生真文忠公文集》卷三四《蔡真人诰碑》。
② 《西山先生真文忠公文集》卷三四《蔡真人诰碑》。
③ 《西山先生真文忠公文集》卷五三《五龙堂祝文》。
④ 《西山先生真文忠公文集》卷五〇《龙湖祝文》。
⑤ 《西山先生真文忠公文集》卷一七《申请息山龙王封爵状》。

廷赐额"灵泽",正式被纳入潭州的地方祀典。对已有赐额的福远庙龙王,真德秀则以尊崇爵号为显灵酬答,"顾庙虽有号而封爵未崇,愿神昭示威灵,随祷立应,沛然大雨,尽起欲槁之苗,转凶为丰,活我黎庶。则某当显白于朝,衮服命圭,以为神之报"①。祝祷后不久,即喜降甘霖,"是夕之雨,霖霖达旦,又弥旬而雨大挚,遂告足焉。神之惠也,民之福也,封爵之请,其敢或渝"②,在真德秀的大力奏请下,福远庙龙王被朝廷封为广佑王爵得以重建庙宇,再塑金身。

二、日常生活中祠祀目的的现实性与功利性

南宋后期,理学官员祠祀目的已不限于传统的祈晴祷雨,科举、财富、健康、福寿等功利性目的都被囊括入理学官员的祈告范围中,祠祀目的具有鲜明的现实性与功利性。

"科举考试的公正与公开性受到社会普遍认同,成为入仕主要途径之一,藉知识求取功名利禄亦成为社会的主流价值。"③登科中举不但是士人的人生目标,其入选人数的多少也是地方官员的政绩指标。因此,大量理学官员在兴学校、修贡院的同时,也为此致祷于神灵。在镇安庙,真德秀不但酬谢了使自己中举的神恩,还为一州士子祈求神恩:"惟神推所以福某升而均福于一方,俾珪组蝉联,嗣是愈盛,岂非众心之大愿乎!"④"明天子将复下求士之诏,惟神大庇兹土,俾濯缨天池,骧首霄汉者,继踵而起,岂非神之大赐乎?"⑤作为退守东南、背海立国的国家,通远王与天妃这两位与风、水直接相关的神灵便成为东南地方官员和民众最崇信的神祇,天妃之祠遍布沿海地区,"凡潮迎汐送以神为心,回南簸北以神为信,边防里捍以神为命,商贩者不问食货之低昂,惟神之听,莆人户祠之……神之祠不独盛于莆,闽、

---

① 《西山先生真文忠公文集》卷五〇《福远庙祝文》。
② 《西山先生真文忠公文集》卷五〇《祠山广佑王福远庙谢雨祝文》。
③ 黄宽重:《兼容并蓄,艺文光影:南宋政治、士人与文化的发展及其特色》,《文艺绍兴——南宋艺术与文化特展·书画卷》,台北"故宫博物院",2010年,第18页。
④ 《西山先生真文忠公文集》卷四八《镇安庙祝文》。
⑤ 《西山先生真文忠公文集》卷四八《镇江庙祝文》。

广、江浙、淮甸,皆祠也"①。通远王祠在泉州香火鼎盛,"其灵之著,为泉第一。每岁之春冬,商贾于南海暨番夷者,必祈谢于此。农之水旱,人之疾病亦然"②。

真德秀两知泉州,均亲祀通远王庙与天妃庙,希望神佑风水,蕃舶时至,以保障地方经济的发展,"郡计之殚至此极矣,民力之耗亦既甚矣,引领南望,日需其至以宽倒垂之急者,唯此而已。神其大彰厥灵,俾波涛晏清,舳舻安行,顺风扬帆,一日千里,毕至而无梗焉,是则吏与民之大愿也"③。福建一路历来海盗猖獗,南宋后期,军政体系却日渐废坏,"虽名帅府,其实无将无兵,泉、建虽分屯左翼,而士卒未练,纪律未修,诸郡守臣多文吏,鲜或知兵,一旦有急,未见其可深恃者"④。在盗乱此起彼伏,朝廷剿盗不尽的情况下,真德秀认识到借助神灵之力强化地方行政的重要意义,"邑之官民以神为依,敬之如父兄师长,信之如衡石度量。绍兴间海寇朱聪炽甚,既迫境,见神兵如云,不敢前。连岁旱涝,复应祷。部使者上其功,诏赐庙额曰'显应'。隆兴中,封渊肃侯。淳熙中,加封孚济。嘉定十七年,又加封广佑"⑤。

早在南宋初年,一些地方官员已经认识到了神祇在守城御敌中的重要作用,在叶侬之乱中,福建路死者不计其数,而莆田一地却利用祥应庙显惠侯的神力有效震慑了群盗,确保了治邑的稳固,"贼徒忽一夕相惊曰:'官军阵矣。其旗旆皆有显惠侯字,何也?'人人恐怖,始有悔祸之意。漕使张公縠乘贼忧疑,始得以断桥沉舟,绝其南渡之谋"⑥。开禧二年(1206)金人侵入两淮,宋军载神天妃香火励志抗敌,"神以身现云中,著旗帜,军士勇张,凯奏以还"⑦,

---

① (宋)丁伯桂:《顺济圣妃庙记》,(宋)潜说友:《咸淳临安志》卷七三,《宋元方志丛刊》第4册,中华书局,1990年,第4015页。
② (宋)李邴:《水陆堂记》,(清)怀荫布修:《泉州府志》卷七《山川》,清乾隆二十八年(1763)本。
③ 《西山先生真文忠公文集》卷五〇《祈风文》。
④ 《西山先生真文忠公文集》卷一五《论闽中弭盗事宜白札子》。
⑤ 《西山先生真文忠公文集》卷二六《福州长乐县显应庙碑》。
⑥ 郑振满、丁荷生编纂:《福建宗教碑铭汇编·兴化府分册》,福建人民出版社,1995年,第14页。
⑦ 《顺济圣妃庙记》,《咸淳临安志》卷七三,《宋元方志丛刊》第4册,第4015页。

而天妃对海寇的擒拿神迹也被大力宣传,"海寇入境,将掠乡井,神为胶舟,悉就擒获"①,"巨寇泊祠下祷,神不允,群肆暴慢,醉卧廊庑间,神纵火焚之,贼骇遁去。风沙昼晦,俄各跨浅而败"②。这些神迹经过官府和民众的神化后无形中对海寇形成了一定的震慑力,从而在一定程度上起到了安定民心、维护地方治安的作用,这些为官方利用和掌控的祠庙体系也在官方的运作中承担起保卫乡土、戡乱平叛的职责。

真德秀知泉州后,严治军政,对于作乱的海盗,真德秀严惩不贷,以震慑叛乱盗寇,"海寇猖獗,令大受将五百卒以禽之,获赵某等三渠魁及从百余辈。大受归,伤重而没。赵,宗子也,始皆疑西山未易处,阅数日狱成。西山引诸囚入教场,缚二渠魁于中,掩其心,令诸军射箭如猬,而贼未死。或斩或槌,次第而毕……事毕,西山呼赵而问之,赵称宗室不绝,西山曰:'宗室为贼首,则非宗室矣,宜正以王法。'决交脊二百而卒。众无敢哗,大略似诛少正卯时也"③。同时,真德秀也充分利用民众对神灵的崇信和敬畏,借助神力对民众施加威慑,期盼得到神灵的护佑,从而在一定程度上维护地方的安定。嘉定十一年(1218),真德秀知泉州,以赵希卻为首的海盗进犯泉、漳,真德秀曾祈告于天妃祠,后在浪淘洋擒贼获胜。绍定五年(1232),真德秀再知泉州,以周旺一为首的海盗侵入泉州,真德秀再次告祷于八闽的水陆守护神——天妃与镇闽王,以神灵"骏骑腾山,绀蜂螫贼,灵应彰灼"④的神迹鼓舞士气,左翼军正将贝旺以一船八十余人杀贼八船五百余众,赢得料罗之战的全胜,"荡除凶孽,虽王师致讨之力,而默扶阴佑,赖神之赐为多"⑤。在严治军政的同时,真德秀积极为神灵建庙乞封,还联合地方世族大姓控制祠庙祭祀,以神代言,为我所用,在练兵固防的同时广修祠庙,将心理攻势与军事打击相结合,向民众展示神人相依的力量。

---

① 《顺济圣妃庙记》,《咸淳临安志》卷七三,《宋元方志丛刊》第 4 册,第 4015 页。
② 《八闽通志(修订本)》卷六〇《祠庙》,第 565 页。
③ (宋)陈郁:《藏一话腴》甲集卷上,《全宋笔记》第 7 编第 5 册,大象出版社,2018 年,第 8 页。
④ 《西山先生真文忠公文集》卷四九《武济庙祝文》。
⑤ 《西山先生真文忠公文集》卷四九《武济庙祝文》。

在医药卫生并不发达的宋代,民众对医神的信仰长盛不衰。慈济庙乃民众在南宋初年为祭祀医灵真人吴本所立,乾道二年(1166)孝宗赐庙额"慈济",嘉定元年(1208),吴本获赐忠显英惠侯封号,南宋后期,其庙祠遍布东南,"民不幸有疾,求救于神者,如子之诉其亲"①。真德秀知泉州后,便将慈济庙纳入了泉州的官方祀典中,"岁时当祀,乃未及与。非阙典欤!……断以今始,著为定例,一岁两祠于神"②。南宋后期天灾不断,大灾之后必有大疫,疾患人数往往超过想象。虽有惠民局、和剂局等医疗救助机构,但杯水车薪,无法解救所有受灾民众,为了避免出现大范围的恐慌和骚乱现象,真德秀在救荒疗疾的同时也常借助于神力,利用当地民众对医灵的崇信,从心理上缓解民众对疾疫的恐慌,"今闾巷之间,以痢下为苦者众。守能闵之而不能救之,既有愧于民矣。神能救之,而守不以告,其罪当何如哉?肆命元幙,致祈于神,神其救之,使病者有瘳,而未病者获免"③,并为民众祈求健康福寿:"惟神哀恫斯民,有以潜弭于未病之先,俾皆跻于仁寿之域,则其有功于生灵大矣!"④

三、祠祀仪式的世俗化与祠祀行为的义理化

宋代理学家大多拥有一定的知识储备,对自然现象有较客观的认识,"龙,兽也。衣冠人所被,岂有禽兽可以被人衣冠……大抵决塞,莫非天地之祐、社稷之福、谋臣之功、兵卒之力。不知在此,彼龙何能为?"⑤"山川之所以为神灵者,以其气之所蒸,能出云雨,润泽群物……后世固亦有山川之祠,而人其形,宇其地,则其失也久矣。"⑥因此视大兴神庙、施财设醮皆是愚而无知者之所为。

作为晚宋理学名儒,真德秀对各种自然现象有着较为客观的理解与把

---

① 《西山先生真文忠公文集》卷四八《慈济庙》。
② 《西山先生真文忠公文集》卷四八《慈济庙》。
③ 《西山先生真文忠公文集》卷四八《为民患痢告慈济庙文》。
④ 《西山先生真文忠公文集》卷五〇《春祈慈济庙祝文》。
⑤ 《二程集》,第147页。
⑥ 《新刊南轩先生文集》卷一〇《尧山漓江二坛记》,《张栻集》,第903—904页。

握,对鬼神的阐释也有意将其引入唯物一途:

> 至若造化之鬼神,则山泽水火雷风是也。日与电皆火也,月与雨亦水也,此数者合而言之,又只是阴阳二气而已。阴阳二气流行于天地之间,万物赖之以生,赖之以成,此即所谓鬼神也。今人只以塑像画像为鬼神,及以幽暗不可见者为鬼神,殊不知山峙川流、日照雨润、雷动风散,乃分明有迹之鬼神。伊川曰"鬼神者,造化之迹",又曰"鬼神,天地之功用",横渠曰"鬼神,二气之良能",凡此皆指阴阳而言。①

所谓"造化之鬼神",不过"只是阴阳二气而已","气之伸为神,如春夏生长是也。气之屈为鬼,如秋冬敛藏是也"②。以塑像画像为鬼神,以幽暗不可见者为鬼神,将鬼神神秘化、主观化,乃是不明其理的浅薄之见。

当理学家步入政坛,在强大民俗力量的作用下,他们的祠祀形式也展现出世俗化倾向和现实性特征,"夫法令之必本人情,犹政事之必因风俗也。为政而不因风俗,不足言善政,为法而不本人情,不可谓良法"③,出于对现实因素的考量,他们在维护礼法祀典的同时亦体现出对民俗的兼容与重视。嘉定十七年(1224),潭州大旱,真德秀命属僚张国均、王埜在岳麓、湘江之畔兴建龙王祠,耗钱一千余贯,将境内龙神以世俗化形式逐一塑像,冠冕人形,气势非凡,"凡龙君之神在境内者,悉合而祠之。堂皇言言,貌像严严,或公或王,圭冕蝉联"④。对于"雨者,阴阳之和;气也,谓龙尸之。奚所据依"⑤的质疑,真德秀明确以"苟可为民,予敢弗共"⑥作答,体现了真德秀在祠祀观念和形式上从民愿、顺民情的特征。

在祠祭形式上,真德秀以多样化的形式参与民间祠祀,目的在于表达官

---

① 《西山先生真文忠公文集》卷三〇《问非其鬼而祭章》。
② 《西山先生真文忠公文集》卷三〇《问非其鬼而祭章》。
③ 《西山先生真文忠公文集》卷三《直前奏札一》。
④ 《西山先生真文忠公文集》卷二四《新建州境龙王祠记》。
⑤ 《西山先生真文忠公文集》卷二四《新建州境龙王祠记》。
⑥ 《西山先生真文忠公文集》卷二四《新建州境龙王祠记》。

民同心的意愿及依靠神明"永销干溢"的期盼。在祠祀行为中,真德秀严守理学经义,以"诚"为敬天礼神的要义与准则,将"诚"从本体态度上升到了贯通天人的道德义理层面,"夫诚之为道,可以参天地、赞化育,其功用大矣"①。真德秀在祠祀中亦坚持以"不息之诚"以通于天的行为理念,希望达到致中致和的天人合一之境,"诚者天道,本乎自然,诚之者人,以人合天,曰天与人,其本则一"②。从自然的角度而言,"诚者,自然之实理,无俟营为,及几之所动,则善恶著矣"③;从人道的角度而言,"诚,五常之本,百行之源也"④。只要以"不息之诚"诚心感格,必能天人感通,风调雨顺,"天地只是一个诚字,万物自然,各遂其生。圣人只是一个诚字,万物自然,各当其理"⑤。怀着诚敬之心,真德秀坚持以诚贯通天人、感格神灵,"盖推行天地之仁者,山川百灵之职也;推行朝廷之仁者,牧伯守宰之任也。顾焉有幽明之间哉!夫雨旸之数,虽出于天,然上穿至仁,易以诚格"⑥。在祭祀行为中,浮夸虚妄与焦躁不敬皆是不诚的体现,祠祭者尤当戒绝。

福州九仙山有大仙,素有灵迹,祈晴祷雨,屡有显应。真德秀知福州后,立即将灵迹上奏,为其请得了"灵泽夫人"的封号,"间者灵泽之封,实定于某之手"⑦。获得朝廷敕封后,灵泽庙香火日盛,民众对其的崇信与祭祀也日渐步入了虚夸浮妄的境地,"乃者闻诸道途,大仙复将震耀威灵于鳌峰之上,其事甚异,其词甚夸,人皆信之"⑧,真德秀认为此乃不明义理的愚妄之举,"澹然无作而雨旸灾疾之求各以其类应,此正直之神所为也;以祸福动愚民而要其不正之享,此淫昏之鬼所为也。孰谓大仙之正直而肯要人以奉己乎?"⑨对于民间虚夸浮妄的祠祀行为,真德秀予以了明确的批驳:"大仙之

---

① 《西山先生真文忠公文集》卷三七《辛巳上皇子书》。
② 《西山先生真文忠公文集》卷三三《思诚箴》。
③ 《朱子语类》卷一〇六《周子之书》,《朱子全书》第17册,第3150页。
④ (宋)周敦颐:《通书·诚下第二》,陈克明点校:《周敦颐集》,中华书局,1990年,第15页。
⑤ 《西山先生真文忠公文集》卷三一《问忠恕》。
⑥ 《西山先生真文忠公文集》卷四八《仙游山顶祈雨祝文》。
⑦ 《西山先生真文忠公文集》卷四八《鳌峰灵泽殿祈雨祝文》。
⑧ 《西山先生真文忠公文集》卷四八《鳌峰灵泽殿祈雨祝文》。
⑨ 《西山先生真文忠公文集》卷四八《鳌峰灵泽殿祈雨祝文》。

所以信服于邦人者亡它,惟仁而已。今不恤其民之有亡,必欲其差次出钱以广宫室,岂大仙之心乎？若某不审其事之真伪而竭蹙听命焉,非惟见嗤于士论,且将获罪于大仙矣,是以未敢即任劝率之责,而愿有谒焉。"①非道而求福不能感格上天,惟有赤诚祝祷,以仁民爱物为己任,方能诚贯天人,丕降福祥。

"凡曰有神,正直而聪,非道求福,岂神所容。"②祠祀行为中的浮夸虚妄为真德秀所深戒,而焦躁不敬亦是祷祈过程中深忌之失。在向神灵祝祷过程中,祝祷不应的现象屡见不鲜,一些义理不明、不体天道的地方官员往往在祭祀中有焦躁不敬之举。杨炜知新昌,"祷雨白鹤祠,屡祷不应。元光怒曰:'汝为神,庙食一方,而不知其事耶？'命撤祠屋,毁神像,犁其庭而去,一邑大惊"③。真德秀认为祈祷不应,不应归罪于神,上天以灾害示警,更应虔诚自省、进德弥失,以诚通于天人,通过对自身的道德修养和治邑之行的不断完善,以恭敬谨畏的态度感格上天,为民众祈求福泽：

> 云蒸雨降,虽自于天,其实从一念中流出。故祷祈未效不可怠,怠则不诚矣；既效不可矜,矜则不诚矣；不效不可愠,愠则不诚尤甚焉。未效,但当省己之未至,曰:"此吾之诚浅也,德薄也,于神乎奚尤？"既效,则感且惧,曰:"我何以得此也。"不效,则省己当弥甚,曰:"神将罪我矣,吾其能容身覆载间乎？"盖天之水旱,犹父母之谴怒也,为人子者见其亲声色一旦异常,戒儆畏惕,宜如何邪？④

真德秀在祠祀行为中体现出了自省与诚敬的鲜明特征。"诚"不但可以贯通天人,在天理法则与现实社会中建构起一种无所不包的联系,以"诚"为主旨

---

① 《西山先生真文忠公文集》卷四八《鳌峰灵泽殿祈雨祝文》。
② 《西山先生真文忠公文集》卷四〇《劝农文》。
③ (宋)孙觌:《鸿庆居士集》卷四一《右从政郎台州黄岩县令杨元光墓表》,《景印文渊阁四库全书》第1135册,第453页。
④ 《西山先生真文忠公文集》卷三三《祷雨说》。

的祠祀行为不仅确保了对诚贯天人的道德坚守,也在祠祀的世俗化发展过程中产生了导向作用。

随着社会文明的不断发展,禁绝陋俗的法律条款也逐渐完善。乾道三年(1167),朝廷发布大礼赦:"勘会民间多有杀人祭鬼及贫乏下户往往生子不举,甚伤风俗。可令逐路州军检举见行条法,令于县镇乡村晓谕,严行觉察,许人陈告。"①淳熙八年(1181),针对以社会为名,百十为群,执器刃横行郊野间的祠祀行为,"诏诸路提刑司严行禁戢,州县巡尉失于觉察,并置典宪"②。嘉泰二年(1202),权知万州赵师作奏乞禁绝当地不事医药而听命于巫甚至以人祭鬼而求富贵的陋俗,"先禁师巫,俾之改业,严结保伍,断绝禁咒及祭鬼器用,庶几拔本塞源,不致滋长"③。与社会文明和秩序稳定相悖逆的民间习俗被律法明文禁止,这为理学家淳风化俗提供了来自国家法律的有力支持。

作为地方官员,以真德秀为代表的理学家出于稳定地方、安定民心的考量,也对民俗进行了一定程度的包容,并为部分地方祠神向朝廷申请赐封,将其纳入官方祀典,"赐封制度的实际效果可能在于使朝廷关心地方社会,但南宋时期朝廷赐封神祇的初衷,正如一再声明的那样,却是为了控制那些有威灵的神祇,使之为官府服务。朝廷承认神祇出于与一般民众同样的理由:鼓励他们带来好天气,防止饥荒洪灾,预告敌人入侵,以及最重要的,确保丰收——在农业占主导地位的12—13世纪的中国,这一点尤为重要……任何灵验的神祇只要通过了官府的验证,都能得到敕额。到13世纪后期,随着理学影响的扩大,主张淫祠不予赐封的人增多,在此后的各个朝代,官府的确用了或至少试图用这一制度来压制不受欢迎的祠祀"④。韩森认为,理学家通常会对不属于官方祀典中的祠祀予以反对,但就真德秀而言,牧民官的身份使他对待地方祭祀采取了更为宽容的态度。官方祭

---

① 《宋会要辑稿》刑法二之一五八,第8386页。
② 《宋会要辑稿》刑法二之一二〇,第8348—8349页。
③ 《宋会要辑稿》刑法二之一三三,第8361页。
④ [美]韩森著,包伟民译:《变迁之神》,浙江人民出版社,1999年,第162—163页。

祀体系对民俗的兼容,实际上是对地方信仰的一种认可,将地方信仰吸纳到官方承认和主导的祭祀体系中。法施于民则祀之,体现了牧民官重民养民的政治观念,也凸显了祭祀的经世目的。从真德秀的治邑实践来看,他的这种宽容体现了以真德秀为代表的理学家作为牧民官在平衡礼法与民俗关系中的现实考量,也展现出理学向基层社会渗透过程中的世俗化特征。

第三节　淳风化俗与地方秩序的稳固

身为理学名儒,真德秀坚持以礼教规范民众行为,努力建构基层秩序模式、化民成俗。社会各阶层都被囊括进理学家制定的行为规范中,在乡间中承担起各自的责任,维持基层社会的稳定和谐,在乡间间塑造"友睦礼逊"的新风尚,"所望以身,率先闾里,一方一所,有一仁贤,以善教人,人必感动,去薄从厚,弭灾召和,其始自今,永为乐国"[1]。从民众道德观的培养到乡间秩序的建立都被涵盖其中,不仅加速了理学在基层社会的传播,也展现了理学家淳风化俗的社会理想。

一、对孝悌之行的阐释与旌表

宋朝统治者皆以孝义治国,"冠冕百行莫大于孝,范防百为莫大于义"[2],对孝义的尊崇达到了一个前所未有的高度,"太祖、太宗以来,子有复父仇而杀人者,壮而释之;刲股割肝,咸见褒赏;至于数世同居,辄复其家。一百余年,孝义所感,醴泉、甘露、芝草、异木之瑞,史不绝书"[3],割股剖肝的孝子孝妇层出不穷。对此类割股剖肝、毁身葬亲的行为,各级官员亦视之为孝义典

---

[1]《西山先生真文忠公文集》卷四〇《再守泉州劝谕文》。
[2]《宋史》卷四五六《孝义传》,第13386页。
[3]《宋史》卷四五六《孝义传》,第13386页。

范予以旌表,"朱云孙妻刘氏,姑病,云孙刲股肉作糜以进而愈。姑复病,刘亦刲股以进,又愈。尚书谢谔为赋孝妇诗"①。对割股疗父母之疾的鄞县民杨庆,知州楼异为其立崇孝坊;绍兴七年(1137),知州仇悆再向朝廷上奏其事,请求旌表其门:"韩退之作《鄠人对》,以毁伤支体为害义,而匹夫单人,身膏草莽,轨训之理未宏,汲引之徒多阙,而乃行成于内,情发自天。使稍知诗书礼义之说,推其所存,出身事主,临难伏节死义,岂减介之推、安金藏哉!"②这些极端的孝义之行甚至由里巷村野进入了士大夫之家,赵必愿之妻汤氏"幼孤,事母孝。母疾久不愈,至验之矢溲以测其证之退否,刲股刲肝以济其药力之所不及,此虽非礼典所尚,而人情所难,宜人毅然行之。故天意随感,母夫人疾亦随愈,人尤喜称而乐道之,至有诵其事于朝行间者"③。汤夫人出身官宦之家,母病,割股剖肝以助药力,其孝名人人称慕、朝野闻名,故相赵汝愚之子赵崇宪深赞其孝义:"为女如此,则其为妇可知。"④于是介同列为媒,聘为子妇。随着朝廷对孝行旌褒力度的加大,从朝廷到地方,从士人到百姓,争相割股庐墓,而这也成为地方官员日渐重视的治邑之课绩。

两宋理学家重孝悌之行。程颐认为,"孝弟之至,通于神明。神明孝弟,不是两般事,只孝弟便是神明之理"⑤。朱熹认为孝悌为仁之本,"人若不孝弟,便是这道理中间断了,下面更生不去,承接不来,所以说孝弟仁之本"⑥。在中国传统社会中,父子、君臣、夫妇被儒家视为最重要的三种社会关系,是儒家诠释伦理、推行教化的重要内容。与君臣、夫妇关系不同,唯有父子是建立在先天血缘的基础上,通过生养抚育形成了终生无法改变的社会关系。父子之亲出于天性,故孟子将其置于五伦之首,"父子有亲,君臣有义,夫妇有别,长幼有序,朋友有信"⑦。在家庭关系中,父慈子孝、兄友弟恭是儒家

---

① 《宋史》卷四六〇《列女传》,第 13488 页。
② 《宋史》卷四五六《孝义传》,第 13412 页。
③ (宋)刘宰:《漫塘集》卷三〇《故汤氏宜人墓志铭》,《景印文渊阁四库全书》第 1170 册,第 705 页。
④ 《漫塘集》卷三〇《故汤氏宜人墓志铭》,《景印文渊阁四库全书》第 1170 册,第 705 页。
⑤ 《二程集》,第 224 页。
⑥ 《朱子语类》卷二〇《论语二》,《朱子全书》第 14 册,第 684 页。
⑦ 《孟子注疏》卷五下《滕文公章句上》,第 2705 页。

始终奉行的伦理准则,也是儒家推行教化的重要方式。

对于尊崇礼法的儒者而言,孝悌的表现形式应合乎礼义,"天之所生,地之所养,无人为大,父母全而生之,子全而归之,可谓孝矣。不亏其体,不辱其身,可谓全矣"①。身体发肤受之父母,保全父母所遗之体,不辱其身,才是符合孝道的行为。弟子问程颐:"曾子执亲之丧,水浆不入口者七日,不合礼,何也?"程颐诠释道:"曾子者,过于厚者也。圣人大中之道,贤者必俯而就,不肖者必跂而及。若曾子之过,过于厚者也。若众人,必当就礼法。自大贤以上,则看他如何,不可以礼法拘也。"②程颐认为,众人必当严守礼法,但贤人则可不为礼法所拘,因其已得礼义之精髓。

对割股疗亲之举,朱熹从理的角度将其上升到"心所同然"的道德高度进行诠释:"人皆知君父之当事,我能尽忠尽孝,天下莫不以为当然,此心之所同也。今人割股救亲,其事虽不中节,其心发之甚善,人皆以为美。又如临难赴死,其心本于爱君,人莫不悦之,而皆以为不易。"③朱熹认为,"如割股、庐墓,一则是不忍其亲之病,一则是不忍其亲之死"④,此等孝行若皆是发自诚心而非要誉,便可和临难死节忠君相并,虽于礼法不甚中节,然既合于天理,天下莫不以为当然,从而在理学家的道德理想与意识形态间构筑出了一条互通融合的路径。

在社会风尚的影响下,南宋诸儒塑造替父就死、刲股和药的孝子形象亦屡见不鲜。进士邓应午在幼年时即有割股疗亲之行,"方在龆龀,亲疾累月,忧无所出,刲股和药,亲疾少差"⑤,魏了翁称许其孝友天至。贡士刘承弼孝行节义著于乡间,有诏旌表门闾,"父病既死,承弼吁天寘绝,愿以身代。父蹶然而苏,又三十年乃终,里人异焉"⑥。杨万里感于刘承弼之孝,为其作记。

---

① 《礼记正义》卷四八《祭义》,第1599页。
② 《二程集》,第211页。
③ 《朱子语类》卷五九《孟子九》,《朱子全书》第16册,第1892页。
④ 《朱子语类》卷一七《大学四》,《朱子全书》第14册,第586—587页。
⑤ 《鹤山先生大全文集》卷八四《监成都府钱引务邓君应午墓志铭》。
⑥ 《杨万里集笺校》卷七三《刘氏旌表门闾记》,第3048页。

身兼理学大儒与循吏典范的双重身份,真德秀也力图在儒家礼法与社会风尚间进行诠释与平衡。嘉定十二年(1219),真德秀在泉州建忠孝祠,祠祀唐代孝子林攒与宋代忠臣苏缄,以劝士子、励风俗。林攒是泉州莆田人,闻母病,还家奉母,母亡后,水浆不入口五日。真德秀有意回避对林攒五日水浆不入口的孝行评价,而是将其上升到自觉践行"三纲"的高度,肯定他事死如生、事亡如存的"至孝"之心:"夫冬温而夏清,昏定而晨省,子之职也,而未可以言孝也;愉色而婉容,承颜而顺志,可以言孝矣,而未可以言至孝也。……事死如生,事亡如存者,孝之至也。"①真德秀认为,林攒、苏缄之行之所以值得称颂,就在于其对"恩之当报不以存亡贰其心,义之当徇不以死生易其节"②的践履,为其建祠正是为了化民成俗,"既祠于郡学,使为士者知所劝,又祠于通衢,使凡居是邦与往来之人皆有所瞻仰"③。对于能在父亲病危之时毅然割股疗亲的少女吕良子,真德秀建懿孝坊旌表其孝行:"懿孝坊为吕氏女立也,吕氏女名良子,年十八父得疾濒殆,女晨夕侍汤剂,非口尝不敢进。医屡易弗效,无所归尤,则祷于祖若妣……词甚苦,且刃股肉粥而进。时谯门鼓再通,群鹊绕屋飞噪,仰视空中有大星三,烨煜如月,正照棂楹间,精魄森然,若有鬼神异物阴相之者。越翌日而父瘳,十日而遂复,予闻而嘉之。"④

本着化民必先孝悌的治邑理想,真德秀每到一地为官,都会延访当地父老,晓谕当地吏民,"编民中有能孝于父母、弟于兄长,性行尤异者,所属详加采访,以其实上于州,优加赏劝。或身居子职有阙侍养,或父母在堂别蓄私财,或犯分陵忽不顾长幼之伦,或因利忿争遽兴骨肉之讼,凡若此者有常刑"⑤。对于孝友笃志之人,真德秀要求各属县官吏勤行访问,并积极申报州府加以褒表,"若民间有孝行纯至、友爱著闻与夫协和亲族、赒济乡闾、为众所推者,请采访其实以上于州,当与优加褒劝。至于听讼之际,尤当以正

---

① 《西山先生真文忠公文集》卷二四《忠孝祠记》。
② 《西山先生真文忠公文集》卷二四《忠孝祠记》。
③ 《西山先生真文忠公文集》卷四八《忠孝祠堂奉安祝文》。
④ 《西山先生真文忠公文集》卷二四《懿孝坊记》。
⑤ 《政经》,《景印文渊阁四库全书》第706册,第462页。

名分、厚风俗为主"①。如取肝救母的黄章、剖肝救父的吴祥、割股以疗亲疾的周宗强、取肝救父的詹师尹等人，真德秀皆予以大力旌奖，"（周宗强）除依条支赏外，特请赴州，置酒三行，以示宾礼之意，用旗帜、鼓乐、鞍马、伞扇送归其家"②，"（詹师尹）支给旌奖外，更特支钱二十千发下，仍委自可知县与之补充优轻局分，俾得以为孝养之资，亦所以广封励之意也"③。晋江县民刘玘年过七十依然事母至孝、奉养弥谨，真德秀对刘玘的孝行大加称赏，"既加优礼，又立寿母坊以表之"④。

长沙明道乡民陈媪年过百岁，二男一女，皆近八十，皆对其母孝养有加，故天赐其一门高寿。真德秀作诗盛赞陈媪亲慈子孝："陈氏春秋一百一，儿女年皆过七十。一门慈孝更雍愉，四老真堪入画图。长官申闻太守喜，召至阶庭加盛礼。老莱彩服作儿啼，今视古人更过之。老莱一身娱戏耳，况有三儿奉甘旨。人言潭俗不古如，君看此事天下无。一门高寿何由得，慈孝之人天所惜。我愿湘民胥效之，从此九州皆寿域。"⑤将陈氏一家作为慈孝典范在潭州广为宣讲。而对于悖逆不孝、凌犯尊长之人，真德秀本着先教后刑的原则，"以至恩大义，谆谆劝晓，苟能悔过，姑许自新。教之不从，即加惩治，甚者解州施行"⑥，以正名分、厚风俗为先务。泉州民吴良聪被父母以不孝告官，真德秀审问得实后，对其实施了"杖脊二十，髡发，拘役一年，仍就市引断"⑦的警诫性惩处。真德秀希望通过官方奖惩树立道德典范，使治邑民众翕然向化，"自今以往，家家礼义，人人忠孝，变七闽之俗为邹鲁之乡"⑧。

由于统治者的大力倡导，民众对孝悌的认知已经从道德层面强化为意识形态，作为尊崇礼制的名儒，真德秀采用了一种谨慎的平衡方式。他巧妙回避了

---

① 《西山先生真文忠公文集》卷四〇《潭州谕同官咨目》。
② 《西山先生真文忠公文集》卷四〇《泉州劝孝文》。
③ 中国社会科学院历史研究所宋辽金元史研究室点校：《名公书判清明集》卷一〇《取肝救父》，中华书局，1987年，第384页。
④ 《政经》，《景印文渊阁四库全书》第706册，第462页。
⑤ 《西山先生真文忠公文集》卷一《长沙赠高年陈氏母子》。
⑥ 《政经》，《景印文渊阁四库全书》第706册，第462页。
⑦ 《名公书判清明集》卷一〇《孝于亲者当劝不孝于亲者当惩》，第383页。
⑧ 《西山先生真文忠公文集》卷四〇《福州谕俗文》。

有关孝悌形式的争论,而是将其统一纳入对天理的范畴中,任何发自诚心的孝悌之举皆是天理的体现,孝子之所以受到旌表,是由于他在本体上已经达到了"心纯而虑一"的"孝之至"的境界,而非凭借割股剖肝等形式来显示自己异于常人。纵观真德秀对林攒、吕良子等人的褒扬,他大力强调的并非"五日水浆不入口""刃股肉粥而进"这类自残型的极端行为,而是孝子没有经过世俗浸染、发自天性与天理浑然契合的纯孝天性:"夫以身代君者,金縢之事也。吕氏女生深闺中,未尝从师友问学,而其请父之辞乃与金縢之义叶,顾不异哉!君亲之身重于其身,无哲愚咸知也,物欲昏焉,利患怵焉,始丧其本真尔。惟诚于孝者,心纯而虑一,心纯而虑一则其天者全,天者全则其心与圣贤之心一也。"①周公情愿减寿、代兄去阴间侍奉祖先,良子则祝祷于祖妣、代父赴死。吕氏女乃为一民间少女,但其言辞行为却与圣贤周公契合。在对天理的践行中,只要能够清除物欲利患的蒙蔽,无论是古代圣贤还是乡间百姓都能展现出同样的至诚纯孝。

在劝谕文中,真德秀更注重的是对道德理想的回归而非对极端苦行的强化。他还对《孝经》给予了世俗化的解读,使理学家的道德理想以民众易于接受和执行的方式深入乡间:

> 圣人作《孝经》一书,教人以事亲之道,其《纪孝行章》曰:"孝子之事亲也,居则致其敬,养则致其乐,病则致其忧,丧则致其哀,祭则致其严,五者备矣,然后能事亲。"孝之始终,无出于此。所谓居则致其敬者,言子之事亲,常须恭敬,不得慢易。盖父母者,子之天地也,为人而慢天地,必有雷霆之诛;为子而慢父母,必有幽明之谴。昔太守侍郎王公见人礼塔,呼而告之曰:"汝有在家佛,何不供养?"盖谓人能奉亲,即是奉佛,若不能奉亲,虽焚香百拜,佛亦不佑,此理明甚,幸无疑焉。所谓养则致其乐者,言子之养亲,当有以顺适其意,使之喜乐也。大凡高年之人,心常欢悦则疾病必少,中怀戚戚则易损天年。昔老莱子双亲年高,常着彩衣为儿童戏,正以此也。今贫下之民,固无美衣珍膳以奉其亲,

---

① 《西山先生真文忠公文集》卷二四《懿孝坊记》。

但能随力所有,尽其诚心。父母未食,子不先尝;父母尚寒,子不独暖;父母有怒,和颜开解;父母有命,竭力奉承。则尊者之心自然快乐,闺门之内盎然如春矣。所谓病则致其忧者,言父母有疾,当极其忧虑也,昔人有母病三年夜不解带者。亲年既高,不能无疾,人子当躬自侍奉,药必先尝,若有名医,不惜涕泣恳告,以求治疗之法,不必剔肝刲股然后为孝。盖身体发肤,受之父母,或不幸因而致疾,未免反贻亲忧。若贫乏至甚,无力请医,许诣州自陈,当为遣医诊视,药粥之资,与从官给。至于丧祭二事,皆当以尽诚为主。①

颐养双亲乃是孝亲之本。孝养父母不在于物质丰乏而在于是否尽诚,贫苦民众虽无美衣佳肴以奉亲,但只要尽其诚心,使父母欢颜愉悦,同样孝行可嘉。父母年高有疾,人子当延医奉药,以求治疗之法,而不应首先考虑割股剖肝,耽误病情。即使是无力请医的赤贫之民也无须割股为药,地方官府可承担遣医诊治之责。

真德秀在出任地方官期间对孝悌进行大力倡导,真德秀知潭州,首颁谕俗三事,其中第一条就是以孝悌教民:

古者教民必以孝悌为本,其制刑亦以不孝不悌为先。盖人之为人,异乎禽兽者,以其有父子之恩、长幼之义也。《诗》云:"父兮生我,母兮鞠我。"继之曰:"欲报之德,昊天罔极。"此言父母之恩,与天同大,为人子者,虽竭其力,未足以报也。今乃有亲在而别籍异财,亲老而供养多阙,亲疾而救疗弗力,亲没而安厝弗时,不思此身从何而有,罔极之报,当如是乎?至于兄弟天伦,古人谓之手足,言其本同一体也。今乃有以唇舌细故而致争,锥刀小利而兴讼,长不邮幼,卑或陵尊,同气之亲何忍为此?②

在真德秀看来,亲在而别籍异财、亲老而不养、亲疾而不救治、亲亡不及

---

① 《西山先生真文忠公文集》卷四〇《泉州劝孝文》。
② 《西山先生真文忠公文集》卷四〇《潭州谕俗文》。

时安葬、兄弟纷争兴讼,这五种乃不明天理,无异禽兽之行,为官尤当劝谕。同时,针对潭民多不举子之俗,真德秀亦从父子天性的角度予以教化:"天地之性,最贵者人。况为父子,所主者恩。骨肉相残,世之大恶。云何闾阎,有子不育!贫而为之,已谓至愚。富亦效尤,情尤可诛。人之有生,衣食素定。何必过忧,乃绝其命。子多而贤,家道愈隆。若其不肖,一子覆宗。虎狼虽暴,弗食厥子。人为物灵,胡忍为此!戕贼天性,泯绝民彝。"①父慈子孝乃是人之天性,无论贫富,皆不可泯灭人伦。

在仕宦生涯中,真德秀两次出知泉州,与当地百姓建立起官民鱼水的深厚情谊,"得举杯酒以饮父老,喜当如何!尔民之喜,当亦如太守之喜也。太守此来,精神气力不及前时,惟有真心爱民不减前时"②,当绍定五年(1232)真德秀再知泉州时,泉州百姓倾城出迎,"迎者塞洛阳桥,深村百岁之老亦扶杖而出,城中欢声动地"③。在《再守泉州劝谕文》中,真德秀以家人父子般的诚挚语言向泉州百姓娓娓劝谕,通过百姓耳目所接、心灵所感的生动譬喻,在情真意切的劝谕中教化百姓:

太守将至,郡人欢迎。自惭薄德,莫副民望。视事之始,合有教条,不惮谆谆,为尔开说。凡为人子,孝敬是先。其次友爱,协和兄弟。人非父母,岂有此身?父母生儿,多少艰辛!妊娠将免,九死一生。乳哺三年,饮母膏血。携持保抱,日望长成。如惜金珠,如护性命。慈乌反哺,犹知报恩,人而不孝,鸟雀不若。兄弟之爱,同气连枝,古来取喻,名为手足。人无兄弟,如无四肢,痛痒相关,实同一体。长当抚幼,弟当敬兄,或值急难,尤须救助。其次族属,虽有亲疏,论其源流,皆是骨肉。譬如大木,枝叶分披,本同一根,气脉未远。岂宜相视,便若路人。……耆艾老成,宜推此意,诲尔子弟,及其乡人。有违此言,众宜诮责。凡此忉怛,欲晓编民。④

---

① 《西山先生真文忠公文集》卷四〇《劝农文》。
② 《西山先生真文忠公文集》卷四〇《再守泉州劝农文》。
③ 《刘克庄集笺校》卷一六八《西山真文忠公行状》,第6515页。
④ 《西山先生真文忠公文集》卷四〇《再守泉州劝谕文》。

两守泉州期间,真德秀将刊刻和宣传《孝经》作为劝谕的重要手段,他将《孝经·庶人》刊刻成小本下发各县以至乡间,"《孝经·庶人》章曰:'用天之道,因地之利,谨身节用,以养父母,此庶人之孝。'此经乃至圣文宣王所作,大圣语言,应不误人。……凡人皆因妄费无节,生出事端,既不妄费,即不妄求。自然安稳,无诸灾难,便是节用。谨身则不忧恼父母,节用则能供给父母。能此二者,即是谓孝,故曰:'以养父母,此庶人之孝也。'父母虽亡,保守遗礼,勤修祭祀,亦与孝养一同。《孝经》此章凡二十一字,今镂小本,烦尔父老散与乡民,劝其朝朝诵念,字字奉行"①;对于友人龚栗所著《孝经集义》,真德秀大加赞赏,不但亲为之作序,还将此书"颁之庠序,布之乡党",让士人习学、化育民众、淳风美俗,"龚君之为此书,欲为士者知孝之为孝,俛焉以尽其力,而无不能孝之士;凡民有所观法,亦知孝之为孝,俛焉以尽其力,而无不能孝之民;其用心岂不至矣乎!予谓长人者宜,以此书颁之庠序,布之乡党,使为士者服习焉而力行以先乎民,则吾邑之俗可变。推而达之,将天下之俗无不可变者,岂小补云哉!"②

为倡导儒家道德传统,南宋理学家在对孝的阐述中大力祛除功利特征,将"孝"与"道"紧密结合,通过树立教子以道、守父善道的父子典范对"孝"进行价值诠释,使对"道"的传承与践行成为"孝"的核心内涵,并在社会生活中日益彰显。在对民间孝行的旌奖中,真德秀所树立的"人物典型"绝不仅限于割股剖肝的孝子,它涵盖了一批彰显人伦、有益风教的孝义典范。"子曰:'父在观其志,父没观其行,三年无改于父之道,可谓孝矣。'"③守父善道一直是儒家孝道观的核心内涵。孔子曾称扬鲁国大夫孟庄子能继行父政、尊礼父臣,孝行难能可贵,"孟庄子之孝也,其他可能也。其不改父之臣与父之政,是难能也"④。

继承了先秦儒家的观点,朱熹对守父善道的孟庄子给予了高度评价:

---

① 《西山先生真文忠公文集》卷四〇《再守泉州劝农文》。
② 《西山先生真文忠公文集》卷二九《孝经集义序》。
③ 《论语注疏》卷一《学而第一》,第 2458 页。
④ 《论语注疏》卷一九《子张第十九》,第 2532 页。

"子孙不能守父之业而轻改之者,多矣。庄子乃能守之,非难能而何! 先儒以为庄子之贤不及献子,疑其不能守父之政,不能用父之臣。而庄子乃能不改,此其所以为难能也。"①孟庄子之父是贤大夫孟献子,孟庄子才能不若父,但他能子继父志、施行仁政,使父德长存。朱熹认为,在诸孝行中,唯有守父善道方为至孝。孝子继承父志,以行道为己任,使父德长存。泉州民王沂之,遗命其子辟堂立学,其子即捐田三百余亩以赡师生,以继祖志、化育乡里,真德秀亲表其间为"义塾",并为王沂之父子立"义塾坊"。对"早预荐,以母老不忍行"的林彬、因父亲老病而"累请祠侍父"的杨仁翁,真德秀皆予褒扬,并以"温陵二孝"礼之。② 真德秀重视对父子亲情的书写和展示,在日常生活中官方旌表塑造爱敬事亲、遵礼无违的孝子典范。

"孝不必荣以禄,在守先志。"③通过树立子继父志、守父善道的孝子典范,修身立德、移孝为忠作为孝之要旨日益受到重视,对士人群体的价值取向起到了重要的导向作用,士人以立身行道昭显父德,较之以富贵荣亲更能体现儒家重义轻利的价值取向。南宋诸儒尤为重视父子间的深笃情感,并致力于通过父慈子孝的典范书写昭示父子亲情对稳固伦理制度的重要意义。孝子事亲出于天性至情,"行成于内,情发自天"④,非由外铄而至诚深笃。爱敬无违、先意承志的孝行皆发乎天性,是天理在社会生活中的体现,被南宋诸儒视为孝道存续的基石。

二、对乡间生活规范和基层社会秩序的建构

身为循吏典范,真德秀关心民瘼,将劝农归入对乡村建设的秩序规范中。"汝农亦宜尽力以务本,谨身以节用。与其怠惰而饥寒,何如勤苦而温饱? 与其奢侈而穷困,何如俭约而丰足"⑤,劝谕百姓各安本业、勤力耕作,

---

① 《朱子语类》卷二二《论语四》,《朱子全书》第 14 册,第 757 页。
② 《八闽通志(修订本)》卷六七《人物》,第 838 页。
③ (宋)袁甫:《蒙斋集》卷一八《东岩老人郑君墓志铭》,《景印文渊阁四库全书》第 1175 册,第 542 页。
④ 《宋史》卷四五六《孝义传》,第 13412 页。
⑤ 《西山先生真文忠公文集》卷四〇《隆兴劝农文》。

是真德秀对乡村生活秩序建构的重要内容:

> 凡为农人,岂可不勤?勤且多旷,惰复何望?勤于耕畲,土熟如酥。勤于耘耔,草根尽死。勤修沟塍,蓄水必盈。勤于粪壤,苗稼倍长。勤而不惰,是为良农。良农虽苦,可养父母。父母怡怡,妻子熙熙。勤之为功,到此方知。为农而惰,不免饥饿。一时嬉游,终岁之忧。我劝尔农,惟勤一字。若其害农,则有四事。一曰耽酒,二曰赌钱,三曰喜争,四曰好闲。四者有一,妨时废日。四者都有,即是游手。游手之民,必困以贫。何如勤力,家道丰殖。①

宋廷南渡后,疆域缩减为北宋时的五分之三,但人口数量却继续增长。靖康之变后,大批士人百姓举族南渡,迁徙东南,"将北宋崇宁元年和南宋绍兴三十二年(1162年)户数相比较,两浙路增加26万户,江南西路增加42万户,福建路增加33万户,成都府路增加21万户,潼川府路增加24万户,夔州路(较元丰)增加14万户"②。疆域缩小而人口增加,导致了南宋大部分地区土狭人稠,农民生活艰难。正如真德秀在劝农文中所言:"福之为州,土狭人稠,岁虽大熟,食且不足。田或两收,号再有秋。其实甚薄,不如一获。"③"嗟哉濒海邦,半是硗埆地。三时劳耕耘,收获尚无几,四体或不勤,将何活老稚。"④再加上南宋自然灾害频仍,"频年旱且潦,生理殊匪易"⑤,在劝农文中,真德秀反复劝谕民众应"用天之道""因地之利",力行精耕细作、重视农田规划:"春宜深耕,夏宜数耘,禾稻成熟,宜早收敛。豆麦黍粟,麻芋菜蔬,各宜及时,用功布种。陂塘沟港,潴蓄水利,各宜及时,用功浚治。此便是用天之道。高田种早,低田种晚,燥

---

① 《西山先生真文忠公文集》卷四〇《福州劝农文》。
② 邹逸麟:《中国历史地理概述》第九章《人口的增长、分布和迁移》,上海教育出版社,2005年,第226—227页。
③ 《西山先生真文忠公文集》卷四〇《福州劝农文》。
④ 《西山先生真文忠公文集》卷四〇《泉州劝农文》。
⑤ 《西山先生真文忠公文集》卷四〇《泉州劝农文》。

处宜麦,湿处宜禾,田硬宜豆,山畬宜粟,随地所宜,无不栽种,此便是因地之利。"①通过勤力耕作、谨身节用以达到"良农"的生活标准。

对于破坏乡村生活秩序的"饮、博、斗、讼"等不良社会风气,真德秀均在谕俗榜文中加以劝止:"兄弟宗族,恩义至重,不可以小利致争;邻里乡党,缓急相须,不可以小忿兴讼。喜争斗者,杀身之本;乐词讼者,破家之基。赌博乃偷盗之媒,耽酒是丧身之渐。凡此数事,为害至深,有一于此,必致祸败。父老其以此意遍谕,使更相劝勉,庶田亩辟,百谷丰,家给人足,风俗近厚,则尔农之利也。"②

健讼和赌博是宋朝屡禁不止的两大社会问题。"从南宋有关民风好讼的记载来看,无论是经济发达的江南地区,还是落后的川陕地区,在南宋的十七路中,几乎每个路都有民间喜争好讼的记录……'锥刀必争,引条指例而自陈,讦私发隐而相报,至有讼一起而百夫系狱,辞两疑而连岁不决'"③,加上官吏无能,大量连岁不决、牵连甚众的狱讼给民众的生产和生活造成了严重的影响。两宋时,赌博之风在社会各阶层广为流布,而赌博对社会产生的消极影响也与日俱增,"世有恶少无赖之人,肆凶不逞,小则赌博,大则屠牛马、销铜钱,公行不忌。其输钱无以偿,则为穿窬,若党类颇多,则为劫盗纵火,行奸杀人"④。赌博作为一种社会问题已经发展到了危害社会安定的程度。

为了维护治邑安定,真德秀发布了一系列谕俗榜文,对百姓宣谕赌博的危害,并竭尽全力劝诫民众不要轻易兴讼,以维持家庭和睦与乡间和谐。出知潭州期间,真德秀将劝谕内容以民众易入的方式作成通俗诗谣,令百姓在乡间闾里广为吟诵:"健讼翻成产祸胎,带刀却是杀身媒。争先好胜灾偏速,退步饶人福自来。"⑤同时,真德秀还将"豪强凶横,吞谋贫弱,奸狡诈伪,欺骗良善,教唆词讼,计属公事,聚众斗殴,开坊赌博,居停盗贼,屠宰耕牛,沽

① 《西山先生真文忠公文集》卷四〇《再守泉州劝农文》。
② 《西山先生真文忠公文集》卷四〇《隆兴劝农文》。
③ 《南宋法制史》第五章《南宋的法制理论与实践》,第255页。
④ (宋)王栐:《燕翼诒谋录》卷二,中华书局,1981年,第16页。
⑤ 《西山先生真文忠公文集》卷一《长沙劝耕》。

卖私酒,兴贩禁物"①等非法之行与"事不干己,辄行告讦,撰装词类,夹带虚实"②等无理之讼详细罗列于榜文之上,请父老贤良在乡间闾劝诫民众非法之事勿妄作、无理之讼勿妄为,务使民众明法度、晓理义,去恶从善,"其不识文义者,乡曲善士当以俗说为众开陈,使之通晓,庶几人人循理,家家畏法,田里无追呼之迹,公庭无鞭扑之声,民情熙然,化为乐众"③。

知福州后,真德秀下车伊始即在福州十二县张榜谕俗文,对当地"喜争健讼""易动难安"的民众提出了"三戒""二勉"的劝谕:

> 尔民幸遇清平之政,宜知爱身寡过,务本着业,毋喜斗,毋健讼。圣经有言:一朝之忿,忘其身以及其亲,非惑与? 言人一时忿怒,不能忍耐,生出事来,丧身害命,累及父母,乃惑之人所为也。又曰:讼终凶,言健讼者终必凶也。又曰:好勇斗狠,以危父母。此三者,尔民所当戒也。圣经又言:用天之道,春勤于耕,夏勤于耘,秋勤收敛之类是也。因地之利,高田宜麦,低田宜禾之类是也。谨身节用以养父母;谨身是不妄为,节用是不妄费。又曰:身体发肤,受之父母,不敢毁伤。一毛发、一皮肤,皆是父母遗体,不敢毁伤,何况轻犯刑宪,自害其身也! 此二者,尔民所当勉也。④

福州地薄民贫,即使终岁勤动,仅足给食,正因为人多地少,民众生活困难,因此其俗俭吝,喜争而健讼,"土地迫狭,生籍繁夥;虽硗确之地,耕耨殆尽。亩直寖贵,故多田讼"⑤。针对现实情况,真德秀在谕俗文中将"三戒"与"二勉"并举。在劝谕民众毋喜斗、毋健讼的同时,也从官方的角度对民众提出了具体的保障性举措。在谕俗榜文中,真德秀明确阐述了自己的治邑理想

---

① 《西山先生真文忠公文集》卷四〇《潭州谕俗文》。
② 《西山先生真文忠公文集》卷四〇《潭州谕俗文》。
③ 《西山先生真文忠公文集》卷四〇《潭州谕俗文》。
④ 《西山先生真文忠公文集》卷四〇《福州谕俗文》。
⑤ 《八闽通志(修订本)》卷三《地理》,第53页。

及可为福州民众提供的官方保障:"当职以本路之人为本路之帅,其视八州皆如乡党,其待百姓一如子弟,官吏贪残者当为尔惩之,豪强侵暴者当为尔戢之,盗贼剽窃,为汝之害,当为剪除之。"①真德秀到任后,禁预借、蠲苛税,"赋输太重者首议蠲减,科须病民者以次革除,禁公人下乡之扰,除保司代纳之害"②。"尔既安其生,宜思自保父母之身,勿犯有司之法"③,竭力为福州民众创造安定的生活环境。

在泉州,针对民众好饮酒、喜娱乐、斗勇健讼等民俗特点,真德秀谆谆告谕民众:"第一勿好饮,好饮多招累,颠冥触罪罟,太半缘酣醉。二则勿好博,好博为身祟,但观盗窃徒,多起摴蒱戏。三则勿好斗,逊顺人所贵,忘身及其亲,每每因忿恚,何如忍须臾,事过心如水。四则勿好讼,终凶圣所戒,小则糜赀财,大则遭缧系,何如退跬步,终身免颠踬。我昔初下车,谆谆尝揭示。今复重丁宁,尔民宜切记。"④在泉州劝谕榜文中,真德秀还对民众提出了"莫作罪过""莫犯刑法""莫要斗殴""莫生词讼""莫喜饮酒""莫喜赌博""莫习魔教""莫信邪师""莫看百戏""莫犯刑责"等一系列生活规范与行为准则:

> 息事省争,安分循理,得已且已,莫妄兴词,一到讼庭,终身仇敌。更相报复,无有休期,坏产破家,多由于此。语言喧竞,或不能无,邻里之间,急宜劝止,莫令交手,致有斗伤。彼中汝拳,汝受官棒,本因小忿,近结深仇。何似始初,便从忍耐,触来莫竞,心下清凉。市井经营,虽图利息,亦须睹事,莫太亏瞒。秤斗称量,各务公当,大入小出,天理不容。湿米水肉,太为人害。放债收息,量取为宜,分数太多,贫者受苦。举债营运,如约早还,莫待到官,然后偿纳。饮酒无节,少不生灾,赌博不戒,多至为盗。……违法犯刑,最不可作。旧来有过,各许自新,教而不从,刑斯无赦,有过能改,即是善良。⑤

---

① 《西山先生真文忠公文集》卷四〇《福州谕俗文》。
② 《西山先生真文忠公文集》卷四〇《福州谕俗文》。
③ 《西山先生真文忠公文集》卷四〇《福州谕俗文》。
④ 《西山先生真文忠公文集》卷四〇《泉州劝农文》。
⑤ 《西山先生真文忠公文集》卷四〇《再守泉州劝谕文》。

真德秀将"四毋""十莫"等劝诫条例融入民众熟悉的生活经历中,将市井乡间应遵循的各种准则以具体的事例晓谕世人,将争斗诉讼导致家庭破裂、邻里纷争的恶性后果以通俗的语言告诫民众。这种长者式劝谕,使乡村生活秩序在潜移默化中深入人心。

自北宋诸子以来,对基层社会进行秩序建构,确保地方安定、淳风化俗,一直是理学家的社会理想。程颢知上元县,"度乡村远近为伍保,使之力役相助,患难相恤,而奸伪无所容。……乡民为社会,为立科条,旌别善恶,使有劝有耻"①。张载门人吕大钧、吕大临兄弟还制定了《吕氏乡约》,推行于一乡,以"德业相劝""过失相规""礼俗相交"和"患难相恤"四条约规淳风善俗、化育乡里。南宋自然灾害频仍,甚者一年数灾。在饥荒之年,除朝廷蠲弛税赋等常规性措施外,富民劝粜、大户劝分,乡间间守望相助、共度时艰也是力行荒政的重要手段。然而,"古者于乡田同井之义甚重,出入相友,守望相助,疾病相扶持,今之里社亦古之遗意。然今人少知此义,邻里相视往往皆如路人"②,即使是在大灾之年,大批豪民富户也无乡党之谊,闭仓不粜、囤积居奇的现象屡见不鲜,使得包括辛弃疾、朱熹在内的诸多官员纷纷采取强制手段。辛弃疾为长沙帅,湖南大旱,辛弃疾出赈济榜文"只用八字,曰:'劫禾者斩,闭粜者配。'"③朱熹浙东救荒,上户富民多不肯发米出粜,及被迫粜米又奸狡百出,"其在家所粜,又皆减克升斗,虚批历头,奸弊非一;所称散粥,亦是虚文,日以一二斗米,多用水浆,煮成粥饮,来就食者反为所误"④,对这些不遵从社会行为准则之人,朱熹毫不留情地严厉惩处,以为豪右奸滑不恤乡邻之戒。

即使在居乡期间,真德秀亦积极赈灾劝分,劝富民发藏粟,减价出粜以赈,利民之事无不为之。由于浦城仓储有限,而灾民甚多,真德秀还协助县府建义廪以济贫民,并亲为作《义廪规约》以安乡里,"盖欲公私叶力,共济斯民,使无饥莩流离之害"⑤。宝庆元年(1225),真德秀落职罢祠后便居浦

---

① 《宋史》卷四二七《程颢传》,第 12714—12715 页。
② 《西山先生真文忠公文集》卷四〇《浦城谕保甲文》。
③ 《朱子语类》卷一一一《朱子八》,《朱子全书》第 18 册,第 3561 页。
④ 《晦庵先生朱文公集》卷一六《鄂州社稷坛记》,《朱子全书》第 20 册,第 768 页。
⑤ 《西山先生真文忠公文集》卷四〇《劝立义廪文》。

城乡里,积极承担上传下达、和谐乡里的社会责任。绍定三年(1230),浦城知县与县丞议行保甲以备不虞之患,但却引发了民众的疑惑与惊恐,为了维持治邑的稳定,实现县府与民众的良好沟通,真德秀亲作《谕保甲文》以晓谕乡党:"某尝闻令君与丞公之议矣,大抵保甲之行,止是提防小窃与遗漏而已。一家有盗不能自获也,邻里毕至则其获必矣。一家有火不能自灭也,邻里毕至则其灭必矣。……一家一名,特其大纲耳,贫士之无仆者、单丁之老弱者,不强之使出也。五日一点,欲见其大数耳,虽有搜队巡警之说,未必常行也。此皆县官本意,而外人未尽知,故有疑论,不知此法之行,实以恤民而非扰民,特疑之者过耳。"①真德秀邀约同社百家择日集于社坊,为之陈说邻里乡党相亲相睦之义,及官府成立团结保甲之因由,以合古人崇重乡社之意。

随着理学在基层社会的不断深入,宣讲因果报应、阴德福报等劝谕方式也成为理学家在地方治理中的辅助手段。真德秀及其弟子王迈等均采用了这种方式来劝粜:

> 阳和二月春,草木皆生意。那知田野间,斯人极憔悴。殷勤问由来,父老各长喟。富室不怜贫,千仓尽封闭。只图价日高,弗念民已散。……并生穹壤间,与我皆同气。富者盍怜贫,有如兄恤弟。恻隐仁之端,人人均有是。顽然铁石心,何异患风痹。不仁而多财,聚易散亦易。惟有种德家,福禄可长世。不闻眉山苏,盛美光传记。卖田救年荒,生子为国器。不见南浦毛,一惟利是嗜。积谷幸年荒,生子遭黥隶。天道极昭明,勿作幽远视。谁欤为斯谣,西山真隐吏。
>
> ——真德秀《浦城劝粜》

> 君不见汉州长者李君发,荒年作粥救饥渴。三十余年辨肯心,几千万人得存活。玉皇有籍注姓名,寅仲其孙应梦生。魁魁堂堂官阁学,簪

---

① 《西山先生真文忠公文集》卷四〇《浦城谕保甲文》。

缨世代转光荣。又不见饶州富民段念八,聚粟数仓逞豪滑。岁增高价计锥刀,不顾乡间人饿杀。天公震怒呼六丁,白昼霹雳飞雷霆。斧碎其躯火其廪,人不能祸天有刑。此邦莱色盈田野,富民闭籴何为者。满室贮钱不输舍,留与窟郎骑大马。郡人顶礼杜尚书,乞籴邻邦救里间。仁人为善不徼福,天道福善影响如。我忧郊外人无饭,愿君为李不为段。为李受福段受殃,不用劝君君自断。

——王迈《劝粜歌》

出知地方期间,真德秀屡屡以积德行善、广修福祉这种世俗化的劝谕方式教化民众怜贫恤弱、惠泽乡里,"厚积深藏,乘时邀价,众怨是丛,天岂汝赦。厚德长者,幽明所扶,一子克家,万金弗如。为富不仁,鬼神所瞰,累世之储,荡于一旦。我劝尔民,宜以为鉴"①。"自古及今,能以惠恤为念者,其子孙必贤,其门户必兴。盖困穷之民,人虽忽之,天地之心,则未尝不悯之也。"②纵观真德秀对基层社会各阶层的劝谕,其目的性和指向性相当鲜明,"大体上就是在劝导甚至强迫民众建立和遵循一种理性的生活秩序,诸如长幼有序、男女有别的等级伦理,诸如怜贫恤寡、扶助乡里的社会道德,诸如勤俭节约、恪守本分的个人品格以维护家族与家庭的同一性等等,当然,也包括了相当所得关于遵守国家法令的约定,无论在家族内还是在家族外,无论是普通民众还是读书人,都应当记住的关键词语就是'秩序',一种天经地义的、符合天理,也应当是发自内心的'秩序'"③。各阶层都应由被动接受转变为主动遵循,由个体行为转变为群体意识,从而实现理学家化民成俗的社会理想。从朱熹到真德秀,南宋理学家致力于推行化民成俗的各项措施,使礼法制度和乡规民约等基层社会行为准则逐渐为民众所接受,对宋以后的历代王朝都产生了深远的影响。

---

① 《西山先生真文忠公文集》卷四〇《劝农文》。
② 《西山先生真文忠公文集》卷四〇《劝立义廪文》。
③ 葛兆光:《七世纪至十九世纪中国的知识、思想与信仰》,《中国思想史》第二卷,复旦大学出版社,2000年,第383—384页。

第四节 真德秀对地方官员的荐举与按劾

从理学在南宋后期发展与传播的趋势来看,真德秀的作用并不仅限于对理论型经世之学的论述或对"地方行政事务同理学道德规范相结合的管理模式"①的创造,他对理学发展的贡献还在于合千百同道者之力施行理学家的政治主张。身兼帝师、言官、监司、知府等多种职责的真德秀,不遗余力地荐举人才,"天下士鲜不及门,其所荐拔,后为名公卿者不可胜数"②。真德秀的荐举面很广,从声名震赫的名臣到职小位微的基层官员,从三代公卿的显宦子弟到自己的弟子门生,从硕儒名士到敏练才吏,均不拘一格地予以举荐。

"中国古代举贤任能的荐举法由来已久。汉代的察举、南北朝时期九品中正制中注重中正官的评议,这些制度都贯彻了各级官员为朝廷荐才的精神。历代最高统治者在朝廷急需人才时,都常常颁布诏令,命令某些官员各举所知。宋代荐举法既包括这种应诏举贤荐能之制,又建立了中高级官员定期定额保荐中下级官员改转升迁的常规举荐法。前者被称为'特荐',后者被称为'岁荐'。"③对于监司而言,对州县官员的荐举和按劾是其必须承担的责任,"诸监司每岁分上下半年巡按州县,荐举循吏,按劾奸赃以闻"④。

真德秀曾先后担任江东转运副使、湖南安抚使,并多次出知各路州郡。南宋后期吏治腐败,冗官猾吏为地方治理的痼疾,"今做监司不如做州郡,做州郡不如做一邑……监司虽大于州,州虽大于邑,然都被下面做翻了,上面如何整顿"⑤。真德秀在任职地方时常感受到僚属无能之苦,"僚属又鲜能

---

① [美]狄百瑞:《真德秀及其经世思想》,《湖南大学学报(社会科学版)》1987年第4期。
② 《刘克庄集笺校》卷一六八《西山真文忠公行状》,第6518页。
③ 苗书梅:《宋代官员选任和管理制度》第三章《任用官员的重要原则》,河南大学出版社,1996年,第270页。
④ 《庆元条法事类》卷一四《选举门一》,杨一凡、田涛主编,戴建国点校:《中国珍稀法律典籍续编》第1册,黑龙江人民出版社,2002年,第292页。
⑤ 《朱子语类》卷一一二《论官》,《朱子全书》第18册,第3582页。

任事,无大小必躬亲之,每据案决讼,自卯至申未已"①。通过荐举和按劾,就可以在一定程度上剔除奸赃庸碌之吏,选拔优秀干练的僚属建设起一支忠实而高效的行动团队,从而保障自己施政方案的顺利执行。在《荐本路十知县政绩状》《奏举潭州官属状》等荐举奏状中,真德秀将柴景望、尤燨、陈宿、刘用行、刘克刚、李壮祖等理学才吏作为"人物典型"大力举荐,他们在治邑内兴社仓、结义役、除苛税、广教化,使理学家的施政理想在其所辖诸路遍行县乡。

"宋代荐举制度分为荐举和辟举两大类别。其中辟举,即奏辟差遣,主要指某些官府的长官可以自行物色人选,具名奏辟某人担任其下属某一差遣。其着眼点是从槖阙的需要出发,为阙择人。"②辟举可以迅速而直接地选拔对口人才,使各部行政得以顺利运作,"朝廷只当择监司、太守,自余幕职县官,容他各辟所知,方可责成。天下须是放开做,使恢恢有余地乃可"③。辟举更经常地被用于对繁难剧邑或关键性岗位的吏僚选拔,"诸县久不治,或繁难当选差县令者,听监司或知州奏差"④。"诸提点刑狱司缉捕盗贼,若见阙及过满,如经一季,别无朝廷并吏部关报已差人,即许本司举辟。"⑤

泉州下辖的南安县去郡治最近,号为剧邑,而且由于前几任县令的贪暴无能使南安根本戕伐殆尽,生意萧索无余。为南安县选择一名出色的县令对治理泉州至关重要。真德秀知泉州,"以其(徐鹿卿)道同志合,可以拯民,辟宰南安。既至,首罢科敛之无名者,明版籍,革预借,决壅滞,达冤抑,邑以大治。岁饥,处之有法,富者乐分,民无死徙。德秀寻帅闽,疏其政以劝列邑"⑥。在司户参军林元晋充浦城北尉的举状中,真德秀明确指出了浦城尉一职对候选人岗位经验和个人能力的特殊要求,

---

① 《刘克庄集笺校》卷一六八《西山真文忠公行状》,第6516页。
② 《宋代官员选任和管理制度》第三章《任用官员的重要原则》,第269页。
③ 《朱子语类》卷一一二《论官》,《朱子全书》第18册,第3582页。
④ 《庆元条法事类》卷一五《选举门二》,《中国珍稀法律典籍续编》第1册,第326页。
⑤ 《庆元条法事类》卷一五《选举门二》,《中国珍稀法律典籍续编》第1册,第323页。
⑥ 《八闽通志(修订本)》卷三七《秩官》,第1090页。

"浦城上五乡为福建吟喉之地,民俗犷悍,创阙之初,必得才识之士方能斟酌利病"①,并对林元晋的品行及其在捕盗方面的出色吏能给予了充分肯定:"建昌军司户参军林元晋奋身上庠,笃学有守,明敏详练,允为应变之材,且尝从父兄历仕江淮,谙识兵民利病,使之任上件差遣必能称职。"②真德秀知福州,又辟举刘克庄为参议官,"西山帅闽,以机幕辟……西山知公吏材高,府事一委之"③。优秀的人才得以施展才能,成为真德秀施政主张得力的执行者。

一、真德秀的荐举对象

作为理学大儒和朝廷重臣,真德秀在士人群体中拥有极高的威望,"数年之间,论奏恳恳无虑数千万言,权相为之侧目,而海内人士抄传诵咏。于是蔼然公辅之望,中外无异词矣"④。在数十年的政治生涯中,真德秀为朝廷举荐了大批德才兼备、笃实勤恪的优秀之士。纵观真德秀的奏状,其举荐之人大致可分为三类:

第一类为崇奉理学的世家子弟及理学名士,以傅伯成、傅雍、陈昉等为代表。

傅伯成是吏部员外郎傅察之孙,少从朱熹问学,入仕后先后担任工部、吏部侍郎,因反对轻启边衅而为权臣所恶。其为政行事皆"以律己爱民为本,推熹遗意而遵行之"⑤。在泉州任上,真德秀经常问政于傅伯成,"每诣之必移日,虚心问政,受其规戒。傅公亦以世道期之"⑥。在傅伯成的言传身教下,子继承父之风,傅雍知崇安县,创均惠仓,增学田,立义冢,邑人为立祠。在理宗下诏求贤时,真德秀对傅雍进行了大力举荐:"朝奉大夫、新知汀

---

① 《西山先生真文忠公文集》卷一七《辟林司户充浦城北尉状》。
② 《西山先生真文忠公文集》卷一七《辟林司户充浦城北尉状》。
③ (宋)林希逸:《宋修史侍读尚书龙图阁学士正议大夫致仕莆田县开国伯食邑九百户赠银青光禄大夫后村先生刘公行状》,《刘克庄集笺校》卷一九四,第7549页。
④ 《鹤山先生大全文集》卷六九《参知政事资政殿学士致仕真公神道碑》。
⑤ 《宋史》卷四一五《傅伯成传》,第12441页。
⑥ 《刘克庄集笺校》卷一六八《西山真文忠公行状》,第6508页。

州傅壅,实宝文阁学士伯成之子。其学其行,皆有父风……伯成旧为漳守,有惠政,壅能循父之辙,一意抚摩。继守临川,究心民隐,政平讼理,细大有经,以疾丐祠,郡人皆惜其去。臣以召还过抚,实亲闻之,提举常平赵汝谈贤监司,亦称其政不容口。今其疾已瘳,尚淹家食,臣窃惜之。"①

陈昉是宁宗朝名臣陈岘之子。开禧元年(1205),陈岘时任中书舍人兼直学士院。韩侂胄欲升任苏师旦为节度使,陈岘拒不草制,毅然辞官,"方是时,侂胄权震中外,鼻息所向谁敢违者,而公秉持直道不少顾,卒以去国,士论高之"②。当真德秀试博学宏词科时,陈岘恰任词科检校,"赖公品题,俾玷首选,因获出入公门"③。因此真德秀视陈岘为师。在父亲言传身教下,陈昉虽以荫补入仕却政绩斐然,他以仁为本,注重民生,刚正廉洁,正如真德秀在诗中所赞:"花种河阳未十旬,和薰四境蚤如春。试看条教频频下,字字无非育物仁。""为民一念彻渊泉,蔬茹余旬始吁天。岁事丰登邻寇熄,乃知感应鼓桴然。"④鉴于陈昉出色的吏能,真德秀对时任浦城知县的陈昉进行了大力举荐:"陈昉器资沈靖,学识通明,俭素虽书生之弗如,廉介视古人而无愧。暮年为邑,一意爱民,性本宽和而凛有不回之操,政先平恕而时有难犯之威。今保举堪充公正聪明可备监司科,如蒙朝廷擢用后不如所举,臣甘坐谬举之罚。"⑤在真德秀的举荐下,陈昉被迁为司农丞。

第二类为真德秀的僚属及所辖州县官员。

丁黼知信州,以"岂弟循良"闻名一路,为了抵御盗贼、维护治邑安定,丁黼修固城池,为信州百姓筑防御之基。时任江东转运副使的真德秀在常程荐举中予以荐拔:"朝奉郎、知信州军州事丁黼,性本诚实,学有师传,修身立朝,物论素所推许。今为郡守,曾未数月,循良岂弟之政已流闻于四方……伏望圣慈特赐甄擢。倘一词缪妄,臣甘伏罔上之诛。"⑥

---

① 《西山先生真文忠公文集》卷一七《荐贤能才识之士状》。
② 《西山先生真文忠公文集》卷四四《显谟阁待制致仕赠宣奉大夫陈公墓志铭》。
③ 《西山先生真文忠公文集》卷四四《显谟阁待制致仕赠宣奉大夫陈公墓志铭》。
④ 《西山先生真文忠公文集》卷一《寿陈宰》。
⑤ 《西山先生真文忠公文集》卷一七《奏举浦城知县陈昉状》。
⑥ 《西山先生真文忠公文集》卷一二《荐知信州丁黼等状》。

洪彦华在地方任职期间,展现了出色的吏能,催课不扰,惠养生民,岁荒赈济,民无流亡。故真德秀对其进行了大力举荐:"承议郎、江南东路转运司主管文字洪彦华,天资朴茂,学问淹该,居常务自韬晦,不以己长示人。而徐考其所为,则言行相副,表里如一,曩宰衡之茶陵,适值俭岁,疚心拊字,民无流亡。至于应办和籴,招募效用,皆不扰而集,诸司尝以政最剡闻于朝……继宰信之上饶,以惠利为政,如在茶陵时。然其恬退自将,安于平进,故知之者少。臣谓如彦华者,若加进用,俾究所蕴,必有可观。"①欧海知零陵县,以劝农养民为己任,"有劝农十诗,真西山谓其言易入人心,足为风化助"②,遂在岁荐中以经义卓著为由举荐了欧海。

关于对知州县令的优劣评价,有司明确规定了"知州县令四善四最"的考课标准:"一善德义有闻。二善清谨明著。三善公平可称。四善恪勤匪懈。一生齿之最:民籍增益,进丁入老,批注收落,不失其实。二治事之最:狱讼无冤,催科不扰。三劝课之最:农桑垦殖,水利兴修。四养葬之最:屏除奸盗,人获安居,赈恤困穷,不致流移;虽有流移而能招诱复业,城野遗骸无不掩葬。"③根据朝廷规定的考课标准和自己的施政宗旨,真德秀先后荐举了大批吏能卓著、仁爱惠民的地方官员:

奉议郎知饶州鄱阳县赵汝俞,天族之英,笃志为善,清修雅淡,有儒素之风。当官而行,不为阿徇,廉静无扰,田里安之。④

承事郎知宁国府宣城县尤熵,名家之子,生长见闻。宣城夙号烦剧,熵材力精敏,治办有方,务以恩信及民,不为苛猛。岁适旱饥,推行荒政,曲尽其至,殄除蝗孽,宣力尤多。臣等每因百姓至庭,试加访问,皆称其贤。已决之讼,翻诉绝少。⑤

---

① 《西山先生真文忠公文集》卷一二《荐洪运管等官状》。
② 《长沙府志》卷一一《人物上》。
③ 《庆元条法事类》卷五《职制门二》,《中国珍稀法律典籍续编》第 1 册,第 69—70 页。
④ 《西山先生真文忠公文集》卷一二《荐本路十知县政绩状》。
⑤ 《西山先生真文忠公文集》卷一二《荐本路十知县政绩状》。

朝奉郎知潭州湘潭县事朱子肃,持身谨恪,莅事精详,催科有方,听讼惟允,利民之事,知无不为。①

文林郎全州清湘县令董梦程,通经学古,知前辈之源流,临政字民,慕循吏之风绩,观其器识,殆未易量。②

真德秀希望通过荐举,从基层选拔出一批才品兼备、政誉卓著的优秀人才,使他们能够人尽其用,各展所长,"异日必有奋发为清时之用者"③。

第三类为真德秀的弟子门生,以王埜、王迈、马光祖、徐鹿卿、刘克庄等为代表。

王埜是宦门子弟,其父为宝章阁待制王介,因此王埜以父荫补官而步入仕途。"仕潭时,帅真德秀一见异之,延至幕下,遂执弟子礼。"④王埜的出色才能令真德秀欣赏,遂力荐之。后王埜知邵武军,真德秀以"健决要安徐,聪明贵韬敛"⑤之句相赠,以其父忠节勉励弟子敬义自砺:"堂堂先太史,一节贯初终。况有寿母贤,切切唯教忠。承家谅匪易,负任丘山崇。可不日汲汲,仰希前哲踪。敬义两夹持,师友交磨礲。余事作诗人,毋颛锼句工。"⑥并期待王埜能施展才能、为国建功:"平时州县间,上下意苦异。善书肘或掣,有志奚由遂。子今得所从,展布有余地。两贤更勠力,万物应吐气。相期召杜功,奕奕照采世。不须岘首碑,自有樵川志。"⑦摄邵武军政事后,王埜亲率兵士讨伐唐石之盗,"埜乃率兵直捣其巢穴,贼大溃,首恶自缢死,余党俘戮殆尽,民赖以安"⑧。由于王埜出色的政绩,他先后被任命担任礼部尚书、江西转运副使、沿江制置使、江东安抚使等重要职位。立身朝堂,王埜

---

① 《西山先生真文忠公文集》卷一七《奏举潭州官属状》。
② 《西山先生真文忠公文集》卷一七《奏举潭州官属状》。
③ 《西山先生真文忠公文集》卷一七《奏举潭州官属状》。
④ 《宋史》卷四二〇《王埜传》,第12575页。
⑤ 《西山先生真文忠公文集》卷一《送王子文宰昭武》之二。
⑥ 《西山先生真文忠公文集》卷一《送王子文宰昭武》之四。
⑦ 《西山先生真文忠公文集》卷一《送王子文宰昭武》之五。
⑧ 《八闽通志(修订本)》卷三九《秩官》,第1122页。

严君子小人之限,坚持以正君心、抑权臣为己任;经营边防,王埜"创游击军万二千,蒙冲万艘,江上晏然"①;任职地方,王埜坚持以惠民化民为己任,严守"廉、仁、公、勤"的为官准则。

王迈字实之,本为真德秀僚属,真德秀知潭州,以"廉""仁""公""勤"诫谕僚属,王迈为潭州观察推官,师事真德秀,作《存心以公之箴》《律己以廉箴》《抚民以仁箴》《莅事以勤箴》四事箴以呈,真德秀为之作跋,"余在星沙,以'廉''仁''公''勤'四事勉僚属,王实之作此箴遗予,尝揭之幕府之壁,与同僚共警焉,今复斋陈公师复又为大书此本。实之之箴,明厉峻切,读者已知悚畏"②,对王迈十分欣赏。端平元年(1234),在真德秀的举荐下,王迈赴都堂审查,第二年三月召试学士院,除秘书省正字。王迈在朝廷中直言敢谏,屡屡针砭时弊,"真公每曰:'实之英气多,和气少。'而折权贵人不稍假借"③,王迈因直言勇谏被弹劾后离开朝廷,通判漳州、吉州,知邵武军,扶危济困、惠泽百姓,"夺势家冒占田数百亩,以还漳民。至吉、樵各削州仓斛面,听民自概,赈赡水灾,樵人德之"④。

马光祖是理宗朝名臣,也是真德秀杰出的弟子之一。真德秀的政治思想和施政主张对马光祖都产生了重要影响,"初,光祖弱冠登第,为临江之新喻县簿,已有能名。及宰饶之余干,获登西山真文忠公之门,一见许以国士。为作《心经》《政经》《夜气箴》《裕斋》诗,及遗以《文章正宗》。西山既居政府,力加荐拔,遂跻清要。光祖亦自奋励,期无负西山之教,所至以异绩闻"⑤,马光祖为政以宽养民力为本,"兴废起坏,知无不为,蠲除前政逋负钱百余万缗,鱼利税课悉罢减予民"⑥,他还遵真德秀规式建广储仓、惠民局、安乐庐、慈幼庄以济民,时人赞曰:"公,文忠门人也,学其学而政其政固

---

① 《宋史》卷四二〇《王埜传》,第12576页。
② 《西山先生真文忠公文集》卷三四《跋陈复斋为王实之书四事箴》。
③ 《刘克庄集笺校》卷一五二《臞轩王少卿墓志铭》,第6001页。
④ 《刘克庄集笺校》卷一五二《臞轩王少卿墓志铭》,第6001页。
⑤ (元)张铉:《(至正)金陵新志》卷一三下《人物志》,《中华再造善本》,北京图书馆出版社,2006年。
⑥ 《宋史》卷四一六《马光祖传》,第12486页。

宜。虽然公将佐天子相天下,煦寒濯痪、苏醒雕瘵,使大寓之内无一民一物不安且乐者,此公全体大用之仁也。"①

徐鹿卿自幼博通经史,任南安军教授时,撷张九成言行,刻诸学以训;申二程之教,立养士纲条。无论身任何职,徐鹿卿以忠君爱民为本,声誉卓著,真德秀视其为同道给予了极高的评价,"称其气平论正,有忧爱之诚心"②。真德秀知泉州,辟举徐鹿卿为南安知县,时徐母老病,"鹿卿以不便养辞。德秀曰:'道同志合,可以拯民,何惮不来?'"③为了协助真德秀实现行道济民的宏愿,徐鹿卿慨然赴任。真德秀以徐鹿卿作为循吏楷模,将其治南安之法推广到所辖各县。徐鹿卿在治邑弛苛政,蠲米石,拨官粮以助赈给,出缗钱让利贫民,政声斐然。

刘克庄是理学名儒刘弥正之子,理宗即位后下诏荐贤,傅伯成、真德秀先后以贤能才识荐举刘克庄,"西山在朝,以公学贯古今,文追骚雅荐"④。宝庆元年(1225)八月,真德秀因直言谏诤罢归浦城,刘克庄正式拜真德秀为师。刘克庄一改以词笔为能而不屑吏事的态度,开始以循吏的标准要求自己,"文忠真公里居,公以师事。讲学问政,一变至道。崇风教,表儒先,如古循吏"⑤。他为官勤勉,一意为民,深得百姓爱戴,"每出其境,城郭村落,父老子弟,必幡华迎饯,追随不置。晚罹艰棘,耆宿有赍粮行千里相吊者"⑥。刘克刚因其兄刘克庄而见知于真德秀,在真德秀的大力举荐下,刘克刚先被擢知沙县,后又被擢知惠州。惠州数十里无人烟,号为盗区,帑庾赤立,刘克刚核渗漏,量出入,削苞苴,日积月累,使州府略有存余后,刘克刚便开始大力推行兴学广教的治邑方略,他首出所积建丰湖书院,"列四斋,前为夫子殿,后先贤祠,以丁钞例卷买田养士"⑦;

---

① 《景定建康志》卷二三《城阙志四》,《宋元方志丛刊》第2册,第1704页。
② 《宋史》卷四二四《徐鹿卿传》,第12648页。
③ 《宋史》卷四二四《徐鹿卿传》,第12649页。
④ 《宋修史侍读尚书龙图阁学士正议大夫致仕莆田县开国伯食邑九百户赠银青光禄大夫后村先生刘公行状》,《刘克庄集笺校》卷一九四,第7549页。
⑤ (宋)洪天锡:《后村先生刘公墓志铭》,《刘克庄集笺校》卷一九五,第7568页。
⑥ 《刘克庄集笺校》卷九〇《建阳县增买粜仓田记》,第3847—3848页。
⑦ 《刘克庄集笺校》卷一五六《惠州弟墓志铭》,第6117页。

同时重兴州学,广纳士人就学,在临终时仍不忘"延郡文学至卧内,再捐羡钱千缗,增学廪"①,使诗书之泽得以长久蒙被惠州士民。

从宁宗朝到理宗朝,真德秀前后举荐了十几位自己的弟子门生,"开藩旬日,方罗幕府群英;荐剡一封,首及墙屏之下士。识者以为公举,众人则曰私恩"②,真德秀举荐门人弟子并非以私心培植党羽,而是出于正君济民的公义。正如王迈在《谢真师荐举启》中所言:"惟师生以道而合,与宾主之分不同。彦明授业于伊川,本无干禄之意;器之执经于涑水,非为荐求之阶。天爵重则人爵可轻,义荣贵则势荣可贱。有宁终其身之弗遇,不忍叛所学以苟容。如某之愚,从公也久。孺子可教,初拜南昌之赠言;门人益亲,屡造西山而问道。……所愿先生秉钧轴之权,博取吾党有气节之士。某益思植立,愈励操修。表里同源,敢不推立言之诚而立德;阿谀深耻,又当移事师之忠以事君。惟能为人,是报知己。"③列身大儒门堂不应为利禄求荐,西山弟子当"志伊尹之所志,学颜子之所学"④,以诚敬之心正君行道、治国安邦,将儒道发扬光大。

二、真德秀的荐举标准

宋廷南渡后,灾荒频仍,诸道多水旱,而国家兵弱财匮,大批官员希旨求进,在治邑横征暴敛,"指生财为政事,纵掊克为举职,矜羡余为己功,习熟见闻,恬不知革"⑤。为了整肃吏治、重振士风,真德秀以"居以廉平不至于严,而民从化"⑥的文翁,"为人勤力有方略,好为民兴利,务在富之"⑦的召信臣,廉洁自守、合浦珠还的孟尝等多位古代循吏为楷模,以"廉""仁""公""勤"的为官准则作为举荐地方官的重要标准,"贤不肖之分,在乎勉与不勉

---

① 《刘克庄集笺校》卷一五六《惠州弟墓志铭》,第6118页。
② 《臞轩集》卷九《谢真师荐举启》,《景印文渊阁四库全书》第1178册,第567页。
③ 《臞轩集》卷九《谢真师荐举启》,《景印文渊阁四库全书》第1178册,第567—568页。
④ 《通书·志学第十》,《周敦颐集》卷二,第23页。
⑤ 《历代名臣奏议》卷五〇《治道》之"袁说友奏议",《景印文渊阁四库全书》第434册,第396页。
⑥ 《政经》,《景印文渊阁四库全书》第706册,第447页。
⑦ 《政经》,《景印文渊阁四库全书》第706册,第449页。

而已。异时举刺之行,当以是为准"①。

在真德秀的荐举标准中,"廉"是对官员素质的首要要求。当理宗向真德秀征求革弊之策时,真德秀对曰:"此在朝廷用舍黜陟之间,示人以意。"②理宗向真德秀询问堪称廉吏的人选时,真德秀向理宗推荐了赵篯夫、崔与之和杨长孺三人。赵篯夫于嘉定间知袁州,体恤百姓、律己以廉,不苛取于民,政声卓著。杨长孺是名儒杨万里之子,"诚斋父子,视金玉如粪土。诚斋将漕江东,有俸给仅万缗,留库中,弃之而归。东山帅五羊,以俸钱七千缗,代下户输租。其家采椽土阶,如田舍翁,三世无增饰"③。杨长孺为官以廉洁著称,任广东经略安抚使知广州期间以己俸代下户输租,致仕后郡人为之立像,与东晋廉臣吴隐之并祠。崔与之曾为广西提点刑狱,所巡之处,奖廉劾贪,风采凛然。朱崖地产苦簦,土人采之代茗,州郡每年都要征税五百缗以上,民不堪负。崔与之上任后,将苛税全部废止,琼民感激,作《海上澄清录》颂其廉洁。理宗即"御笔擢篯夫直秘阁,与监司差遣"④。

惠安知县陈宿为官以廉洁自砺,对自己和家人约束极严,"历郡国,苞筐无私觌。家人非时需铢茗勺酒,帑吏惮公不敢与"⑤,他勺累铢积,以余钱惠泽邑民,使治邑人安其居,民风淳厚。对陈宿之廉,真德秀深为赞赏,上公邑最,屡为举荐。刘用行知零陵县后,坚持律己以廉,常曰:"俸外令甲所不载者,赃也。"⑥为了解决县政日常开支而不将其转嫁到百姓身上,刘用行为官异常清苦,"惜公使钱甚于私帑,不以厨传苞筐悦人,客见公服用朴素,皆起敬","节缩余力给佐官,自无所取,垂去,始仍其旧"⑦。刘用行以清廉闻名朝野,真德秀、魏了翁等人交相举荐。

---

① 《西山先生真文忠公文集》卷四〇《潭州谕同官咨目》。
② 《刘克庄集笺校》卷一六八《西山真文忠公行状》,第6512页。
③ 《鹤林玉露》卷四丙编《诚斋夫人》,第309页。
④ 《刘克庄集笺校》卷一六八《西山真文忠公行状》,第6512页。
⑤ 《刘克庄集笺校》卷一五〇《知常州寺丞陈公墓志铭》,第5911页。
⑥ 《刘克庄集笺校》卷一五三《刘赣州墓志铭》,第6039页。
⑦ 《刘克庄集笺校》卷一五三《刘赣州墓志铭》,第6037、6039页。

第五章 真德秀的施政主张与地方治理 227

作为民之父母的地方官吏,"仁"乃是儒家治道的核心体现。舂陵大歉,民无冬粮,守令虑救荒难继,想推迟到来年春天再行荒政。时佐荆湖漕幕的刘用行坚决反对。他果断采取救荒措施,辍纲运、发义仓,劝分恳恻,人皆乐从,使舂陵灾民顺利度过了饥荒。"端平改纪,真、魏交荐,擢置颂台。"①方阜鸣佐洪州期间,"官令城中盐肆,各出锱易楮,盐俭魏彬,请括责南昌、新建口岸三千处盐肆,如城中法"②,以增加税赋,但方阜鸣却认为口岸异城市,小贩非巨贾,在他的力争下,商贩才免于被盘剥。方阜鸣常言:"灭门刺史、破家县令,此衰世事。古人惟曰:'恺悌君子,民之父母而已。'"③真德秀闻之击节,举荐之余,仍以方阜鸣仕晚职卑为憾。

相较于在催缴税赋中表现突出的"能吏",真德秀更欣赏能宽养民力的循吏,"有能于煎熬之中少施宽裕之政,不专以催科为急而以字民为心,其在臣等所当激劝……大概主于字民则均在可取之域"④。真德秀以"仁"为衡量标准,将"至诚笃实,一意在民"⑤的歙县知县冯特卿,"尽心民事,所济尤多"⑥的永州推官赵涯,"一意为民,不畏强御"⑦的宁远知县黄大中,"惠养小民,人安其政"⑧的浏阳知县徐玠等僚属树为仁爱惠民的典范,在奏章中予以大力举荐。郑思忱知崇安县,"复均惠仓,以私箩面钱市籴实之。左迁浦城丞,真文忠公与语,知其贤,言于太守,复得仕知南恩州,辟浙东帅府参议官"⑨。当真德秀得知郑思忱因惠泽百姓而被降级左迁后,感其仁义而力言其贤,使其复得拔擢。

"勤"是真德秀考课和荐举官吏的基本准则。任职地方期间,真德秀要求僚属勤于政务,劝农桑、增户口、理词讼,不可懈怠。江东大旱,

---

① 《刘克庄集笺校》卷一五三《刘赣州墓志铭》,第 6038 页。
② 《刘克庄集笺校》卷一四八《方子默墓志铭》,第 5852—5853 页。
③ 《刘克庄集笺校》卷一四八《方子默墓志铭》,第 5852 页。
④ 《西山先生真文忠公文集》卷一二《荐本路十知县政绩状》。
⑤ 《西山先生真文忠公文集》卷一二《荐本路十知县政绩状》。
⑥ 《西山先生真文忠公文集》卷一七《奏举潭州官属状》。
⑦ 《西山先生真文忠公文集》卷一七《奏举潭州官属状》。
⑧ 《西山先生真文忠公文集》卷一七《奏举潭州官属状》。
⑨ 《宋元学案》卷六八《北溪学案》,第 2239 页。

身为江南东路转运司主管帐司的赵彦覃亲临灾区,"与本郡守贰图所以拯救之方,而能悉心尽瘁,不惮劳苦,凡所以区画多适事宜,给散有方,人被实惠"①,有效地缓解了灾情,全活灾民数万。玉山知县程榆,本已告疾在家,听闻夏洪骤至,"力疾而出,巡行拊劳,不俟申请,捐公钱以予民,赖以全活者甚众"②。真德秀任湖南安抚使期间,湖南安抚司主管机宜文字赵希稷不辞辛劳,协助真德秀施政惠民,"勤瘁百为,若建社仓,若行税酒,宽省租赋,字养惸嫠,惠利稍及于斯民,希稷多为之赞画"③。柴景望在出知凋敝日甚的弋阳县后,"极意爬梳,结立义役,以革纷争卖弄之弊;优恤户长,以除科较代输之苦。裁决狱讼一出至公,人情翕然,称为贤令"④。郑鼎新出知晋江,"来时盗方平,而邑已凋敝,侯乃纠核版籍之缺逸,检柅吏胥之隐谩,撙裁费用之浮冗,期月间仅仅有序"⑤。在晋江县廨,郑鼎新建问政堂,书《论语》中有关政事者于壁,以此自励。对这些"居怀及物之心,务为有用之学"⑥的勤恪循吏,真德秀均予以大力荐举。

三、真德秀对地方官吏的按劾与奏免

对于苛敛暴虐的地方官员,真德秀坚决予以按劾。任江东转运副使期间,宁国知府张忠恕得赈米十一万七千三百六十二石,但其下拨给诸县用于赈济的仅五万六千二百四十六石,未将赈米尽数赈济灾民。对张忠恕的行为,真德秀怒章弹劾:"荒政之行当以赈济为主,劝分为辅,盖有司不惜官廪以惠民,然后可责富室不私藏以惠乡里。今忠恕于朝廷所赐则妄行破用,于民间所有则根括无余,形迫势驰,一切不恤……如泾县土瘠民贫,所科亦一万一千四百余石,忠恕尚怒其少,形

---

① 《西山先生真文忠公文集》卷一二《荐洪运管等官状》。
② 《西山先生真文忠公文集》卷一二《荐本路十知县政绩状》。
③ 《西山先生真文忠公文集》卷一七《应诏荐士状》。
④ 《西山先生真文忠公文集》卷一二《荐本路十知县政绩状》。
⑤ 《耀轩集》卷五《晋江军储仓记》,《景印文渊阁四库全书》第1178册,第515页。
⑥ 《西山先生真文忠公文集》卷一七《奏举潭州官属状》。

之批判,必欲其急作措置,否则县官按奏黜责,典吏刺配岭海,是趣迫官吏,使之毒民也。"①要求将张忠恕立即罢黜。张忠恕是中兴名臣张浚之孙、理学名儒张栻之侄、张枃之子。魏了翁称其"拳拳体国似浚,拨繁剸剧似其父枃,敛华就实则有志义理之学,尝有闻乎栻之教矣"②。对于救荒赈灾的方式,真德秀和张忠恕存在明显的分歧。真德秀主张由官府无偿赈给,而张忠恕则主张戒谕大家富户发米出粜,"常平使者欲均济而勿劝粜,忠恕虑后无以继,遂核户口、计岁月,严戒诸邑谕大家发盖藏。所见寖异"③,本着仁政爱民的施政主张,真德秀弹劾张忠恕崇聚敛之政、倾夺民财,张忠恕遂去职主管武夷山冲佑观。直到理宗朝张忠恕上封事直言切谏君主,真德秀感其忠节,方与之纳交。

当朝廷委派素无廉名的陈广寿知宁国府、治声蔑然的林琰知徽州时,真德秀果断上书朝廷罢除对二人的任命:"是邦新罹前守之虐,民之被祸盖匪一端……侧闻广寿在抚之日,如前数事,色色有之,而其凶暴尤出忠恕之上。今忠恕甫去而广寿寔来,所谓逐虎逢狼,害将愈甚,抑何宣人之重不幸也!"④"徽州地瘠民贫,曩经回禄之灾,旧观未能尽复,春夏以来,亢阳为虐,雨泽未浃,人情忧危,正赖贤二千石悉心抚摩,庶无流离饥莩之患。……况今旱灾之余,正以讲求荒政为急,琰尝两守偏郡,治声蔑然,必不能推饥溺由己之心,解百姓倒垂之厄。"⑤在真德秀的奏请下,朝廷降旨免除对林琰知徽州的任命。

太平州当涂县救荒不力,"推原其故,皆由知县谢汤中者身为邑长,略无恻怛爱民之心,视监司行移漫为文具,始则泛然付之吏手,继则一切诿之佐官,致使吏奸恣行,无所忌惮,侵移诡冒,色色有之"⑥。谢汤中、王长民等人既无廉行,又无仁心,公事皆诿于吏手,故真德秀奏陈朝廷将谢汤中罢

---

① 《西山先生真文忠公文集》卷一二《奏乞将知宁国府张忠恕亟赐罢黜》。
② 《宋史》卷四○九《张忠恕传》,第 12331 页。
③ 《宋史》卷四○九《张忠恕传》,第 12328 页。
④ 《西山先生真文忠公文集》卷一二《奏乞将新知宁国府陈广寿寝罢新命》。
⑤ 《西山先生真文忠公文集》卷一二《奏乞将新知徽州林琰寝罢新任》。
⑥ 《西山先生真文忠公文集》卷一二《奏乞将知太平州当涂县谢汤中罢斥主簿王长民镌降状》。

斥,王长民镌降,以正风纪,"当涂县丞贾敷言、主薄王长民皆同任给散之责,二人者皆漫不警省,县吏持诡名之状请判,敷言等更不诘问,便即支钱……盖今州县之官,凡百非泛用度,率多敷配吏人,相习成风,视为常事。不思此曹果何从出,若非浸移官物则必接受民财,此风不除,为害非浅"①,使地方官吏皆得警饬。南陵县丞李仁任本是世家子弟,却在赈灾最紧急之时委职而去,卧家数月,恬若不闻。当州郡以公移催督,李仁任不得不返回任上,但却暴虐狠傲,诬诋知县,侵凌僚属,"自典吏而下不时捽至其庭,断以大杖讯决,动至数百,械系或至通宵,且以知县妄用官钱偏申台府"②。真德秀果断上奏朝廷,请求将李仁任罢黜。广德县丞冯烒年事已高、志气衰落,且乏廉声。广德受灾严重,民众日望船粟救饥,"而烒乃以黠胥自随,纵其侵渔船户钱物,遂使船户公为欺弊,盗粜官米凡七十余石。当饥民仰哺之际,一勺一合皆为可惜,烒为监临官,不能检察,以至散失米斛其多如此,岂容逃责?"③真德秀当即奏请朝廷将冯烒免职。太平州通判韩楚卿当灾害之际,不与知州相与协济,懈怠职责,"旁若无人,沿檄之日居多,在官之日绝少,由此县道败坏,贻患后人"④。真德秀认为韩楚卿实不堪任,于是奏请将韩楚卿罢免。朝廷依奏,韩楚卿差主管台州崇道观。对于不符合廉、仁、公、勤施政原则的地方官员,真德秀皆不循私情上奏朝廷,将贪暴昏眊、尸位素餐之人劾罢。

四、弟子门人对真德秀施政主张的贯彻执行

正君、济民、化俗是自先秦以来儒家始终坚持的政治理想,真德秀所举荐的弟子门人重视民生、兴学广教、淳风化俗,谨守"廉""仁""公""勤"的

---

① 《西山先生真文忠公文集》卷一二《奏乞将知太平州当涂县谢汤中罢斥主簿王长民镌降状》。

② 《西山先生真文忠公文集》卷一二《奏乞将知宁国府南陵县丞李仁任罢黜广德军广德县丞冯烒送部与岳祠状》。

③ 《西山先生真文忠公文集》卷一二《奏乞将知宁国府南陵县丞李仁任罢黜广德军广德县丞冯烒送部与岳祠状》。

④ 《西山先生真文忠公文集》卷一二《奏乞将太平州通判韩楚卿罢免》。

为官准则,奉行真德秀的施政主张。

南宋后期,民生多艰,"淮民死兵,浙民死岁,湖广之民死盗"①,"饥民有聚众借粮者,有持械发窖者,有劫夺军器船者,骎骎至于杀人矣"②。真德秀认为,州县守令即是民之父母,如果长民者"视民欢戚漠焉不以慨诸心,至旱干水溢之弗时,死者相枕藉,则诿曰'非吾责'"③,便是天下的罪人。真德秀在任期间于福建、浙江、江西、湖南等地创建了大批平籴仓、惠民仓、社仓、义廪,用以改善民生、稳定治邑。在真德秀的影响下,徐鹿卿、马光祖、刘克庄、郑鼎新等人无不以赈恤百姓为己任、请赈出粜、建仓广储。

徐鹿卿被任命为江东转运判官后,适逢大灾,他多次上奏请赈。面对饥民相食的危急局面,徐鹿卿果断采取行动,"留守别之杰讳不诘,鹿卿命掩捕食人者,尸诸市。又奏援真德秀为漕时拨钱以助赈给,不报,遂出本司积米三千余石减半价以粜,及减抵当库息,出缗钱万有七千以予贫民"④,使灾民得以生息。当湖、秀等地遭遇特大洪涝灾害时,刘克庄不顾权臣和言官的阻挠,连上奏章力请朝廷蠲税、赈恤救灾:"免一年租税,千五百年帝王,惟汉文帝、我仁宗能行之于天下安平之世,陛下岂不能行之……于三州灾伤之地?"⑤在刘克庄的坚请下,受灾州县得到了赈恤。

咸淳元年(1265),马光祖再次出知建康,当路的常平仓已废坏良久,"岁久蠹于支移隐漫,吏持空钥相授受。部使者一诘治之,株连不辜而铢粒弗可得"⑥。遇到灾害,"商饕侩簸箕权以乘其急,而籴价翔不能遏"⑦。纵然年饥劝分不遗余力,获救济者亦有限,而此时前任王埜所积余粮只剩三万升,库存无法平抑高昂的粮价,马光祖乃效真德秀建仓广储之法,建籴仓,又立助籴库,岁取息以补差价,以平抑粮价、稳定局势。马光祖对平籴仓和助

---

① 《臞轩集》卷一《丁丑廷对策》,《景印文渊阁四库全书》第 1178 册,第 449 页。
② 《刘克庄集笺校》卷八七《进故事·辛酉八月二十日》,第 3725—3726 页。
③ 《西山先生真文忠公文集》卷二六《建阳县复赈粜仓记》。
④ 《宋史》卷四二四《徐鹿卿传》,第 12650 页。
⑤ 《刘克庄集笺校》卷八七《进故事·辛酉八月二十日》,第 3725 页。
⑥ 《景定建康志》卷二三《城阙志四》,《宋元方志丛刊》第 2 册,第 1691 页。
⑦ 《景定建康志》卷二三《城阙志四》,《宋元方志丛刊》第 2 册,第 1691 页。

籴库的用途做了严格的规定:"天时不常,丰歉难必,设遇岁饥,当行赈济。本府自有区处,不许将本仓米及助籴库钱作赈济支移。"①俾是仓是库相为无穷。咸淳二年(1266),马光祖重修建康府城下仓,更名广储仓,为建康百姓抵御灾荒提供了有效的粮食保障。

建阳县赈粜仓自庆元二年(1196)储用始创,深得朱熹称赏。至宝庆元年(1225),建阳赈粜仓已弊坏日久。宝庆二年(1226),刘克庄以经费之余财三千余缗为籴本,复赈粜仓于县。汲取了储用先期予钱、秋获乃入致使钱有出而米无偿的经验教训,刘克庄变更规约,以现钱交易取代预借,不到一年,建阳赈粜仓催输不扰而积米四千斛有余,使赈粜仓重新发挥了赈灾恤困、保障民生的重要作用。对刘克庄以仁心济民、公心施政,真德秀给予了高度评价:"侯书生,无孔、桑术,鞭笞束不用,独饬吾政,听民自乐输,下贫户挂逋籍者,蠲弛动千计,而公家未常以匮告,余力犹能及是仓,顾岂有他智巧哉! 夫不以利私其身,故能以利公于人,其本固有在也。……侯惧来者莫之继也,以书属予志其事。予闻侯书其仓之两扉,曰:'聊为尔民留饭碗,岂无来者续心灯。'呜呼! 此父母之心,仁人之言也,予虽累千百语,其能有加乎? 孟子曰:'恻隐之心,人皆有之。'夫必秉彝尽亡然后是仓可废。若犹未也,后之君子必有以侯之心为心者,以似以续,虽至于无穷可也。"②为了避免赈粜仓再次废坏,刘克庄还以便民利民为宗旨,为赈粜仓的管理制定了详备的规约,以保障是仓长久存续。晋江知县郑鼎新"久游西山先生之门,先生尝效朱文公之法立社仓于潭,规画灿然,垂惠无极,侯宰百里,厥施未宏,推而广之,良多善政"③。虽然县计赤立,但他仍日日勤瘁,圭积勺累,得米若干,将立仓广储之举在晋江推而广之,有效地解决了转输劳民之弊,确保了晋江县民的基本生活口粮。王迈赞曰:"是仓之建,先寒而索袭,未雨而彻桑,非为政者深长计欤!"④

---

① 《景定建康志》卷二三《城阙志四》,《宋元方志丛刊》第 2 册,第 1690 页。
② 《西山先生真文忠公文集》卷二六《建阳县复赈粜仓记》。
③ 《臞轩集》卷五《晋江军储仓记》,《景印文渊阁四库全书》第 1178 册,第 515 页。
④ 《臞轩集》卷五《晋江军储仓记》,《景印文渊阁四库全书》第 1178 册,第 515 页。

嘉熙年间,王埜知建宁府,作为西山弟子,王埜捐己俸修建安书院,建祠以祀朱熹,而以真德秀并祠,坚持不懈在当地普及朱子学说,"以廖公德明之门人郑师尹为贤而开馆迎之,尤以蔡公元定孙模为贤而移书致之,使校朱、真二先生遗书。会书院成,请蔡君典教事,其敬之者至而爱之者深矣"①。在王埜的大力宣化下,建宁士尚志节、吏知廉耻、民风淳厚,文教大兴为一路所法。

要言之,南宋中后期,韩侂胄、史弥远等权臣集军政大权于一身,使亲信党羽遍布给舍、台谏,并形成勾连援奥之势,从而达到排斥异己、打压公论的政治目的,真德秀也因反对和议及为济王鸣冤而被史弥远排挤出朝廷。在任职地方期间,真德秀秉承"廉、仁、公、勤"的为官准则,救亡拯溺,安民济民,有效维护了治邑的稳定。尤其是在出任江东转运副使、湖南安抚使、两知泉州期间更是惠政深洽、广得民心。除朝廷赈给、蠲弛税赋等常规性救荒措施,真德秀还积极推广朱熹等理学大儒建仓广储保障民生之法,确立了常效保障机制。随着政府财政危机严重,中央对地方财赋的上缴数额也日益增加,名目也逐渐增多,地方官员在施行惠民举措时,不可避免地会遭遇到各种阻力。对郑鼎新在晋江建仓济民之艰难,王迈深为感叹:"事功之难成,非病于下言而上不行,则苦于上作而下不应,而原其上下交相扞格之故。"②刘克庄知建阳,对于地方官困于理财与民生之间的窘迫处境深有感触,"刘潜夫宰建阳,亦有一联云:'每嗟叹民力,至叔世而张弓;欲谒吏能,恐圣门之鸣鼓。'语意尤胜。信乎治邑之难也!"③虽然屡被讥为迂阔、好名,但真德秀及其弟子本着致君泽民的行道初衷,孜孜致力于州县乡邑的治理。真德秀以清廉俭朴、仁爱惠民、诚信公正、勤勉尽职为要义的行政思想是对历代先贤为政经验的汲取总结。在元明清三朝的士大夫群体中产生了深远的影响,即使在今天,"廉""仁""公""勤"的为官准则依然在行政领域发挥着积极的作用。

---

① (明)谢纯:《嘉靖建宁府志》卷一七《学校》,明嘉靖刻本。
② 《臞轩集》卷五《晋江军储仓记》,《景印文渊阁四库全书》第1178册,第515页。
③ 《齐东野语》卷八《作邑启事》,第141页。

第六章　真德秀的文道观与正宗典范的确立

历经高宗、孝宗两朝中兴,宋与金基本形成了势均力敌的对峙关系,隆兴和议达成后,宋金维持了数十年的和平。政局的稳定使经济得以恢复,文化繁荣,学术争鸣,"乾、淳之间,东南之文相望而起者,何啻十数。若益公之温雅,近出于庐陵、永嘉诸贤;若季宣之奇博,而有得于经,正则之明丽,而不失其正。彼功利之说驰骋纵横其间者,其锋亦未易婴也。文运随时,而中兴概可见焉"①。"乾、淳间,正国家一昌明之会,诸儒彬彬辈出,而说各不同"②,宋型文化发展到宁宗朝达到了一个高潮,"南宋中晚期特别是嘉定时期,虽然在政治的作为较为消极,军事战力较为弱势,但社会、文化、思想的活动则相当蓬勃。除了理学从禁锢到勃兴,有着多样发展外,印刷业繁盛、文化活动频繁,在科举蓬勃发展的同时,也出现富盛家族的子弟,在追求科举功名之外,更对博物、医疗、养生、艺文与学术十分热衷"③。在时代氛围的浸染下,真德秀致力道学,但也傍阐艺文,对诗文创作、书法、绘画、篆刻均有涉猎。

真德秀虽不以诗歌创作见长,但却以在诗歌中阐述义理闻名,其子真志道亦以冲澹脱俗的诗作得到刘克庄的赞赏:"古以王官采诗,子教伯鱼学诗,诗岂小事哉?……真君仁夫之诗,绝去尘秽,刊落冗腐,简淡而微婉,轻清而

---

① (元)虞集:《道园学古录》卷三三,《庐陵刘桂隐存稿序》,《景印文渊阁四库全书》第1207册,第467页。
② (宋)黄震:《黄氏日钞》卷六八《读文集》,《景印文渊阁四库全书》第708册,第639页。
③ 黄宽重:《"嘉定现象"的研究议题与资料》,《中国史研究》2013年第2期,第193页。

虚明。有唐人、半山之思。然为西山先生之子,传嫡承家,学问名节本也,文艺末也。小晏之于临淄,小坡之于玉局,仁夫优之矣。"①父子二人还对书法、绘画等名家作品多有收藏,并与刘克庄、郑逢辰、汤汉等友人聚会品鉴。端平元年(1234),真德秀被召还朝,其僚属刘克庄、郑逢辰为其饯行,席间由刘克庄品鉴字画:"小舟热如炊甑,伯昌与真公子仁夫各出箧中书画,俾余鉴定。余非博识者,二人更迭旁噪。余伏艎板操觚,半日间了数十轴,真公见之称善。"②刘克庄还为真志道所藏画卷作题画诗,"草木黄落,水云苍茫。孤舟卸帆,冻雁失行。昔余远游,沿漓沂湘。堠长店疏,仆痡马僵。行李萧然,有诗满囊。今其老矣,宁至四方。抚卷追思,历历不忘"③。其在题真志道所藏李公麟所绘十八尊者画像诗中,寓含了对真德秀正君行道、坚贞弘毅品格的称扬:"尝闻天台境,肉身往无从。仁夫示此图,恍惚游其中。……书生往往谈性命,怵以祸福犹儿童。倒持手版口劝进,对此宁不面发红?我知龙眠笔外意,要与浊世针盲聋。退之云释善变幻,恺之谓画能神通。幻耶神耶两莫诘,与子持叩西山翁。"④

无论是文章还是书法、绘画,真德秀都倡导高古雅正不事雕琢,"予尝叹世变所趋,大抵自厚而薄,自简质而浮华,自庄重而巧媚。凡文章技艺以至器用之末,何莫不然?姑即字画言之,自虫鱼之体一变而为篆,再变而为隶,又变而为真、行,变之极为草,习之者易成,玩之者易悦,而姿态百出,古意荡然矣"⑤。简质而不华、庄重而不媚,是真德秀欣赏重视的艺术风格。

随着科举制度的日益完善,科举时文的写作日益受到重视。甚至东南三贤之一的吕祖谦也以时文教授生徒,并编选《左氏博议》《古文关键》等文章选本,以教"拣择时文、杂文之类,向者特为举子辈课试计耳"⑥。问学于

---

① 《刘克庄集笺校》卷九九《真仁夫诗卷》,第4154页。
② 《刘克庄集笺校》卷一一〇《总跋》,第4568页。
③ 《刘克庄集笺校》卷一〇《题真仁夫画卷》,第585页。
④ 《刘克庄集笺校》卷一〇《题龙眠十八尊者》,第586—587页。
⑤ 《西山先生真文忠公文集》卷二七《赠篆字余焕序》。
⑥ (宋)吕祖谦:《东莱吕太史别集》卷八《与朱侍讲》,黄灵庚、吴战垒主编:《吕祖谦全集》第1册,浙江古籍出版社,2008年,第418页。

吕祖谦的士子学人常三百余人,时文十日一作,以助其科场鏖战。"宋代时文最后定型为十段文,完全是适应当时贡举和学校考选的需要……贡举制度和学校考选制度的发展本身要求考官评阅试卷客观化和考题标准化,十段文则初步达到了这个要求。所以,十段文也有值得肯定的地方。但与此同时,十段文也带来一些弊病,主要是过分重视章法而忽视士子的思想见解。"①

时文写作讲究文章的章法和句法,大批士子为了科考而耗尽心力进行时文写作。朱熹认为此乃诱士子轻德行、崇智术,无养气之志、无诚敬之心,"不知时文之弊已极,虽乡举又何尝有好文字脍炙人口?若是要取人才,那里将这几句冒头见得?只是胡说。今时文日趋于弱,日趋于巧小,将士人这些志气都消削得尽。莫说以前,只是宣和末年三舍法才罢。学舍中无限好人才,如胡邦衡之类,是甚么样有气魄!做出那文字是甚豪壮!当时亦自煞有人。及绍兴渡江之初,亦自有人才。那时士人所做文字极粗,更无委曲柔弱之态,所以亦养得气宇。只看如今秤斤注两,作两句破头,如此是多少衰气!"②朱熹认为,为文当养浩然之气,时文屈曲纤巧,使士子意气衰塌,乃时文之大弊。南宋后期,员多阙少的状况日益严重,众多士子长期生活困窘,或为获得经济援助而不得不以诗文干谒权贵,或为求举荐而干请,使得众多江湖诗人呈现出功利主义的鲜明特征,林希逸等名儒均对此提出了尖锐的批评:"今世之诗盛矣,不用之场屋,而用之江湖,至有以为游谒之具者。少则成卷,多则成集,长而序,短而跋。虽其间诸老亦有密寓箴讽者,而人人不自觉。"③

为了强化士人的道德修养,改变功利主义和形式主义的创作风尚,真德秀继承了二程、朱熹等人"文以载道""文从道出"的文道观,通过对《文章正宗》的编选和评点,对作文的"正宗"范式进行了溯源和定义:"正宗云者,以

---

① 朱瑞熙:《朱熹对时文——八股文雏形的批判》,《疁城集》,华东师范大学出版社,2001年,第25—26页。
② 《朱子语类》卷一〇九《朱子六》,《朱子全书》第17册,第3541—3542页。
③ (宋)林希逸撰,林式之编:《竹溪鬳斋十一稿续集》卷一三《跋玉融林鳞诗》,《景印文渊阁四库全书》第1185册,第684页。

后世文辞之多变,欲学者识其源流之正也。自昔集录文章者众矣,若杜预、挚虞诸家,往往堙没弗传,今行于世者惟梁昭明《文选》、姚铉《文粹》而已。繇今视之,二书所录果皆得源流之正乎? 夫士之于学,所以穷理而致用也,文虽学之一事,要亦不外乎此。故今所辑以明义理切世用为主,其体本乎古、其指近乎经者,然后取焉,否则辞虽工亦不录。"①

真德秀重义理而轻文辞,其确立正宗范式的目的在于提供承载价值观的典范文本,使士子尊经重道、明辨义理。"真德秀的文章正宗大致包含了三层含义:一是在文理二元维度上以义理功用为正宗,以浮丽为非正宗;一是在义理维度上以经典为正宗,以新学为非正宗;一是在时间维度上以古为正宗,以今为非正宗。"②真德秀所编《文章正宗》分为正、续两部分,《文章正宗》收录先秦至唐代诗文作品,为真德秀亲自编选并刊定,分辞命、议论、叙事、诗赋四类。《续文章正宗》为真德秀晚年所编选,分论理、叙事、论事三门,较之前所编选的《文章正宗》更加重理轻辞,鲜明体现出理学家"文以载道"的创作主张。

第一节　真德秀对文道观的论述

重视"文"对"道"的承载与彰显是儒家一以贯之的传统。孔孟皆以倡导仁义之道为己任,"王子垫问曰:'士何事?'孟子曰:'尚志。'曰:'何谓尚志?'曰:'仁义而已矣。杀一无罪,非仁也。非其有而取之,非义也。居恶在? 仁是也。路恶在? 义是也。居仁由义,大人之事备矣。'"③但在践行仁义之道的过程中,"文"的作用不可或缺,"仲尼曰:《志》有之:'言以足志,文以足言。'不言,谁知其志? 言之无文,行而不远。晋为伯,郑入陈,非文辞不

---

① (宋)真德秀:《文章正宗》纲目,《真文忠公全集》第9册,文友书店,1968年,第4875页。
② 罗书华:《中国散文评点"三宗"论》,《福建师范大学学报(哲学社会科学版)》2012年第3期,第64页。
③ 《孟子注疏》卷一三下《尽心章句上》,第2769页。

为功"①。魏晋时期文学自觉后,刘勰"道沿圣以垂文,圣因文以明道"②的创作主张与唐代韩愈、柳宗元为复兴儒学倡导"修其辞以明其道"③"文者以明道"④,都是"文以明道"的重要体现,是儒家对文学政教传统的体现和发扬。

周敦颐作为理学先贤,其"文以载道"的思想对两宋理学家有着重要的影响,"文所以载道也。轮辕饰而人弗庸,徒饰也,况虚车乎!文辞,艺也;道德,实也。笃其实,而艺者书之,美则爱,爱则传焉!……不知务道德,而第以文辞为能者,艺焉而已。噫!弊也久矣!"⑤道为体,文为用,文为载道之具,道因文而传之久远。南宋理学大儒朱熹在周敦颐的基础上提出了"文道一体"的观点,道为根本,文乃道之枝叶,故不可以文废道,"若曰惟其文之取,而不复议其理之是非,则是道自道、文自文也。道外有物,固不足以为道,且文而无理,又安足以为文乎?盖道无适而不存者也。故即文以讲道,则文与道两得而一以贯之,否则亦将两失之矣"⑥。从北宋周敦颐提出"文以载道"到南宋大儒朱熹主张"文从道出",儒家先贤"立诚""养气"以涵养道德文章的创作主张对宋代诗文创作产生了重要影响。

一、"立诚"与"养气":道对文的滋养

"修辞立其诚"出自《周易·文言》对乾卦的诠释:"君子进德修业。忠信所以进德也。修辞立其诚,所以居业也。知至至之,可与几也。知终终之,可与存义也。"⑦程颢和朱熹都对"修辞立其诚"的道德意义和涵养之功

---

① (周)左丘明传,(晋)杜预注,(唐)孔颖达正义:《春秋左传正义》卷三六,(清)阮元校刻:《十三经注疏》,中华书局,1980年,第1985页。
② (南朝梁)刘勰著,詹锳义证:《文心雕龙义证》卷一《原道》,上海古籍出版社,1989年,第28页。
③ (唐)韩愈撰,马其昶校注,马茂元整理:《韩昌黎文集校注》卷二《争臣论》,上海古籍出版社,1986年,第113页。
④ (唐)柳宗元著,吴文治点校:《柳宗元集》卷三四《答韦中立论师道书》,中华书局,1979年,第873页。
⑤ 《通书·文辞第二十八》,《周敦颐集》,第35—36页。
⑥ 《晦庵先生朱文公文集》卷三〇《与汪尚书》,《朱子全书》第21册,第1305页。
⑦ (魏)王弼注,(唐)孔颖达疏:《周易正义》卷一《乾·文言》,(清)阮元校刻:《十三经注疏》,中华书局,1980年,第15页。

进行了论述,程颢对"立诚"极为重视:"'修辞立其诚',不可不子细理会。言能修省言辞,便是要立诚。若只是修饰言辞为心,只是为伪也。若修其言辞,正为立己之诚意,乃是体当自家敬以直内,义以方外之实事。道之浩浩,何处下手?惟立诚才有可居之处,有可居之处则可以修业也。"①朱熹亦就"立诚"对"言辞"的作用进行了诠释:"修省言辞,诚所以立也;修饰言辞,伪所以增也。发原处甚不同。夫子所谓巧令鲜仁,推原辞意而察巧令之病所从来,止是有所为而然。"②正心诚意以修其身,则言辞自然合道,反之,若不重视道德涵养,只注重词章技巧以饰其外,则适得其伪。继承了儒家先贤对"立诚"的阐释,真德秀大力强调"立诚"对修身培德、滋养文辞的重要作用。

在给友人的赠序中,真德秀将"立诚"作为勉励友人的道德准则。嘉定十三年(1220),王迈赴任潭州观察推官。真德秀在送行序中肯定了王迈对理义的精研,并对其提出了更高的期望:"人之位乎两间,当为之职无不究其极,故内焉足以成己,外焉足以成物,本末先后,非二致也。后世之士,知为场屋之学以钓利禄而已,若夫明善以诚其身,格物以致其知,固有所未暇也。……王君有志之士也,予故以古人之事勉之。"③汤巾为繁昌主簿,真德秀以尽忠、竭诚勉之:"居官临人要必以二者为本。盖一毫不自尽不足以言忠,一念不相续不足以言诚。己未忠而觊人之我从,己未诚而责物之应我,天下无是道也。余方日夜以思求进乎此而未获者,故愿仲能之勉之也。"④在为友人汤巾之父汤德威遗文所撰序中,真德秀盛赞汤德威问学修身皆本于诚,故诗文皆合于道,不事雕琢而自然畅达:"其诗闲澹纡余,有自适之趣;其文敷畅条达而切于事情;至于释经,往往窥其秘奥,有世儒所未及者;评论古今,尤多得其心术之微。此岂勉强可致者,盖其平时问学,一本于诚。"⑤世人不以立诚修德为本而徒以文辞炫世,故文辞萎靡而不实,"盖天地之所

---

① 《二程集》,第2页。
② 《晦庵先生朱文公文集》卷四七《答吕子约》,《朱子全书》第22册,第2176页。
③ 《西山先生真文忠公文集》卷二七《送王寮推序》。
④ 《西山先生真文忠公文集》卷二七《送汤仲能之官繁昌序》。
⑤ 《西山先生真文忠公文集》卷二七《临斋遗文序》。

以为天地,圣贤之所以为圣贤,亦曰诚而已矣。世之学者昧操存持养之实,而徒事于语言文字之工,是其心既不诚矣。以不诚之心而窥天地、圣贤之蕴,犹持尘昏之镜而鉴万象也,求其近似,岂可得哉?"①

"养气"是自先秦以来一直为儒家所倡导的道德修养方式。孟子提出养浩然之气,"其为气也,至大至刚,以直养而无害,则塞于天地之间。其为气也,配义与道。无是,馁也。是集义所生者,非义袭而取之也。行有不慊于心,则馁矣"②。士当以义养气,使气与道义相配,此为立德之本。韩愈以"气盛言宜"之说凸显"养气"对文辞的滋养作用,"无望其速成,无诱于势利,养其根而俟其实,加其膏而希其光。根之茂者其实遂,膏之沃者其光晔。仁义之人,其言蔼如也。……行之乎仁义之途,游之乎《诗》《书》之源,无迷其途,无绝其源,终吾身而已矣"③。君子当以仁义养气,不断提高自己的道德修养,则言辞文章自然高妙。韩愈气盛言宜的创作观被宋代士人所发扬。李纲充分肯定了以仁义之道养气的重要作用:"文章以气为主,如山川之有烟云,草木之有英华,非渊源根柢所蓄深厚,岂易致邪?士之养气刚大,塞乎天壤,忘利害而外生死,胸中超然,则发为文章自其胸襟流出,虽与日月争光可也。……唐韩愈文章号为第一,虽务去陈言,不蹈袭以为工,要之操履坚正,以养气为之本。"④王十朋以孟子、韩愈为楷模,极力凸显刚大浩然之气对文章的滋养:"文以气为主,非天下之刚者莫能之。古今能文之士非不多,而能杰然自名于世者亡几,非文不足也,无刚气以主之也。孟子以浩然充塞天地之气,而发为七篇仁义之书;韩子以忠犯逆鳞、勇叱三军之气,而发为日光玉洁、表里六经之文。故孟子辟杨、墨之功不在禹下,而韩子抵排异端、攘斥佛老之功,又不在孟子下,皆气使之然也。"⑤而胡铨则进一步强化了道德修养对文辞的滋养,"德,水也;言,浮物也。水之大而物之浮者,大小必浮;

---

① 《西山先生真文忠公文集》卷二七《临斋遗文序》。
② 《孟子注疏》卷三上《公孙丑章句上》,第2685页。
③ 《韩昌黎文集校注》卷三《答李翊书》,第169—170页。
④ 《梁溪集》卷一三八《道乡邹公文集序》,《景印文渊阁四库全书》第1126册,第574—575页。
⑤ 《王十朋全集(修订本)》卷二三《蔡端明文集序》,第963页。

德盛则其言也旨必远,亦其理也。昔者孔子道大而德博,其垂世立教,非有心于言也,而能言之类莫能加焉"①。有德之士自有浩然之气,言辞雅正而义理精深。

真德秀认为,得天地之正气者,必养其心。主敬存养,方能使浩然之气长存,"诚能敬以存之,俾亡须臾之离,则静焉而仁义之体具,动焉而仁义之用行"②,故其气象高远,令人肃然起敬。包逊与兄包约、包扬初学于陆九渊,后师从朱熹,伯仲自为师友,切磋义理,壮老如一。当其在浦城县学讲学之时,听者莫不耸动,肃然起敬。真德秀盛赞其善养浩然之气,延致家塾讲学,"君首以夫子之志学、孟子之尚志为儿辈言之,次论人性之善所以可为尧舜者,明白切至,听者欣然忘倦。……浩然之气,略不少衰,稠人广坐,音吐清畅,徐问随答,往往破的"③。清明纯粹之气存于天地之间,盘薄充塞,随人之德行品行而表现出不同的特征,"视其资之薄厚与所蓄之浅深,不得而遁焉。故祥顺之人其言婉,峭直之人其言劲,嫚肆者亡庄语,轻躁者无确词,此气之所发者然也"④。若世人胸中扰扰,私欲万端,则乾坤之英气将无由而入,故君子必正必清,则气之至正者入焉,"方其外诱不接,内欲弗萌,灵襟湛然,奚虑奚营? 当是时也,气象何如哉! 温然而仁,天地之春;肃然而义,天地之秋。收敛而凝,与元气俱贞;伴奂而休,与和气同游。则诗与文有不足言者矣"⑤。真德秀在为名臣郑昭先文集作序时,充分肯定了"养气"对文辞的重要作用:"致饰语言不若养其气,求工笔札不若励于学,气完而学粹,则虽崇德广业亦自此进,况其外之文乎? ……公天资宽洪而养以静厚,平居怡然自适,未尝见忿厉之容,于书亡所不观,而尤喜闻理义之说。故其文章不事刻画而粤腴丰衍,实似其为人。"⑥

---

① (宋)胡铨:《胡澹庵先生文集》卷九《答谭思顺书》,《景印文渊阁四库全书》第 1137 册,第 51—52 页。
② 《西山先生真文忠公文集》卷二八《送陈端父宰武义序》。
③ 《西山先生真文忠公文集》卷三六《跋包敏道讲义》。
④ 《西山先生真文忠公文集》卷二八《日湖文集序》。
⑤ 《西山先生真文忠公文集》卷三四《跋豫章黄量诗卷》。
⑥ 《西山先生真文忠公文集》卷二八《日湖文集序》。

继承了二程、朱熹等理学大儒的文道观,真德秀坚持"文"不可离开"道"的滋养,否则徒为华藻伪饰,"自世之学者离道而为文,于是以文自命者,知黼黻其言而不知金玉其行。工骚者有登墙之丑,能赋者有涤器之污,而世之寡识者反矜诧而慕望焉,曰:夫所谓学者,文而已矣。华藻患不缛,何以修敕为?笔力患不雄,何以细谨为?呜呼,倘诚若是,则所谓文者特饰奸之具尔,岂曰贯道之器哉!"①真德秀反对士人弃"道"为文,认为此乃舍本逐末之举。许介之携诗拜谒真德秀,并告知年少时曾因词章而被周必大、杨万里等文坛巨匠寄予厚望,虽然真德秀亦认为许介之诗词敏丽,但仍期待其能修德务本,而非一味追寻词章之艺:"然则予将进子于道德之场,可乎?盖道德者,君子成身之本,功名则因乎时,而词章又其末也。介之勉乎哉!"②君子当立诚修德方能滋养文辞,若舍本逐末则文辞浮华而无实,不但使文章风骨不立,也背离了在创作中一直被士人所遵循的雅正传统。

二、"文从道出":文对道的彰显

李汉在为韩愈文集所作序中提出"文者,贯道之器也"③,并以此作为对韩愈文学成就的评价。对于李汉将文视为贯道之器,朱熹进行了纠正:"这文皆是从道中流出,岂有文反能贯道之理?文是文,道是道,文只如吃饭时下饭耳。若以文贯道,却是把本为末。以末为本,可乎?"④李汉之论乃本末倒置,为文之弊正在于此。道本文末,文从道出,文即是道的体现与彰显,"道者,文之根本;文者,道之枝叶。惟其根本乎道,所以发之于文,皆道也。三代圣贤文章,皆从此心写出,文便是道"⑤。与古文家不同,宋代理学家将"道"作为"文"的生发源泉与终极目的,"'文从道中流出'在文道关系论方面建立了一种与'文以贯道'等经典范式大异其趣的新范式。它的立场、出

---

① 《西山先生真文忠公文集》卷三四《跋欧阳四门集》。
② 《西山先生真文忠公文集》卷三四《跋许介之诗卷》。
③ 李汉:《昌黎先生集序》,《韩昌黎文集校注》,第1页。
④ 《朱子语类》卷一三九《论文上》,《朱子全书》第18册,第4298页。
⑤ 《朱子语类》卷一三九《论文上》,《朱子全书》第18册,第4314页。

发点与目的都在道的一边,而核心乃是文道一贯"①。

"文从道出"成为以朱熹为代表的南宋理学家阐述文道观的中心思想,"可以说,朱熹的全部艺术哲学思想都是从一个中心命题出发的,这就是:文皆从道中流出"②。朱熹对诗文的评论也贯彻"文从道出"的原则,大力宣扬道德节操决定文章格调的思想。朱熹对于陶渊明诗歌的推崇,不仅是对其萧散清澹诗风的欣赏,更是对其忠义之道的赞誉:"陶元亮自以晋世宰辅子孙,耻复屈身后代,自刘裕篡夺势成,遂不肯仕。虽其功名事业不少概见,而其高情逸想,播于声诗者,后世能言之,士皆自以为莫能及也。盖古之君子其于天命民彝、君臣父子,大伦大法之所在,惓惓如此。是以大者既立,而后节概之高,语言之妙,乃有可得而言者。"③名臣王十朋终生奉行忠义之道,其诗文被朱熹视为"文从道出"的典范,"平居无所嗜好,顾喜为诗,浑厚质直,恳恻条畅,如其为人。不为浮靡之文,论事取极己意。然其规模宏阔,骨骼开张,出入变化,俊伟神速,世之尽力于文字者,往往反不能及。其他片言半简,虽或出于脱口肆笔之余,亦无不以仁义忠孝为归,而皆出于肺腑之诚……海内有志之士闻其名,诵其言,观其行,而得其心,无不敛衽心服"④。

作为朱熹的承继者,真德秀品评诗文时常以"文从道出"为准绳,阐释文对道的彰显。真德秀称誉董仲舒、韩愈之文能发挥义理,北宋欧阳修、王安石、曾巩、苏轼等人文章高妙,但唯有周敦颐、二程等理学先贤深明义理,故其文皆从道出,堪称经典,"汉西都文章最盛,至有唐为尤盛,然其发挥理义、有补世教者,董仲舒氏、韩愈氏而止尔。国朝文治猬兴,欧、王、曾、苏以大手笔追还古作,高处不减二子。至濂、洛诸先生出,虽非有意为文,而片言只辞,贯综至理,若《太极》《西铭》等作,直与六经相出入,又非董、韩之可匹矣"⑤。诸葛亮作为忠义之臣的楷模,虽不以文采著称,但其文皆彰显忠义

---

① 罗书华:《"文从道中流出":朱熹对文道关系的新理解》,《海南大学学报(人文社会科学版)》2014年第2期,第48页。
② 潘立勇:《朱熹"文从道出"说新探》,《社会科学辑刊》1989年第6期,第134页。
③ 《晦庵先生朱文公文集》卷七六《向芗林文集后序》,《朱子全书》第24册,第3662页。
④ 《晦庵先生朱文公文集》卷七五《王梅溪文集序》,《朱子全书》第24册,第3642页。
⑤ 《西山先生真文忠公文集》卷三六《跋彭忠肃文集》。

之道,故为万世敬仰,"诸葛武侯文采不艳,然其《出师》二表与《开府作牧教》,至今为学者脍炙,有志之士击节读之,有至于吁歔流涕者。六朝、隋、唐文人动百数十篇,秾华纤巧,极其琱饰,或卒无一语可传。然则文之为文,岂必多且丽乎哉!"①范如圭自幼师从其舅父胡安国,深明春秋大义,故其为文皆从道出,光明俊伟,"必明夷夏大分,必辟和议,必诋权臣。今其集中斑斑可睹,而上思陵《谏屈己封事》《责秦桧忘仇辱国书》,尤所谓光明绝特者也。使公平生亡他文,独此二篇亦足以贯虹霓而摩星斗矣。呜呼伟哉!"②罗点是历经孝宗、光宗、宁宗的三朝重臣,直言勇谏,奏议皆本忠义之道,真德秀誉为百世之蓍龟:"读文恭奏议,然后知公有古大臣格心之业也。……方宁宗初,众贤盈庭,而文恭号称巨擘,正心一疏,蔼然仁义之言,视子程子庶几亡愧。倘天假之年,俾获尽行所学,则古大臣事业可以复见,安得有异时权奸之祸哉!抐卷慨然,为之流涕。"③

莆田刘夙、刘朔兄弟道德学养为当世表率,"隆兴、乾道中,天下称莆之贤曰二刘公,著作讳夙,字宾之;弟正字讳朔,字复之。其学本于师友,成于理义,轻爵禄而重出处,厚名闻而薄利势。立朝能尽言,治民能尽力,居家以父母兄弟为心而不私其身,乡党隐一州之患,若除其身之疾。其饬廉隅,定臧否,公是非,审予夺,皆可以暴之当世"④。二人师从大儒林光朝,忠义之道凛然,"二公之道,所谓忧天下之危而忘其身,图国家之便而不利其乐者"⑤。真德秀赞誉刘夙正君行道,文从道出,故能励士风、正朝纲:"某少时,读著作刘公所对馆职策,未尝不抐卷叹息。今又从公之孙建阳令尹得公奏稿读之,其轮对则斥近幸盗权,以为阴侵阳之应,其上讨论事又申言之,至谓'流荡戏狎,常始于燕游之无度;人兽杂乱,常出于御幸之无节'。呜呼,其亦可谓激切也已!……若相国陈正献公、参政龚公、朱文公、张宣公、郑自明、魏元履数君子与著作公,前后若出一口,卒之佞幸小人消缩摧沮,不能大

---

① 《西山先生真文忠公文集》卷三六《跋秘阁太史范公集》。
② 《西山先生真文忠公文集》卷三六《跋秘阁太史范公集》。
③ 《西山先生真文忠公文集》卷三五《跋罗文恭公奏议》。
④ 《水心文集》卷一六《著作正字二刘公墓志铭》,《叶适集》,第301页。
⑤ 《水心文集》卷一六《著作正字二刘公墓志铭》,《叶适集》,第305页。

为奸慝。"①

陈俊卿在孝宗朝曾为尚书右仆射、同中书门下平章事兼枢密使,深得君主信任。陈俊卿素仰伊洛之学,延请朱熹至家塾,使诸子俱从朱熹受学问道。真德秀对陈俊卿的道德文章深为敬仰:"丞相正献陈公道德风烈,为阜陵名相第一。高文大册,固已流布华裔,而娱戏翰墨,亦皆蔼然仁义之言。积中形外,自不可揜。"②真德秀在为其诗集所作跋文中却盛赞陈俊卿诗中所体现出的圣贤气象:"观其示二子诗,曰:'兴来文字三杯酒,老去生涯万卷书。遗女子孙清白在,不须厦屋太渠渠。'此正落成时所赋也。太史公有言:'使晏子而在,予虽为之执鞭,所忻慕焉。'仆之于公亦云。"③陈俊卿不以诗名,亦不曾专意为诗,然其诗文皆自道中流出,涵养深厚而文辞自然高华。真德秀为太中大夫沈复《四益斋集》作序,盛赞其文敷陈时病、有补世教,且叙事有纪法,议论不少诎。沈复身为执政而为文亦能瑰伟震耀,正在于文对道的彰显,"惟其以实学见实用,以实志起实功,卓然有益于世,而又闻之以君子之文,于是为可贵耳"④。

真德秀对以忠义之道传家、道德涵养深厚的诗文词章有着特殊的赞誉。闽中傅氏家族代出忠臣,其道德、辞章皆闻名天下,从元祐名臣傅尧俞到忠君死节的傅察、刚正不阿的傅自得,再到不附权臣、正道直行的傅伯成,忠孝节义的家风代代传承,"今傅氏自献简公以清忠直节为元祐名辅弼,再传至忠肃公,以至忠大义为有宋仗节死难之臣,又再传至公(傅伯成),以精忠远识为嘉定名臣之冠"⑤。司马光尝与邵雍皆盛赞傅尧俞的品德,"司马光尝谓河南邵雍曰:'清、直、勇三德,人所难兼,吾于钦之畏焉。'雍曰:'钦之清而不耀,直而不激,勇而能温,是为难尔。'"⑥傅自得父子又得李邴辞章之传。李邴曾为翰林学士,为官耿介忠正,为文高华雄深,尤其是其所草制诏

---

① 《西山先生真文忠公文集》卷三五《著作刘公奏稿》。
② 《西山先生真文忠公文集》卷三六《跋陈正献公诗集》。
③ 《西山先生真文忠公文集》卷三六《跋陈正献公诗集》。
④ 《西山先生真文忠公文集》卷二八《沈简肃四益集序》。
⑤ 《西山先生真文忠公文集》卷三四《跋傅侍郎奏议后》。
⑥ 《宋史》卷三四一《傅尧俞传》,第 10885 页。

天下传诵,"李公以杰出之材,雍容其间,发大诏令,草大笺奏,富赡雄特,精能华妙,愈出而愈无穷,直将关众俊之口而夺之气,斯已奇矣"①。傅伯成少从大儒朱熹问学,终身无违师说。濡染了先祖傅尧俞以来的忠义家风,傅伯成言行皆合于道,当真德秀读傅伯成奏议之时,慨叹其文从道出,刚正俊伟,"昔公之先正献简公为谏官御史四年,论事凡百六十余章;公在谏垣才五十余日,所上亦十有三奏。观其欲修后范以正化本,斥阉尹以遏奸萌,合异同以销朋党,辞气和平,直而不激,蔼然有献简之风"②。

与傅伯成不同,其兄傅伯寿虽亦师从朱熹,但因韩侂胄以高官厚禄相诱,傅伯寿遂党附权臣指朱子学说为"伪学","初时侂胄犹未敢有加罪先生之意,逊牍再上,皆有褒词……伯寿故家子弟,尝执弟子礼,恨不荐己,因行词以逢迎之,是后小人始敢直诋先生无忌惮矣"③。傅伯寿所草制词首次明确传达出朝廷对朱熹的不满与斥责,使得胡纮等人感受到朝廷的政治风向,开始对以赵汝愚、朱熹为首的"伪学之党"进行严厉打击。对于在党争中依附权臣而攻诋朱熹的傅伯寿,真德秀念及其曾在词科应试中对己之教导而多有回护:"世之以傅会诋公者,亦岂尽知其中心之所存哉!方公少时,自负要不碌碌,盖尝和泉守王公龟龄之诗,有曰:'名节士所重,当如护睛脑。立朝与行己,本末要可考。'此其为志何如耶!一不幸用非其时,生平素心遂有不克自白者,昔之君子宁坎壈其身,不肯少溷其迹以合于世,其不以是夫?"④真德秀在为傅伯寿文集作序时一力凸显其高节远志,这也更显示出真德秀对道德节操的重视。

傅伯寿之子傅景裴行道践履,文辞皆雅正,当傅景裴将其所作编集呈送,真德秀对其所承家风极为称赏:"盛哉,傅氏之懿也!自献简公以高文正学为元祐正臣,一传而为忠肃,再传而为至乐,又再传而枢密、大坡之弟兄,文章篆前后相望,虽前代文宗未有及之者。然傅氏之学虽本于献简

---

① 《晦庵先生朱文公文集》卷七六《云壑李公文集序》,《朱子全书》第24册,第3676页。
② 《西山先生真文忠公文集》卷三四《跋傅侍郎奏议后》。
③ (宋)李心传辑,朱军点校:《道命录》卷七上,上海古籍出版社,2016年,第65页。
④ 《西山先生真文忠公文集》卷二七《傅枢密文集序》。

公，而草堂先生李公汉老又其外家也。草堂之文为中兴第一，至乐父子实获其传，而大坡蚤岁执经于父友紫阳先生之门，渊源日渐，则又出于伊洛，顾不远哉！"①但真德秀仍然秉承道本文末的思想，告诫傅景裴当师法叔父傅伯成，深探义理之精微而毋沉迷词章，方可得源流之正："虽然，词章之靡丽者易工，而义理之精微者难究，景裴其益思所以务学乎哉！夫学不可以无师，而大坡者真景裴之师也。予昔倘徉盘谷、竹隐间，聆公余论，盖济岱典刑之旧，伊洛源流之正，萃于公矣，又不独景裴为当师也。"②

真德秀年轻时为科考也曾苦习时文和词科应试诸文体，多次请益词科前辈与文坛巨匠，但在接受了理学家的文道观之后，对于以往注重章法、辞藻，以功利为旨归的作文态度深感遗憾："予之知学几三十年，而闻道甚后……玩华而遗实，啜醨而弃醇，予于是乃知返矣。呜呼！有志于学者，其尚惩予之不敏也夫！"③为了充分显扬文对道的彰显，真德秀大力倡导"明义理、切世用"的写作宗旨，从内容到形式全面确立了文章正宗范式，对后世产生了深远影响。

第二节 《文章正宗》的编选与作文范式

历经唐代和北宋的两个诗文创作高峰期，南宋中后期迎来了以编选和评点的方式对前代诗文创作进行总结和评价的高潮，"在宋人所编的三百余种诗文选本中，南宋诗文选本占了三分之二……即以古文选本而论，影响较大的便有《古文关键》《崇古文诀》《文章正宗》《古文标准》《妙绝古今文选》《古文集成》《古今文章正印》《文章轨范》等多种选本，其中又以《古文关键》《崇古文诀》和《文章正宗》三部选本为要"④。在这三种具有代表性的诗文选本

---

① 《西山先生真文忠公文集》卷二七《傅景裴文编序》。
② 《西山先生真文忠公文集》卷二七《傅景裴文编序》。
③ 《西山先生真文忠公文集》卷二七《迩言后序》。
④ 巩本栋：《南宋古文选本的编纂及其文体学意义——以〈古文关键〉〈崇古文诀〉〈文章正宗〉为中心》，《文学遗产》2019年第6期，第52页。

中,《古文关键》《崇古文诀》的编纂更加注重文章的创作技法,编纂者对文章立意、章法、结构进行评点,以指导学者熟悉为文之法。《文章正宗》则是理学家为发扬先儒"文道观",欲使天下人识源流之正而编选的诗文范本。

真德秀所编《文章正宗》分为正、续两部分,《文章正宗》为真德秀亲自编选并刊定,收录先秦至唐代诗文作品共 1200 篇,其中文 699 篇,诗 501 首,①分辞命、议论、叙事、诗赋四类。《续文章正宗》为真德秀晚年所编选,分论理、叙事、论事三门,较之前所编选的《文章正宗》更加重理轻辞,鲜明体现出理学家"文从道出"的创作主张。《文章正宗》的文体四分法体现了诗文选本分类由博转约、由繁而简的趋势。而"明义理、切世用"的编选宗旨也使得《文章正宗》的分类呈现出鲜明的功用性特征。

一、辞命

作为"王言",《文章正宗》将"辞命"列为四目之首,"文章之施于朝廷,布之天下者,莫此为重。故今以为编之首"②,分为"周天子告谕诸侯之辞"6 篇、"春秋列国往来应对之辞"37 篇、"两汉诏策"157 篇。真德秀认为《尚书》诸篇乃是后世王言之所本,但《尚书》已被列为经,故不宜列入文选中,"《书》之诸篇,圣人笔之为经,不当与后世文辞同录,独取《春秋》内外传所载周天子谕告诸侯之辞,列国往来应对之辞,下至两汉诏册而止。盖魏晋以降,文辞猥下,无复深纯温厚之体。至偶俪之作兴,而去古益远矣。学者欲知王言之体,当以《书》之诰、誓、命为祖,而参之以此编,则所谓正宗者,庶乎其可识矣"③。

作为天下闻名的词臣,真德秀对王言文书的写作颇有心得,"辞科之文谓之古则不可,要之与时文亦复不同。盖十二体各有规式,曰制、曰诰,是王言也,贵乎典雅温润,用字不可深僻,造语不可尖新"④。"王言之体,当以《书》之诰、誓、命为祖,而参以两汉诏册。"⑤对于所编选的《左传》之文,

---

① 《文章正宗》收录诗文作品数量以清乾隆杨仲兴据宋版的复刻本(三十卷)统计。
② 《文章正宗》纲目,《真文忠公全集》第 9 册,第 4877 页。
③ 《文章正宗》纲目,《真文忠公全集》第 9 册,第 4877 页。
④ 《玉海·辞学指南》卷二,《历代文话》第 1 册,第 942 页。
⑤ 《玉海·辞学指南》卷二,《历代文话》第 1 册,第 959 页。

真德秀引用了吕祖谦的评点进行评价:"文章不分明指切而从容委曲,辞不迫切而意已独至,惟《左传》为然。如当时诸国往来之辞,与当时君臣相告相谋之语,盖可见矣。亦是当时圣人余泽未远,涵养自别,故辞气不迫如此,非后世专学言语者比也。"①《左传》之文去古未远,故其文辞风骨皆浑然从容,无雕琢之工。对于两汉制诏,真德秀引用了王通与朱熹的评论。王通将五帝之典、三王之诰与两汉之制并称,认为其粲然可观。而朱熹则认为三代之训诰誓命皆根源学问、敷陈义理,而秦汉以下之诏令已不可为后世法。真德秀对此提出了自己的编选主张:"愚谓以二帝三王律之,则诚如文公之说,自后世言之,则两汉诏令犹有恻怛忧民之实意,而辞气蔼然,深厚尔雅,盖有古之风烈。故去其可去者,而录其可录者,以为代言之法。"②而魏晋以后的制诏文书则崇尚骈俪,去古益远,故不予编选。代王言者当法《尚书》,而参之《国语》《左传》及两汉诏令,明义理之精,去雕琢丽藻,则文自深醇雅正。

南宋中后期,宋光宗、宋宁宗、宋理宗、宋度宗或由于身体原因长期无法执掌朝政,或由于名分不正选择渊默无为,造成了南宋中晚期权臣更迭的政治现象。韩侂胄、史弥远、贾似道等权臣先后独专国秉、把控言路,使体现君主意志的制诏逐渐流为权臣私欲的工具。为重振君臣纲常,在辞命一类中,真德秀所选周天子告谕之辞《周襄王不许晋文公请隧》《襄王止晋杀卫侯》《定王使王孙满对楚子》《定王辞巩朔献齐捷》《景王使詹桓伯责晋》《敬王告晋请城成周》六篇,皆体现了编选者强烈的尊王之意,对妄图臣侵君权者提出了严厉的警诫。在《周襄王不许晋文公请隧》一文中,真德秀尤其称赏周襄王不以晋文公对自己的私德而破坏先王所指定的墓葬礼制,"此篇要领在'班先王之大物以赏私德'一语。后云'余敢以私劳变前之大章',盖覆说此意也。晋文之定襄王,自以为不世之大功,其请隧也,盖寖寖乎窥大物之渐。襄王目之曰私德曰

---

① 《文章正宗》卷二,《真文忠公全集》第9册,第5030页。
② 《文章正宗》卷三,《真文忠公全集》第9册,第5091页。

私劳,所以折其骄矜不逊之意。玩其辞气,若优游而实峻烈,真可为告谕诸侯之法"①。晋文公平定了周室之乱,迎襄王回朝,并希望凭借此功享有和周王等同的葬礼规格。周襄王以看似委婉优游而实则严厉果断的言辞坚拒之,保障了君权不受侵犯。作为诸侯,要绝对效命于周王,即使周王室衰微,依然要将尊王勤王视为首要职责。在《敬王告晋请城成周》一篇的按语中,真德秀对晋国权臣范鞅企图推卸王事的言辞进行了批驳,并指出晋国君臣尊王之心不诚、尊王之责懈怠将导致晋国从此丧失诸侯盟主的领袖地位,"周之望于晋者切矣,而范鞅乃曰'虽有后事,晋勿与知'。岂诚于图王室者哉?此伯业之所以衰也"②。而两汉诏策中所选《为义帝发丧告诸侯》入正宗的原因是刘邦能明告天下大义、讨伐弑君之人,尊王讨逆,"有左氏辞命遗意"③。

春秋列国往来应对之辞《文章正宗》选录37篇,春秋时期战争频仍,因此选文的主要内容是战争各国之间的外交辞令。对于子产的外交辞令,真德秀将其视为后人学习的典范。南宋时期,在强敌压境、战事不断的形势下,如何借鉴和运用古人在外交辞令中的智慧保障国家利益,这是真德秀选文以"切世用"的重要目的。屈完面对诸侯联军大军压境,不卑不亢地劝告齐桓公以德服众才是诸侯盟主之道,若一味凭恃武力,则会招致楚国军民的坚决抵抗。从而避免了战争的爆发,也维护了国家的尊严。《楚屈完对齐侯》一篇的按语中,真德秀对屈完有礼有力的外交辞令给予了高度赞赏:"屈完之对才数语耳,皆足以折服齐侯之心,盖善于辞令者也。"④《郑子家告赵宣子》则是一篇弱国对强国的战争宣言。郑国在春秋末期实力衰退,夹在晋楚两大强国之间仰人鼻息。晋灵公对郑国发难,指责其和楚国勾结。郑国重臣子家无惧晋国强大的军事实力,以强硬的语辞向对方宣言:"古人有言曰:'畏首畏尾,身其余几?'又曰:'鹿死不择

---

① 《文章正宗》卷一,《真文忠公全集》第9册,第4947—4948页。
② 《文章正宗》卷一,《真文忠公全集》第9册,第4955页。
③ 《文章正宗》卷三,《真文忠公全集》第9册,第5032页。
④ 《文章正宗》卷一,《真文忠公全集》第9册,第4958页。

音.'小国之事大国也,德则其人也,不德则其鹿也,铤而走险,急何能择? 命之罔极,亦知亡矣。将悉敝赋以待于鯈,唯执事命之。"震慑于郑国奋起抵抗的决心,晋国被迫派遣使臣议和修好。真德秀在按语中指出:"郑小国也。子家辞直而晋遽畏之,以其婿为质,若事大国焉。辞之不可已也如是夫!"①面对强国的战争威胁,处于弱势的小国一味卑辞乞和更容易招致灭顶之灾,这篇辞令展示出郑国军民上下齐心、誓死保国的巨大力量,令强弱之势在瞬间发生出人意料的转变,堪称弱国外交的典范。"春秋辞命,子产为最。故《论语》称之曰:'为命,裨谌草创之,世叔讨论之,行人子羽修饰之,东里子产润色之。'"②

被收入《文章正宗》的《子产与范宣子论重币》《子产答韩宣子买环》《子产对晋边吏让登陴》《子产对晋人问献捷》等诸篇从经济、政治、军事等多方面体现了子产在突破弱国外交困境中的杰出贡献。身为弱国执政,夹处晋楚两大强国之间,子产以振砺之志、严毅之辞坚拒晋国增加贡币,打消了强国的侵凌野心,捍卫了国家主权,真德秀因此对子产推崇备至。在《子产答韩宣子买环》一文中,子产从礼的角度告知大国重臣韩宣子在外交中应该遵循的行为规范:"侨闻为国,非不能事大字小之难,无礼以定其位之患。夫大国之人,令于小国,而皆获其求,将何以给之?一共一否,为罪滋大。大国之求,无礼以斥之,何餍之有?"子产从容不迫但刚劲严毅的辞令使韩宣子不得不收回贪婪的索求。真德秀引用了《左传》对子产知礼的外交立场给予了高度褒扬。在《子产对晋边吏让登陴》一文中,子产明确宣告:"吾闻之,小国忘守则危,况有灾乎!国之不可小,有备故也。"郑虽小国也将做好充分的战事防御,绝不受制于大国的要挟而放弃郑国的军事守备。真德秀引《左传》"子产有备"对子产以军事防御强化外交实力的国防策略给予了充分肯定。

在两汉诏令中,除体现以农为本、重教轻刑等儒家传统思想的《劝农诏》

---

① 《文章正宗》卷一,《真文忠公全集》第9册,第4964页。
② 《文章正宗》卷一,《真文忠公全集》第9册,第4991页。

《令民毋出田租诏》《除肉刑诏》诏令外,选求人才、尊重师儒,鼓励士人建言献策的诏令尤其被真德秀重视。这与理学家的君臣观有着紧密的联系。早在先秦时期,孟子就曾言:"古之贤王好善而忘势。古之贤士何独不然? 乐其道而忘人之势。故王公不致敬尽礼,则不得亟见之。见且由不得亟,而况得而臣之乎?"①贤王重士尽礼,贤士重节守道,君臣相需,相辅相成,方能行王道于天下。对于贤臣师儒对君主的重要作用,程颢有明确的论述:"古之人君,虽出入从容闲燕,必有诵训箴谏之臣,左右前后无非正人,所以成其德业。伏愿陛下:礼命老成贤儒,不必劳以职事,俾日亲便座,讲论道义,以辅养圣德;又择天下贤俊,使得陪侍法从,朝夕延见,开陈善道,讲磨治体,以广闻听。如是,则圣智益明,王猷允塞矣。"②

在《文章正宗》辞命的编选中,从汉高祖的《求贤诏》、汉文帝的《问贤良文学策》、汉武帝的《问贤良策》到汉元帝的《举茂才贤良诏》《求直言诏》等都体现了君主对人才的重视和礼遇。而对贤士不存礼敬的诏令则非辞命正宗,故不予收录:"高纪诏,凡十五六,今所取止此。盖余多直书其事故也。十二年三月之诏,其辞虽文,至谓'吾于天下贤士功臣,可谓亡负矣'。非王者罪己之言,故不录。"③在《答晁错玺书》的按语中,真德秀赞美汉文帝谦和温厚的礼贤之风:"家令小臣,而帝赐以玺书,官而不名,词又温厚如此,岂非隆谦好善之主哉!"④在《赐韩福策》的按语中,真德秀将帝王礼德重贤视为君道的重要体现:"汉世待德行之士如此,可谓有礼矣。……莽虽无道,然其自遣节义之士,恩义殷勤甚备,岂非其修饰立名之时欤?"⑤在《赐赵充国书》的按语中,真德秀对君明臣忠的君臣关系给予了高度赞赏:"宣帝充国君臣之间,论难往复,犹家人父子唯诺,然君明臣忠,千载之下,犹可师也。"⑥真德秀认为君主诏令须宽厚循礼,刻薄寡恩之辞

---

① 《孟子注疏》卷一三上《尽心章句上》,第 2764 页。
② 《二程集》,第 447 页。
③ 《文章正宗》卷三,《真文忠公全集》第 9 册,第 5037 页。
④ 《文章正宗》卷三,《真文忠公全集》第 9 册,第 5052 页。
⑤ 《文章正宗》卷三,《真文忠公全集》第 9 册,第 5096 页。
⑥ 《文章正宗》卷三,《真文忠公全集》第 9 册,第 5112 页。

非贤君之风。在《赐史丹策》的按语中,真德秀认为其辞温厚,合君臣之礼,"今观成帝免史丹策,其辞颇温厚,得进退大臣体,故录云"①。过于苛责冷峻的诏令会给臣下的心理造成严重的冲击,使君臣离心,不利于社稷的稳固,汉宣帝免萧望之策、汉成帝免薛宣及翟方进策等皆不录入《正宗》,"望之,贤公卿也。其罪特与丞相相亢礼耳,而免策有'陷于兹秽'语,已非所以待臣邻。其后成帝免薛宣、翟方进,哀帝免孔光、师丹、马宫、傅喜,皆极其切责,无复迁就为讳之意。方进至于自杀"②。

真德秀对辞命之体的选择标准是大义深醇、辞气蔼然,能振励天下人心,产生深远的政治影响。《文章正宗》所选"辞命"类文章,目的在于熔铸经典以古鉴今,借用史笔微言大义,依经立意,以忠耿诚敬的风骨凸显博雅醇厚之气象,力图为王言文书的经典化提供正宗范式,体现了义理之学与政治文化相结合的重要特征。

二、议论

对于"议论"文体,刘勰在《文心雕龙》中将其分为"议对"和"论说"并进行了阐述,"周爰咨谋,是谓为议。议之言宜,审事宜也"③。"述经叙理曰论。论者,伦也;伦理无爽,则圣意不坠。"④议即议政之文,务切时用,深明治体、言无虚设,方可切中政治得失,起到资政议政的作用,"故其大体所资,必枢纽经典,采故实于前代,观通变于当今;理不谬摇其枝,字不妄舒其藻。……若不达政体,而舞笔弄文,支离构辞,穿凿会巧,空骋其华,固为事实所摈;设得其理,亦未游辞所埋矣"⑤。论即辨析义理、推阐精微,"是以论如析薪,贵能破理。斤利者,越理而横断;辞辨者,反义而取通;览文虽巧,而检迹知妄"⑥。刘勰对其表现形式概括为:"详观论体,条

---

① 《文章正宗》卷四,《真文忠公全集》第9册,第5152页。
② 《文章正宗》卷四,《真文忠公全集》第9册,第5152页。
③ 《文心雕龙义证》卷五《议对第二十四》,第882页。
④ 《文心雕龙义证》卷四《论说第十八》,第665页。
⑤ 《文心雕龙义证》卷五《议对第二十四》,第898—899页。
⑥ 《文心雕龙义证》卷四《论说第十八》,第699页。

流多品;陈政,则与议说合契;释经,则与传注参体;辨史,则与赞评齐行;铨文,则与叙引共纪。"①由于"议论"文体具有阐明义理、资政议政的功用,符合理学家正君行道的政治理想,因此在《文章正宗》的四类文体中,"议论"一类的选文篇目最多,共计307篇,分"有周诸臣论谏之辞"11篇、"春秋诸臣论谏之辞"52篇、"春秋诸贤论说之辞"34篇、"战国策士谈说之辞"17篇、"汉臣论谏之辞"100篇、"汉臣论说之辞"20篇、"《春秋三传》及《史记》《汉书》褒贬之辞"73篇。

对于"议论"的选文范围和编选标准,真德秀有明确的阐述:"议论之文,初无定体。都俞吁咈,发于君臣会聚之间;语言问答,见于师友切磋之际,与凡秉笔而书,缔思而作者,皆是也。大抵以《六经》《语》《孟》为祖,而《书》之《大禹》《皋陶谟》《益稷》……则正告君之体,学者所当取法。然圣贤大训,不当与后之作者同录,今独取《春秋》内外传所载谏争论说之辞,先汉以后诸臣所上书疏封事之属,以为议论之首。"②真德秀认为议论之体当以《尚书》告君之体为正,但《尚书》为经不能列入文选,故《文章正宗》选取《春秋》三传至汉代论谏上疏作为议论之首、正宗之典范。诸臣论谏是真德秀的选文重点,反映了理学家正君行道的政治理想。在推翻了暴秦的严酷统治后,新建立的汉王朝如何才能长治久安,以贾谊、董仲舒、晁错为代表的儒士群体从政治、经济、军事等多方面上书言得失,体现了儒士安邦治国的施政理想。在贾谊《陈政事疏》一文的按语中,真德秀高度评价了贾谊之文的政治前瞻性和正君济世的功效,"此天下之善谋也。使文帝早用其说,安有七国之变?"③

真德秀认为,针砭时政、裨补时阙是奏议的主旨,奏议固然需要遵循雅正之旨,依经立意,但如流于空泛迂阔,便失去了奏议的风骨,正如其对匡衡奏议的评论:"(匡)衡之奏对本于经术,故在汉儒中议论最为近理,可为仲舒之亚。"④虽然匡衡的奏议本于经术、切合义理,但却因泛陈不能切中时弊

---

① 《文心雕龙义证》卷四《论说第十八》,第669页。
② 《文章正宗》纲目,《真文忠公全集》第9册,第4878页。
③ 《文章正宗》卷一一,《真文忠公全集》第10册,第5500页。
④ 《文章正宗》卷一一,《真文忠公全集》第10册,第5568页。

而逊于贾谊之文,"元帝之失,正在于温良少断,若于泛陈之后又切言之,则庶乎其有益也"①。西汉前期,匈奴屡屡入侵,诸臣纷纷上书请求加强边备,徙民实边,在边境建立城邑,增强防御力量。真德秀在《文章正宗》中所选主父偃《论伐匈奴书》、严安《论征伐书》、魏相《谏击匈奴书》、严尤《谏伐匈奴》、晁错《言兵事书》、赵充国《上屯田奏》等都贯彻了尊王攘夷、反对轻开边衅、安边保民的战略思想。晁错的《言兵事书》《上守边备塞事》《上募民徙塞下事》三篇奏议中体现出的战略思想为真德秀所赞同,"错三书,其论边备,皆古今不易之论,非直可施之当时而已"②。而晁错《论贵粟疏》、贾谊《论积贮疏》、董仲舒《论限民名田》、贤良文学《罢盐铁议》等选文则体现了儒家以农为本、轻徭薄役以宽民力的政治思想,反映了理学家施仁政、重民生的治国主张。

南宋一朝,权臣相继把持朝政,在禁锢士人群体政治活动空间的同时,也削弱了士大夫以名节相高的道德风尚,柔佞软媚之风盛于朝堂。为重振萎靡不振的士风,南宋理学家将正君行道、直言勇谏视为安定社稷的重要保障,"宜鉴既往之失,深以明人伦、励名节为先务,而又博求魁磊骨鲠、沈正不回之士,置之朝廷,使之平居无事,正色立朝,则奸萌逆节销伏于冥冥之中。一朝有缓急,则奋不顾身以抗大难,亦足以御危辱陵暴之侮,是以神器尊严而基祚强固矣"③。为臣者当以骨鲠强谏之刚节绳愆纠缪;为君者当礼敬贤士、导臣使谏,"气节之士,虽有小过,犹当容之;佞邪之人,虽甚有才,犹当察之,庶几有以作新人才,兴起颓弊"④。刘勰在《文心雕龙》中对奏议的写作特点有明确阐释:"夫奏之为笔,固以明允笃诚为本,辨析疏通为首。强志足以成务,博见足以穷理,酌古御今,治繁总要,此其体也。"⑤尤其是弹劾之奏

---

① 《文章正宗》卷一一,《真文忠公全集》第 10 册,第 5564 页。
② 《文章正宗》卷一四,《真文忠公全集》第 10 册,第 5800 页。
③ 《晦庵先生朱文公文集》卷九七《皇考左承议郎守尚书吏部员外郎兼史馆校勘累赠通议大夫朱公行状》,《朱子全书》第 25 册,第 4509 页。
④ 《晦庵先生朱文公文集》卷九六《少师观文殿大学士致仕魏国公赠太师谥正献陈公行状》,《朱子全书》第 25 册,第 4457 页。
⑤ 《文心雕龙义证》卷五《奏启第二十三》,第 862 页。

更须劲直切正、砥砺其气,"必使理有典刑,辞有风轨,总法家之式,秉儒家之文,不畏强御,气流墨中,无纵诡随,声动简外,乃称绝席之雄,直方之举耳"①。

在论谏诸篇中,真德秀以直言切谏为选文标准。在东方朔《化民有道对》一文按语中,真德秀赞曰:"朔虽诙笑,然时观察颜色,直言切谏,上常用之。"②在师丹《论封拜丁傅书》按语中,真德秀赞曰:"书数十上,多切直之言。"③在王嘉《论董贤封事》一文后,真德秀在按语中阐释了直谏对社稷存亡的重要意义:"嘉以直言忤旨得谴……自嘉死后,廷臣喑哑,无复敢开口论事者,遂成新莽之篡。悲夫!"④匡衡《上政治得失疏》劝谏君主任用贤臣、疏远小人,并依经立意、旁征博引地向元帝阐述了行王道之治的圣人之教,是西汉后期的代表性奏议。真德秀虽选此文,但却在按语中指出了作者没有遵循直言切谏的原则,"衡之论美矣,然方是时,恭、显用事,逐堪、猛,杀贾捐之,衡对略不及此,虽有近忠正、远邪佞之言,何益哉?"⑤与匡衡奏疏形成对比的是刘向的《条灾异封事》,在这篇奏议中,刘向直言进谏,痛陈弘恭、石显等小人合党共谋、弄权乱政的种种恶行,并以"自古明圣未有无诛而治者"示警元帝,力劝君主铲除奸佞,以安社稷。真德秀在按语中对刘向的奏议给予了高度评价:"更生于正邪贤否之辨,一篇之中反复数四,可谓深切也矣。……终元帝之世,敢言恭、显者,惟庚生、房二人,而更生忠恳惓惓,又非房匹。它如贡禹、匡衡,号称大儒,曾微一言敢及之者,故皆致位三公,而更生甘心废锢,不肯少诎,精忠峻节,千载以下犹高仰之。彼贡禹辈视之真可愧死。"⑥

在选文中,真德秀尤重谏诤力度及作者切直的表达。奏议当直言禀陈,过多用事用典会以辞害义,邹阳《狱中上梁王书》真德秀认为其用事太多,但

---

① 《文心雕龙义证》卷五《奏启第二十三》,第871页。
② 《文章正宗》卷一二,《真文忠公全集》第10册,第5628页。
③ 《文章正宗》卷一三,《真文忠公全集》第10册,第5680页。
④ 《文章正宗》卷一三,《真文忠公全集》第10册,第5691页。
⑤ 《文章正宗》卷七,《真文忠公全集》第10册,第5561—5562页。
⑥ 《文章正宗》卷一二,《真文忠公全集》第10册,第5589页。

仍以其痛切谏言被收录,"此篇用事太多,而文亦浸趋于偶俪,盖其病也。然其论谗毁之祸至痛切,可以为世戒,故取焉"①。司马迁为人忠耿,曾为李陵事向汉武帝直谏,却因此遭受腐刑,在悲愤中写下了《答任安书》。真德秀虽对此文不合中正之旨颇有微词,但却为司马迁切言直谏却遭受不幸而深为痛惜:"迁所论,无可取者。然其文跌荡奇伟,亦以见如此之材,而因言事置之腐刑,可为痛惜也。"②同时也对武帝无宽厚仁德之风、肆意刑戮直谏之臣的行为进行了道义谴责。

历经了韩侂胄擅政而兴起的"庆元党禁"和史弥远擅行废立而导致的"霅川之变",权臣擅政对南宋中后期的政局造成了严重影响。以真德秀为代表的理学家大力倡导正君臣之纲,《文章正宗》编选了大量讽谏君主、指斥权臣的奏疏,以古鉴今,希望能激起朝臣直言敢谏之志,从而遏制权臣。在《文章正宗》的论谏之文中,以抨击权臣为主题的占有相当比例。在《石碏谏宠州吁》一文的按语中,真德秀称诛杀弑君逆臣的石碏为社稷之臣:"方庄公之宠州吁也,碏能谏之。及州吁之篡桓公也,碏又能诛之,可谓社稷之臣矣。"③在《臧哀伯谏纳郜鼎》一文的按语中,真德秀对臧哀伯抨击弑君逆臣之言深为赞赏:"弑逆之贼不能致讨,而受其赂器置于大庙,以明示百官,是教之皆为禽兽夷狄之行也。……哀伯之言始若平缓,至灭德立违以后,乃始句句激切,论事体当如是。"④在《晏子论礼可为国》一文的按语中,真德秀对晏子以礼劝谏齐景公正君臣之纲、谨防权臣篡政给予了高度评价:"盖礼所以辨君臣、等上下者也。使君臣上下之分截然以明,则虽有权强之臣,且将退听,安得有他日篡弑之祸哉?景公问政于孔子,孔子以君君、臣臣、父父、子子对之,异时见用于鲁,欲收三家之政,亦必自堕三都始。其曰家不藏甲,大夫无百雉之城者,所以正名辨分,而销君弱臣强之患也。晏子之见,盖有合于斯,惜景公之不能用也。"⑤汉代

---

① 《文章正宗》卷一六,《真文忠公全集》第10册,第5936页。
② 《文章正宗》卷一六,《真文忠公全集》第10册,第6009页。
③ 《文章正宗》卷七,《真文忠公全集》第10册,第5220页。
④ 《文章正宗》卷七,《真文忠公全集》第10册,第5225页。
⑤ 《文章正宗》卷七,《真文忠公全集》第10册,第5272页。

中后期王氏一族外戚专政,名臣硕儒多不敢言,且阴附而为之说,惟刘向、王章、梅福等人抗章上奏,触死而不顾,真德秀盛赞三人高风峻节使人兴敬,而对杜钦、谷永、张禹提出了严厉的批评。在谷永《论微行宴饮》一文的按语中,真德秀认为:"永之二疏,可谓鲠切矣。然专攻主身及后宫,而无一言及于王氏,非忠臣也。今以其文而录之。"①在谷永《论神怪》一文后的按语中,真德秀流露出对党附权臣者的鄙视,视之为无节之人,"以永之学术议论,傥能一心帝室,而不私党王氏,虽刘向不及。大节既亏,他美莫赎。惜哉!"②

通过阐释灾异之变劝谏君主是汉代奏议的重要组成部分。汉成帝即位后,其舅王凤等王氏子弟大权独揽,日渐危主。此时正逢灾异频现,吏民多上书言灾异之应,以谏君主。《文章正宗》收录了谷永和刘向的奏议,谷永的《日食地震对》虽被收录,真德秀却因其党附权臣而对其文评价颇低:"所陈灾异,大抵皆归咎后宫以党王氏,本不足录,以此篇颇得《大学》遗意,姑存之。"③对刘向的《上星孛等奏》,真德秀盛赞其直指时弊、反复谏诤的刚正忠贞,"时数有大异,向以为外戚贵盛,凤兄弟用事之咎……天子心知向精忠,为凤兄弟起此论也,然终不能夺王氏权。后见外家日盛,遂上封事极谏"④。张禹对灾变空泛铺陈而不敢触及王氏专权,真德秀将其与刘向之忠耿直谏进行了对比:"禹以经术为天子师,而其言乃尔,视向之忠精为何如。"⑤在杜钦《说王凤论专政》一文的按语中,真德秀对杜钦只劝王凤修德节欲而不劝其归政于帝予以了严厉批驳:"使钦诚知大体,当劝凤还政天子,避远势权,则刘氏、王氏俱安矣。不知出此,徒令其损威放欲而已,至凤以王章事惭惧求退,钦复谬引周公事勉之使留,而王章之死,钦亦不能救也,卒使权移外家,以成篡夺之祸。"⑥

---

① 《文章正宗》卷一二,《真文忠公全集》第 10 册,第 5649 页。
② 《文章正宗》卷一五,《真文忠公全集》第 10 册,第 5869 页。
③ 《文章正宗》卷一二,《真文忠公全集》第 10 册,第 5598 页。
④ 《文章正宗》卷一二,《真文忠公全集》第 10 册,第 5599 页。
⑤ 《文章正宗》卷一二,《真文忠公全集》第 10 册,第 5603 页。
⑥ 《文章正宗》卷一六,《真文忠公全集》第 10 册,第 5947 页。

在班彪《王命论》一文的按语中,真德秀对文章的立意给予了肯定:"彪之论,参以神怪,非纯于义理者。然其立意,主于折奸雄觊幸之志,故取焉。"①虽然班彪之文并不完全符合理学家的义理观,但班彪文章中展现了作者反对权臣擅政、逆臣篡权,忠于汉室的主张,因此得以入选《正宗》。在《王命论》文后,真德秀附录了东汉名臣崔寔的《政论》,与《王命论》进行了比较分析,崔寔的《政论》以言辩而确作为政论文的经典被称道,但真德秀认为,宦官外戚权臣擅政乃是东汉后期最大的时弊,崔寔之论略不及此,政论的第一要义已失,"欲整王纲,救时弊,必使政权归朝廷,戚宦勿预政,此第一义也。寔之论都不及此,而颙欲以严刑峻法齐之……毋乃缪乎?元帝基祸,盖以权在阉寺之故,非颙宽政之罪也。自寔之论出,仲长统始称之,其后萧统又列之于《选》,世儒遂宗其言,以为不可易。愚恐其贻来世之祸,故黜而不录,且著其失,以示学者"②。即使崔文备受推扬,也不符合《文章正宗》的选文宗旨。

对于议论文的评价标准,真德秀认为首先要深切义理,其次要做到论据充分,以严密的逻辑展开论述,从而达到预期的政治目的。无持道秉义之心而徒为私利的论说皆属立论不正之文,即使文辞精工,亦不可列入正宗。《鲁仲连责新垣衍》一文以大义深明而被选入《文章正宗》,鲁仲连坚决反对赵王屈膝投降、放弃国家尊严尊秦王为帝。真德秀认为鲁仲连的论说之辞并非完美,但由于其秉持公义,气魄雄俊,故被选为正宗,"鲁仲连之语,不皆粹,以其反复言帝秦之害,有功于当时,而雄俊明辩,可为论事之法,故取焉"③。而《苏秦说六国合纵》与《李斯谏秦王书》虽然文辞精工、气势充沛,但论说之人乃出于私欲而非公义,故真德秀只将其文列于附录,不归入正宗之列,议论之文的精髓在于得义理之正,"学者之议论,一以圣贤为准的,则反正之评、诡道之辩不得而惑"④。在董仲舒《对贤良策》一文中,真德秀在"强

---

① 《文章正宗》卷一六,《真文忠公全集》第 10 册,第 5988 页。
② 《文章正宗》卷一六,《真文忠公全集》第 10 册,第 5997 页。
③ 《文章正宗》卷一〇,《真文忠公全集》第 10 册,第 5429—5430 页。
④ 《文章正宗》纲目,《真文忠公全集》第 9 册,第 4879 页。

勉学问,则闻见博而知益明。强勉行道,则德日起而大有功"之后加注了按语:"为学之道,致之力行而已。强勉学问,致知也。强勉行道,力行也。仲舒斯言,可谓得圣贤要指矣。"①在董仲舒宣讲符命乃天授瑞应一段后,真德秀认为此说于道有悖,于是添加按语进行批驳:"仲舒之学粹矣。然不能不惑于符命,此其短。"②在"故为人君者,正心以正朝廷。正朝廷以正百官。正百官以正万民。正万民以正四方。四方正,远近莫敢不一于正"一段后,真德秀指出对贤良策与《大学》《中庸》的吻合之处,"此即《大学》所谓心正修身、齐家国治而天下平。《中庸》所谓致中和而天地位万物育。而仲舒得之,其学可谓粹矣"③。充分体现了真德秀得义理之正乃为正宗之文的编选宗旨。三国时期的文章,《文章正宗》收录了诸葛亮的《出师表》《再出师表》和李密的《陈情表》。真德秀盛赞李密之表"反复谆笃,出于真诚。至今读之,犹足使人感动"④。在按语中,真德秀阐明了《文章正宗》弘扬忠孝之道的编选主旨:"三国非无文章,独取武侯一表者,以其发于至忠也。令伯之表,出于至孝,故亦附焉。"⑤

三、叙事

《文章正宗》叙事类选篇来自《左传》《史记》《汉书》以及韩愈和柳宗元之文共126篇,其中历史散文68篇,选自《左传》21篇、《史记》27篇、《汉书》20篇,皆为彰显史书叙事特征的典范。《左传》是叙事完备的编年体史书,"《左传》以《春秋》的记事为纲,增加了大量的历史事实和传说,叙述了丰富多彩的历史事件,描写了形形色色的历史人物。把《春秋》中的简短记事,发展成为完整的叙事散文。……《左传》确为先秦散文'叙事之最',标志着我国叙事散文的成熟"⑥。而《史记》和《汉书》亦以其精彩的叙事艺术

---

① 《文章正宗》卷一一,《真文忠公全集》第10册,第5524页。
② 《文章正宗》卷一一,《真文忠公全集》第10册,第5526页。
③ 《文章正宗》卷一一,《真文忠公全集》第10册,第5529页。
④ 《文章正宗》卷一五,《真文忠公全集》第10册,第5912页。
⑤ 《文章正宗》卷一五,《真文忠公全集》第10册,第5912页。
⑥ 袁行霈主编:《中国文学史》第三章《〈左传〉等先秦叙事散文》,高等教育出版社,1999年,第90—91页。

而被后世史家所称扬,"司马迁、班固父子,其言史官载籍之作,大义粲然著矣。议者咸称二子有良史之才。迁文直而事核,固文赡而事详。若固之序事,不激诡,不抑抗,赡而不秽,详而有体,使读之者亹亹而不厌,信哉其能成名也。"①"刘向、扬雄博极群书,皆称迁有良史之材,服其善序事理,辨而不华,质而不俚,其文直,其事核;不虚美,不隐恶,故谓之实录。"②

南宋时期,随着对史书纪事性的凸显和强化,纪事本末体日益兴起,南宋袁枢编纂《通鉴纪事本末》,分类编排《资治通鉴》所记之事,每一事详述其本末,每事皆有标题,创立了因事命篇的纪事本末体。继袁枢之后,章冲编纂《春秋左氏传事类始末》。"圣人之《经》,断也;《左氏》之《传》,案也。欲观《经》之所断,必求《传》之所纪事之本末,而后是非见、褒贬白也。"③章冲将列国大事各从其类,根据其事而定文辞详略,更加凸显了《左传》的叙事特征。在《春秋》三传中,朱熹尤重《左传》对历史事件的记述与书写:"看《春秋》,且须看得一部《左传》首尾意思通贯,方能略见圣人笔削,与当时事之大意。"④真德秀认为叙事起于古史官,以《尚书》和《春秋》为代表,《尚书》诸篇虽为纪事,但归为经而不宜列入文选,"今于《书》之诸篇与史之纪传,皆不复录,独取《左氏》《史》《汉》叙事之尤可喜者,与后世记、序、传、志之典则简严者,以为作文之式。若夫有志于史笔者,自当深求《春秋》大义,而参之以迁、固诸书,非此所能该也"⑤。《文章正宗》叙事大类卷首《隐桓嫡庶本末》《郑庄公叔段本末》《秦晋相失本末》《晋重耳出亡本末》四篇皆以本末为题,以显示其首尾连属、本末悉昭的叙事完整性,也显示了南宋纪事本末体史书的时代影响。

真德秀在《文章正宗》中对《左传》选文的按语和点评颇多,既有对简古精严的叙事风格的崇尚,也有对铺陈精妙的叙事艺术的赞赏。《叙秦晋相失

---

① 《后汉书》卷四〇下《班彪传》,中华书局,1965年,第1386页。
② 《汉书》卷六二《司马迁传》,第2738页。
③ (元)杨维桢:《东维子集》卷六《春秋左氏传类编序》,《景印文渊阁四库全书》第1221册,第432页。
④ 《朱子语类》卷八三《春秋》,《朱子全书》第17册,第2836页。
⑤ 《文章正宗》纲目,《真文忠公全集》第9册,第4880页。

本末》是一篇只有十数句的短文,却在简短的篇幅中将秦穆夫人令晋侯夷吾照顾贾君、众公子而夷吾却与贾君私通、拒纳群公子,夷吾拒不割地失信于秦,灾年秦输粟赈晋而晋闭籴攻秦等事件交代得清晰明了。在按语中,真德秀继承了程颐"《春秋》,《传》为案,《经》为断"①的观点,称此文条理清晰、叙事严谨:"此十数句,如大具狱,然真名笔也。"②《叙郑庄公叔段本末》则以善于铺陈叙事而被选入《文章正宗》。真德秀在点评中借用吕祖谦之论,阐述了此篇高超的叙事艺术:"左氏序郑庄公之事,极有笔力。写其怨端之所以萌,良心之所以回,皆可见。始言'亟请于武公','亟'之一字,母子之相仇疾,病源在此。后面言'姜氏欲之,焉避害',此全无母子之心。盖庄公材略尽高,叔段已在他掌握中。故祭仲之徒愈急,而庄公之心愈缓。待共段先发而后应之。前面命西鄙北鄙贰于己,与收贰为己邑,庄公都不管,且只是放他去。到后来,罪恶贯盈,乃遽绝之,略不假借,命子封帅师伐京。段奔鄢,公又亲帅师伐鄢。于其未发,待之甚缓;于其已发,追之甚急。公之于段,始如处女,敌人开户。后如脱兔,敌不及拒者也。然庄公此等计术,施于敌国则为巧,施于骨肉则为忍。此左氏铺叙好处,以十分笔力,写十分人情。"③

在对"叙事"一目的文章编选中,真德秀将"义理"作为选文的重要标准,同时也颇为重视选文的艺术成就。在《叙晋楚邲之战》一文中,真德秀认为晋虽为中原盟主,然不守礼法,故兵败势削,而楚国则因"楚庄有礼,所以遂兴"④。在《叙晋人弑厉公》一文的按语中,真德秀认为参之《国语》,"然后知《传》文之峻洁也"⑤。在《叙七国反》一文中,真德秀称赞《史记》叙事逻辑严密、见解精辟,"观此,则汉与七国曲直晓然矣"⑥。即使是被朱熹所批驳的《伯夷列传》,真德秀依然因其高妙的叙事艺术选入《文章正宗》,"朱

---

① 《二程集》,第164页。
② 《文章正宗》卷一九,《真文忠公全集》第11册,第6128页。
③ 《文章正宗》卷一九,《真文忠公全集》第11册,第6127页。
④ 《文章正宗》卷一九,《真文忠公全集》第11册,第6158页。
⑤ 《文章正宗》卷一九,《真文忠公全集》第11册,第6184页。
⑥ 《文章正宗》卷二一,《真文忠公全集》第11册,第6279页。

第六章　真德秀的文道观与正宗典范的确立　263

文公曰：'孔子论伯夷，谓："求仁而得仁，又何怨？"司马子长作《伯夷传》，但见得伯夷满身是怨。'按文公之说，可谓至当。今特以其文而取之"①。司马迁认为若伯夷、叔齐这样积仁洁行的良善之人屡遭厄运，而暴虐恣睢之人却终身逸乐、累世富贵。进而对"天道无亲、常与善人"的天道论产生了质疑。朱熹认为司马迁之论与儒家仁义之说相悖，伯夷求仁得仁、彰显道义。真德秀赞成朱熹的观点，但亦对其纵横捭阖、呼应回还的叙事手法深为赞赏。真德秀的编选宗旨对后世理学家所倡导的读书习文之法产生了重要影响。程端礼在《程氏家塾读书分年日程》中大力倡导读书习文当以《文章正宗》为范本，方晓入门之正道。习作叙事之文，亦须先读《文章正宗》，"如欲叙事雄深雅健，可以当史笔之任，当直学《史记》《西汉书》。先读真西山《文章正宗》及汤东涧所选者，然后熟看班、马全史。此乃作纪载垂世之文，不可不学"②。

在《文章正宗》"叙事"一目中，真德秀选韩愈之文35篇、柳宗元之文23篇，鲜明地体现了"明义理、切世用"的编选宗旨和简古雅正、严明生动的叙事艺术。朱熹对韩、柳之文非常推崇："今人要做好文章者，但读《史》《汉》、韩、柳而不能，便请祈取老僧头去。"③"若会将《汉书》及韩、柳熟读，不到不会做文章。"④《文章正宗》所选韩愈的《送许郢州序》《赠崔复州序》皆反映了儒家重视民生、施行仁政的民本主义思想。"唐中叶赋敛最重，刺史以催科为考成，不言抚字，故是篇与《送许郢州》，皆以民穷敛急立论。"⑤这两篇序都显示了作者对地方官员催科峻急、盘剥生民的不满与规劝。在《送许郢州序》一文中，韩愈并未以愤怒之语予以斥责，而是以舒缓之语娓娓叙说，展现出言虽尽而意无穷的艺术魅力。而《赠崔复州序》一文，则采用了不同的叙事方式，山南东道节度使于頔公然聚敛，对百姓盘剥无度，韩愈以"尝辱于

---

① 《文章正宗》卷二四，《真文忠公全集》第11册，第6481页。
② （元）程端礼撰，姜汉椿校注：《程氏家塾读书分年日程》卷二《学作文》，黄山书社，1992年，第54页。
③ 《朱子语类》卷一三九《论文上》，《朱子全书》第18册，第4317页。
④ 《朱子语类》卷一三九《论文上》，《朱子全书》第18册，第4317页。
⑤ 林云铭：《韩文起》卷五，东京图书馆藏清康熙三十一年（1692）刊本。

公之知"和"旧游于崔君"的友朋口吻,对于頔进行了委婉规谏。崔君为复州刺史,其上司即于頔,"性贪而政苛,取财赋于州县者甚急,刺史县令不可为,韩文公作此序以讽谏于頔。文有权衡、有箴规"①。文末韩愈以对于頔和崔君的赞美与期待做结,看似颂扬而无规谏,实则寓规谏于赞颂之中,含蓄而有力。

反对藩镇割据、维护国家统一,是韩愈文章中的重要主旨。韩愈的《送董邵南序》《故幽州节度判官赠给事中清河张君墓志铭》《平淮西碑》等名篇皆是对这一主题的书写与强化。《送董邵南序》仅百余字,却开阖含蓄地表达了作者期待藩镇归服、董生为国效力的期待,"无限曲折,忠厚之至,视争臣论德加进矣"②。结语更是大义彪炳、忠君报国之志凛然自见。韩愈也因其出色的叙事才能而被称为"短章圣手"。韩愈的《平淮西碑》记述了君臣协力平定吴元济叛乱、结束了蔡州长期割据的战争事件。文章前半部分称颂了朝廷之功,后半部分对藩镇进行了震慑,碑文多用四字句,叙事精妙,"乃全集中第一用意文字,语语归功于天子之明断,庄重有体,古雅绝伦。其叙事段落井井,昔人(李商隐)所谓'点窜《尧典》《舜典》字,改易《清庙》《生民》诗'"③。文辞化用经典,简古雅正,显示出宏大磅礴的叙事风格。韩愈《故幽州节度判官赠给事中清河张君墓志铭》一文对张彻反对叛乱、维护统一的凛然正气给予了崇高的礼赞。韩愈对张彻痛斥叛军、壮烈殉国的叙述令人感慨伤悼,激发世人为国尽忠,"此义若行,乱贼孤矣,真有关世教之作也"④。韩愈对忠义之节的弘扬和对时局的关注与真德秀的选文宗旨深为契合,故朱子后学程端礼对《文章正宗》所选韩文极为推崇:"读韩文,先钞读西山《文章正宗》,内韩文议论、叙事两体,华实兼者七十余篇。要认此两体分明,后最得力。"⑤

柳宗元在唐宋八大家中素以人物传记和山水游记著称。在人物传

---

① (宋)谢枋得:《文章轨范》卷五,《景印文渊阁四库全书》第1359册,第598页。
② (清)何焯:《义门读书记》卷三二,《景印文渊阁四库全书》第860册,第447页。
③ 林云铭:《古文析义初编》卷五,上海翠英书局1923年石印本。
④ 《韩文起》卷一二。
⑤ 《程氏家塾读书分年日程》卷二《〈通鉴〉毕,次读韩文》,第51页。

中，真德秀选取了《宋清传》《种树郭橐驼传》《梓人传》，都是通过对小人物的书写表达作者的道德理想和人生感悟。理学发展到南宋后期，"天理"被贯彻到百姓的日常生活中，"盖'君子之道费而隐'，费即日用也，隐即天理也。即日用而有天理，则于君臣、父子、夫妇、长幼之间，应对、酬酢、食息、视听之顷，无一而非理者，亦无一之可紊。一有所紊，天理丧矣。故君子无所不用其敬。由是而操之固、习之熟，则隐显混融、内外合一而道在我矣"①。外事之功也在南宋诸儒的阐释中逐渐弱化了其狭义的一面，呈现出更加世俗化的特征，"凡人不必待仕宦有位为职事，方为功业，但随力到处有以及物，即功业矣"②。而柳宗元的人物传记恰与"道"的世俗化相合，故《文章正宗》"叙事"一目将《宋清传》《种树郭橐驼传》《梓人传》列为卷二十八柳文之首。宋清作为一名药材商人，重义轻利、诚实守信。对于贫病之人，宋清皆赊药救助。对于无法偿还债务的穷困者，宋清焚烧债券无偿赈济。在《宋清传》的结尾，柳宗元感叹道："清居市不为市之道，然而居朝廷、居官府、居庠塾乡党以士大夫自名者，反争为之不已，悲夫！然则清非独异于市人也。"③《种树郭橐驼传》以郭橐驼善种树劝谕地方官员以仁为本，对百姓爱养抚之而不可苛政残民，"吾小人辍飧饔以劳吏者且不得暇，又何以蕃吾生而安吾性耶？故病且怠。若是，则与吾业者其亦有类乎？"④从不同侧面体现了作者对仁义之道的弘扬与推崇。在《文章正宗》所选柳宗元山水游记中，永州八记全部入选。游记散文在"西山之特立，不与培塿为类"的清泠景色描写中展现了作者的傲骨高节，"引觞满酌，颓然就醉，不知日之入。苍然暮色，自远而至，至无所见，而犹不欲归。心凝形释，与万化冥合"⑤。行文笔力矫拔、苍劲秀削，意在言外，境界高远。

---

① 《晦庵先生朱文公文集》卷四五《答廖子晦》，《朱子全书》第22册，第2083页。
② 《宋史》卷四三〇《李燔传》，第12785页。
③ 《柳宗元集》卷一七《宋清传》，第472页。
④ 《柳宗元集》卷一七《种树郭橐驼传》，第474页。
⑤ 《柳宗元集》卷二九《始得西山宴游记》，第763页。

四、诗赋

《文章正宗》将"诗赋"一目列为四目之末。因真德秀不善诗歌,故将诗歌一门的编选交给刘克庄,"《文章正宗》初萌芽,西山先生以诗歌一门属予编类,且约以世教民彝为主,如仙释、闺情、宫怨之类,皆勿取。余取汉武帝《秋风辞》,西山曰:'文中子亦以此辞为悔心之萌,岂其然乎?'意不欲收,其严如此"①。朱熹曾将历代诗歌分为三等,"古今之诗,凡有三变。盖自书传所记,虞夏以来,下及魏晋,自为一等。自晋、宋间颜、谢以后,下及唐初,自为一等。自沈、宋以后,定著律诗,下及今日,又为一等。然自唐初以前,其为诗者固有高下,而法犹未变。至律诗出,而后诗之与法,始皆大变,以至今日,益巧益密,而无复古人之风矣"②。《文章正宗》所选诗赋共 501 首,其中古诗 17 首,汉魏诗 42 首,六朝诗 122 首,唐诗 320 首,皆为古体诗,律诗则不予编选,"今惟虞、夏二歌与三百五篇不录外,自余皆以文公之言为准,而拔其尤者,列之此编。律诗虽工,亦不得与。若箴、铭、颂、赞、郊庙乐歌、琴操,皆诗之属,间亦采摘一二,以附其间。至于辞赋,则有文公《集注·楚词后语》,今亦不录"③。《诗经》被列入经部,故不收录。楚辞因朱熹有《楚辞集注》,故亦不收录。收录诗篇皆展现出编选者崇古重理、兴寄高远的取向,"后世之作,虽未可同日而语,然其间兴寄高远,读之使人忘宠辱、去鄙吝,翛然有自得之趣,而于君亲臣子大义,亦时有发焉,其为性情心术之助,反有过于他文者。盖不必颛言性命而后为关于义理也。读者以是求之,斯得之矣"④。

《文章正宗》所选诗歌,唐代之前的诗人中以陶渊明的作品最多。冲淡自然的诗风素为宋代理学家所推崇,杨时盛赞陶渊明诗所不可及者,冲淡深粹出于自然。朱熹论诗推崇陶、韦,认为"作诗须从陶、柳门庭中来乃佳,不

---

① 《刘克庄集笺校》卷一七三《诗话前集》,第 6688 页。
② 《晦庵先生朱文公文集》卷六四《答巩仲至》,《朱子全书》第 23 册,第 3095 页。
③ 《文章正宗》纲目,《真文忠公全集》第 9 册,第 4881—4882 页。
④ 《文章正宗》纲目,《真文忠公全集》第 9 册,第 4882 页。

如是,无以发萧散冲淡之趣,不免于局促尘埃,无由到古人佳处也。如《选》诗及韦苏州,亦不可不熟观"①,理学家推崇陶、韦萧散冲淡的诗风,从思想内容的角度来说,是"穷理以虚心静虑为本"②。从人生态度而言,它要求人们摒弃对功名利禄的追求。正如钱穆所言:"所谓萧散,乃是一种意境,此亦是心中有些境界,流出则见出风趣。"③从艺术形式的角度而言,"萧散冲淡"乃是从胸怀、志趣中自然生成的高远之境。作诗不当以雕章琢句、靡丽文采为能,而应气象近道,通过自身的道德涵养达到萧散冲澹的旨趣。对于陶渊明忠于晋室、不仕刘宋的忠贞气节,理学家给予了极高的评价:"自以晋世宰辅子孙,耻复屈身后代。自刘裕篡夺势成,遂不肯仕。虽其功名事业不少概见,而其高情逸想,播于声诗者,后世能言之,士皆自以为莫能及也。"④"渊明多引典训,居然名教中人,终其生不践二姓之庭,未尝谐世,而世故不能害人物之高胜,其诗遂独步千古。"⑤因此,《停云》《时运》《饮酒》《止酒》《述酒》《咏荆轲》《咏贫士》等诗歌皆因展现了诗人忠贞气节而入选《文章正宗》。

关于《停云》,作为参与《文章正宗》的编纂和校订的真德秀门人汤汉等皆认为此诗乃陶渊明对亲友不可仕刘宋的规谏。身为晋臣,无身仕二朝之理,故特思而赋诗,寓以规谏之意。《饮酒》二十首则体现了诗人身处困窘之境依然效法古贤坚守节操的高贵品质与旷达脱俗的心境,《文章正宗》选录《饮酒》"衰荣无定在""道丧向千载""结庐在人境""秋菊有佳色""青松在东园""清晨闻叩门""在昔曾远游""故人赏我趣""畴昔苦长饥""羲农去我久"十首。《饮酒》之六"行止千万端,谁知非与是。是非苟相形,雷同共誉毁。三季多此事,达士似不尔。咄咄俗中愚,且当从黄绮"。此篇以说理见长,以庄子《齐物论》言己隐居之志,"此篇言季世出处不齐,士皆以承时自

---

① (宋)魏庆之著,王仲闻点校:《诗人玉屑》卷五《晦庵海人学陶柳选诗韦苏州》,中华书局,2007年,第153页。
② 《朱子语类》卷九《学三》,《朱子全书》第14册,第306页。
③ 钱穆:《朱子新学案》,巴蜀书社,1986年,第1710页。
④ 《晦庵先生朱文公文集》卷七六《向芗林文集后序》,《朱子全书》第24册,第3662页。
⑤ 《刘克庄集笺校》卷九四《赵寺丞和陶诗序》,第4000页。

奋为贤,吾知从黄、绮而已;世俗之是非誉毁,非所计也"①。《饮酒》之十七"幽兰生前庭,含熏待清风。清风脱然至,见别萧艾中。行行失故路,任道或能通。觉悟当念还,鸟尽废良弓"。此篇被誉为说理诗典范,"真理,真诗!浅人日读陶集,至此种作,则全不知其所谓,况望其吟而赏之?说理诗必如此,方不愧作者"②。然而以说理见长的《行止千万端》《颜生称为仁》等篇目却并未被选入《文章正宗》。编选者更为欣赏的是用典亲切自然、寄义理于旷趣之中的《故人赏我趣》《羲农去我久》诸篇。在萧散冲淡的旨趣中展现忠节义理,这是以朱熹、真德秀、刘克庄为代表的南宋理学家品评陶诗的思想倾向和艺术标准,也是"诗赋"一目的正宗典范。

《文章正宗》所选唐诗320首,占"诗赋"类选诗总数的五分之三,其中初唐诗13首,为陈子昂的《感遇诗》12首和《酬晖上人夏日林泉》;盛唐诗165首,为李白诗59首和杜甫诗106首;中唐诗142首,为韦应物诗91首、柳宗元诗21首、韩愈诗30首。所选诗歌中,盛唐诗数量最多。李白和杜甫被称为诗坛的双子星座,"李杜文章在,光焰万丈长"③。李白诗歌中以"闺怨""游仙"为主题的大量诗作与"明义理、切世用"的编选主旨相背离,故《文章正宗》所选李白诗歌数量远逊杜甫诗歌。南宋理学家对杜甫忠君爱国的峻洁人格给予了充分肯定,朱熹将杜甫与诸葛亮、颜真卿、韩愈、范仲淹并称为五君子,"于汉得丞相诸葛忠武侯,于唐得工部杜先生、尚书颜文忠公、侍郎韩文公,于本朝得故参知政事范文正公,此五君子,其所遭不同,所立亦异,然求其心则皆所谓光明正大、疏畅洞达、磊磊落落而不可揜者也。其见于功业文章,下至字画之微,盖可以望之而得其为人"④。

在《文章正宗》的编选过程中,真德秀、刘克庄更为注重杜诗反映现实、

---

① (晋)陶潜撰,(宋)汤汉注:《陶靖节先生诗注》卷三,《中华再造善本》,北京图书馆出版社,2003年。
② (明)王夫之著,李中华、李利民校点:《古诗评选》卷四,上海古籍出版社,2011年,第191页。
③ (唐)韩愈著,钱仲联集释:《韩昌黎诗系年》卷九《调张籍》,上海古籍出版社,2007年,第986页。
④ 《晦庵先生朱文公文集》卷七五《王梅溪文集序》,《朱子全书》第24册,第3641页。

爱国忠君的"诗史"精神。杜甫的《八哀诗》是伤悼王思礼、李光弼、严武、汝阳王李琎、李邕、苏源明、郑虔、张九龄八人的五言古诗。全诗采取现实主义的手法,对八位忠君报国的忠义之臣进行了礼赞。杜甫《八哀诗》被选入《文章正宗》,刘克庄对其媲美《史记》传赞的情志和笔力给予了充分肯定,也从文艺创作层面指出其繁复累句之病,"杜《八哀诗》,崔德符谓可以表里《雅》《颂》,中古作者莫及。韩子苍谓其笔力变化,当与太史公诸赞方驾。惟叶石林谓长篇最难,晋魏以前,无过十韵,常使人以意逆志,初不以叙事倾倒为工。此八篇本非集中高作,而世多尊称,不敢议其病,盖伤于多。如李邕、苏源明篇中多累句,刮去其半,方尽善。余谓崔、韩比此诗于太史公纪传,固不易之语,至于石林之评累句之病,为长篇者不可不知"①。

入选《文章正宗》的《自京赴奉先县咏怀》《北征》《羌村三首》"三吏""三别"等诗歌都是展现家国离乱、内忧外患的现实主义杰作。由于肃宗猜忌功臣名将而导致官军在有利形势下遭遇大溃败。杜甫随流民回华州路上,记述了战争导致的残酷现实,反映出国家和百姓所遭受的深重灾难,刘克庄称其可补正史之阙:"《新安吏》《潼关吏》《石壕吏》《垂老别》《无家别》诸篇,其述男女怨旷,室家离别,父子夫妇不相保之意,与《东山》《采薇》《出车》《杕杜》数诗相为表里。唐自中叶以徭役词发为常,至于亡国。肃、代之后,非复贞观、开元之唐矣。新旧唐史不载者,略见杜诗。"②《前出塞》《后出塞》诸篇抒发了诗人坚贞不移的爱国思想,体现了诗人对不尚武、不矜功的仁义之勇的崇尚。刘克庄赞其有古诗十九首之风:"《前出塞》云:'君已富土境,开边一何多!弃绝父母恩,吞声行负戈。'又云:'生死向前去,不劳吏怒嗔。路逢相识人,附书与六亲。哀哉两诀绝,不复同苦辛。'又云:'军中异苦乐,主将宁尽闻?'又云:'杀人亦有限,立国亦有疆。苟能制侵陵,岂在多杀伤。'又云:'驱马天雨雪,军行入高山。径危抱寒石,指落曾冰间。已去汉月远,何能筑城还?'《后出塞》云:'千金买马鞍,百金装刀头。'又云:'渔阳

---

① 《刘克庄集笺校》卷一七六《诗话后集》,第6799页。
② 《刘克庄集笺校》卷一八一《诗话新集》,第6968页。

豪侠地,击鼓吹笙竽。云帆转辽海,粳稻来东吴。越罗与楚练,照曜舆台躯。主将位益崇,骄气凌上都。边人不敢议,议者死通衢。'又云:'中夜间逃归,故里俱空村。恶名幸脱免,穷老无儿孙。'谓逃禄山之难者。此十四篇,笔力与《文选》中《拟古十九首》并驱。"①

《病柏》《枯棕》《枯楠》诸篇是杜甫以枯病之树言志的咏物名篇,展现了诗人对民生凋弊、君主失德、国势倾颓等社会政治问题的忧患意识。刘克庄对此深有感触:"《病柏》云:'有柏生崇冈,童童状车盖。偃蹇龙虎姿,生当风云会。岂知千年根,中路颜色坏。出非不得地,蟠据亦高大。岁寒忽无凭,日夜柯叶改。丹凤领九雏,哀鸣翔其外。鸱鸮志意满,养子穿穴内。客从何处来? 伫立久吁怪。'唐自阉者力士、辅国、士良、朝恩,弄权怙宠,元勋老将如汾阳、临淮、西平、北平,皆凛凛不自安,此篇辞不迫切而意独至。"②"《枯棕》篇云:'蜀门多棕榈,高者十八九。其皮割剥甚,虽众亦易朽。交横集斧斤,凋伤先蒲柳。伤时苦军乏,一物官尽取。嗟尔江汉人,生成亦何有?有同枯棕木,使我沉叹久。死者即已休,生者何自守?'注云:'蜀人取棕皮以充用,如边吏诛求江汉民力以供军,必至于剥尽而后已。'"③杜甫诗为《文章正宗》选诗数量之首,正在于其所具有的现实意义。诗人真实地记录了从开元到肃宗、代宗时期的时代变迁,体现了诗人忠君爱国的深情。

《文章正宗》成书于绍定五年(1232),是在真德秀生前刊定的为数不多的著述之一。真德秀亲为校订,并作序以阐明自己的选文标准。"是书宽行大字,用笔整肃,刻手印工亦皆精好,前后无他人序,似即德秀纂辑成书时自为校刊之本。"④《文章正宗》成书后,真德秀将其赠与弟子汤中、汤汉、刘克庄。淳祐元年(1241),时任广东转运使的刘克庄与李监、卢方春又协力刊刻了《文章正宗》,"曰《文章正宗》者,最为全书。既成,以受汤巾仲能、汉伯

---

① 《刘克庄集笺校》卷一八一《诗话新集》,第6972页。
② 《刘克庄集笺校》卷一八一《诗话新集》,第6976页。
③ 《刘克庄集笺校》卷一八一《诗话新集》,第6977页。
④ (清)于敏中、(清)彭元瑞等著,徐德明标点:《天禄琳琅书目》卷三,上海古籍出版社,2007年,第91页。

纪,某与焉。晚使岭外,与常平使者李鉴汝明协力锓梓,以淑后学。是书行,《选》《粹》而下,皆可束之高阁"①。

历经宋、元、明、清四朝,《文章正宗》被不断刊刻,影响日渐增大。《文章正宗》成为士人作文的正宗范式,在全国广为流传,甚至流传到日本、朝鲜等国。元代学者刘埙称《文章正宗》"去取有法,始为全书,足以垂训不朽。如宋初编《文苑英华》之类尤不足采"②。在明代,真德秀编选的《文章正宗》日益受到官方的重视,太子朱高炽亦习《文章正宗》以为作文之法,并告谕辅臣:"真德秀学识甚正,选辑此书,有益学者。"③明英宗正统之后,"高棅的《唐诗正声》与真德秀的《文章正宗》一起,被用来作为翰林学士教习庶吉士古文辞的课本,那意味着是指导台阁文学写作的范本"④。在朝廷的倡导下,明代学者对《文章正宗》更为推崇,杨士奇认为《文章正宗》选文皆以彰显义理、明辨源流为旨归,"非明理切用源流之正者不与,盖前后集录文章未有谨严若此者。学者用志于此,斯识趣正而言不倍矣"⑤。王立道对真德秀编选《文章正宗》的历史意义给予了高度评价:"曰'宗'者,以见其犹日月之明、河海之源。曰'正'者,以见其非旁流末光,而天下后世之欲为文,未有不由之者。匪是悉邪也,不可以为宗也。是以至于今而业文者宗焉,其利博矣。"⑥

虽然历代学者都肯定了《文章正宗》对思想内容的重视,但从文学创作的角度而言,《文章正宗》也存在重理轻文、忽视文学多样性特征等问题。顾炎武认为真德秀《文章正宗》所选之诗得义理之正,但无诗趣:"真希元《文章正宗》,其所选诗,一扫千古之陋,归之正旨,然病其以理为宗,不得诗人之趣……虽矫《昭明》之枉,恐失《国风》之义。六代浮华,固当芟落,使徐、庾不得为人,陈、隋不得为代,无乃太甚! 岂非执理之过乎?"⑦《文章正宗》所

---

① 《刘克庄集笺校》卷一〇〇《文章正宗序》,第4202页。
② (元)刘埙:《隐居通义》卷一三《文章一》,《景印文渊阁四库全书》第866册,第122页。
③ 《东里别集》卷二《圣谕录(中)》,《景印文渊阁四库全书》第1239册,第627页。
④ 陈广宏:《明初闽诗派与台阁文学》,《文学遗产》2007年第5期。
⑤ 《东里续集》卷一八《文章正宗三集》,《景印文渊阁四库全书》第1238册,第602页。
⑥ (明)王立道:《具茨文集》卷四《拟重刊文章正宗序》,《景印文渊阁四库全书》第1277册,第803页。
⑦ (明)顾炎武著,张京华校释:《日知录》卷三《孔子删诗》,岳麓书社,2011年,第103页。

选文章内容重理尚实,形式上尊古卑今。

《文章正宗》的四分法在文体分类中具有开创之功,将选编的历代诗文归入辞命、议论、叙事、诗赋四目,以类目序次取代了以《文选》为代表的文体序次,"古文类集今行世者,惟昭明《文选》六十卷、姚铉《唐文粹》一百卷、东莱《宋文鉴》一百五十卷、西山前后《文章正宗》四十四卷、苏伯修《元文类》七十卷为备。然《文粹》《文鉴》《文类》惟载一代之作,《文选》编次无序,独《文章正宗》义例精密,其类目有四:曰辞命,曰议论,曰叙事,曰诗赋。古今文辞,固无出此四类之外者"①。但后人也指出了《文章正宗》的四分法之弊,"每类之中,众体并出,欲识体而卒难寻考"②。真德秀在《文章正宗》纲目中阐明了《文章正宗》作为理学家所确立的作文范式,对于后世的文章创作产生了重要影响。

继《文章正宗》之后,真德秀编纂了《续文章正宗》,编选当代之文,即北宋一朝之文。编纂未完而真德秀去世。宝祐四年(1256),梁椅在其子真志道处得见《续文章正宗》手稿,"《国朝文章正宗》,西山真文忠公晚岁所续也。宗簿梁公亲见公手泽本,而录其目及文之经标识者"③。梁椅手抄《续文章正宗》的目录和真德秀圈点标志之处,与倪澄、郑圭根据真德秀编次之旨完善整理文稿,"必反复绎公初意。稍加整比,皆取正于梁公。穷日夜力翻校,郑君亦分其劳。凡三月而稿具,又四月而工毕,厘为二十卷,仅有目者,则虚置于末。一代之文,粲然略备"④。《续文章正宗》分"论理""叙事"和"论事"三目,在三目的排序中,因义理最为真德秀所重,故以"论理"为先,"文以理为准,理到则辞达。公于论理一门最所留意,学者沉潜玩索,而有得焉"⑤,"先生心周、程、张、朱之学,观《正宗》笔削,可以概见。故其所次,论理为先,叙事继之,论事又继之。夫叙事、论事而

---

① (明)吴讷著,于北山校点:《文章辨体序说》"凡例",人民文学出版社,1962年,第9页。
② 《文章辨体序说》"凡例",第9页。
③ (宋)倪澄:《文章正宗续集原序》,真德秀:《续文章正宗》卷首,宋咸淳二年刊明弘治十七年(1504)南京国子监本。
④ (宋)倪澄:《文章正宗续集序》,《续文章正宗》卷首。
⑤ (宋)梁椅:《文章正宗续集序》,《续文章正宗》卷首。

不先于理,则舍本根而事枝叶,非我朝诸儒之所谓文也,非先生名书之本旨也"①。虽然《续文章正宗》成于梁椅、倪澄、郑圭之手,但基本保持了真德秀编选的原貌,和《文章正宗》共同体现出南宋理学家"明义理、切世用"的创作宗旨。

作为通晓词章的博异之才,真德秀文采斐然,无论是制诰诏令还是谕俗榜文,都为朝野传诵、蜚声海内外,"先生壮年游蓬山,直鳌岭,立螭坳,每上一谏疏,草一制诰,朝大夫与都人士争相传写。出而驾使轺,暨开大藩府,凡囊封驿奏之达于上,若庭谕壁戒之布于下者,锓梓一出,深山长谷穷阎委巷之氓、乌蛮象郡风帆浪舶之贾,竞售之如获至宝"②。同时,身为理学名儒的真德秀坚持穷理致用的学术思想、修辞立诚的创作主张,对文风产生了重要的影响,"穷理以致用者,先生之学也;修辞以立诚者,先生之文也。其陈仁义以告君也,直而婉,正大而不迁,一片赤诚,对越无愧,其所谓'上帝临女,无贰尔心'者欤?其代王言以戒百官也,戒休董威,意在言外,或举一以励众,或嘉始以责终,其所谓'无有师保,如临父母'者欤?其颁教条于所治也,本其风俗,谕以理道,历历皆肺腑中语,其所谓'心诚求之,若保赤子'者欤?……先生言语文字,足以感发人心,皆其诚之不可掩者"③。

虽然真德秀之文流布甚广,但真德秀生前并未有将其所作诗文结集刊刻的主观意愿,"公之诏诰制策在朝廷,碑铭记序下至片言只字,流落人间者不可胜计。将以晚岁著书诒后,仅有《大学衍义》一书既上送官,留之经幄,平实明粹,真格心辅治之良药也。其次仅有《文章正宗》号为成书"④。真德秀之文虽然广为流布,但在其生前编定刊行的只有《西山甲稿》二十余卷。绍定五年(1232),真德秀再知泉州,门人王迈任南外睦宗院教授,二人相得甚欢,王迈整理编定了真德秀的部分文稿,并于端平元年(1234)刊行,是为《西山甲稿》。夏五月,王迈为之作序,说明了《甲稿》编定刊行的目的和过程:"某分教睢邸,

---

① (宋)郑圭:《文章正宗续集序》,《续文章正宗》卷首。
② 《臞轩集》卷五《真西山集后序》,《景印文渊阁四库全书》第1178册,第506页。
③ 《臞轩集》卷五《真西山集后序》,《景印文渊阁四库全书》第1178册,第506—507页。
④ 《鹤山先生大全文集》卷六九《参知政事资政殿学士致仕真公神道碑》。

乃衷所蓄数巨帙,与寓客庄君元戍编类而是正之,刊二十余卷惠同志。……昔涑水司马公自叙其文,以为中藏之志、造膝之言不自叙之,他人安得知之? 不以近名为讳也。先生脚踏实地如涑水公,而斯集又出于门人弟子之编次,四方人士之所愿得。"①门人弟子对真德秀文稿的编定不仅确保了编校质量,也推进了真德秀的道德理想为士人所知。《西山甲稿》刊行之后,在理宗朝,又刊行了五十六卷本的《西山文集》,为陈振孙《直斋书录解题》所录。

  明代,随着程朱理学被定于一尊,真德秀文集也被大量刊刻。据祝尚书考证,《西山文集》明椠凡三本,"嘉靖元年(1522)黄巩、张文麟刻本,五十一卷;嘉靖三年(1524)书林精舍刻本,五十一卷;万历二十六年(1598)金学曾景贤堂刻本,五十五卷。三本皆有目录二卷,书名相同"②。明刻本《西山文集》包括了《对越甲稿》《对越乙稿》《经筵讲义》《翰林词草》《西山甲乙稿》等五十余卷。黄巩在文集序中阐明了真德秀接续程朱的道统地位,"自孟子没,圣人之学不传。更千四百余年,以至于宋,得濂溪周子、河南二程子出,然后不传之绪始续。程子没,又更百余年,而考亭朱子出,然后圣人之学益以大明。当其时,传其学者多矣,至于闻而知之者,则西山先生真文忠公是已"③。

  鉴于真德秀其他著述如《西山读书记》《心经》《政经》等广传于世,唯独《文集》世罕得见,当张文麟访得真德秀遗集后,黄巩精心校正并在嘉靖元年(1522)刊行,以恢弘程朱理学,使真德秀的政治理想得用于当世,"前哲渐远,绪言日微,世之学者方疑朱子之说为未尽。顾如先生之言,足以左右考亭,发明正学者,又不尽传于世,私切慨焉。今幸斯集一出,庶或有因先生之言以求朱子之学,而得数百载寥寥之遗绪者,则诸君是举为有功矣"④。"公集出,将有闻公之风而兴起讲明《大学》之义理、恢弘《大学》之事业,以善吾君之政治而化经纶参赞之功乎!"⑤真德秀"明义理、切世用"的文章编选宗

---

① 《臞轩集》卷五《真西山集后序》,《景印文渊阁四库全书》第1178册,第507页。
② 祝尚书:《宋人别集序录》卷二五《西山先生真文忠公文集》,中华书局,1999年,第1258—1259页。
③ (明)黄巩:《西山文集序》,《爱日精庐藏书志》卷三一,上海古籍出版社,2014年,第577页。
④ 《西山文集序》,《爱日精庐藏书志》卷三一,第578页。
⑤ (明)张文麟:《西山文集跋》,《爱日精庐藏书志》卷三一,第579页。

旨也成为后人对真德秀道德文章的评价,即使是对真德秀文集中涉及佛老之作颇有微词的四库馆臣,亦以瑕不掩瑜对真德秀的道德文章给予了肯定:"其编《文章正宗》,持论严刻,于古人不贷尺寸。而集中诸作、吹嘘释、老之焰者,不一而足……白璧微瑕,固不必持门户之见,曲为隐讳。然其他著作,要不失为儒者之言,亦不必竟以一眚掩也。"①

---

① 《四库全书总目提要》卷一六二《西山文集》,第1392页。

结　　语

　　理学经历了百余年的发展后,在南宋中期集为大成。南宋后期,道学群体迫切期待着能出现在官方层面确保理学合法地位的政治领袖。郑昭先、赵汝谈、柴中行等人纷纷上书,希望得到君主的支持,使理学官学化的理想得以实现。慨然以斯文自任的真德秀通过纲领设计、经筵进讲、复兴文教等一系列的精心设计,最终确立了理学官方哲学的政治地位。真德秀将朱熹所崇尚的政治伦理贯彻在帝王之学的建构与讲授中,以"君仁臣敬""不谋功利"的道德标准对君臣之道进行政治诠释,符合以宋理宗为首的统治集团的政治需求。从宝庆三年(1227)朱熹被追封为信国公,到淳祐元年(1241)与北宋四子并从祀孔庙,宋理宗对朱熹的评价也从道德学问的赞誉上升到当代宗师的政治定论:"中兴以来,又得朱熹精思明辨,表里混融,使《大学》《论》《孟》《中庸》之书,本末洞彻,孔子之道,益以大明于世。朕每观五臣论著,启沃良多,今视学有日,其令学官列诸从祀,以示崇奖之意。"①真德秀把握住理宗亲政更化的重要时机,使君主明诏确立了朱熹正学大宗、传承道统的重要地位,在很大程度上促成了朱子学说向政治领域的拓展,"党禁既开,而正学遂明于天下后世,多其力也"②。

　　在南宋理学的社会化进程中,真德秀是重要的领军人物。真德秀毕生努力,力图集群体合力在对人际网络、政教网络、文化网络的建构中,逐步将

---

① 《宋史》卷四二《理宗二》,第 821 页。
② 《宋史》卷四三七《儒林七》,第 12964 页。

上到天子下到庶民的所有阶层都纳入理学的发展体系中,在晚宋理学由思想领域向社会领域拓展的过程中发挥了重要作用。在"正统定则理学失其光"的传统思维定势下,对于真德秀的研究长期局限于权利操控的政治层面与道统束缚的学术层面,对于以真德秀为代表的晚宋理学家在基层社会秩序建构中的推动作用,目前的研究还较为薄弱。对真德秀进行整体研究,深入考察南宋后期理学的社会化进程,无论是深化对理学的理解、促进理学研究的转型,还是实现对宋元明清社会的贯通性研究,都具有重要意义。

对君臣观的学术与政治建构是理学与宋代士大夫政治文化相结合的重要体现。继承了先秦儒家"正君而国定"的君臣理想,真德秀在以《大学》为框架建构帝王之学的同时,也以"正己""格君""谋国""用人"为四目建构起辅臣之学,从而形成了君臣之学双翼并行的经世理论体系,以期为维护纲纪、稳定秩序立万世之程,从而被历代为政者奉为政教之要,对元明清三代乃至周边国家都产生了深远的影响。真德秀对君臣之道的阐述蕴含了儒家治国理想的核心精神,在引导意识形态、提升政治素养、重塑价值观等方面发挥了重要的导向作用。通过对君臣之学的义理诠释,真德秀将理学家的治国方略以政治伦理的形式予以固定,并与时政相结合,形成了具有时代意义的经典范式,不仅为士人致君庙堂提供了理论指导,同时也进一步加速了理学由思想领域向政治领域的拓展。

南宋一朝,理学诸儒对道的践履不仅有书院讲学或著书立说形式的道统传承,还有对基层事务的广泛参与,在济民化俗的社会活动中不断扩大理学的社会影响。秉承"廉""仁""公""勤"的施政原则,真德秀以朱子学说为本,参以时制,以宣扬伦理道德、更易民俗风习、强化社会保障等多种方法,在理论与实践层面对基层社会的秩序构建进行积极探索。在任职期间,真德秀积极承担起建构文教体系、树立公共道德的教化职能,加强对祠庙体系的控制与改造、引导学风、普及礼仪。同时,真德秀建社仓、主义役、行赈济,通过保障民生、淳风化俗,在各地谕俗化民、定规垂范,进一步推动了理学的社会化进程,为理学在基层社会的深入拓宽了空间。

真德秀将对文道观的诠释与理学的社会化发展趋势相结合,使正君行道、明德新民的政教实践与文学创作互为体用。在发明义理的同时,真德秀也充分发挥文学经世致用的功能,《文章正宗》的编选正是为了从内容到形式全面确立创作的正宗范式,为后学提供学习效法的文章典范。在内容上,彰显义理、有益治道的辞命、论谏等是选文的重点,约占选文数量的一半,义理不明、无益教化之文,即使文辞精工,亦不可列入正宗。在形式上,重视雕琢技法的格律诗与骈文排除在正宗的编选范围之外,一方面体现了理学家崇古卑今的审美价值观,另一方面也是骈文和律诗的艺术局限性在一定程度上制约了其反映现实的深度和社会传播的广度。对于在时论中以"文"著称的若干篇目,真德秀也选取了其中代表以附录形式保留在《文章正宗》中,并着意通过与自己所选"正宗"之文的对比分析,凸显理学家的文道观及其现实意义。

魏了翁是真德秀的挚友和继承弘扬朱子学说的同道者,历来真、魏并称,"惟公立朝大节,及讲明道学之功,当时与真文忠公相上下,故人以真魏并称"①。二人在晚宋政治史和理学发展史上都享有崇高的声望。魏了翁为真德秀撰碑志,以司马光与范镇"生同志、死同传"期许:"尝观先正司马文正谓范忠文公曰:'吾与子生同志,死当同传。'而天下之人亦无敢优劣之者,后死则志其墓。了翁何敢以是自拟,重惟与公同生于淳熙,同举于庆元,自宝庆讫端平出处又相似。然而志同气合则海内寡二,然则公之志非后死者之责与!"②对于真德秀的学术成就和时代影响,魏了翁给予了充分肯定:"公出虽后,考寻遗言。精探力践,旁索细论。以淑同志,以儆群昏。散在宇内,如衢置尊。最后一书,细大毕陈。上自帝王,继天牧人。次及圣贤,明德新民。而孜孜者,正家明伦。至公血诚,贯彻乾坤。"③门人弟子也从学术和政治两方面高度评价真德秀承继道统、学问深粹如程颢,忠直立朝、行道践履如司马光,堪称真儒典范:"穷理致用,讲学有宗,时雨之教,春风之容,伪

---

① (明)吴宽:《家藏集》卷三八《敕祀鹤山先生魏文靖公记》,《景印摛藻堂四库全书荟要》第413册,世界书局,1985年,第329页。
② 《鹤山先生大全文集》卷六九《参知政事资政殿学士致仕真公神道碑》。
③ 《鹤山先生大全文集》卷六九《参知政事资政殿学士致仕真公神道碑》。

者献诚,慢者致恭,人谓先生为程淳公。方寸不欺,守道自信,曰思无邪,曰无不敬,口无过言,身无玷行,人谓先生为马文正。……先生之道,远绍于程,立朝补外,俊伟光明。先生之位,虽不及马,儿童走卒,无不知者。"①

在朝廷给真德秀赐谥时,太常博士程公许为其订谥"文忠","所订'文忠'二字,实参考公论,与长官同僚商订累日,而后敢落笔。间有一二公以为太过。然予此谥者,上下无异词,故议下考功覆议,亦以为当"②。这对于理学诸儒具有重要的意义。嘉定二年(1209),太学博士章徕为朱熹初拟谥号即为"文忠",但在覆谥时,尚书吏部员外郎兼考功郎官刘弥正因其学说未能施之于政,故存"文"而去"忠","公在朝之日浅,正主庇民之学郁而不施,而著书立言之功大畅于后,合'文'与'忠'谥公,似矣而非也"③。时隔二十多年后,真德秀以其在传承道统和正君济民两方面的出色表现获得了当初拟谥朱熹的谥号,虽然遭遇了一些阻挠,"真文忠初谥也,谥议未上,有疑其太过者,欲以王梅溪之谥谥公"④,但朝廷最终遵从公议,为真德秀定谥"文忠",昭示着朝廷对真德秀的学术成就与政治功绩的充分肯定,"锡以易名之典,慰其如在之魂。曰委质立朝,无如公之忠;曰垂世立教,无如公之文。合二者以为谥,播青史之遗芬"⑤。

作为"乾淳诸老之后,百口交推以为正学大宗"⑥的理学大儒,真德秀被朝野上下寄予了正君定国的厚望,但端平元年(1234)真德秀向理宗进献《大学衍义》后,并未实现激励理宗、安定时局、振立军政、改善民生的目标,这令时人颇为失望,认为其言行皆不切时务,"真文忠负一时重望,端平更化,人奚其来,若元祐之涑水翁也。是时楮轻物贵,民生颇艰,意谓真儒一用,必有建明,转移之间,立可致治。于是民间为之语曰:'若欲百物贱,直待

---

① 《鹤轩集》卷一一《诸门生祭真大参西山先生文(一)》,《景印文渊阁四库全书》第1178册,第596页。
② 《四朝闻见录》丙集《真文忠公谥议》,第96页。
③ 《道命录》卷八《晦庵先生朱文公覆谥议》,第93页。
④ 《四朝闻见录》甲集《三文忠》,第24页。
⑤ 《鹤轩集》卷一一《诸门生祭真大参西山先生文(二)》,《景印文渊阁四库全书》第1178册,第597—598页。
⑥ 《宋元学案》卷八一《西山真氏学案》,第2708页。

真直院.'及童马入朝,敷陈之际,首以尊崇道学,正心诚意为第一义,继而复以《大学衍义》进。愚民无知,乃以其所言为不切于时务,复以俚语足前句云:'吃了西湖水,打作一锅面.'"①

同为朱子学传人的黄震亦对真德秀评价不高:"宝、绍间,金谓用则即日可太平。端平亲政,趣召至朝,正当时道升降安危之机,略无一语及之,乃阿时相郑清之,饰其轻举败事,谓为和、扁代庸医受责。又以清之开边地,建议御关,卒以府库不足犒赏,事不可行。殿前诸军质贷备衣装,无以偿,故哄,延及州郡兵皆哄,自是军政不复立。公知贡举事,复喧骂出院,除政府,未及拜,以疾终。"②时值晚宋,国势积重难返,真德秀虽有志匡扶社稷,但亦无法改变时局,正如其挚友魏了翁在其神道碑中所述:"自长沙后,国人以公出处为庙社安危,公身愈退,道愈尊,名愈盛而责愈众。积忧成疾,亦自是始矣。"③真德秀身为理学大儒,对其评价应从儒者本位出发,不应求全责备,"先生绍道统,辅翼圣经,为天地立心,为生民立命。愚民无知,乃欲以琐琐俗吏之事望公。虽然负天下之名者,必负天下之责。楮币极坏之际,岂一儒者所可挽回哉? 责望者不亦过乎!"④

对于真德秀的历史评价,元明清历代学者更多地着眼于其绍继道统、光大朱子学说的贡献,或注重其对儒家治国理想和施政纲领的阐释。元代学者陈栎认为真德秀是朱子学说的杰出继承者,虽未登朱子之门,但继承了朱子学说的精髓,较之陈淳等朱门高第,其知行合一、学以致用,更加凸显了朱子学说的实学特征,"西山不及登朱门,而学朱子甚精博。初登科,后中词科,多与朱门高第交游,于周程张朱之学升堂入室,非诚斋之徒可比。真儒者,不可以文士目之也。平生著述甚富,有学问文章政事,又非徒如北溪之有学问而已"⑤。

---

① 《癸辛杂识》前集《真西山入朝诗》,第43页。
② (宋)黄震:《古今纪要逸编》,张伟、何忠礼主编:《黄震全集》第10册,浙江大学出版社,2013年,第3302页。
③ 《鹤山先生大全文集》卷六九《参知政事资政殿学士致仕真公神道碑》。
④ 《癸辛杂识》前集《真西山入朝诗》,第43页。
⑤ 《定宇集》卷七《问〈西山读书记〉〈北溪字义〉〈勿斋字训〉三书孰为尤精》,《景印文渊阁四库全书》第1205册,第241页。

在明代,彭韶、顾潜等名臣均对真德秀所订立的施政纲领给予了高度评价,并奉其为治邑的万世之规,认为朝廷官员当朝夕观省、以成美政,"真文忠公知潭州,日以四事勉其僚属,曰'仁'、曰'公'、曰'廉'、曰'勤',既又各系以箴致丁宁焉。此实万世有志事君者所当知,非特郡县志规而已"①。

真德秀莅民谕属之文亦被作为《政训》《牧训》广为刊刻,四川按察使彭韶治蜀,将真德秀谕僚属文和朱熹与弟子的问答合编为《政训》,以明修己治人之规,"继文公而兴者,又莫如西山真先生焉。先生尝著《心》《政》二经传在学者。其帅湖南、守温陵,于僚属吏民屡有谕教,谆谆一家之言委曲详尽,读之使人油然欣慕,亦非其僚吏所可专也。韶以海隅鄙人,承乏按察使于蜀……乃录文公弟子问答之语与西山谕属之文,名曰《政训》,刻梓以行,期与吾僚吏共勉之,以所答词为己之答,以所谕词为己之谕,不患无益矣"②。顾潜在民生凋弊之际取真德秀之谕僚属文、谕俗文、箴规等编为《西山牧训》,以勉励地方官员,"予故取公之文叙而刻之,名曰《西山牧训》,尚冀在位君子时加玩诵,于公所谓四事、十害者反而思之,期于去民之瘼而尽己之心,将俾四海郡县皆为乐国"③。《文章正宗》"明义理、切世用"的宗旨对明清时期的文学复古思潮与诗文编选都产生了深远的影响,同时也有力地推进了理学在社会领域的发展传播。

为了褒扬真德秀对理学发展的贡献,嘉熙二年(1238),王埜承宋理宗陛辞之命,在建宁府城中创建安书院以祀朱熹,而以真德秀并祠,"上之训辞曰:'游、胡、朱、真流风未泯,表宅里以善其民,则予汝怿。'"④理宗亲书建安书院匾额,并对真德秀绍继道统、进献《大学衍义》之功给予高度肯定。此后,东南地区的书院、官学逐渐形成了以黄榦、蔡元定、刘爚、真德秀从祀朱熹的祠祀体系,诸生进学皆需拜于祠,以昭示四人在光大朱子学说、传承道

---

① (明)顾潜:《静观堂集》卷一二《跋西山先生四箴》,《四库全书存目丛书》集部第48册,齐鲁书社,1997年,第595页。
② (明)彭韶:《彭惠安集》卷二《自著政训序》,《景印文渊阁四库全书》第1247册,第25页。
③ 《静观堂集》卷一一《西山牧训序》,第571页。
④ (宋)王遂:《建安书院记》,(明)夏玉麟、(明)汪佃修纂:《建宁府志》卷一七《学校》,厦门大学出版社,2009年,第474页。

统中的作用和贡献。元明清历代地方官员及士大夫皆遵循奉行以为典例，"今公祠以文肃黄氏榦配，旧典也；从以文节蔡氏元定、文简刘氏爚、文忠真氏德秀，建安武夷例也。我文公体用之学，黄氏其庶几焉。余皆守公之道不二，其侑公也实甚宜"①。元顺帝至正十九年(1359)十一月，江浙行省奏呈杨时、李侗、胡安国、蔡沈、真德秀五人从祀孔庙，"真德秀《大学衍义》亦备经筵讲读，是皆有补于国家之治道者矣。……应追锡名爵，从祀先圣庙庭，可以敦厚儒风，激劝后学"②。至正二十二年(1362)，朝廷下诏赠真德秀太师、追封福国公。明英宗正统二年(1437)，朝廷下诏令真德秀从祀孔庙。成化二年(1466)，又追封真德秀为浦城伯。康熙四十四年(1705)，从学政沈涵所请为杨时、胡安国、蔡元定、真德秀等先贤祠颁宸翰，清圣祖为真德秀祠赐"力明正学"匾额。元明清历代帝王对《大学衍义》的推崇使真德秀在官学中的地位日益凸显，而真德秀所提出的为政纲领也在政教领域产生了深远的影响。

---

① （元）熊禾：《勿轩集》卷二《考亭书院记》，《景印文渊阁四库全书》第1188册，第779页。
② 《元史》卷七七《祭祀六》，中华书局，1976年，第1922页。

主要参考文献

1. 基本文献

(魏)王弼、(晋)韩康伯注,(唐)孔颖达疏:《周易正义》,中华书局,1980年。

(汉)孔安国传,(唐)孔颖达疏:《尚书正义》,中华书局,1980年。

(汉)毛亨传,(汉)郑玄笺,(唐)孔颖达疏:《毛诗正义》,中华书局,1980年。

(汉)郑玄注,(唐)贾公彦疏:《周礼注疏》,中华书局,1980年。

(汉)郑玄注,(唐)贾公彦疏:《仪礼注疏》,中华书局,1980年。

(汉)郑玄注,(唐)孔颖达疏:《礼记正义》,中华书局,1980年。

(晋)杜预注,(唐)孔颖达疏:《春秋左传正义》,中华书局,1980年。

(汉)何休注,(唐)徐彦疏:《春秋公羊传注疏》,中华书局,1980年。

(晋)范宁注,(唐)杨士勋疏:《春秋穀梁传注疏》,中华书局,1980年。

(宋)朱熹:《仪礼经传通解》,朱杰人、严佐之、刘永翔主编:《朱子全书》,上海教育出版社、安徽教育出版社,2002年。

(宋)朱熹:《周易本义》,朱杰人、严佐之、刘永翔主编:《朱子全书》,上海教育出版社、安徽教育出版社,2002年。

(宋)朱熹:《晦庵先生朱文公文集》,朱杰人、严佐之、刘永翔主编:《朱子全书》,上海教育出版社、安徽教育出版社,2002年。

(宋)真德秀撰,朱人求校点:《大学衍义》,华东师范大学出版社,

2010年。

(宋)胡安国撰,王丽梅点校:《春秋传》,岳麓书社,2011年。

(宋)朱熹:《四书章句集注》,中华书局,2011年。

(宋)朱熹:《诗集传》,中华书局,2011年。

(宋)蔡沈撰,王丰先点校:《书集传》,中华书局,2018年。

(宋)真德秀撰,陈静点校:《四书集编》,福建人民出版社,2021年。

(汉)司马迁:《史记》,中华书局,1959年。

(汉)班固:《汉书》,中华书局,1962年。

(南朝宋)范晔:《后汉书》,中华书局,1965年。

(后晋)刘昫等:《旧唐书》,中华书局,1975年。

(宋)欧阳修、(宋)宋祁:《新唐书》,中华书局,1975年。

(元)脱脱等:《宋史》,中华书局,1977年。

(宋)佚名编,汝企和点校:《续编两朝纲目备要》,中华书局,1995年。

(宋)李焘:《续资治通鉴长编》,中华书局,2004年。

(宋)李心传编撰,胡坤点校:《建炎以来系年要录》,中华书局,2013年。

(元)佚名撰,王瑞来笺证:《宋季三朝政要笺证》,中华书局,2010年。

(清)徐松辑,刘琳、刁忠民、舒大刚、尹波校点:《宋会要辑稿》,上海古籍出版社,2014年。

(宋)佚名撰,燕永成点校:《中兴两朝编年纲目》,凤凰出版社,2018年。

(宋)佚名撰,孔学辑校:《皇宋中兴两朝圣政辑校》,中华书局,2019年。

(清)翁天祜修,翁昭泰纂:《续修浦城县志》,光绪二十六年刊本。

(宋)马光祖修,(宋)周应和纂:《景定建康志》,《宋元方志丛刊》,中华书局,1990年。

(宋)赵不悔修,(宋)罗愿纂:《新安志》,《宋元方志丛刊》,中华书局,1990年。

(宋)梁克家纂修:《淳熙三山志》,《宋元方志丛刊》,中华书局,1990年。

(明)黄仲昭修纂:《八闽通志(修订本)》,福建人民出版社,2006年。

（清）李葆贞修：《浦城县志》，《稀见中国地方志汇刊》，中国书店，1992年。

（明）程敏政撰，何庆善、于石点校：《新安文献志》，黄山书社，2004年。

（清）吕肃高修，（清）张雄图、（清）王文清纂：《长沙府志》，岳麓书社，2008年。

（宋）真德秀：《西山先生真文忠公文集》，《四部丛刊初编》景印江南图书馆藏明正德刊本。

（宋）魏了翁：《鹤山先生大全文集》，《四部丛刊初编》景印乌程刘氏嘉业堂藏宋刊本。

（宋）叶适著，刘公纯、王孝鱼、李哲夫点校：《叶适集》，中华书局，1961年。

（宋）真德秀：《真文忠公全集》，文友书店，1968年。

（宋）程颢、（宋）程颐著，王孝鱼点校：《二程集》，中华书局，1981年。

（清）黄宗羲原著，（清）全祖望补修，陈金生、梁运华点校：《宋元学案》，中华书局，1982年。

（宋）黎靖德编，王星贤点校：《朱子语类》，中华书局，1986年。

（宋）陈亮撰，邓广铭点校：《陈亮集》，中华书局，1987年。

（宋）胡宏著，吴仁华点校：《胡宏集》，中华书局，1987年。

（宋）周密：《癸辛杂识》，中华书局，1988年。

（宋）叶绍翁撰，沈锡麟、冯惠民点校：《四朝闻见录》，中华书局，1989年。

（宋）周敦颐著，陈克明点校：《周敦颐集》，中华书局，1990年。

（宋）胡寅著，容肇祖点校：《崇正辩 斐然集》，中华书局，1993年。

（宋）周密：《齐东野语》，中华书局，2004年。

（宋）罗大经：《鹤林玉露》，中华书局，2005年。

（宋）杨万里著，辛更儒笺校：《杨万里集笺校》，中华书局，2007年。

（宋）吕祖谦撰，黄灵庚、吴战垒主编：《吕祖谦全集》，浙江古籍出版社，2008年。

(宋)朱牟撰,张剑光整理:《曲洧旧闻》,《全宋笔记》第3编第7册,大象出版社,2008年。

(宋)张栻著,杨世文校点:《张栻集》,中华书局,2015年。

(宋)楼钥撰,顾大朋点校:《楼钥集》,浙江古籍出版社,2010年。

(宋)刘克庄著,辛更儒笺校:《刘克庄集笺校》,中华书局,2011年。

(清)李清馥撰,徐公喜、管正平、周明华点校:《闽中理学渊源考》,凤凰出版社,2011年。

(宋)张九成著,杨新勋整理:《张九成集》,浙江人民出版社,2013年。

(宋)黄震著,张伟、何忠礼主编:《黄震全集》,浙江大学出版社,2013年。

(宋)黄士毅编,徐时仪、杨艳汇校:《朱子语类汇校》,上海古籍出版社,2014年。

(宋)李道传编,徐时仪、潘牧天整理:《朱子语录》,上海古籍出版社,2016年。

(宋)李心传辑,朱军点校:《道命录》,上海古籍出版社,2017年。

(宋)佚名撰,燕永成点校:《咸淳遗事》,《全宋笔记》第8编第6册,大象出版社,2017年。

(宋)杨时撰,林海权点校:《杨时集》,中华书局,2018年。

(宋)真德秀撰,刘光胜整理:《西山读书记》,《全宋笔记》第10编第1—5册,大象出版社,2018年。

(宋)吕本中撰,韩酉山辑校:《吕本中全集》,中华书局,2019年。

(宋)周必大撰,王瑞来校证:《周必大集校证》,上海古籍出版社,2020年。

2. 近人著作

张家驹:《两宋经济重心的南移》,湖北人民出版社,1957年。

[美]McKnight Brian. *Village and Bureaucracy in Southern Sung China*, University of Chicago Press, 1971.

陈荣捷:《朱子新探索》,台湾学生书局,1982年。

钱穆:《朱子新学案》,巴蜀书社,1982年。

朱瑞熙:《宋代社会研究》,中州书画社,1983年。

刘述先:《朱子哲学思想的发展与完成》,台湾学生书局,1984年。

[美]刘子健:《两宋史研究汇编》,台北联经出版事业公司,1987年。

蒙培元:《理学的演变》,福建人民出版社,1989年。

胡昭曦:《宋蒙(元)关系史》,四川大学出版社,1992年。

余英时等:《中国历史转型时期的知识分子》,台北联经出版事业公司,1992年。

葛荣晋:《中国实学思想史》,首都师范大学出版社,1994年。

姜广辉:《理学与中国文化》,上海人民出版社,1994年。

张立文:《朱熹思想研究》,中国社会科学出版社,1994年。

汪圣铎:《两宋财政史》,中华书局,1995年。

苗书梅:《宋代官员选任和管理制度》,河南大学出版社,1996年。

王曾瑜:《宋朝阶级结构》,河北教育出版社,1996年。

杨果:《中国翰林制度研究》,武汉大学出版社,1996年。

程民生:《宋代地域文化》,河南大学出版社,1997年。

陈来:《朱子哲学研究》,华东师范大学出版社,2000年。

莫砺锋:《朱熹文学研究》,南京大学出版社,2000年。

王善军:《宋代宗族和宗族制度研究》,河北教育出版社,2000年。

[美]包弼德:《斯文:唐宋思想的转型》,江苏人民出版社,2001年。

[日]斯波义信:《宋代江南经济史研究》,江苏人民出版社,2001年。

朱瑞熙:《嘐城集》,华东师范大学出版社,2001年。

黄宽重:《南宋地方武力——地方军与民间自卫武力的探讨》,东大图书股份有限公司,2002年。

[美]刘子健:《中国转向内在——两宋之际的文化转向》,江苏人民出版社,2002年。

漆侠:《宋学的发展和演变》,河北人民出版社,2002年。

钱穆:《朱子学提纲》,生活·读书·新知三联书店,2002年。

［日］市来津由彦：《朱熹门人集团形成の研究》，创文社，2002年。

黄纯艳：《宋代海外贸易》，社会科学文献出版社，2003年。

［美］田浩主编：《宋代思想史论》，社会科学文献出版社，2003年。

邓洪波：《中国书院史》，东方出版中心，2004年。

葛兆光：《中国思想史》，复旦大学出版社，2004年。

何俊：《南宋儒学建构》，上海人民出版社，2004年。

余英时：《朱熹的历史世界》，生活·读书·新知三联书店，2004年。

林文勋、谷更有：《唐宋乡村社会力量与基层控制》，云南大学出版社，2005年。

沈松勤：《南宋的文人与党争》，人民出版社，2005年。

梁庚尧：《南宋的农村经济》，新星出版社，2006年。

陈荣捷：《朱子门人》，华东师范大学出版社，2007年。

邓小南主编：《政绩考察与信息渠道——以宋代为重心》，北京大学出版社，2008年。

何俊、范立舟：《南宋思想史》，上海古籍出版社，2008年。

何忠礼：《南宋政治史》，人民出版社，2008年。

皮庆生：《宋代民众祠神信仰研究》，上海古籍出版社，2008年。

孙先英：《真德秀学术思想研究》，上海人民出版社，2008年。

王晓龙：《宋代提点刑狱司制度研究》，人民出版社，2008年。

黄宽重：《家族与社会》，北京图书馆出版社，2009年。

虞云国：《宋代台谏制度研究》，上海书店出版社，2009年。

［美］包弼德著，王昌伟译：《历史上的理学》，浙江大学出版社，2010年。

陈峰：《宋代军政研究》，中国社会科学出版社，2010年。

戴建国：《唐宋时期的法律与社会》，上海古籍出版社，2010年。

姜锡东：《〈近思录〉研究》，人民出版社，2010年。

李华瑞主编：《唐宋变革论的由来与发展》，天津古籍出版社，2010年。

［日］平田茂树：《宋代政治结构研究》，上海古籍出版社，2010年。

宋靖：《唐宋中书舍人研究》，黑龙江大学出版社，2010年。

戴建国、郭东旭:《南宋法制史》,人民出版社,2011年。

杨宇勋:《先公庾后私家:宋朝赈灾措施及其官民关系》,万卷楼图书股份有限公司,2013年。

余蔚:《中国古代地方行政监察体系运作机制研究》,上海古籍出版社,2014年。

李娟:《宋代程朱理学官学地位研究》,东北师范大学出版社,2015年。

王瑞来:《近世中国:从唐宋变革到宋元变革》,山西教育出版社,2015年。

[日]寺地遵:《南宋初期政治史研究》,复旦大学出版社,2016年。

邓庆平:《朱子门人与朱子学》,中国社会科学出版社,2017年。

廖寅:《从内地到边疆:宋代政治与社会研究散论》,科学出版社,2018年。

王宇:《师统与学统的调适:宋元两浙朱子学研究》,社会科学文献出版社,2019年。

姜海军:《宋代经学思想发展史》,人民出版社,2021年。

方旭东:《理学在东亚》,四川人民出版社,2022年。

[美]韩明士、[美]谢康伦编,刘云军译:《为世界排序:宋代的国家与社会》,九州出版社,2022年。

[美]贾志扬:《棘闱:宋代科举与社会》,江苏人民出版社,2022年。

宋立林:《孔门后学与儒学的早期诠释研究》,人民出版社,2022年。

汤勤福主编:《中华礼制变迁史》,中华书局,2022年。

徐燕斌:《溥天王土:宋代榜文与社会控制研究》,武汉大学出版社,2022年。

3. 论文类(限于篇幅,已在国内外研究现状综述中论及的,不再列出)

邓广铭:《南宋对金战争中的几个问题》,《历史研究》1963年第2期。

[日]周藤吉之:《宋代乡村制の变迁过程》,《唐宋社会经济史研究》,东京大学出版社,1965年。

黄宽重:《晚宋朝臣对国是的争议——理宗时代的和战、边防与流民》,

《台大文史丛刊》之50,1978年。

[美]Robert Hartwell. "Demographic, Political, and Social Transformations of China, 750-1550," *Havard Journal of Asiatic Studies*, Vol. 42, No. 2 ,1982.

[美]刘子健:《略论南宋的重要性》,《两宋史研究汇编》,台北联经出版事业公司,1987年。

[日]小林义广:《宋代の"劝俗文"》,宋代史研究会编:《宋代の政治と社会》,汲古书院,1988年。

傅衣凌:《中国传统社会:多元的结构》,《中国社会经济史研究》1988年第3期。

程民生:《论宋代神祠宗教》,《世界宗教研究》1992年第2期。

梁庚尧:《南宋福建的盐政》,《国立台湾大学历史学系学报》1992年第17期。

[日]宫崎市定:《东洋的近世》,《日本学者研究中国史论著选译(第一卷通论)》,中华书局,1993年。

[日]内藤湖南:《概括的唐宋时代观》,《日本学者研究中国史论著选译(第一卷通论)》,中华书局,1993年。

虞云国:《宋代台谏系统的破坏与君权相权之关系》,《学术月刊》1995年第11期。

王水照:《"祖宗家法"的"近代"指向与文学中的淑世精神——宋型文化与宋代文学之研究》,《海上论丛》,复旦大学出版社,1996年。

汤勤福:《朱熹与〈通鉴纲目〉》,《史学史研究》1998年第2期。

杨儒宾:《〈中庸〉、〈大学〉变成经典的历程——从性命之书的观点立论》,《台大历史学报》1999年第24期。

[日]小岛毅:《宋学诸派中之朱学地位》,《宋史研究论文集——国际宋史研讨会暨中国宋史研究会第九届年会编刊》,2000年6月。

朱瑞熙:《宋朝经筵制度》,《暇城集》,华东师范大学出版社,2001年。

严耀中:《论"三教"到"三教合一"》,《历史教学》2002年第11期。

葛兆光:《"唐宋"抑或"宋明"——文化史和思想史研究视域变化的意

义》,《历史研究》2004 年第 1 期。

刁培俊:《宋代乡村精英与社会控制》,《社会科学辑刊》2004 年第 2 期。

李禹阶:《朱熹的家族礼仪论与乡村控制思想》,《重庆师范大学学报》2004 年第 4 期。

黄宽重:《科举社会下家族的发展与转变》,《唐研究(第十一卷)》,2005 年。

黄宽重:《从中央与地方关系互动看宋代基层社会演变》,《历史研究》2005 年第 4 期。

林日波:《真德秀年谱》,华中师范大学硕士学位论文,2005 年。

严耀中:《唐宋变革中的道德至上倾向》,《江汉论坛》2006 年第 3 期。

虞云国:《略论宋代文化的时代特点与历史地位》,《浙江社会科学》2006 年第 3 期。

戴金波:《真德秀研究述评》,《湖南大学学报》2008 年第 1 期。

朱人求:《衍义体:经典诠释的新模式——以〈大学衍义〉为中心》,《哲学动态》2008 年第 4 期。

陈峰:《宋代主流意识支配下的战争观》,《历史研究》2009 年第 2 期。

余蔚:《分部巡历:宋代监司履职的时空特征》,《历史研究》2009年第 5 期。

朱人求:《真德秀对朱子诚学的继承和发展》,《哲学动态》2009年第 11 期。

王宇:《"去忠存文"与朱子学官学化进程的启动》,《中国哲学史》2010 年第 4 期。

朱汉民:《〈四书〉学整合中的道统与政统》,《社会科学》2019 年第 9 期。

徐公喜:《论南宋朱子门人后学对朱子学文献体系的贡献》,《江淮论坛》2020 年第 2 期。

后　记

这本书稿是在我的博士后出站报告的基础上拓展扩充而成,至今已历十年。我出站留校后,在杭州社科院魏峰老师的建议和鼓励下,申报并获批浙江省哲学社会科学重点研究基地课题,结项成果即为28万字的《真德秀研究》。

在书稿出版之际,感谢我的博士后合作导师戴建国教授,在我人生的重要关口,是戴老师给了我继续从事学术研究的宝贵机会。我至今还保留着老师为我开列的书单、为我修改的第一份文稿,天头地脚都密密麻麻地写满了老师的批注意见。十多年来,我取得的每一点成绩无不凝聚着老师的心血和汗水。我的博导王水照先生已年近九十,多年来始终关心我的学业和工作,督促我不断进取。本书稿在撰写和修改的过程中,王先生提出了宝贵意见,使书稿得以不断完善。在此真诚祝愿先生健康长寿!我还要感谢我的访学合作导师Linda Walton,万安玲教授热爱中华文化,在中国书院研究和宋明理学研究领域卓有建树。在波特兰大学访学期间,万安玲教授每周都要和我校园一聚,或听讲座,或探讨宋代文化,或修改书稿,使我受益良多。

感谢魏峰老师,五年来始终关注着书稿的撰写和修改,并多次邀请我赴杭州参与宋史研讨会,师友聚会,备受启发。感谢杭州社科院的尹晓宁老师,为促成书稿的尽快出版给予了大力帮助。感谢匿名外审专家对书稿所提出的宝贵意见,从结构到内容,均按照审稿专家所提建议进行了调整和修改,在此深表感谢。

后　记

时光飞逝，不知不觉进入上海师范大学已经十二年了。感谢人文学院领导查清华教授和张剑光教授。两位老师都是我的带教老师，从而立到不惑，他们在我成长道路上始终给予大力支持和悉心指导。两位老师性格不同，但以学生为重、以大局为重、以集体利益为重、以共同发展为重，是他们坚持不变的行为准则，也是两位老师对我的教诲和要求。

宋史专家刘子健教授曾感叹："在海外教研，更大的缺憾，是独学无侣，无从就正。"我何其有幸，在学术研究的道路上，虽屡有困惑，但总能得益于众多师长学侣的提点和帮助，使我有勇气披荆斩棘、攻坚克难。感谢中国史学科博士后流动站站长邵雍教授、合作导师戴建国教授与汤勤福教授、黄纯艳教授在我博士后出站答辩时对文稿提出了宝贵意见，我在此后的修改中都一一汲取，不断完善。感谢俞钢教授、程郁教授、燕永成教授和许超雄、雷家圣、秦中亮、杨永生、韩冠群、潘牧天等诸位老师在书稿撰写过程中对我的帮助。

感谢古籍所所长钟翀教授及全体同仁多年来对我的帮助和支持，上海师范大学古籍所自1983年成立，名家辈出、代有英才。四十年来，古籍所不仅是学术研究的重镇，也是一个和睦团结的大家庭，厚德、博学、求是、笃行的精神必将永远传承。

感谢上海古籍出版社高克勤社长、副总编辑胡文波老师精心审阅书稿并提出了宝贵的建议，责任编辑黄芬老师认真细致地对书稿进行核查编校，谨此深以为谢。

"谁言寸草心，报得三春晖。"春华秋实、青丝白发，人生路上无论平顺或坎坷，父母始终陪伴身旁，不曾远离。在生活上，他们包揽了几乎所有事务，尽力为我解除后顾之忧，在此真诚祝愿父母健康长寿！

最后，我还要感谢一直信任我、支持我的学生们。书稿承蒙林雅馨、金梦琪、田睿、孙玉雪等女生的核对与指正，在此一并致谢。虽为师生，情同姐妹；彼此砥砺，互相成就。

吾道不孤，同志者众！

2022年7月1日

图书在版编目（CIP）数据

真德秀研究/孔妮妮著.—上海：上海古籍出版社，2022.11

（浙江文化研究工程成果文库、南宋及南宋都城临安研究系列丛书）

ISBN 978 - 7 - 5732 - 0440 - 0

Ⅰ.①真… Ⅱ.①孔… Ⅲ.①真德秀（1178—1235）—人物研究 Ⅳ.①B244.99

中国版本图书馆 CIP 数据核字（2022）第 181354 号

浙江文化研究工程成果文库
南宋及南宋都城临安研究系列丛书·博士文库

真德秀研究　　　孔妮妮 著

责任编辑	曾晓红　黄　芬
出版发行	上海古籍出版社
	地址：上海市闵行区号景路159弄1—5号A座5F　邮编：201101
	（1）网址：www.guji.com.cn
	（2）E-mail：gujil@guji.com.cn
	（3）易文网网址：www.ewen.co
印　　刷	上海颛辉印刷厂有限公司
开　　本	787×1092 毫米　1/16
印　　张	19.75
字　　数	284 千
版 印 次	2022 年 11 月第 1 版　2022 年 11 月第 1 次印刷
书　　号	ISBN 978 - 7 - 5732 - 0440 - 0
定　　价	88.00 元

版权所有　翻印必究　印装差错　负责调换